Werner Hamacher · Keinmaleins

Werner Hamacher

Keinmaleins

Texte zu Celan

KlostermannRoteReihe

Bibliographische Information der Deutschen Nationalbibliothek

Die Deutsche Nationalbibliothek verzeichnet diese Publikation in der Deutschen Nationalbibliographie; detaillierte bibliographische Daten sind im Internet über *http://dnb.dnb.de* abrufbar.

© Vittorio Klostermann GmbH · Frankfurt am Main · 2019

Alle Rechte vorbehalten, insbesondere die des Nachdrucks und der Übersetzung. Ohne Genehmigung des Verlages ist es nicht gestattet, dieses Werk oder Teile in einem photomechanischen oder sonstigen Reproduktionsverfahren oder unter Verwendung elektronischer Systeme zu verarbeiten, zu vervielfältigen und zu verbreiten.
Gedruckt auf alterungsbeständigem Papier.
Satz: Marion Juhas, Frankfurt am Main
Druck: docupoint GmbH, Barleben
Printed in Germany
ISSN 1865-7095
ISBN 978-3-465-04376-8

Inhalt

Vor-Rede von Jean-Luc Nancy	7
HÄM. Ein Gedicht Celans mit Motiven Benjamins	13
Versäumnisse. Zwischen Theodor W. Adorno und Paul Celan	57
WASEN. Um Celans Todtnauberg	93
Epoché Gedicht. Celans *Reimklammer* um Husserls Klammern	143
Tò autó, das Selbe, – –	181
Suggestions des mèrrances	209
Quellennachweis	255

Vor-Rede

1

Eine Rede für Dich, eine Rede an Dich – noch ein Mal, immer noch, denn es ist mir unmöglich, *über* Dich zu sprechen oder zu schreiben. Ich kann nur *vor* Dir stehen, und gleichsam sprachlos.
    Du sagst, das Sprachlose sei *Sprachoffenheit, Offenheit* für *Sprache und Offenheit* der *Sprache*. Ich weiß. Es ist sogar eines Deiner Leitmotive.
    Sofort höre ich Dich: »Oder *Leid*motiv...«
    – Ja sicher, denn nur durch *die Unaussprechlichkeit des Leids kann eine Sprache wahr sein.*[1]
Ich höre Dich noch nicht von den Schmerzen sprechen, die Dich überstiegen... Nicht nur nicht von den letzten, den überreißenden, auch von denen, die Dir eine lange Zeit vor Deinem Leiden und Deiner Klage – Krankheit oder verschiedene Pflichten – den Atem nahmen, Dich belasteten, die unveränderte Spannkraft Deines Körpers, Deiner Seele und Deines Denkens einschnürten. Es gab niemals genug Zeit und Raum, nie genug Wörter, Blätter und Gesten, um zu sagen und zu tun, was über Dich eine erstaunliche Macht vollbringen wollte – erstaunlich ebenso durch seine Intensität wie durch sein immerwährendes Begehren, alle Kraft außer Gebrauch zu setzen. Das Wort *Kraft*[2] begegnet bei Dir am häufigsten im Syntagma *außer Kraft*.[3]
    Du suchtest, Deine eigene Kraft zu erschöpfen – auf zwei Weisen: sie rückhaltlos einsetzend, bis zum Ende und über die mögliche Ausübung der Sprache und des Denkens hinaus – aber auch sie verausgabend, um sie wie ausgeblutet und vernichtet zurückzulassen. So ist es, dass sich Dein eigenes Genie ausdrückte, welches das Objekt seiner Übung war, und das mir eines Tages nahegelegt hat,

---

[1] [Bis hierher im Original deutsch. P.T.]
[2] [Im Original deutsch. P.T.]
[3] [Im Original deutsch. P.T.]

Deinen Namen buchstäblich zu nehmen – »Macher des *Ha*!« – das heißt Denker und Schriftsteller eines definitiven und wiederholten Aus-rufs, wo sich außer Atem aus-setzte, was Du *die exponierteste Sprache*[4] nennst. Du sprichst dann von Adornos Verdikt über die Dichtung nach Auschwitz und der Weise, wie Celan das gehört hat – oder noch besser von der Weise, in der Du dieses Hören in seiner Dichtung hörst.

Das ist, warum die Dichtung – singulär Celans, aber auch von anderen – ein bevorzugtes Objekt Deines Denkens gewesen sein wird. Und bevorzugt an dem Punkt, an dem es bei Dir kein Objekt mehr ist, sondern vielmehr – weder Objekt noch Subjekt – das Sein selbst oder das Tun, die Existenz und das Handeln eines Willens, *zu sagen, was ihm seine Konsistenz im alles Sagen und alles Wollen raubt*. Du sagst, dass es das ist, was Celans Dichtung will und dass es dieses Wollen ist, das Du deinerseits wollen willst, bis sich darin alles Wollen und alles Sagen erschöpft – aber in einer in Nichts nihilistischen Erschöpfung, denn sie sagt sich selbst, am Ende der Kräfte, am Ende des Sprechens: Sie sagt sich als das Gedicht selbst.

Du sagst: *Das Gedicht in seiner größten Verdichtung ist das Gedicht dort, wo es als Platzhalter einer Pause, im Phänomen eines Nichtphänomenalen, an sich hält.*[5]

Du sagst das *in* Celans Pause, im Intimsten seines Gedichts.

2

Werner Hamacher ist ein sehr mächtiger Riese, der sich über die Insekten beugt, die die schlanksten Gedichte Paul Celans sind, der sie auf empfindsame Weise zwischen seine Finger nimmt, ihre Gelenke, ihre Klauen, ihre Zellhäute untersucht, bevor er sie von neuem auf das Blatt legt, um sie sich bewegen zu sehen.

Werner Hamacher ist ein Denker, den die Worte Paul Celans aus seinem eigensten Denken denken machen, als wäre es in diesen Gedichten, dass es geboren würde, als war es, dieses Denken, nichts als die Resonanz des Gedichts. Nicht sein Kommentar, sondern sein Echo oder seine Verbreitung.

Werner Hamacher ist ein Brunnen, in den die tönenden Worte Paul Celans fallen wie in ihren eigenen Spiel- und Fallraum, derje-

---

[4] [Im Original deutsch. P.T.]
[5] [Im Original deutsch. P.T.]

Vor-Rede

nige, in dem sie ihre Sinn-Erscheinungen entblößen, um sich in der Stille-Verdickung unterhalb des Sprechens zu versenken.

Natürlich heißt das, dass man alles umdrehen muss, nicht gemäß einer Wechselseitigkeit, einer Symmetrie, jedoch gemäß den Spannungen, den Stößen, dem Gestalt-werden und -Auflösen im Kampf der Körper.

Celan ist einzig, ihm liegt nichts daran, auf seinem Weg einem Ausleger oder Übersetzer zu begegnen. Aber hier begegnet er sich selbst. Das heißt Unmöglichkeit, sich zu identifizieren, jene Unmöglichkeit, die das sich von sich trennt und es weitergehen lässt. Da, wo ausweglos entweicht, was nicht gesagt gewesen sein wird.

Celan ist ein verirrtes Insekt auf dem Blatt, das ein zuvorkommender Riese in seine Finger nimmt, um es empfindsam dort abzusetzen, wo es Schutz findet: unter dem Blatt, dort, wo die Worte nicht sagen wollen können, was sie sagen – ohne doch aufzuhören, sich zu sagen.

Celan ist auf die Rückseite gefallen, überraschtes Insekt, in einem Netz von Linien, von Werner gespannt. Natürlich ist es ein Netz, das sich selber spannt:

fall ich dir zu, fällst / du mir zu[6]
Du versus mir – oder besser *Du für mich, Du zu mir*[7]

... quälende Frage der Übersetzung des *zu* – selbst auf Deutsch, auf Deutsch selbst. Sie – Du und ich – sind einer dem anderen zugewendet, einer dem anderen zugeneigt, einer gegen den anderen gedreht.

Das lässt sie nur übereinstimmen zum Preis einer Nichtübereinstimmung, genau wie die Übereinstimmung der Gedicht-Verse den Bruch ihres Rhythmus' herbeiführt. Auch der Celan-Leser – dieser Leser, der *du mir zu* liest – liest es nicht wahrhaft, wesenhaft als Bruch des Verses, als Bruch durch den Vers. Das, was dann zur Lektüre hinzukommt, ist *das Nicht-Geschriebene*. Hier ist das gesagt, was Werner bei Celan liest, durch Celan, einer im anderen und einer trotz des anderen.

---

[6] Paul Celan: *Selbdritt, Selbviert*. In: Ders.: *Die Niemandsrose*. Frankfurt a. M.: S. Fischer Verlag, 1963, p. 17.
[7] [Im Original: *Toi vers moi* – ou bien *toi pour moi, toi à moi*]

3

Denn wenn die Geste von Werners Lektüre – nicht Kommentar, nicht Auslegung, nicht Interpretation, nicht Glosse, aber das alles vermischt und mitgenommen in eine andere Bewegung, die, wie man auf Französisch sagt, *colle au texte* (auf Deutsch vielleicht *dicht am Gedicht* liest...) – dazu neigt, sich von der Geste des Gedichts ununterscheidbar und aus dem Celan-Hamacher eine Art des »Selben« zu machen, dann geschieht das nur nach dem Gesetz des Selben, dass sie sich einer dem anderen aussetzen.

(Welch ein Unterschied zu Heidegger und denen, die, wie er, aus dem Gedicht eine Wahrheit ziehen, wobei die Erscheinung des Gedichts als solchem unbeachtet bleibt! Hier und dort macht Werner darauf aufmerksam.)

Celan schreibt

> *Das*
> *Selbe*
> *hat uns*
> *verloren, das*[8]
> ......

und Hamacher entfaltet die Selbigkeit des Selben in *seiner eigenen Unterscheidung, seiner Trennung, seiner Teilung*.

Denn das Selbe kommt vom Anderen und kann nur vom Anderen kommen, über ein Chaos und eine Kluft. Ein Abgrund trennt uns – *uns*, das heißt ihn und mich ebenso[9] wie die Welt und uns. Das Gedicht ist das Erscheinen dessen: von der Welt zur Sprache gekommen *und* von der Sprache zur Welt, die ihr fremd bleibt. Geteilt aus der Teilung gekommen.

Aber da noch, kein Nihilismus und kein fruchtbares Nein, denn das, was das Zwischen-Beiden besetzt, das Intervall der Teilung, ist *eine wandernde leere Mitte*.[10] Eine Mitte, die herumwandert, umherschweift, herumspaziert: nicht Nichts, kein Subjekt, aber eine Rührung, eine Aufregung, ein Anstoß.

Das ist so, wie es das Gedicht *À la pointe acérée*[11] (Titel und

---

[8] Celan: *Selbdritt, Selbviert*. A.a.O., p. 17.
[9] [Im Original: de même]
[10] Celan: *Selbdritt, Selbviert*. A.a.O., p. 17.
[11] Paul Celan: *À la pointe acérée*. In: Ders.: *Die Niemandsrose*. A.a.O., pp. 48sq.

Eigenschaft) zeigt, dass die *Erze* sich in ein *Herzgewordenes* wandeln.

Schlagendes Herz, Einer Anderer, du mir zu, Pause und Wiederaufnahme, Aufsagen der Verse, *Hebung/Senkung*, Sein und Denken, Poem und Noem, Paul und Werner.

Jean-Luc Nancy, September 2018

(Aus dem Französischen von Peter Trawny)

HÄM
Ein Gedicht Celans mit Motiven Benjamins
(1999)

AUS DEM MOORBODEN ins
Ohnebild steigen,
ein Häm
im Flintenlauf Hoffnung,
das Ziel, wie Ungeduld mündig,
darin.

Dorfluft, rue Tournefort.

Gedichte erheben sich aus ihrer Geschichte und erheben sich gegen sie. Keins, das nicht diese doppelte Bewegung beschriebe, keins, das sich nicht von der Geschichte, die es aufnimmt und trägt, absetzte und deshalb noch absetzte von sich selbst. Was in es einging, bleibt hinter ihm, dem Gedicht, das darüber hinausgeht, zurück. Wenn Gedichte in einem emphatischen Sinn geschichtlich sind, dann nicht nur, weil sie die Spuren des Vergangenen für die Zukunft bewahren, sondern zunächst weil sie Zukunft und damit eine andere als die gewesene Geschichte eröffnen: sie sind Bewegungen in einem Gelände, das von historischen Fakten und Ereignissen noch nicht besetzt ist und erst in diesen Bewegungen, in jeder von ihnen zum ersten Mal und allein in ihrer Weise, erschlossen wird. Es ist eine – mindestens eine – andere Geschichte, eine künftige, die sich in jedem Gedicht anbahnt, und mit dieser anderen Geschichte eine Gegengeschichte, eine, die noch keine Geschichte ist und nie eine gewesen sein wird. Wenn aber Geschichte sich in der Dimension des noch nicht und niemals Historischen bewegt; wenn sie immer auf dasjenige aus ist, was noch nicht historischer Bestand geworden und also noch nicht ist, dann ist alle Geschichte die Prähistorie des Künftigen und erschließt sich erst demjenigen Blick, der in ihr nicht das Gewordene und Fertiggewordene, sondern das Unabgeschlossene, Offene und Mögliche erkennt. Zur Geschichte des Gedichts gehört demnach zuerst und vor allem, was ihr noch nicht angehört, sondern sich ihr entzieht; was keinem bekannten Gesetz des Handelns oder der Erkenntnis gehorcht, sondern virtuell jedes außer Kraft setzt; was die überlieferten Akte nicht bestätigt, ohne sie durch Suspendierung zugleich offenzuhalten für weitere Überlieferungen. Zu seiner Geschichte verhält sich das Gedicht als zu einer Vorgeschichte, zu seiner Welt als einer Vorwelt. Von dieser Vorwelt und Vorgeschichte setzt sich das Gedicht ab, gegen sie erhebt es sich mit dem Anspruch – einem vielleicht verzweifelten, vielleicht ironischen Anspruch –, eine andere Geschichte oder anderes als Geschichte zu eröffnen.

Von einer »Vorwelt« (31) und ihren »Uranfängen« (28) spricht Walter Benjamin in dem großen Essay, den er 1934 unter dem Titel »Franz Kafka. Zur zehnten Wiederkehr seines Todestages« veröffentlicht hat.[1] Um das Rätsel von Kafkas Schriften zu charakterisieren, verweist Benjamin auf die eigentümliche Konjunktion, in die Alltägliches darin mit Heroischem, Unscheinbares mit Monumentalem tritt, und besteht darauf, daß Kafka gezwungen war, nicht nur Zeitalter, sondern *Weltalter im Schreiben zu bewegen* – ein Größtes in einem Kleinsten (28). Im zweiten Abschnitt des Essays zitiert er einen Satz aus Kafkas »Betrachtungen über Sünde, Leid, Hoffnung und den wahren Weg«: »*Sein Ermatten ist das des Gladiators nach dem Kampf, seine Arbeit war das Weißtünchen eines Winkels in einer Beamtenstube.*« Und er vermerkt im Anschluß an dies Zitat: *Georg Lukács hat einmal gesagt: um heute einen anständigen Tisch zu bauen, muß einer das architektonische Genie von Michelangelo haben.* Da aber Kafkas Arbeit für Benjamin über die Borniertheit der bloß innerhistorischen – und das heißt für ihn: der bloß historischen – Perspektive hinausgeht, setzt er hinzu: *Wie Lukács in Zeitaltern, so denkt Kafka in Weltaltern. Weltalter hat der Mann beim Tünchen zu bewegen. Und so noch in der unscheinbarsten Geste. Vielfach und oft aus sonderbarem Anlaß klatschen Kafkas Figuren in die Hände. Einmal jedoch wird beiläufig gesagt, daß diese Hände »eigentlich Dampfhämmer« sind.* (10) Die unscheinbare, *beiläufige* Ver-

---

[1] Benjamins Kafka-Essay wird hier zitiert nach *Benjamin über Kafka. Texte, Briefzeugnisse, Aufzeichnungen* (ed. Hermann Schweppenhäuser), Frankfurt a. M.: Suhrkamp 1981. Die Seitenzahlen werden künftig im Text vermerkt. Von »Vorwelt« ist auf Seite 31, von »Uranfängen« auf Seite 28 die Rede.

schiebung der Optik, die in den *Händen Hämmer* entdeckt, stellt für Benjamin eine Bewegung nicht mehr bloß von Zeitaltern, sondern von Weltaltern vermutlich deshalb dar, weil diese Hämmer *Dampfhämmer* sind und mit den Elementarkräften, die sie mobilisieren, nicht nur dem Industriezeitalter, sondern zugleich dem vorgeschichtlichen *Nebelstadium* (14) angehören. Die Spanne, die diese Hände und Hämmer durchmessen, ist die Spanne zwischen Geschichte und dem, was aller Geschichte vorausliegt. Wenn Kafka *Weltalter im Schreiben* bewegt hat und wenn diese Bewegung, wie es Benjamins Parallelformulierung andeutet, derjenigen gleicht, in der *Weltalter [...] beim Tünchen* bewegt werden, dann wird jenes Schreiben zu einem Tünchen, einem Übermalen und Weißen, unter dem die geschichtlichen Ereignisse und ihre Epochen verschwinden und etwas anderes als Geschichte – ein Vor oder Nach der Geschichte – sich zeigt: sich *unscheinbar* zeigt und alles Zeigen *unscheinbar* macht im *Weißtünchen eines Winkels in einer Beamtenstube*. Die Hände des Schriftstellers, die dies *Weißtünchen* besorgen, sind aber, so legt Benjamin mit seiner Zitaten-Collage nahe, »*eigentlich Dampfhämmer*«, die gegen einander klatschen. Schreiben bewegt Weltalter und bewegt sich aus der geschichtlichen Welt und der Geschichte hinaus, indem es sich selbst löscht und, paradox, als Löschen schreibt, indem es an seiner äußersten Grenze und über sie hinaus, indem es sich aus-schreibt und entschreibt. Wenn es nicht Schwarz auf Weiß schreibt, sondern so, daß hinter sein Weiß alle geschichtlichen Epochen zurücktreten, erst dann bewegt das Schreiben für Kafka, wie ihn Benjamin liest, Welt und Geschichte, denn erst dann setzen die Weltalter in einer unscheinbaren *epoché* aus, auf deren vakantem Grund eine andere Geschichte oder etwas anderes als Geschichte beginnen kann. Für Benjamin bescheiden sich die Texte der Literatur nicht damit, historische Replikate von historischen Fakten und Konfigurationen zu sein, sie bewegen, verschieben und transformieren vielmehr historische Konfigurationen und diejenige Konfiguration, die Geschichte heißt, insgesamt und transformieren sie so, daß sie einem Nicht-Geschichtlichen, einem Vor- und Nach-Geschichtlichen Raum geben. Literatur, wie Benjamin sie in Kafkas Schriften liest, ist geschichtskritisch in dem eminenten Sinn, daß sie die Geschichte, wie sie ist und gewesen ist, um einer anderen Geschichte oder etwas anderem als Geschichte willen darangibt.

Es erleichtert und es erweitert das Verständnis von Celans

»Aus dem Moorboden«,² wenn man es im Kontext von Benjamins Kafka-Aufsatz liest.³ Ihm sind fast alle seine Motive entlehnt, und diese Motive sind ausnahmslos solche, die das Verhältnis der Vorgeschichte zur Geschichte und Nachgeschichte berühren. Die Titelwendung »Aus dem Moorboden« nimmt eine Benjaminsche Formulierung auf, in der es heißt: *Es ist der Moorboden solcher Erfahrungen, aus denen die Kafkaschen Frauengestalten aufsteigen. Sie sind Sumpfgeschöpfe wie Leni, die »den Mittel- und Ringfinger ihrer rechten Hand« auseinanderspannt, »zwischen denen das Verbindungshäutchen fast bis zum obersten Gelenk der kurzen Finger« reicht. – »Schöne Zeiten‹,« erinnert die zweideutige Frieda sich ihres Vorlebens, »du hast mich niemals nach meiner Vergangenheit gefragt.« Diese führt eben in den finsteren Schoß der Tiefe zurück, wo sich jene Paarung vollzieht, »deren regellose Üppigkeit«, um mit Bachofen zu reden, »den reinen Mächten des himmlischen Lichts verhaßt ist und die Bezeichnung luteae voluptates, deren sich Arnobius bedient, rechtfertigt.«* (29) Für Benjamin gilt die Beschreibung des Moorbodens, dem Kafkas Schriften gewidmet sind, nicht einem Zeitalter vor dem gegenwärtigen, sondern einem Weltalter, das als vergessenes und vermöge seiner Vergessenheit noch ins jetzige hineinreicht. *Das Zeitalter, in dem Kafka lebt, so schreibt er, bedeutet ihm keinen Fortschritt über die Uranfänge. Seine Romane spielen in einer Sumpfwelt. Die Kreatur erscheint bei ihm auf der Stufe, die Bachofen als die hetärische bezeichnet. Daß diese Stufe vergessen ist, besagt nicht, daß sie in die Gegenwart nicht hineinragt. Vielmehr: gegenwärtig ist sie durch diese Vergessenheit. [...] »Ich habe Erfahrung«, lautet eine der frühesten Aufzeichnungen Kafkas, »und es ist nicht scherzend gemeint, wenn ich sage, daß es eine Seekrankheit auf festem Lande ist.«* (28)

---

² Hier zitiert nach Paul Celan: *Gesammelte Werke* (Herausgegeben von Beda Allemann und Stefan Reichert unter Mitwirkung von Rolf Bücher), Frankfurt a. M.: Suhrkamp 1983 (künftig abgekürzt als GW), Band II, p. 389.
³ Darauf hat bereits David Brierley in seiner Studie ›*Der Meridian*‹ – *Ein Versuch zur Poetik und Dichtung Paul Celans* (Frankfurt a. M.: Peter Lang 1984; pp. 442–44) hingewiesen. Otto Pöggeler (*Spur des Worts – Zur Lyrik Paul Celans*, Freiburg: Alber 1986; pp. 288–94) und Christine Ivanvic (*Trauer – nicht Traurigkeit. Celan als Leser Benjamins. Beobachtungen am Nachlaß*, in: Celan-Jahrbuch 6, Heidelberg: Winter 1995; pp. 148–49) sind Brierleys Bemerkungen gefolgt, aber keiner der drei Kommentatoren geht über eine ebenso kursorische wie lückenhafte Auflistung der Sachgehalte von Celans Text hinaus.

Was aus dem Moorboden aufsteigt, ist die vergessene Welt der hetärischen Sumpfgestalten, die sich vom Tierischen noch nicht ganz gelöst haben und in der Welt der geschichtlichen Gegenwart – und das ist eine Welt der Menschen – nur als animalische Atavismen, als Parasiten und Monstren erscheinen können. Der Moorboden ist der Bereich des Vergessenen, einer *Vorwelt*, die, so fern sie sein mag, noch das Nächste, das Hier und Jetzt des eigenen Körpers in ihren Bann zieht und verstellt; er ist aber eben deshalb auch der Bereich des Undefinierten, des Unfertigen und Ungeschickten, für das – so meint Benjamin – in Kafkas Welt allein die Hoffnung da ist. Denn die Zwischenwesen aus dem Sumpfgebiet, die Benjamin »Gehilfen« nennt, sind noch nicht ganz geboren und unterstehen deshalb nicht dem Gesetz patriarchalisch-familialer und weiterhin ödipaler Organisationsformen, die zu Schuld und Hoffnungslosigkeit verdammen. *Indische Sagen kennen die Gandharwe, unfertige Geschöpfe, Wesen im Nebelstadium. Von ihrer Art sind die Gehilfen Kafkas; keinem der anderen Gestaltenkreise zugehörig, keinem fremd: die Boten, die zwischen ihnen geschäftig sind. [...] Noch sind sie aus dem Mutterschoße der Natur nicht voll entlassen [...]. Für sie und ihresgleichen, die Unfertigen und Ungeschickten, ist die Hoffnung da.* (14-15) Diese *Ungeschickten, Wesen im Nebelstadium* – und auch, so kann man hinzufügen, im Nebelstadium vor jeder Bestimmung, die sie als substantielle Gestalten dem begrifflichen Verstehen zugänglich machen könnte – unterhalten nun den engsten Kontakt zu jenem Gestus, von dem Benjamin sagt, daß nur in ihm Kafka etwas faßbar war. *Und dieser Gestus, den er nicht verstand, bildet die wolkige Stelle der Parabeln. Aus ihm geht Kafkas Dichtung hervor.* (27)[4] Die Parallele zwischen dem Hervorgehen von Kafkas Dichtung aus einer *wolkigen Stelle* und dem Aufsteigen von Kafkas Frauengestalten aus dem *Moorboden* ist zu exponiert, als daß sie bloßer Zufall sein könnte. Man wird sie so verstehen dürfen, daß wie aus einer *wolkigen Stelle* jene Dichtung, die durchweg hetärische Züge trägt, aus dem *Nebelstadium*, der *Sumpfwelt* und dem *Moorboden* hervorgeht und deshalb, kaum anders als die »Gehilfen« und »Boten«, von denen sie erzählt, unfertig, ungeschickt, keiner bekannten historischen oder auch nur anthropologischen Figur zugehörig und dabei doch keiner fremd

---

[4] Für eine ausführlichere Diskussion dieser Sätze und ihres weiteren Zusammenhangs verweise ich auf »Die Geste im Namen« in Werner Hamacher: *Entferntes Verstehen* (Frankfurt a.M.: Suhrkamp 1998), pp. 280-323.

ist. Die *wolkige Stelle*, die die Transparenz der Parabel trübt und sie für die Lehre, die sie gleichwohl intendiert, unbrauchbar macht; diese Entstellung und Verunfertigung aller überlieferten Genre- und Dichtungskonventionen, aus der Kafkas Dichtung hervorgeht, läßt, so schreibt Benjamin, seinen Versuch, *die Dichtung in die Lehre zu überführen,* scheitern. Indem sie aber an genau derjenigen *wolkigen Stelle,* aus der sie hervorgeht, scheitert – und genauer: indem sie aus ihrem Scheitern hervorgeht, scheitert Kafkas Dichtung schon in ihrer Geburt, schon in ihrem Hervorgang und Aufstieg zur Dichtung, verfehlt sie, Dichtung zu werden, und erfüllt derart genauer als jede andere das Bilderverbot. *Kein Dichter,* so urteilt Benjamin, *hat das »Du sollst Dir kein Bildnis machen« so genau befolgt.* (28) Die Einhaltung des Bilderverbots ist aber in Kafkas Texten keine Unterwerfung unter das Gesetz eines vergöttlichten Vaters, sondern vor jedem Gesetz, nämlich vor der Geburt zum Gesetz die Suspension von dessen Setzung. Von den noch ungeborenen Wesen aus dem *Nebelstadium* wie von Kafkas Dichtung aus der *wolkigen Stelle* wird das Gesetz der Bildlosigkeit nicht deshalb eingehalten, weil es diese Einhaltung geböte, sondern weil es für sie, die nicht recht Geborenen, ein Gesetz, das gebieten könnte, gar nicht gibt, und weil ihnen eine Form, die nachgebildet oder zum ersten Mal gebildet werden könnte, fehlt. Wie die aus dem *Moorboden* steigenden Gestalten sind die Schriften aus der Wolkenstelle im strengen Wortsinn Anamorphosen: Ungestalten auf dem immer wieder umgelenkten oder abgebrochenen Weg zu einer Gestalt, die von ihnen ebensowenig erreicht wie antizipiert werden kann. Weil sie noch nicht ganz geboren sind, gehören sie dem Bereich bloßer Möglichkeit an, einer vorwirklichen Potentialität, deren Aktualisierung von ihnen hintertrieben werden muß. Deshalb machen sie nicht nur Aussagen über etwas anderes als sich selbst – sie sind, so betont Benjamin, Boten –, sondern fallen jeder Aussage, jeder Lehre und jedem Gesetz ins Wort, um sie auf ihre ungeminderte Möglichkeit, darin aber auf die Unmöglichkeit ihrer Verwirklichung zurückzuführen. Kafkas Dichtung gehört selbst zu jenen *Unfertigen und Ungeschickten,* von denen sie berichtet. Nur für sie kann es Hoffnung geben, weil nur für sie die Welt und sie selbst noch offen sind. Nur was noch keine Geschichte hat und keine Welt, kann für Geschichte und Welt offen sein. Nur das bewegt sich und bewegt anderes: als Motiv, das noch nicht zu einem Gesetz, einem Thema oder Topos stillgestellt ist.

»Aus dem Moorboden ins / Ohnebild steigen« – die ersten beiden Verse von Celans Gedicht geben ebenso deutlich zu erkennen, daß sie Motive von Benjamins Kafka-Essay aufnehmen, wie sie durch die epigrammatische Verkürzung von Benjamins Überlegungen den Eindruck erwecken, ihre diffusen Gestalten nähmen in ihrem formelhaften Duktus feste Kontur und Richtung an. Denn steigen aus dem *Moorboden* Kafkas Ungestalten und mit ihnen eine Dichtung auf, die sich keiner kanonischen Gestalt fügt, weil sie sich von jenem Mutter- und *Moorboden* nie gänzlich löst, so visiert die Celansche Wendung, deren Infinitiv sie zum Memorandum und zum Imperativ macht, einen Aufstieg anscheinend anderer Art: eine Elevation, die vom »Moorboden« abhebt und gradewegs aufs »Ohnebild« zielt. Offenbar anders das Steigen in Benjamins Kafka-Charakteristik; es ist das von Kreaturen, von denen es heißt: *keine die nicht im Steigen oder Fallen begriffen ist; keine die nicht mit ihrem Feinde oder Nachbarn tauscht; keine welche nicht ihre Zeit vollbracht und dennoch unreif, keine welche nicht tief erschöpft und dennoch erst am Anfang einer langen Dauer wäre* (15). Wenn Kafkas Figuren steigen oder fallen, weil keine eine *feste Stelle* und einen *festen, nicht eintauschbaren Umriß* hat (15), so sind Celans Verse, in denen von Figuren nicht mehr die Rede ist, dennoch in einem vergleichbaren Prozeß wenn nicht des Tauschs, dann der Verschleifung semantischer Konturen und der Bewegung grammatischer Positionen begriffen. Ihre grammatisch-semantischen Instanzen werden nämlich durch die akzentuierte Homophonie zwischen dem gedehnten »oo« von »Moorboden« und dem gleichfalls gedehnten »Oh« des Neologismus »Ohnebild« verschränkt. Während die semantische und topische Differenz zwischen den Nomen für die Vorgeschichte und das messianische Ende der Geschichte kaum größer sein könnte als in diesen Versen, hält die Phonetik von »Ohnebild« in ihrem ersten Element die Gehöhltheit seiner Herkunft noch fest und kontrastiert sie erst in ihrem letzten mit dem hellen Ton eines »i«, der in »ins« angekündigt und im »steigen« bestätigt wird. Auch in Celans Transformation von Benjamins Beschreibungen führt also der Aufstieg in die Bildlosigkeit, die Kafkas Prosa charakterisiert, jenen »Moorboden« – wenn auch nur stückweise – mit, der nicht erst steigen muß, um vor-bildlich und bildfremd zu sein. Die sonderbare Amphibolie von Sumpfwesen und Bildlosem, Herkunft und Zukunft, die sich aus der Interferenz zwischen Phonetik und Semantik dieser Verse ergibt, wird durch die Struktur des Wortes »Ohnebild« nicht aufgelöst, sondern bestätigt. Denn »Ohnebild« – ein im Deutschen befremdliches Nominalsyntagma, das in Analogie zum französischen, doch auch im Französischen befremdlichen, ›le sans-image‹ gebildet sein könnte –, »Ohnebild« heißt zum einen, was ohne Bild ist; zum andern aber auch das Bild eines Ohne –: so daß sich in ihm das Bild noch in seiner Negation erhält, Bild sich mit Bildlosem mischt und in einem einzigen Wort jene *wolkige Stelle* ergibt, die Benjamin an der Struktur von Kafkas Parabeln ausgemacht hat. Undurchsichtig – und so erst unsichtig und bildfern – ist dies Wort »Ohnebild« aber deshalb, weil es keine nominale Einheit, sondern ein aporetisches Syntagma ist, in dem sich zwei einander ausschließende Bedeutungstendenzen verschränken. Das Bild des Ohne ist zwar Bild ohne Bild, aber immer auch Bild noch des Ohne und daher sein Ohne noch Bild. Ohnebild, ist es aber zugleich ohne das Bild noch des ›Ohne‹ und deshalb ein Ohne ohne Ohne. Bild ohne Bild, hat es am Bild wie am Bildlosen teil und trägt das eine wie das andere, Position wie Negation durch einen internen Chiasmus, der beide durchkreuzt, in das Intervall zwischen beiden so ein, daß keins von ihnen seinen semantischen oder syntaktischen Status, keines auch nur seine Funktion als ›sprachliches Zeichen‹ bewahrt. »Ohnebild« zeigt, daß sein Zeigen sich entzieht, heißt, daß es nicht heißt, und sagt bloß die Revokation seines Sagens. Die Logik der Celanschen Sprache, die sich in diesem Wort kondensiert, ist ihre Ent-sprechung.

»Aus dem Moorboden ins
Ohnebild steigen,«

Liest man das Enjambement zwischen den ersten Versen von Celans Gedicht nicht als bruchlosen Übergang vom einen zum andern, sondern als Übergang zunächst in den Versbruch, dann führt der Weg »Aus dem Moorboden ins« – ins Weiß der Seite und ins Aussetzen der Sprache –: in eine Sprachpause, die von keinem Wort und noch weniger einem Bild besetzt ist. »Ohnebild« stellt sich am Beginn des zweiten Verses als Transmutation jenes Mutum, jener Bild-, Schriftbild- und Laut-Vakanz ein, welche der erste Vers durchqueren muß, um im zweiten zu münden.[5] Die Transmutation ist nicht nur Verwandlung der Muta zwischen den Wörtern

---

[5] Wie wichtig Celan die Stummzonen der Sprache waren, läßt sich leicht an einem der großartigsten unter den von ihm nicht veröffentlichten Gedichten, an »MUTA«, ablesen – einem Text vom 7. August 1961, der nicht allein *von*, sondern *mit* stummen Konsonanten, Versbrüchen, Leerzeilen, der Mehrsprachigkeit und dem »Vielleicht einer Sprache« redet (in Paul

und Zeilen in ein Wort, sie ist zugleich Verlagerung der Muta in ein Wort – und zwar eines, aus dem das Verstummen, die Pause, das »Ohnebild« spricht und in dem die Sprache, die Sprachvakanz sprechend, sich selbst ent-spricht. Sprache – in jedem erdenklichen und unausdenklichen Sinn – mutiert. Was in »Ohnebild« verlautet, ist die laut- und bildlose Pause im Sprechen. Was in ihm zur Sprache kommt, ein Stummes, ist, paradox – vor und außerhalb jeder doxalen Erscheinung –, was selbst nicht zur Sprache kommt und allein so jedes Kommen zur Sprache ermöglicht. Celans Wort – »Ohnebild« – spricht *mit* dem Intervall, das diesem und jedem Wort vorausliegt –: es spricht *mit* ihm als seinem Gegenüber, spricht im *Medium* des Wort-Intervalls und spricht *aus* ihm als

Celan: *Die Gedichte aus dem Nachlass,* Frankfurt a.M.: Suhrkamp 1997, p. 63):

> Seul –: zu dreien gesprochen, stummes
> Vibrato des Mitlauts.
> Seuls.
> ....
>
> Ein Bogen, hinauf
> ins Vielleicht einer Sprache gespannt,
> aus der ich, souviens-
> t'en, – aus der ich
> zu kommen
> glaubte. Und
>
> une corde (eine Saite, eine
> Fiber) qui
> répondrait.

Vier und drei Monate früher, im April und Mai 61, schreibt Celan ein Gedicht, das in der Druckfassung den Titel »ERRATISCH« trägt, aber im ersten Entwurf »MUTA CUM LIQUIDA« hieß (Paul Celan: *Die Niemandsrose,* Tübinger Ausgabe, ed. Jürgen Wertheimer, bearbeitet von Heino Schmull und Michael Schwarzkopf, Frankfurt a.M.: Suhrkamp 1996, pp. 50–51). In der Druckfassung wird von den »Silben – schönes,/lautloses Rund –« gesagt, sie »helfen dem Kriechstern/in ihre Mitte«, und diese »Mitte« »tut sich hier auf:« im unbesetzten, lautlosen Intervall zwischen den Strophen, das mit dem letzten Wort des Gedichts als »Äther« apostrophiert wird. Es ist diese stumme »Mitte« des Gedichts, die Muta, aus der seine Worte und Bilder hervortreten und in deren Medium sie vermöge des Gedichts wieder einziehen. – Wie sehr die Muta und ihr Verhältnis zu den Liquida Celans poetologische Reflexion auf sich gezogen hat, wird aus einer Notiz zu den Vorarbeiten der Meridian-Rede deutlich, in der es heißt: »Das Stimmhafte des Gedichts heute; im Anlaut: muta cum liquida«. (l.c., p. 50) demjenigen einzigen Medium, das *mit* einem Gegenüber zu sprechen erlaubt, statt es zu einem definiten Adressaten, einem Signifikat oder Bild zu fixieren. Mit »Ohnebild« artikuliert sich als aporetisches Syntagma und als Übersetzung eines Ungesetzten und Unbesetzbaren – einer Pause, einer Unterbrechung, einer Vakanz zwischen den Worten – eine Sprache, die der Bildlosigkeit und also bloßen Sprachlichkeit der Sprache entspricht, indem sie noch deren Restbildlichkeit: daß sie Etwas sagt und über es benennende und urteilende Aussagen bildet, auflöst und sie ent-spricht. Was bleibt, ist ein Bild ohne Bild – und also ein Bild seiner eigenen Unbildlichkeit – und ein Wort ohne Wort – das Wort seiner Wortlosigkeit –: »Ohnebild« als Mutat der Muta, die es umgibt. Die Sprache, die sich in diesem Wort ihrer unmittelbaren Selbstrevokation darbietet, ist schieres Medium darin, daß sie nicht *von* Etwas, sondern sich selbst, aber sich als Medium dessen spricht, das sie nicht ist. Nur so, als unfertiges, sich zurücknehmendes Wort einer unfertigen, sich zu *Öffnung,* Pause und Vakanz machenden Sprache, bezeugt sich in ihm, bildlos und wortlos, eine *Hoffnung.*

> »ein Häm
> im Flintenlauf Hoffnung,«

Mit diesem ungleichen Verspaar kommt die Hoffnung, das große Motiv von Benjamins Kafka-Essay, in Celans Gedicht zur Sprache. Aber im Essay ist an keiner Stelle von einem »Flintenlauf« oder »Flinten« die Rede, nur von den *Finten* der Vernunft und der List, mit denen Kafkas vorgeschichtliche Welt in ihren Gehilfen und Boten dem Mythos und seinem auf Gewalt fundierten Erlösungsversprechen begegnet (15). Zu den *Finten* zählt Benjamin insbesondere die des Odysseus in der Geschichte von den Sirenen, der entdeckt, daß sie »*eine noch schrecklichere Waffe als den Gesang, ... ihr Schweigen*« haben (15). Bei Kafka schweigen die Sirenen, so erklärt Benjamin, weil Musik und Gesang ihm ein Ausdruck oder *wenigstens ein Pfand des Entrinnens* und ein *Pfand der Hoffnung* sind (16). Da aber der Gesang ausbleibt, muß sich Odysseus mit einer *Finte* gegen die schreckliche Waffe der mythischen Weltordnung, gegen Schweigen und Hoffnungslosigkeit, zur Wehr setzen. Das tut er, indem er sein Nichthören nur vortäuscht und somit vortäuscht, es gebe einen Gesang, den nicht zu hören ihm freistünde, und mit diesem Gesang *ein Pfand der Hoffnung.* Hoffnung liegt unter Bedingungen ihrer Abwesenheit allein darin, daß man sie erfindet, aber von der erfundenen absieht: nur so ist sie realistisch.

Nur die fingierte und ungebrauchte Hoffnung, nur die *Finte* – die ›feinte‹ – »Hoffnung« ist ein *Pfand*, und nur an ihr, nicht am Gesang oder seinem Fehlen, kann sich die Hoffnung aufrichten. *Ein Pfand der Hoffnung, das wir aus jener kleinen, zugleich unfertigen und alltäglichen, zugleich tröstlichen und albernen Mittelwelt haben, in welcher die Gehilfen zu Hause sind.* (16) Die Gehilfen und Boten und unter diesen Übermittlern aus der *Mittelwelt* Josefine, die singende, aber vielleicht unhörbar singende Maus, an die ein früherer Text aus Celans »Schneepart« erinnert: »Mit der Stimme der Feldmaus / quiekst du herauf«.[6] Der Abwesenheit von Gesang und Gedicht gewinnt die Fiktion, es gebe sie doch, zumindest die eine Möglichkeit ab, ihr Schweigen zum Sprechen und das Nicht-Gedicht zum Gedicht zu bringen. Das Gedicht ist die *Finte*, mit der Odysseus dem mythischen Schweigen die Möglichkeit der Sprache und mit der er der Hoffnungslosigkeit einer immergleichen, mythischen Geschichte die Möglichkeit der Hoffnung ablistet. Es ist nicht das Gedicht selbst, sondern die *Finte* Gedicht, nicht die Hoffnung selbst, sondern der »Flintenlauf Hoffnung«, wodurch sich das Nichts der Sprache in ein mögliches Etwas verwandelt. Was noch kein Gedicht ist, kann allein kraft dieser Fiktion »aus dem Moorboden ins / Ohnebild steigen«. Weil dieser Gesang aber nur als mutiertes Schweigen aufsteigen kann, ist er ein Quieken. Die »Stimme der Feldmaus« und die *Finte*, »der Flintenlauf Hoffnung«, mit denen Celans Gedichte sprechen, sind Scharnier und Medium zwischen Stummheit und möglicher Sprache.

In der ersten bezeugten Fassung von »Aus dem Moorboden« hieß das zweite Verspaar »ein Häm / auf der Pfanne Hoffnung«.[7] »Pfanne« – das als entstellte Reminiszenz an Benjamins *Pfand* der Hoffnung gelesen werden kann – bezeichnet das Behältnis für Zündmittel an alten Gewehrschlössern. Nicht unwahrscheinlich,

---

[6] GW II, p. 343. – Am gleichen Tag wie diesen Text, am 20. Januar 1968, schrieb Celan denjenigen, der ihm in der Sammlung »Schneepart« unmittelbar voransteht, »Ich höre, die Axt hat geblüht« (ursprünglich »Der zwanzigste Jänner 1968«). Er enthält in seinen letzten Versen eine weitere Wendung, die sich als Reminiszenz an Benjamins Kafka-Aufsatz verstehen läßt: »ich höre, sie nennen das Leben / die einzige Zuflucht.« (GW II, 342) Bei Benjamin ist vom Naturtheater von Oklahoma als der *letzte[n] Zuflucht* die Rede, bevor es heißt: *Die Erlösung ist keine Prämie auf das Dasein, sondern die letzte Ausflucht eines Menschen, dem, wie Kafka sagt,* »*sein eigener Stirnknochen ... den Weg*« *verlegt.* (23)

[7] Paul Celan: Werke. Historisch-Kritische Ausgabe (HKA), Bd. 10.2, p. 160.

daß diese Metapher den Anstoß für die deutlichere gewehrtechnische Wendung der Druckfassung »ein Häm / im Flintenlauf Hoffnung« gegeben hat. Mit der neuen Metapher vom Flintenlauf wird der Hoffnung die Agressivität einer Handfeuerwaffe zugeschrieben, mit seiner neuen grammatischen Position kommt dem »Häm« nicht mehr wie in der früheren bloß die Bedeutung eines Zündstoffs, sondern überdies die eines Projektils und eines Ziels im Visier des Flintenlaufs zu. Die Hoffnung präsentiert sich als Waffe, als Schutz- und Kampfgerät, das in einem politischen und sprachlichen Kampf, in einem Kampf um Sprache und Politik, um die Politik der Sprache und die Sprache der politischen Geschichte in Anschlag gebracht wird. In welchem Sinn dieser Kampf aber einer des Gedichtes und für das Gedicht ist, machen die ersten Verse deutlich, wenn sie von seinem Aufstieg aus dem vor- und das heißt auch: dem aktual-geschichtlichen »Moorboden« ins »Ohnebild« und somit in den bildlosen Bereich Gottes sprechen. Das Gedicht spricht sich dem messianischen Ende der Geschichte zu. Und genauer: es erinnert in der Form eines Memorials, das zugleich Imperativ seines Sprechens ist, daß es Gedicht nur sein kann, indem es sich auf das Ende der Geschichte im »Ohnebild« zuspricht. Es ist diese Selbstdeutung des Gedichts als sprach-messianischer Tendenz, die den Gedanken nahelegt, das Wort »Flintenlauf« sei nicht allein durch eine Referenz auf Benjamins Kafka-Essay determiniert, sondern durch eine zweite Referenz auf Martin Bubers »Erzählungen der Chassidim«. In der Einleitung zu dieser Sammlung berichtet Buber nämlich von einer häretischen chassidischen Sekte, der Chabad, von der ein Zaddik habe sagen können, *sie gleiche einer geladenen Flinte in der Hand eines, der zielen kann und das Ziel kennt, nur der Zünder fehle.*[8] Dieser *Zünder* wird in Bubers Darstellung als *chassidische »Flamme«*, als *Seelenaufschwung, das warme Leben* und der *Gottesfunken*[9] gedeutet, die in der rationalisierten Mystik der Chabad durch Weisheit, Vernunft und Wissen nicht ersetzt werden können. Die Stelle dieses Zünders, des *warmen Lebens* der *chassidischen »Flamme«*, die den ekstatischen Aufschwung bewirkt, nimmt in Celans Text »Häm« ein.

»Häm« ist das Movens, gleichgültig, ob es als Zünder in der »Pfanne« oder als Ziel im Visier des »Flintenlauf(s) Hoffnung« und

---

[8] Martin Buber: *Die Erzählungen der Chassidim*, Zürich: Manesse 1949, p. 53.
[9] L.c., p. 52.

des Gedichts liegt. Aber »Häm« ist nicht eins. Es ist nicht *ein* Wort, keine nominale Einheit, sondern ein »vielstelliger« Komplex von möglichen Wörtern[10] und überdies ein Wort, in dem jedes Wort abgebrochen wird. Es kann zunächst als technischer Terminus der Blutphysiologie denjenigen Bestandteil des Blutfarbstoffs Hämoglobin bezeichnen, mit dem der im Blut befindliche Sauerstoff gebunden wird. Daß diese fachsprachliche Bedeutung Celan nicht fremd war, wird durch die Verwendung verwandter Begriffe in anderen Gedichten der späten sechziger Jahre bezeugt – so ist in einer frühen Fassung von »Ein Leseast« vom »Hämothorax« die Rede, wo es in der Druckfassung »Blutklumpenort« heißt,[11] so in dem späteren Gedicht »Schaltjahrhunderte« aus »Lichtzwang«, das mit den Versen schließt »Kaltstart-/mit Hämoglobin«. Ein »Häm« im Flintenlauf Hoffnung wäre das Element, das dieser Hoffnung Atem – At*hem* – und Farbe verschafft und somit aktiv zu ihrer Erfüllung beiträgt. Es wäre das *warme Leben,* von dem Bubers chassidischer Vergleich spricht. »Häm« kann aber auch eine entstellte Schreibung des mittelalterlichen, hier gleichsam bloß gehauchten, ›heim‹ und, eher noch, die unkonventionelle Transliteration des jiddischen ›Hajm‹, des Heimwärts und Nach-Hause sein[12] – und ein Häm »im Flintenlauf Hoffnung« wäre dann jenes Heim oder Heimwärts, das für die Hoffnung, den »Flintenlauf Hoffnung«, Zündstoff, Geschoss und Ziel abgibt. Wie jede andere gabelt sich diese Deutung in zwei mögliche Richtungen: zum einen nämlich kann damit gesagt sein, daß »Häm« das Projektil »im Flintenlauf Hoffnung« ist und daß dies Heim von der Hoffnung in die Fremde und Ferne geschossen wird –: ein »Häm«, ein ›Heimwärts‹ ist es dann nie anders als in der Ent-fernung zu sich. Ein Heimwärts und eine Hoffnung auf Heimat kann es nur für den geben, der nicht Zuhause ist, Heim ist immer ein verstelltes, fremdes und fremdsprachiges, ein »Häm«, ein zitiertes, ein Heim im Exil. Zum andern kann damit gesagt sein, daß dies »Heim« »im Flintenlauf Hoffnung« visiert und aufs Korn genommen, daß es zum Opfer der Hoffnung und die Hoffnung zum Mord am »Heim« bestimmt ist –: damit ist aber »Häm« noch einmal allein aus seiner Ent-fernung bestimmt, als Heim gegen Heim, Heim ohne Heim und also,

---

[10] Von »Vielstelligkeit des Ausdrucks« spricht Celan in der »Antwort auf eine Umfrage der Librairie Flinker, Paris (1958)«, in: GW III, p. 167.
[11] HKA, Bd. 10.2, p. 181.
[12] Den Hinweis auf diesen jiddischen Ton in »Häm« verdanke ich Rochelle und Sigmund Tobias.

wie »Ohnebild«, als Ohneheim. Die amphibolische Logik dieser Heimkehr im »Häm« bestimmt schon in »Schibboleth« von 1955 die Wendung von der »Fremde der Heimat«,[13] und kurz nach der Niederschrift von »Aus dem Moorboden« erscheint in »Die gestohlenen Briefe« vom 28.7.1968 die Formulierung »entheim-zuheim«.[14] Das ›Wort‹ »Häm« in der Wendung »ein Häm / im Flintenlauf Hoffnung« heißt in jeder seiner Denotationsmöglichkeiten – auch noch in der, die an das Hebräische ›Em‹ anschließt, das ›Mutter‹ bedeutet –, daß es »Häm« nur von Ferne heißt, daß »Häm« von »Häm« geschieden und noch für ›sich selbst‹ ein Geheimnis bleibt, das nur so, als heimliches noch in der offenen Gewalt des Flintenlaufs, die Hoffnung befeuert: als ein anökonomisches ›Wort‹, als ›Wort‹ vor jeder bestimmten historischen oder Nationalsprache – sei sie griechisch, mittelhochdeutsch, jiddisch oder hebräisch –, vor jeder politischen oder sprachpolitischen Gemeinschaft, vor jeder Gemeinsamkeit mit sich ›selbst‹, seinem Heim oder »Häm«. Daß mit »Häm« das mittelhochdeutsche ›hâm‹ oder ›haem‹ gemeint sein könnte, ist unwahrscheinlich, führte aber zu dem für den Kontext nicht unpassenden Sinn, daß »im Flintenlauf Hoffnung« ein Maß oder Eichmaß gelegen sein soll, aus dem die Orientierung der Hoffnung und die Sicherheit ihrer Bewegung gewonnen werden kann –: ein Maß aber auch, das, visiert in einer Hoffnung, die aufs Offene geht, zerstört werden muß. In jeder Version, in der man es lesen mag, reguliert die Ökonomie des Anökonomischen den Sinn des »Häm / im Flintenlauf Hoffnung«.

Geht man, wie das erste Verspaar und die folgenden Verse bis hin zum letzten es nahelegen, von der Annahme aus, daß sich Celans Formulierungen zwar nicht ausschließlich, aber immer wieder und streng auf solche von Benjamins Kafka-Essay beziehen, dann ergibt sich eine weitere Lesung, die vielleicht befremdlichste, aber auch die prägnanteste und triftigste, für die Zeilen

»ein Häm
im Flintenlauf Hoffnung«.

Bei der Lektüre dieser Verse läßt sich nicht von der Möglichkeit absehen, daß der Zeilenbruch nach »Häm« nicht nur den Vers, sondern auch das »Häm« abbricht, und daß so, wie »ein Häm«

---

[13] GW I, p. 131.
[14] Paul Celan: *Die Gedichte aus dem Nachlass* (ed. B. Badiou, J.-C. Rambach, B. Wiedemann), Frankfurt a. M.: Suhrkamp 1997 (künftig abgekürzt GN), p. 216.

HÄM. Ein Gedicht Celans mit Motiven Benjamins 27

Vers, »Häm« ein ›Wort‹ nur vermöge dieses Abbruchs ist. Diese zunächst abstrakte Erwägung, die dem Zeilenbruch, der als konventionelle Wendestelle mißverstanden wäre, das Gewicht eines sprachlichen Geschehens zuerkennt, wird dadurch verstärkt, daß schon das Enjambement der ersten Zeile »Aus dem Moorboden ins« – in eine Sprachpause führt, als deren Transmutation sich im folgenden Vers »Ohnebild« einstellt. Die Vermutung, der Zeilenbruch sei nicht etwa ein konventionsdiktiertes oder auch nur rhythmisches Enjambement, sondern führe die sprachliche Vakanz, das »Ohnebild« und Ohnewort, das sich im Übergang vom ersten zum zweiten Vers öffnet, in den dritten Vers und ins ›Wort‹ »Häm« selber ein und verlege derart die asemische Pause nun tiefer in die Sprache des Gedichts –; diese Vermutung wird weiter dadurch befestigt, daß jede semantische Determination des »Häm« von der Indetermination begleitet wird, die »Häm« als Transkription eines Räusperns und einer Rede-Hemmung markiert. Was im »Häm« sich ausspricht, ist dies, daß das Sprechen selber gehemmt und vom Schweigen oder der Stummheit heimgesucht ist. Es ist die gehemmte Rede von der Hoffnung, die in »ein Häm / im Flintenlauf Hoffnung« spricht. Und es ist die Hemmung der Rede von der Hoffnung, die in den Versen »ein Häm / im Flintenlauf Hoffnung« zur Sprache kommt. »Häm« spricht, aber gehemmt, es spricht und spricht nicht und läßt also in seinem Sprechen das Nichtsprechen mitsprechen und mitschweigen. *Aufschub*, so heißt es in Benjamins Kafka-Essay, *ist im »Prozeß« die Hoffnung des Angeklagten.* (27) Im »Häm« wird Aufschub zu einem Aufschub noch in der Hoffnung, ohne den es Hoffnung nicht gäbe. Diese Intensivierung des Aufschubs zur Hemmung der Hoffnung und zu ihrer Zurückhaltung in der Rede von ihr greift mit der Silbe »Häm« auf einen Text von Kafka zurück, der in Benjamins Aufsatz zitiert wird. Dort heißt es nämlich von den *Studien*, daß sie vielleicht *ein Nichts gewesen sind, aber ein solches, das jenem Nichts sehr nahe steht, das das Etwas erst brauchbar macht – dem Tao nämlich: Ihm ging Kafka mit seinem Wunsch nach, »einen Tisch mit peinlich ordentlicher Handwerksmäßigkeit zusammenzuhämmern und dabei gleichzeitig nichts zu tun und zwar nicht so, daß man sagen könnte: ›Ihm ist das Hämmern ein Nichts‹, sondern ›Ihm ist das Hämmern ein wirkliches Hämmern und gleichzeitig auch ein Nichts‹, wodurch ja das Hämmern noch kühner, noch entschlossener, noch wirklicher und, wenn du willst, noch irrsinniger geworden wäre.«* (35) Das Hämmern, von dem diese Passage aus Kafkas »Betrachtungen über Sünde, Leid, Hoffnung und den wahren Weg« handelt, kann, wenn es nicht in einer umständlich kontradiktorischen Prädikation bezeichnet werden soll, nur in der Kontraktion »Häm...« geschrieben werden. Denn »Häm... « sagt *ein wirkliches Hämmern und gleichzeitig auch ein Nichts.* Das *Nichts,* das das Hämmern erst zu einem wirklichen *Hämmern* macht, ist die Sprachvakanz, die dem »Häm« als Freiraum im Versbruch folgt. Von dieser Halbierung des Hämmerns zum »Häm« ist nicht allein die Rede von der Hoffnung, sondern mit ihr die Sprache des Gedichts insgesamt, die »Aus dem Moorboden ins / Ohnebild« zu steigen hofft, getroffen: die Sprache dieses Gedichts, die Sprache der Hoffnung dieses Gedichts – in diesem »Häm... « ›verhofft‹ sie, hemmt sich, setzt aus und schöpft Atem. Und also ist diese Sprache so getroffen, daß sie erst vermöge dieser Ellipse, die ein Nichts in ihr öffnet, zu einer Sprache der Hoffnung auf ein »Häm«, ein Heim, auf Atem, Farbe und vielleicht Maß, zu einer Sprache der Hoffnung auf eine Sprache ohne Bild, eine messianische werden kann. Mit dieser Ellipse wird die Mechanik der Intention, die Mechanik des Bedeutens wie der Hoffnung auf ein finites Korrelat unterbrochen und zu einer Nicht-Intention, einem Nicht-Bedeuten und einer Nicht-Hoffnung verhalten – aber derart verhalten, daß erst dadurch, erst durch dies Innehalten in der Atemwende, Bedeutung und Hoffnung *noch kühner, noch entschlossener, noch wirklicher und, wenn du willst, noch irrsinniger* werden. Zwar bedeutet *Hämmern* wirklich Hämmern, aber *wirklicher* geschieht dieses *Hämmern* und geht über bloß konventionelles Bedeuten hinaus erst im »Häm... «. Wohl spricht im *Hämmern* die Sprache, aber sie spricht *noch entschlossener, noch wirklicher,* wo sie im »Häm... « über sich hinaus ins »Ohnebild«, in ein Ohnewort steigt und sich darin ent-spricht.

Die Sprache dieses »Häm... « kann nicht mehr verstanden werden als sei's konventioneller, sei's inaugurativer Sprechakt eines bestimmten, bereits konstituierten Subjekts. Indem der Akt – und jedes Bedeuten, jede Hoffnung auf Bedeutung wäre ein solcher Akt – durch ein Nichts, durch eine Ellipse oder Pause geht, geht er durch ein Stadium seiner Inkonstitution, in dem er nicht performativ, sondern prä-performativ, also unendlich ad- und afformativ ist und, entsprechend, prä-subjektiv, adsubjektiv, ajektiv. Die Setzung der Bedeutung, die Intention auf sie, die Hoffnung, die sich auf sie richtet, sind ihrem Aus-setzen verdankt. Dies Aussetzen im Unintendierbaren ist umso unvermeidlicher, als jede Intention sich auf das »Ohnebild« und in ihm auf ein Unnennbares oder bloß aporetisch Nennbares richtet. Daß sich im »Häm...« eine prinzipielle Hemmung der Sprache und Hemmung als – an-archisches – Prinzip der Sprache bekundet; daß sich in diesem »Häm...« ein Nicht des Sprechens als seine notwendige Bedingung anzeigt, die es zum Sprechen seines Nicht macht; diese Öffnung auf ein Anderes, das durch intentionale Akte unerreichbar ist, senkt das »Ohnebild« als Aufschub, Unterbrechung, Hemmung oder Intervall in den Verlauf jedes Aktes und den Prozeß jeder Sprechhandlung ein. Ihr Subjekt kann sich, um es zu werden und es selbst zu sein, nur dem, was es nicht und daß es nicht ist, exponieren. Celans Text, aus reinen Infinitivkonstruktionen gebildet, stützt sich auf keine Nomina oder Personalpronomina eines agierenden Ego. Nur aus der Pause der Sprache und mit ihr – dem »Häm...« –, nur aus und mit der Hemmung noch ihres Entwurfs lädt sich, visiert und zündet die Sprache und kann ihr Projektil – »Häm...«, ein Ajekt – fliegen.

Mit einem Wort spricht bei Celan – und nicht nur bei ihm – immer ein anderes und sein Schweigen. Mit »Häm« kann so auch das *Hämmern* aus Rilkes »Duineser Elegien« und den »Sonetten an Orpheus« sprechen. Die Neunte Elegie redet von *des Säglichen Zeit* und seiner *Heimat*, vom Verfallen der Dinge und ihrer verdrängenden Ersetzung durch ein *Tun ohne Bild*. Dies *ohne Bild* läßt aber noch unter dem Anschlag von *Hämmern* die Sprache als preisende bestehn: *Zwischen den Hämmern besteht / Unser Herz, wie die Zunge / zwischen den Zähnen, die doch, / dennoch, die preisende bleibt.*[15] Im Anschluß an diese Allegorie einer unter dem Schlag von Hämmern dennoch fortbestehenden Sprache spricht die Zehnte Elegie in ihren Eingangsversen von den *klar geschlagenen Hämmern des Herzens* und evoziert gegen Ende *das klar erglänzende ›M‹, / das die Mütter bedeutet ...* – als ein dem Gedicht Orientierung bietendes Sternbild.[16] Im zwölften Sonett des zweiten Teils der »Sonette an Orpheus«, das die Struktur der für Rilkes Poetik entscheidenden Begriffe der Figur, des Bleibens und der Wandlung oder Wendung präzisiert, werden die *Hämmer* der Elegien zu einem Härtesten, das *aus der Ferne* das Harte bedroht: *Wehe –: abwesender Hammer holt aus!*[17] Dieser *abwesende Hammer* der Rilkeschen Lyrik, dieser Hammer aus Abwe-

---

[15] Rilke: *Sämtliche Werke. Werkausgabe*, Frankfurt a. M.: Insel 1976, Bd. 2, p. 719.
[16] L.c., pp. 721 und 725.
[17] L.c., p. 759.

senheit, der jedes Anwesende wendet und verwandelt, indem er es aus seiner Erstarrung herausschlägt, korrespondiert zu genau mit dem Nichts des Hämmerns bei Kafka und Benjamin, als daß nicht auch er noch in Celans »Häm« mitschwingen könnte. Und mit ihm wiederum diejenigen Hämmer, die in Celans früherer Lyrik, vermutlich nicht ohne einen Anklang an diejenigen Rilkes, schwingen: »graugeschlagenes Herzhammersilber« werden die sprachlichen und Sexualsekrete in »Hinausgekrönt« genannt[18]; dort, wo das Du ganz in seinen Namen trat, so heißt es in »Zähle die Mandeln«, Celans Elegie auf seinen Namen, »schwangen die Hämmer frei im Glockenstuhl deines Schweigens«;[19] »So steh ich, steinern, zur / Ferne, in die ich dich führte«, heißt es in »Heute und Morgen«: »Durchpocht / von schweigsam geschwungenen Hämmern / (...)«.[20] Die Motive des Hämmerns und des Schweigens werden hier zusammengezogen, doch nicht in der Weise, daß das Schweigen vom Hämmern übertönt und zum Verschwinden gebracht würde, vielmehr so, daß sich ein Hämmern allein im Raum des Schweigens, als schweigsames Hämmern und Hämmern aus Schweigen ergibt. Nur im Schweigen schwingen – und »schwingen« spricht als Antonomasie von »schweigen« – die Hämmer – auch als Antonomasie von ›Hemmer‹ – »frei«: frei, weil in ihrem eigenen Medium, als Schlegel ohne Glocke, ohne weitere Determination als der, sich im eigenen Rhythmus bewegen zu können. In der Sprache, a fortiori der des Gedichts, hämmert das Schweigen – in ihr stößt die Stummheit auf sich und ergibt in der Kollision mit ihrem Nichts die Sprache. So läßt sich verstehen, was Celan in dem wohl gewichtigsten seiner bislang publizierten poetologischen Briefe – datiert vom 26. März 1960 und an Werner Weber gerichtet – im Anschluß an die Wendung vom »Warten auf den Zuspruch der Sprache« und in ihr, wie er hervorhebt, »ein Wort Martin Heideggers mitsprechen« lassend sagt: »Wieviele sind es wohl, die mit dem Wort zu schweigen wissen, bei ihm bleiben, wenn es im Intervall steht, in seinen »Höfen«, in seiner – schlüsselfernen – Offenheit, das Stimmhafte aus dem Stimmlosen fällend, in der Systole die Diastole verdeutlichend, welt- und unendlichkeitssüchtig zugleich – (...)«[21] (398) »Das Stimmhafte aus dem Stimmlosen fällend« –: aus

---

[18] GW I, p. 271.
[19] GW I, p. 78.
[20] GW I, p. 158.
[21] Die Fortsetzung des Satzes lautet nach »welt- und unendlichkeitssüchtig zugleich –«: »– Sprache, wie Valéry einmal sagt, *in statu nascendi*,

HÄM. Ein Gedicht Celans mit Motiven Benjamins 31

dem Stummen, der Stille oder dem Schweigen, so kann man diese chemo-phonologische Metapher des dichterischen Geschehens übersetzen, wird durch einen Prozeß innerhalb des Stimmlosen, der es auf Welt und zugleich Weltfreiheit öffnet, das Wort und die Sprache gewonnen. Sprache, ist damit gesagt, spricht erst dort, wo sie aus der Offenheit der Stille für Anderes, und wo sie also selbst als Stille spricht. In Celans Wendung von den Hämmern, die frei im Glockenstuhl des Schweigens schwingen, spricht nicht nur der *abwesende Hammer* Rilkes, es wird darin auch *das Geläut der Stille* anklingen, als das Heidegger in seinem ersten Trakl-Aufsatz das Wesen der Sprache bestimmt.[22] Daß diese Stille gebrochen werden muß, um zu verlauten und sich frei zu bewegen, und daß alles Verlautende sich zugleich im Innersten – einem Äußersten – der Stille halten muß: diese Doppelbewegung macht jedes Wort auf ein weiteres und anderes angewiesen, macht jedes halb, gehemmt und für ein zweites offen. Es ist diese Doppelbewegung, die sich in den letzten zwei Versen von »Blume« ausspricht, die von ›noch‹ einem Wort, einem vergleichbaren und anderen als ›Blume‹ sprechen:

»Ein Wort noch, wie dies, und die Hämmer
schwingen im Freien.«[23]

---

freiwerdende Sprache, Sprache der Seelenmonade Mensch – und, wenn ich auch noch das hinzufügen darf, Sprache in statu moriendi, Sprache dessen, der Welt zu gewinnen sucht, weil er – ich glaube, das ist ein uralter Traum der Poesie – *weltfrei* zu werden hofft, frei von Kontingenz.« – Zitiert nach: ›*Fremde Nähe*‹ – *Celan als Übersetzer* (ed. Axel Gellhaus et al.), Marbach: Deutsche Schillergesellschaft 1997, p. 398.

[22] *Die Sprache spricht als das Geläut der Stille* – so lautet die zweite der kursiv gesetzten Definitionen in Heideggers 1950 datierendem Aufsatz »Die Sprache«, die die erste, gleichfalls kursiv gesetzte – *Die Sprache spricht* – fortsetzt und erläutert. In: Martin Heidegger: *Unterwegs zur Sprache*, Pfullingen: Neske 1959, p. 30.
Als Celan »Zähle die Mandeln« schrieb, kann er die *Druckfassung* von »Die Sprache« nicht gekannt haben, denn diese wurde erst 1959 publiziert, sieben Jahre nach der Veröffentlichung von »Mohn und Gedächtnis«. Bleiben zwei Erklärungen für die erstaunliche Konvergenz zwischen seiner und Heideggers Formulierung: entweder er hat eine Nachschrift oder auch nur eine Nachricht von Heideggers Vortrag gekannt oder die Nähe der Gedanken hat sich aus der in seinen Aufzeichnungen mehrfach – und mit diesem Heideggerschen Wort und seinen Konnotationen – betonten »Nachbarschaft« ergeben. Diese »Nachbarschaft« freilich mag sich unter anderm durch die gemeinsame Verbindung zu Hölderlin, Trakl und Rilke ergeben haben.

[23] GW I, p. 164.

Eins öffnet sich auf ein andres. Das eine Wort erwartet ein anderes, der eine Hammer einen zweiten –, aber so sich erwartend und offen, spricht das gegebene Wort schon mit dem nicht-gegebenen und die beiden Hämmer – der genannte, »dies« Wort, »Blume«, und der andere, das zweite Wort, das »noch« aussteht, der ›abwesende Hammer‹ – schwingen jetzt schon, präsentisch, und hier in diesen Versen zusammen im Medium der Gemeinsamkeit von ›Stimmhaftem‹ und ›Stimmlosem‹, von Stummem und Sprache –: einem Medium, in dem das Sprachlose spricht und die Sprache mit ihm als ihrer eigenen Zukunft spricht. Daß »die Hämmer / schwingen im Freien«, heißt, daß es mehr gibt als einen Hammer und daß dieses Mehr, sowenig es als positives Faktum in der Sprache gegenwärtig sein mag, dennoch, als noch und vielleicht immer Unbestimmtes und auch in diesem Sinn Stimmloses, mitschwingt in einem indefiniten und virtuell infiniten Bereich, in dem ein jedes frei von der distinkten Andersheit des Anderen und deshalb frei von sich selbst ist. Jeder Hammer schwingt schon mit einem abwesenden anderen, jedes Wort spricht mit einem andern, das schweigt. Jedes bewegt sich im Plural seiner Assoziation mit dem Ungesagten, Sprachlosen, Stummen und spricht mit ihm als seinem Medium, »im Freien«.[24]

»Ein Wort noch, wie dies, und die Hämmer / schwingen im Freien.« Als verlustlose Abbreviatur dieser Verse kann »ein Häm... «

---

[24] In anderen Texten ist mit dem Motiv des Hammers und Hämmerns das des Lichtes liiert. So heißt es in »Die Zahlen«: »Der drübergestülpte / Schädel, an dessen / schlafloser Schläfe ein irr-/lichternder Hammer / all das im Welttakt / besingt.« (GW II, p. 17) Und in »Der geglückte«: »In den Kontrolltürmen hämmern / die hundert silbernen Hufe / das verbotene / Licht frei.« (GW II, p. 144) Der Hammer singt – eine Reminiszenz an Nietzsches *Der Hammer redet* (F. Nietzsche: *Werke in drei Bänden*, München: Hanser 1954, ed. Schlechta, Bd. II, p. 1033) – und singt im Welttakt des an der Schläfe fühlbaren Herzschlags, irr-lichternd, weil außerhalb jeder Normalität und eben darum das Licht freilegend, in dem überhaupt etwas erscheinen und verschwinden kann. Wie der Hammer singt, so hämmert das Gedicht – die »silbernen Hufe« seiner Silben und seiner Schrift – »das verbotene / Licht frei«: dasjenige, das als Bedingung jedes Erscheinens selber nicht erscheint und, weil es keine Botschaft enthält, das verbotene ist. Um seine Freilegung ist es dem Gedicht und seinen Hämmern zu tun: das Offene, Sprachoffene, also auch Sprachfreie, Stumme offenzulegen, ohne das es eine Sprache nicht gäbe und das in jeder mitspricht und mitschweigt. Wie der »irr-/lichternde (...) Hammer« und die das Licht freihämmernden Hufe schwingen die Hämmer von »Blume« und das »Häm...« von »Aus dem Moorboden« im Freien *als* im Licht, in beiden als im Sprachoffenen. In Celans Hammer schwingt auch der von René Char mit, »Le Marteau sans maître«, der freie.

gelesen werden. In ihm öffnet sich ein Wort oder Wortfragment auf das, was ihm fehlt oder fern ist, in ihm spricht es mit dem, was schweigt oder stumm bleibt, und spricht also als Medium der Verwandlung des Sprachlosen in Sprache, der Sprache ins Sprachlose. Das heißt aber: es spricht, *tout court*, als Sprache.

Das Motiv des Hämmerns ist, in diesem wie in jedem Fall, ein Motiv der Mutation. In ihm wird aber keine vorhandene Gestalt in eine andere verwandelt, sondern was keine hat, erfährt seine Transmutation in eine Gestalt, die offen bleibt auf wieder andere und auf keine. Sie ist nicht Metamorphose, sondern Mutamorphose. Das Motiv: ein Mutiv. Im »Häm« ist das Nichts der Sprache, ihr Stummes – man kann es verallgemeinernd und quer zur Konvention die Muta nennen – mutiert in etwas, das spricht, indem es *mit* dieser Muta spricht. Es ist, aber anders als Sein, die Mutation: Medium ohne Zweck und deshalb »im Freien«; Geschehen der Sprache diesseits positiver Formen und Funktionen; die jeweils singuläre Geste ihrer Eröffnung, Adformation, Afformation. Das Sprachlose, Stumme kann der Sprache nicht als ihr Gegensatz oder ihr Hintergrund entgegengestellt werden, es muß, wie es allein in jener Mutation erfahrbar wird, als Sprachoffenheit – Offenheit *für* Sprache und Offenheit *der* Sprache für Anderes – gedacht werden. Die Mutation aus der Muta bewahrt sie und hält sich in ihr offen für weitere Mutationen, Affigurationen, Afformationen.

»Häm«, noch einmal, ist ein ›vielstelliger‹ Ausdruck, es kann in vielen Sprachen und Idiomen sprechen und viele Bedeutungen annehmen – aber ob in ihm das griechische αιμα, das mittelhochdeutsche heim oder haem spricht, das jiddische Hajm, eine Hemmung, ein Räuspern oder ein suspendiertes und deshalb *wirklicher[es]* Hämmern und damit ein Zitat oder Halbzitat aus Benjamin, der seinerseits Kafka zitiert; ob in ihm auch eine verkürzte Erinnerung an das *Hemd* aus Benjamins chassidischer Geschichte mitspricht, die im selben Abschnitt seines Kafka-Aufsatzes erzählt wird (33), in dem vom Hämmern und seinem Nichts die Rede ist – einem Hemd, das nicht so sehr einen Wunsch als seine Erfüllung darstellt –, ganz zu schweigen vom etwas verschobenen englischen *aim*, das als Ziel »im Flintenlauf Hoffnung« visiert sein mag –: keine dieser Sprachen könnte im »Häm« gesprochen und keine dieser Bedeutungen könnte von ihm angenommen werden, wenn es eine wohldefinierte nominale Einheit wäre, die mehrfache semantische Determinationen nicht zuläßt, und wenn nicht Celans Praxis des Versbruchs anzeigte, daß es sich hier nicht um ein Wort, sondern einen Wortstumpf, ein Halbwort, eine Worteröffnung und in ihm um die Ermöglichung eines Wortes und die Eröffnung der Sprache des Gedichts insgesamt handelte. Die Polysemie des »Häm« verdankt sich seiner semantischen Indetermination und, a limine, seiner Asemie. Seine Kraft, eine Pluralität von Bedeutungen – und zwar einander nicht korrespondierenden, sondern widerstreitenden Bedeutungen – auf sich zu ziehen, entspringt aber nicht in seiner bloßen Offenheit, seinem Zögern vor der definiten Aussage und seiner Halbheit, sondern darin, daß es eben dies Zögern, diese Offenheit und Halbheit exponiert. »Häm« zögert nicht nur, sondern als Transkription eines Räusperns markiert es sein Zögern; es öffnet sich nicht nur aufs Nichts seines Sagens, sondern mit dem Halbzitat aus Benjamins und Kafkas Texten macht es diese Öffnung auf Nichts explizit; es ist nicht nur ein halbes Wort, es spricht seine Halbheit, als das homophone, wiederum griechische, Hem aus. In ihm ist markiert – und das ist der Gestus, aus dem seine Sprache und Sprache überhaupt aufsteigt –, daß es eine Markierung nicht gibt. Und invers: in ihm werden alle Markierungen eingezogen bis auf diejenige, die besagt, daß es keine mehr gibt. Sein Gestus – und »Häm« ist nichts andres als Gestus – ist Ammarkierung: Eröffnung einer Markierung aus ihrem Nicht und Reduktion aller möglichen Markierungen auf diese eine, daß sie keine mehr sind. Was sich mit »Häm« in der Sprache von Celans Gedicht – und damit in der Sprache insgesamt – öffnet, ist ihre Halb- und Hemologik, ihre Hemi- oder Semisemie, als das zu sprechen und das zum Sprechen zu bringen, was nicht spricht und doch alles Sprechen erst zuläßt. In ihr ist mit dem Nichts der Sprache das Incipit ihres Sprechens gerettet: bloße Sprache, Sprache entblößt noch von sich selbst, *noch entschlossener, noch wirklicher* als die positiv verlautende ›wirkliche‹ sein könnte. Das befremdliche Aphänomen der Ellipse, der Indetermination, der Pause, durch das sich Celans Diktion auszeichnet, ist also nur scheinbar eine Verminderung, in Wahrheit eine Mehrung, die unbegrenzte Öffnung auf ein Mehr, das über jede positive Gestalt, jedes Bild und jede Figur hinausreicht und als absoluter Komparativ die *entschlossener[e]* Sprache, die *wirklicher[e]* spricht: eine mehr als nur mögliche, wirkliche oder notwendige, eine trans- oder anakategoriale.

Auf ein Mehr an Wirklichkeit und Entschlossenheit ist das »Häm« in mindestens einer seiner Möglichkeiten zugeschrieben. Wenn es die Transmutation des Kafkaschen *Hämmern* notiert, heißt die eklipsierte Silbe *mern* und kann, derart isoliert, unter anderem ein ›mehr‹ oder ›mehren‹ konnotieren. Was halb ist oder Hem, ist es so, daß es einem Mehr Raum gibt, das noch jede positiv umschriebene zweite Hälfte überschießt: es verlangt mehr als bloß ganz zu sein. Es ist nie eine Figur der Reduktion der Figur, ohne eine der Exzendenz über ihre Grenzen zu sein. Das mag der Sinn all der ›Hemi‹-Komposita sein – sie sind in Celans Texten Legion –, die von »Halberkennbares«, »halbgesichtiges«, »Halbholz« über »Halbschmerz«, »halbsprachst« zu »Halbwort« reichen und im Theologumenon von der Hälftigkeit Gottes ihre Sanktion finden: »Laß ihn, er / habe sich ganz, als das Halbe / und abermals Halbe.«[25] Für Benjamin gehören zu diesen Halben jene kafkaschen Gehilfen und Boten, von denen es heißt, sie seien *die Unfertigen und Ungeschickten* aus der Moorboden-, Sumpf- und *Mittelwelt*, für die allein die Hoffnung da ist (15); und zu ihnen gehört vornehmlich das bucklichte Männlein, das zerbricht, worauf sein Blick fällt, und das *von jedwedem Ding ... den Halbpart des Vergessens* eintreibt[26] – von sich selbst, deshalb ist es bucklicht und ein Zwerg, zuerst. *Ungeschickt*[27] nennt Benjamin diese Halbwesen deshalb, weil sie, wenngleich Boten, keine Botschaft tragen und zum Messias in einem denkbar verqueren Verhältnis stehen. Sie hemmen seine Ankunft und sind gleichzeitig die einzigen, die sie erbitten könnten. Sie werden, wie Benjamin schreibt, verschwinden, *wenn der Messias kommt, von dem ein großer Rabbi* – so nennt Benjamin hier Gershom Scholem – *gesagt hat, daß er nicht mit Gewalt die Welt verändern wolle, sondern nur um ein Geringes sie zurechtstellen werde.* (32) Im »Häm« bekennt sich die Sprache von Celans Gedicht als unerlöst und als eine, der der direkte Rekurs auf messianische Verheißungen versagt ist. Sie ist unfertig, und exponiert in ihrer Unfertigkeit die jeder existierenden Sprache. Wenn es allein

---

[25] GW I, 247. Zu dem Gedicht »Zweihäusig, Ewiger«, dem diese Zeilen entnommen sind, mehr in Werner Hamacher: *Bogengebete*, in: *Aufmerksamkeit – Liechtensteiner Exkurse III*. Eggingen: Edition Isele 1998, pp. 11–43.
Das Interesse am Halben und Hälftigen teilen Celan und Benjamin mit dem späten Hölderlin, der in seinen Hymnen und Oden nicht nur die Halbgötter, sondern, in »Chiron«, auch den »Schmerz / wenn einer zweigestalt ist«, und, in »Mnemosyne«, das »hälftig(e)« Glänzen des Schnees zu einem Thema und einer Strukturformel seiner Texte macht (cf. *Sämtliche Werke*, Stuttgarter Ausgabe, Bd. 2, 1, pp. 57 und 198).
[26] Walter Benjamin: *Berliner Kindheit um neunzehnhundert* in: *Gesammelte Schriften*, Bd. VII, 1. Frankfurt a. M.: Suhrkamp 1991, p. 430.
[27] L.c.

für ihre Ungeschicktheit und Halbheit Hoffnung gibt – und jede Hoffnung ist eine auf Erlösung, auf den Messias –, dann nur eine solche, die gehemmt und der der Name des Messias verstellt, doch in dieser Hemmung, Verstellung und Tingierung durch Nichts *noch entschlossener, noch wirklicher ..., noch irrsinniger* ist. Denn gäbe es schon ein genau bestimmtes Ziel dieser Hoffnung, gäbe es Hoffnung als solche, und gäbe es für sie ein bekanntes, namentlich fixiertes Objekt, die Hoffnung wäre keine und ein Messias bräuchte nicht mehr zu kommen. Was Hoffnung heißen kann, muß noch vor und über jede gewußte und distinkte Hoffnung zurück- und hinausreichen, wer immer Messias, was immer Messianismus heißen kann, muß mehr und anderes sein als jede bekannte historische Bestimmung eines Messias, eines Messianismus oder einer messianischen Tendenz. Es ist dies Mehr und dies Anders, das sich in der Öffnung des »Häm« meldet.

>»ein Häm
> im Flintenlauf Hoffnung,«

läßt sich auch lesen als

>»ein M
> im Flintenlauf Hoffnung,«

und so als die Formel, aber genauer: die formoffene, Formen allenfalls anbahnende Afformel einer gehemmten, verstellten und erschwiegenen, aber darum nur umso *entschlossener[en]*, nämlich offeneren und deshalb messianischeren Erwartung aus Muta und Vakanz und eine, die deshalb nie mit der Hoffnung verbunden sein kann, Vakanz und Hemmung hinter sich lassen zu können. »Ein Häm« – ein M – ist Index eines Messianismus nicht nur ohne Messias, sondern ohne Messianismus, eines Messianischen, das keinen Namen, nur Fehl- oder Halbnamen tragen kann, eines, sit venia verbo, Häm- und Hemmessianischen.[28]

---

[28] Es mag ein Zufall sein oder keiner, es bleibt auffällig, daß die graphische Struktur der ersten Strophe von »Aus dem Moorboden« ein nach rechts gekipptes M bildet, dessen eingezogene Mitte von »ein Häm« markiert wird. Die Formulierungen »Messianismus ohne Messias« und »Messianisches ohne Messianismus« werden von Jacques Derrida in »Spectres de Marx« gebraucht (Paris: Galilée 1995). In meiner »Lingua amissa« setzt sich die kritisch benachbarte Formulierung »Messianisches ohne Messianisches« davon ab, in: »Responses to Derrida's ›Marx‹ Spectres« (ed. Michael Sprinker), London: Verso 1999.

Und deshalb und darüber hinaus ist es Index einer Theologie nicht des mythischen Halb-, sondern des hälftigen Gottes eines Monotheismus, dessen Monas sich auseinanderlegt und in eine unabzählbare Mannigfaltigkeit zerstreut. Denn »Häm« – oder ›hem‹ – ist im Hebräischen das Pronomen der dritten Person Plural masculinum und kann in der paradoxen Zusammensetzung ›ein sie‹ die eine Pluralität von Elohim, wie sie besonders markant in Genesis 1 genannt wird, bezeichnen. Diese Mannigfaltigkeit Gottes, sein hebräisches »Häm«, kann sich nur als Hälftigkeit anzeigen, als sein griechisches ›Hem‹, weil sie, keiner Zahl und keinem Zahlnamen unterworfen, allein in einem ihrer Teile, nie als Gesamtheit, sich darstellen kann, und in solcher partiellen Darstellung auf unzählbare und begrifflich unerfaßbare weitere mögliche Darstellungen offen bleiben muß. Nur die zählbare Vielheit wäre Einheit und Ganzheit, die unbestimmte unzählbare ist halb. Indem sich die Pluralität Gottes pronominal in der einen Sprache ausspricht, spricht sie sich in der kontingenten Homophonie mit einer anderen schon als geteilte, hälftige und zerstreute aus: nicht bloß zweisprachig, sondern unzählbar viel- und also halbsprachig. »Häm«, das ist die Vielheit Gottes ohne Zahl, deshalb nicht *eine* Vielheit und deshalb keine *Vielheit*, sondern je unbezifferbar singuläre Anzeige eines Offenen, das jede Anzeige halbiert. In »Zweihäusig, Ewiger« heißt es darum: »er / habe sich ganz, als das Halbe / und abermals Halbe«[29], und in »Dein / Hinübersein«: »Gott, das lasen wir, ist / ein Teil und ein zweiter, zerstreuter: / im Tod / all der Gemähten / wächst er sich zu. // Dorthin / führt uns der Blick, / mit dieser / Hälfte / haben wir Umgang.«[30] Umgang haben ›wir‹ in der Sprache mit der Erfahrung ihres Endes im »Tod / all der Gemähten«; Umgang deshalb mit der Endlichkeit der Sprachen in ihrer Diversität, Umgang mit ihrem Verstummen, und allein auf diesem Weg der Mutation Umgang mit der einen Hälfte Gottes, wie sie der anderen ›zuwächst‹. Indem sich ein Wort – und vor und in allen anderen das Wort für Gott – in einem anderen Wort halbiert und verschweigt; indem die Sprachen, wie sie sich babylonisch zerstreut und voneinander exiliert in jedem Wort und in diesem einen, »Häm«, aussprechen, einander verschweigen, kommen sie einander via mutationis nahe und versammeln sich zur unaussprechlichen einen. Sie ist es, die sich in der Zerstreuung hälftig – aber immer als Hälfte des Halben, als ›Hem‹

[29] GW I, p. 247.
[30] GW I, p. 218.

noch des ›Hem‹ oder ›Häm‹ – bezeugt, indem sie jede andere Hälfte offen, plural, unzählbar singulär im Geschehen der Mutation läßt. Jedes Wort und jedes Zeichen der Sprachen, jede Sprache ist, wenn auch unausgesprochen, mit einem »Häm« – dem »Häm« einer anderen – versehen. Was Celans Gedicht skizziert, kann nicht Theologie, es müßte Thämologie heißen.

Wenn »das Ziel, wie Ungeduld mündig, / darin« ist, dann liegt dieses Ziel – als englisches *aim* – im »Häm«, in seiner Brechung und hyperbolischen Steigerung der Hoffnung, und wird zugleich vom »Flintenlauf« als Objekt ihrer Exekution visiert. Das Ziel im Häm wäre Ende wie Erfüllung der Hoffnung, ihr Abbruch wie ihre Verwirklichung –: und diese Verwirklichung läge, so muß deshalb angenommen werden, in diesem Abbruch als der Ergänzung dessen, was ist und gesagt ist, durch ein Nichts. In Celans Gedicht ist Hoffnung nicht als gradliniger Lauf eines Wunsches zu seiner Erfüllung gedacht, sondern als Lauf – auf die Offenheit des »auf« in diesem *Lauf* kommt es an – auf ein Offenes zu, das sowohl ihre Verfehlung sein kann wie ihre Erfüllung. Heimat kann das Ziel der Hoffnung sein, aber diese Heimat, im vertrauten, jiddischen Idiom genannt, heißt auch schon »Häm« und kann nicht mehr Ziel sein, ohne zugleich als Hemmung, kann nicht mehr als Hemmung erfahren werden, ohne zugleich als ihre hyperbolische Überbietung und somit als Ziel über jedes nenn- und verfehlbare Ziel hinaus, als ein vom Ziel noch unterschiedenes Ziel wirksam zu sein. Das Ziel »darin«, im »Häm« der Hoffnung, wäre ein Ziel noch *gegens* Ziel, ein Ziel auf dem Weg zu einem anderen als dem vorgestellten und also ein Ziel ohne Ziel, ein ziel-loses, das der Bewegung des »Häm«, der Bewegung der Ent-fernung folgt. Deshalb bedeutet »Ziel« in Celans Gedicht kein Telos, das den Horizont von Erfahrung und Sprache definiert, sondern, der Hoffnung und ihrem »Häm« überantwortet, die meta- und a-horizontale Bewegung der Exzendenz über jede Vorstellung, jede Antizipation und jede Markierung, in der sie festgestellt werden könnte. Allein so, als ateleologisches und metahorizontales, kann es aber Ziel im emphatischen, im Sinn der hyperbolischen Hoffnung sein. Und allein so kommt dies Ziel zur Sprache: nicht als Thema, sondern als T*häm*a.

Wenn das Ziel in Celans Vers »mündig« genannt wird, dann zwar zum einen in Hinsicht auf die ›Mündung‹ des »Flintenlauf[s] Hoffnung«, zum andern aber, um die ›Mündigkeit‹, die Unabhängigkeit und Selbständigkeit des Ziels, seine Entlassenheit aus der

›munt‹ der Hoffnung und folglich seine Freiheit noch davon, Ziel bloß für diese Hoffnung zu sein, auszusprechen.³¹ Mündig ist das Ziel, selbst spricht es und spricht für sich selbst als Ziel erst, wenn es Ziel nicht mehr von anderm, Ziel nicht mehr als Angezieltes oder Erhofftes ist, sondern von Hoffnung, Erwartung und Erzielung freigelassen, nicht mehr bloß Ziel einer Hoffnung, sondern Ziel an sich selbst und so noch frei von sich ist. »Mündig« – es selbst – ist das Ziel, wenn es kein Ziel – wenn es von sich selbst frei – ist: ein Ziel ohne Ziel, Anatelos. Diese Bewegung der Anatelie, diese freie Bewegung auf ein von der Bewegung freies Ziel hin, diese freie Bewegung des vom Ziel befreiten Ziels kann »mündig« heißen, weil in ihr das Ziel selber Sprache, seine eigene und nicht die von der Hoffnung befangene, findet – eine Ziel-Sprache, die von nichts anderm mehr erstrebt und erzielt werden müßte, weil sie hic et nunc selbst es ist, die spricht –; aber mündig kann es auch deshalb heißen, weil es selbst, wie der »Flintenlauf Hoffnung«, eine ›Mündung‹ hat und als Ziel selber zielt. »Mündig« in jedem Sinn, ist es weder Gegenstand einer prädikativen Aussage noch Resultat einer performativen Setzung, ohne zugleich selber die Initiative für Setzungen und Aussagen zu übernehmen und selber zu sprechen. Das Ziel, »mündig«, zielt – das heißt: das Ziel zielt auf die Zielenden, es hofft auf die Hoffenden, das Ziel erwartet die Wartenden und spricht sich ihnen, »mündig«, zu. Aber da es »mündig« und also von den Zielenden, Hoffenden, Wartenden und auch noch von der Perspektive auf sie unabhängig spricht und zielt, spricht und zielt es nicht entsprechend der Logik der schlichten Inversion, zielt nicht nur auf die Zielenden und hofft nicht auf die Hoffenden allein, sondern hofft, zielt und spricht ab-solut und also auch noch für die und zu denen, die keine Hoffnung und kein Ziel haben und der Sprache nicht mächtig sind. Sofern es selbst es ist, das zielt und »mündig« ist, zielt das Ziel grade nicht, bleibt ohne Richtung und Orientierung, zielt immer auch aus der und auf die Abwesenheit des Zielens, spricht aus der Vakanz des Sprechens und auf sie hin. Das absolute, das freigelassene, das ›mündige‹ ist es erst als das für Ziele offene Ziel, als Ziel ohne Ziel, als Ohneziel. Nur so ist es das

---

³¹ Die Deutung von »mündig« als auf die ›Mündung‹ eines Flintenlaufs und andrerseits einen ›Mund‹ bezogen kommt selbstverständlich ohne den Rekurs sei's auf historische, sei's auf volksetymologische Herleitungen aus. Ihre einzige Rechtsinstanz ist die ›interne‹ Logik des Textes und der plausiblen Konnotationen und Kontexte seiner Elemente.

Ziel im »Häm«, der Hemmung und Öffnung der Hoffnung auf ihr Nichts.

Hoffnung ist keine, wenn sie nicht Hoffnung auf Befreiung, Hoffnung auf Befreiung keine, wenn sie bloß Hoffnung auf ein vorgesetztes Ziel und dies Ziel bloß das ihre ist. Soll sie Hoffnung sein, dann eine von heteronomen Bestimmungen und einem ihr vorgegebenen Ziel freie. Wenn Celans Satz sagt – und das ist die zweite Möglichkeit, ihn zu deuten –, das Ziel liege in der Hoffnung, so sagt er damit zum einen, es gebe noch keine Hoffnung, Hoffnung sei erst das Ziel; er sagt damit zum andern, diese Hoffnung sei selbst schon das Ziel, es gebe kein Ziel noch jenseits der Hoffnung, in ihr sei schon die Öffnung gelegen, das »Ohnebild«, das »Häm«, ob nun als Atem und Heim oder als Hemmung und Nichts; er sagt damit aber zum dritten, daß diese Hoffnung noch über sich selbst hinausreichen und anderes als ein Passionsweg der Erwartung sein muß, daß das Ziel nie das in der Erwartung bloß antizipierte oder von ihr gesetzte sein kann, sondern, frei von der Hoffnung und ihrer Vorschrift, frei auch von sich, ein Ziel noch des Ziels, selbst ein zielendes, ›mündiges‹, aus jeder Vormundschaft entlassenes, ein Ziel aus der Ent-fernung zu sich sein muß. Wie die Hoffnung muß das Ziel anateleologisch verfaßt sein, wenn es seiner eignen ›Logik‹, seiner ›Mündigkeit‹ entsprechen soll – und diese ›Mündigkeit‹ ist zunächst die des Gedichts –: es kann nur ein Ziel *aufs* Ziel hin sein, ein Vor- und ein Unziel, indefinit und infinit von sich gesondert, uneingeschränkt offen auf sich. Es kann nur ein Heterautotelos sein: eines, das in der Offenheit für sich als andres es selbst ist. Seine Selbstbestimmung – seine ›Mündigkeit‹, die Freiheit zu sagen, was es und wie und daß es ist – kann allein Heterautonomie, Hämautonomie sein: sich selbst als anders denn als das jeweils gemeinte, als anders denn als bestimmtes zu bestimmen.

Mit dieser Redetermination, dieser Re*in*determination der Hoffnung und ihres Ziels und ihrer Sprache im Gedicht geht notwendig die Neueinschätzung der Ungeduld einher. Denn Ungeduld ist nach einem Celan gewiß nicht unbekannten Aphorismus Kafkas – wiederum aus dessen »Betrachtungen über Sünde, Leid, Hoffnung und den wahren Weg«[32] – die menschliche Hauptsünde, die die Erfüllung der Hoffnung vereitelt. *Es gibt zwei menschliche*

---

[32] Elke Günzel vermerkt in ihrer Bestandsaufnahme von Celans Nachlaßbibliothek in *Das wandernde Zitat. Paul Celan im jüdischen Kontext* (Würzburg: Königshausen & Neumann 1995, pp. 353 und 355), daß es An-

Hauptsünden, aus denen sich alle andern ableiten: Ungeduld und Lässigkeit – so beginnt Kafka seine Betrachtung. Und er fährt fort: *Wegen der Ungeduld sind sie aus dem Paradiese vertrieben worden, wegen der Lässigkeit kehren sie nicht zurück. Vielleicht aber gibt es nur eine Hauptsünde: die Ungeduld. Wegen der Ungeduld sind sie vertrieben worden, wegen der Ungeduld kehren sie nicht zurück.*[33] Die Apposition »wie Ungeduld mündig« ist, auf der Folie von Kafkas Aphorismus gelesen, zunächst die Entstellung, die Paronomasie und Umkehrung des Satzes: wie Ungeduld *sündig*. Ungeduld heißt dann »mündig« zunächst per antiphrasin: sie ist just diejenige, die den Zugang zu Mündung und Ziel hemmt oder verhindert. Die Polysemie von ›Mündigkeit‹, Freiheit, Sprach- und Selbstfähigkeit und Zielgerichtetheit zu bedeuten, wird durch die latente Konnotation mit der ›Sündigkeit‹ aus Kafkas Aphorismus nicht nur erweitert, sondern zum dramatischen Konflikt einer Antosemie transformiert. Es ist die Emanzipations- und Sprachhemmung, die mit der Ungeduld ins Ziel führen und selbst schon im Ziel sein soll, das durch die Ungeduld unerreichbar wird. Mit dem Widerspruch eines »mündig«, das ›sündig‹ die Mündung der Intention ins Ziel hintertreibt, wird aber der Ungeduld dieselbe antagonistische Struktur zugesprochen, die die Zündung und das Ziel der Hoffnung im »Häm« charakterisiert. »Häm«, noch einmal, ist das Ziel – *aim* –, die Verhinderung des Ziels – die *Hem*mung der Sprache – und als Hyperbel des kafkaschen *Hämmerns* die Sprache, wie sie erst dort zu sich kommt, wo sie nicht bei sich selbst ist. Ist nun dies Ziel, »Häm«, »mündig« wie nur noch die Ungeduld, die ihrerseits ›sündig‹ konnotiert, dann ist der Mündigkeit wie der Ungeduld und dem Ziel eine Hemmung einbeschrieben, die jedes von ihnen von sich selbst abrückt und ihm einen Gegensinn mitteilt, in dem sich sein Sinn sowohl suspendiert wie erfüllt. Und, gemäß der Logik der Ent-sprechung, erfüllt allein vermöge seiner Suspension. Celan dürfte aus der Theologie des Sabbatianismus, die von Gershom Scholem rekonstruiert worden ist, der Gedanke einer Erfüllung des Gesetzes durch seine Übertretung vertraut

---

streichungen in den beiden Ausgaben von Kafkas »Betrachtungen« gibt, die im Besitz von Celan waren.
[33] Hier zitiert nach: *Er – Prosa von Franz Kafka*. Frankfurt a. M.: Suhrkamp 1965, p. 195. – Der Aphorismus vor dem hier zitierten lautet: *Alle menschlichen Fehler sind Ungeduld, ein vorzeitiges Abbrechen des Methodischen, ein scheinbares Einpfählen der scheinbaren Sache.*

gewesen sein.³⁴ Aber auch ohne die antinomistische Idee einer Erlösung durch Sünde ergibt sich aus der Erfahrung des *Hämmerns* und seiner Potenzierung im Nichts, wie sie Benjamin mit Kafka dargestellt hat, daß die Ungeduld »mündig« nur ist, sofern sie das Ziel, in das sie überspringt, erst in seiner Verfehlung erreicht. So wie die Logik – die Allogik – des »Häm« die Bewegung der Ungeduld determiniert, so gibt diese dem »Häm« und dem Ziel »darin« weitere Kontur. Denn »Häm« ist die Geste der Ungeduld, weil es die Geste einer Sprache ist, die sich noch in ihrem Aussetzen, und grade in ihm, noch in der Ent-fernung des Ziel, und grade dort, auf das öffnet, worauf schlechterdings niemand warten kann, das niemand erhoffen kann, wenn es nicht schon da ist: auf ein Offenes, Zieloffenes, Sprachoffenes, in dem es allererst ein Ziel und in dem es Sprache geben kann. Ungeduld, und auch darin liegt ihre ›Mündigkeit‹, ihre Sprachfähigkeit, ist nicht eine unter den möglichen Gesten einer schon gegebenen Sprache; sie ist vielmehr diejenige eine Geste, die die Sprache überhaupt strukturiert, die sie als Sprache ermöglicht und deshalb als gestisches Substrat in jeder Sprache mitspricht.³⁵

Ungeduld, auch wenn sie, wie Kafka es will, sündig sein sollte, ist »mündig« *par excellence*, die Instanz des Sprechens im Gedicht – die Instanz jedes Sprechens –, indem sie immer schon *am* Ziel und das einzige Mittel *zum* Ziel der Sprache ist. Denn Ungeduld, das ist, vor jeder psychologistisch denunzierbaren Unart, die tempora-

---

³⁴ Cf. Gershom Scholem: *Die Theologie des Sabbatianismus im Lichte Abraham Cardosos*, in: *Judaica*. Frankfurt a.M.: Suhrkamp 1963, pp. 119–64.

³⁵ Eine eindrucksvolle Korrespondenz zu Celans Versen findet sich in der fünften Strophe von »L'Eternité« aus Rimbauds kleinem Zyklus »Fêtes de la patience«. Sie heißt:

> *Là pas d'espérance,*
> *Nul orietur.*
> *Science avec patience,*
> *Le supplice est sûr.*

Nach Analogie von *pas d'espérance* ist hier *patience* auch als ›pas-science‹ zu lesen oder als ›pas-de-science‹, *Science avec patience* demnach auch als ›Wissen(schaft) mit Ohnewissen‹. Wenn es Hoffnung gibt – so läßt sich ex negativo verstehen – dann aus einem Wissen oder einer Wissenschaft, die sich nicht mit der Geduld, sondern der Ungeduld verbündet. Nicht nur die Praxis der Sprache, und das heißt der diskursiven und nicht-diskursiven Ordnungen insgesamt, sondern auch die theoretischen Verhaltungen des Wissens und der Wissenschaft, die in ihrem Feld möglich sind, verdanken sich allein der Hoffnung und ihrer Ungeduld.

le Struktur der Intention. Sie ist diejenige Beziehung auf ein Ziel, in der es überhaupt als Ziel, sei's eines Bedeutens, einer Handlung oder einer Hoffnung, visiert ist. Wäre nicht die Ungeduld schon am Ziel, es gäbe keine Geduld, die auf es warten könnte. Ungeduld ist das Mittel zum Ziel, ohne das es ein Ziel nicht gäbe. Deshalb wird sie in Celans Versen nicht mit dem Ziel verglichen, sondern das Ziel mit der Ungeduld: sie ist, »mündig« und also öffnend, die Instanz seiner Erschließung. Wenn aber Ungeduld Mittel ist, dann kein instrumentelles. Sie zeichnet sich dadurch aus, daß sie keine Vermittlungen duldet und die Reihe der instrumentellen Mittel, die in ihrem Dienst stehen könnten, überspringend immer schon am Ziel ist. Da nämlich das Ziel zur Struktur der Intention gehört, ist die Intention selber nicht Mittel zu einem außer ihm gelegenen Ziel, sondern ein solches Mittel, das das Ziel impliziert und es zu einem Moment der Mittel*barkeit* macht. Das Ziel steht also im Medium reiner Mittelbarkeit und steht somit in der »mündig(en)« Ungeduld als derjenigen reinen Emotion, die sich als Un-mittelbarkeit der reinen Mittelbarkeit bewegt. Ungeduld kommt ohne Vermittlungen aus, weil sie selbst das Mittel ist, *in* dem sich – nicht aber *durch* das sich – ein Ziel erst erschließt. Wenn sich das Ziel aber allein im Medium der Intention und somit im Medium der Ungeduld einstellen kann, dann hat auch das Ziel noch die Struktur dieses Mittels, ist medial und, durch seine Mittelbarkeit determiniert, selber ein Mittel zu anderem als ihm selbst, ein Medium immediater Alteration. Weil das Ziel Mittel ist, ist es nur in seiner Hemmung und seiner Unerreichbarkeit erreichbar, es ist, ein *aim*, allein im »Häm«, als Hälftiges, Mittleres, Ent-ferntes und auf seine Abwesenheit Offenes ausgesprochen. Die Struktur der Intention impliziert mit dem Intendierten notwendig ein Intendier*bares*, darin aber ein Intentions*freies*, das sich von der Intention deshalb nicht fassen läßt, weil es zur Struktur der Intention selber gehört. Es ist dies Intendier*bare* und notwendig in jeder Sprache und jedem Wort und Gestus der Sprache als Intendier*bares* Intendierte, das Celan im »Häm« zur offenen Mitte seines Gedichts macht.[36]

[36] Mit dem Motiv der Sprache als reiner Mittelbarkeit, wie es sich in Celans Satz von der Mündigkeit des Ziels wie der Ungeduld zeigt, ist ein wiederum Benjaminsches Motiv berührt, das in den großen philosophischen Skizzen der zehner Jahre entfaltet wird, insbesondere im frühen Sprachaufsatz und in »Zur Kritik der Gewalt«. (Cf. dazu Werner Hamacher: *Afformativ, Streik*, in: *Was heißt Darstellen?* (ed. Christiaan Hart-Nibbrig), Frankfurt a. M.: Suhrkamp 1994.) Mit diesem Hinweis soll nicht die

Es ist immer Ungeduld, wenn es spricht. Die Sprache der Ungeduld, ihrer ›Mündigkeit‹, ist die Sprache überhaupt in ihrer jeweils einmaligen Mittelbarkeit. Mittel*bar*, mitteil*bar*, muß die Sprache der Ungeduld, Sprache überhaupt als je einmalige *ohne* Mittel und *ohne* Mitteilungen sprechen, in denen noch etwas anderes als sie selbst, etwas anderes als ihre eigene Andersheit ausgesagt würde. Als Eröffnung der Sprache – und zwar einer Sprache, die in keiner Eröffnung antizipiert sein kann – *ist* sie aber noch keine und muß, hemolog, offen bleiben auf ein Indefinites, Unerfaßtes und Ungesagtes. Sie spricht, jedes Sprechen eröffnend, immer mit dem Zusatz eines Nichts, einer Vakanz, eines Schweigens. Jede Sprache sagt »Häm«, jede hält sich zurück und offen in ihm, keine spricht anders denn als sprachoffene: als eine, die sich auf mögliche andere – und unter diesen möglichen auch den unmöglichen anderen – Sprachen zuspricht, als sich freisprechende und sprachfreie.[37]

Wer redet, wie das Gedicht, ist a priori ungeduldig, ist, ohne daß es eine Sprache schon gäbe, *am* Sprechen, aufs Sprechen aus und, »mündig«, auf ein weiteres und wieder anderes Sprechen offen.

Behauptung verbunden sein, Celan seien Benjamins einschlägige Überlegungen gegenwärtig gewesen.
[37] Mit dem Motiv der Ungeduld kommuniziert das der Geschwindigkeit des Gedichts, das Celan in *Der Meridian* mit Nachdruck hervorhebt: »Niemand kann sagen, wie lange die Atempause – das Verhoffen und der Gedanke – noch fortwährt. Das ›Geschwinde‹, das schon immer ›draußen‹ war, hat an Geschwindigkeit gewonnen; das Gedicht weiß das; aber es hält unentwegt auf jenes ›Andere‹ zu, das es sich als erreichbar, als freizusetzen, als vakant vielleicht, und dabei ihm, dem Gedicht – sagen wir: wie Lucile – zugewandt denkt.« (GW III, p. 197) »Schon immer ›draußen‹«, auf jenes ›Andere‹, vielleicht Vakante zuhaltend, ist das Gedicht a priori geschwind, es ist die Sprache einer Geschwindigkeit, die, von Anbeginn sich selbst voraus, schon auf ›Anderes‹ offen und bei ›Anderem‹ ist, bevor sie sie selbst sein könnte. ›Verhoffen‹ – innehalten und auf ›Anderes‹ offen sein – kann diese Sprache allein im Raptus ihrer Bewegung, in ihrem Woanders, nie etwa vor ihm oder indem sie aus ihm heraustritt. Sie ist also, gerade in ihrer »Atempause«, rasch. Sie hält inne nur, indem sie auf ›Anderes‹ zuhält. Was *a fortiori* vom Gedicht gilt, gilt aber von der Sprache in ihrer jeweiligen Einmaligkeit überhaupt. Im Gedicht exponiert und ex-poniert sich die Sprache. Deshalb gilt vom ihr auch, was Celan von »dem rapideren Gefälle der Syntax oder dem wacheren Sinn für die Ellipse« im »Gedicht heute« sagt –: »das Gedicht zeigt, das ist unverkennbar, eine starke Neigung zum Verstummen.« Und: »das Gedicht behauptet sich am Rande seiner selbst«. (l.c.) In ihm berührt die Sprache ihr Extrem. Sie ist Sprache *par excellence* dort, wo sie, »schon immer«, am Rand – oder am Saum, dem englischen *hem* – des Verstummens und wo sie mit der, immer möglichen, Sprachvakanz des ›Anderen‹ spricht.

Ungeduld und Mündigkeit sind keine psychologischen Kategorien, ohne zunächst sprachliche zu sein, aber sie sind Kategorien der Sprachlichkeit, der veröffentlichenden Anzeige und der Exposition, nur als solche, in denen sich nichts als bloße Anzeigbarkeit zeigt und sich nichts sagt als schiere Mitteilbarkeit. Das Gedicht ist kategorisch. Deshalb ungeduldig, sich selbst voraus bei dem, das nicht da ist – nie als Seiendes gewesen und nie als solches sein wird –, in diesem Vorsprung von sich selbst gelöst, ist es hälftig, an jeder Stelle bloß bis zu seiner Mitte, hemagorisch. Die Geste des Gedichts – und nicht nur des Gedichts, sondern die Geste der Sprache insgesamt, wie sie im Gedicht exponiert wird – ist die eines fortgesetzten, noch in seine kleinsten Zellen eingreifenden Anakoluth: eines Abbruchs des syntaktischen Kontinuums, einer Öffnung des Gesagten auf das, was seinem Dikat nicht unterliegt, der Begleitung eines jeden durch das, was es nicht ist. Wie von jenem Hämmern bei Kafka gesagt wird, es sei ein wirkliches Hämmern und gleichzeitig auch ein Nichts, so kann von der Sprache in Celans Gedicht gesagt werden, sie sei ein wirkliches Sprechen und gleichzeitig auch ein Nichts – wodurch es *noch kühner, noch entschlossener, noch wirklicher und [...] noch irrsinniger* wird. Nimmt man, wie man es muß und wie Celan es im »Häm« tut, Kafkas Wort vom Nichts des Hämmerns ernst, so muß man sagen, daß es nicht dem Sein, sondern einem Andern als dem Sein und, nach der Analogie von Benjamins Begriffen der Vorwelt und Vorgeschichte, einem Vor- oder Nachsein angehört – und daß Celans Sprache des »Häm«, der voranfänglichen Ellipse und des fortgesetzten Anakoluth eine andere als die Sprache des Seins, eine anontologische, eine »häm«- und hemontologische ist.

Während sich die ersten sechs Verse von Celans Gedicht zu drei Versparen ordnen, erscheint der letzte, der siebte Vers, von den übrigen durch ein Spatium getrennt, allein. Dennoch wird in ihm die Serie der Paare, die er abbricht, fortgesetzt. Die asyndetische Nebeneinanderstellung von »Dorfluft, rue Tournefort« paart die Chiffre der messianischen Hoffnung mit dem Namen der pariser Straße, in der Celan dies Gedicht geschrieben und datiert hat. *»Bei Kafka – hat Soma Morgenstern gesagt – herrscht Dorfluft wie bei allen großen Religionsstiftern.«* So zitiert Benjamin in seinem Kafka-Essay (23) und betont anschließend nicht weniger als dreimal, daß Kafka nicht in Versuchung kommen konnte, Religionsstifter zu werden. Das Dorf, von dem in Soma Morgensterns Satz die Rede ist und in dem Benjamin das Dorf aus dem Schloßroman erkennt, wird von ihm jenem Dorf aus einer talmudischen Legende verglichen, in dem der Messias erwartet wird. Die Luft in diesem Dorf, so heißt es in Benjamins Text, ist *voll all dem Ungewordenen und Überreifen, das so verderbt sich ineinandermischt*, daß die Sprache der messianischen Erwartung in ihr unverständlich ist. (24) »Dorfluft« bezeichnet noch einmal mit einem andern Namen die hetärische Welt der *Unfertigen und Ungeschickten* aus dem »Moorboden«, von der das Gedicht seinen Ausgang nimmt.[38] Ihr *Ungewordenes und Überreifes* ist das Hoffnungslose, für das allein es Hoffnung gibt. Eine messianische Erwartung hegt nicht sie, sondern kann für sie, diese Fremde, nur gehegt werden. Das geschieht, indem sich die Hoffnung ihr zuwendet. Und diese Wendung zur Vorwelt – und Vorwelt ist für Benjamin auch die *aufs Höchste gesteigerte Entfremdung der Menschen voneinander* (36) in der Gegenwart –, diese Wendung zur Fremde wird nach Benjamins Worten bei Kafka im Studium vollzogen. *Umkehr ist die Richtung des Studiums, die das Schicksal in Schrift verwandelt*. Und: *Die Pforte der Gerechtigkeit ist das Studium*. (37) In »Anorgisch«, einem Text, der vom 18. 7. 1968, dem Tag vor der Niederschrift von »Aus dem Moorboden« datiert ist, erinnern die Verse »eingedenklich, / der Zukunft getreu-zuwider, / pfortig« an diese *Pforte der Gerechtigkeit*.[39] Die Umkehr, die Wendung zum Fremden, die sich in Kafkas

---

[38] Den »schnarrenden Ton«, der nicht zu überhören ist, sooft die Kunst in Erscheinung tritt, nennt Celan in seiner »Meridian«-Rede 1960 eine »alte und älteste Unheimlichkeit (...)«. Er fährt fort: »Daß ich heute mit solcher Hartnäckigkeit dabei verweile, liegt wohl in der Luft – in der Luft, die wir zu atmen haben.« (GW III, p. 192) Die Assoziation zwischen Kunst und der un-heimlichen Kunstluft einer technogenen Welt, die die Gaskammern einschließt, dürfte sich für Celan durch eine Referenz auf Kafkas »Schloß«-Roman erweitert haben, in dem es heißt, K. habe das Gefühl, *er verirre sich oder er sei so weit in der Fremde, in der selbst die Luft keinen Bestandteil der Heimatluft habe, in der man vor Fremdheit ersticken müsse und in deren unsinnigen Verlockungen man doch nichts tun könne als weiter gehen, weiter sich verirren*« (Frankfurt a.M.: S. Fischer 1966, p. 593). Naheliegend, daß Benjamin seine Überlegungen zur Dorfluft an diese Passage angeschlossen hat und ihretwegen die Frage stellt: *Wie hat er es in ihr ausgehalten?* (25)

[39] Das Titelwort »Anorgisch« (GN 181) variiert ein Wort und ein Motiv aus Hölderlins Anmerkungen zu Sophokles. Da das vom gleichen Tag datierte »Geengelt« (ibid., p. 180) mit den Versen »Geengelt / steht die Geschichte / zum entknechteten Knecht« vermutlich eine Antwort auf Benjamins programmatische Skizze »Über den Begriff der Geschichte« darstellt, läßt sich das »pfortig« des nächsten Textes, »Anorgisch«, auch auf Benjamins Satz aus dem Anhang B zu den geschichtsphilosophischen The-

Prosa abzeichnet, ist nicht die Gerechtigkeit, aber sie ist die Öffnung, die Hoffnung, durch die sie eintreten kann.

Paul Celan war am 21.11.1967 in eine neue Wohnung, ein Studio, in der Nähe der École Normale Supérieure, wo er lehrte, eingezogen. Einen Tag später schreibt er an Franz Wurm: *Das Wohnungssuchen hat gestern nachmittag in der von der École nur fünf Minuten entfernten rue Tournefort – qui tourne (et tournera) fort? – ein vorläufiges Ende gefunden, in einem möblierten und badezimmerbeküchten sogenannten Studio.*[40] Nicht unwahrscheinlich, daß Celan, als er »Aus dem Moorboden« schrieb und mit »Paris, Rue Tournefort / 19. Juli 1968« datierte, den Namen seiner Straße wie schon im Brief an Franz Wurm beim Wort nahm und ihn mit dem Gedanken der Umkehr aus Benjamins Kafka-Essay verknüpfte. »Dorfluft« weht auch in »rue Tournefort« –: das ›or‹ von »Dorf«, das das ›oor‹ aus »Moorboden« aufnimmt, klingt im ›or‹ von »-fort« wieder und das ›u‹ von »-luft« im ›ou‹ von »Tourne-«. Aber die Laute von »Dorfluft« erscheinen in »Tournefort« in umgekehrter Folge, und von der nicht nur phonetischen Drehung oder Umkehrung, die sich in ihm vollzieht, spricht der Name selbst. So wendet sich die *Dorfluft* in der »rue Tournefort«, dem Ort des Gedichts, gegen sich selbst, verwandelt das *Schicksal* in *Schrift* und öffnet in ihrer »tour«, ihrer Wendung und Kehre, vielleicht jene *Pforte*, die bei Benjamin *Pforte der Gerechtigkeit* heißt. Diese Wendung und Umwendung ist aber nicht nur dann lesbar, wenn man Celans Gedicht als Palimpsest studiert, in dem die Wörter, Lettern und Wendungen des Benjaminschen Textes durchscheinen. Das Gedicht stammt aus der Zeit der Studentenrevolte und Celans tiefer, wenn auch ebenso tief skeptischer Sympathie mit ihr. *Auch in der Rue Tournefort gab es Barrikaden,* schreibt Celan am 12. Mai 68 an Franz Wurm, *hier waren auch die Anarchisten dabei.*[41] An der Umkehr, die diese Revolte herbeiführen sollte, nimmt auf seine Weise Celans Gedicht teil.

---

sen beziehen, der von der im *Eingedenken* entzauberten Zukunft sagt: *in ihr war jede Sekunde die kleine Pforte, durch die der Messias treten konnte.* (Walter Benjamin: *Gesammelte Schriften* I 2, p. 704)

[40] *Paul Celan – Franz Wurm: Briefwechsel* (herausgegeben von Barbara Wiedemann in Verbindung mit Franz Wurm), Frankfurt a. M.: Suhrkamp 1995, p. 114. – Innerhalb der folgenden acht Monate nimmt Franz Wurm in seinen Briefen an Celan dreimal das Spiel mit dem Namen »Tournefort« wieder auf: *Le fort qui tourne* (November 67; l.c., p. 117), *Drehfeste* (Januar 68; p. 130), *Starke[r] Dreh* (April 68; p. 139).

[41] L.c., p. 149.

Dichte und Tempo der Diktion, programmatischer Gestus und Dringlichkeit machen »Aus dem Moorboden« zu einer Parole oder Parolensequenz, zu einem nicht nur stofflich, sondern auch formal eminent politischen Text. Er wäre der bessere unter den Wandsprüchen gewesen, die während des Sommers 68 Celans Aufmerksamkeit erregt haben.[42] Er ist Merkspruch, Memorandum und Imperativ einer Sprache der Hoffnung, der revolutionären Ungeduld und des änderungsoffenen, des kafkaschen und benjaminschen Studiums. Er nennt nicht nur eine Straße als Ort des Gedichts, sondern erklärt seine Solidarität mit der Straße – und zwar dieser Straße, der rue Tournefort, zu diesem Datum, dem Juli 68 – und nimmt mit seinen lapidaren Formeln am Kampf der Studenten gegen die Verhaltens-, Bild- und Sprach-Ordnungskräfte jeder Couleur teil. Und Celans Text schreibt sich der Straße – dieser Straße, zu diesem Zeitpunkt – nicht nur zu und erklärt nicht nur seine Solidarität mit ihr; sein Gedicht – der Weg zwischen »Moorboden« und »Ohnebild«, zwischen Hoffnung und Ziel, »Dorfluft« und »rue Tournefort« – gibt sich in seinem letzten, datierenden Wort selbst den Namen dieser Straße, der von einer Wendung und darin auch einer Revolte und einer Revolution spricht. Auf die Frage des »Spiegel«: »Ist eine Revolution unvermeidlich?«, die an die von Hans Magnus Enzensberger formulierte Alternative zwischen der Erhaltung und der Ersetzung des politischen Systems in der Bundesrepublik anknüpfte, hat Celan, ebenfalls 1968, die Antwort gegeben: »Ich hoffe, nicht nur im Zusammenhang mit der Bundesrepublik und Deutschland, immer noch auf Änderung, Wandlung. Ersatzsysteme werden sie nicht herbeiführen, und die Revolution – die soziale und zugleich antiautoritäre – ist nur von ihr her denkbar. Sie fängt, in Deutschland, hier und heute, beim Einzelnen an. Ein Viertes bleibe uns erspart.«[43] Celan nimmt Anstoß an dem von Enzens-

---

[42] Von Celans Interesse an diesen Graffiti legen die mit Franz Wurm gewechselten Briefe beredtes Zeugnis ab. Celan selbst hat einem der früheren Gedichte aus »Schneepart« – es ist datiert »Paris, 26.5.68 – 24 Rue Tournefort« – den Titel »Mauerspruch« gegeben; in der Handschriftfassung »Mauerspruch für Paris« (HKA 10,2, p. 132). Auch dieser Text enthält deutliche Referenzen auf Benjamin, den Engel (der Geschichte), die Motive der Entstellung, des Gedächtnisses und der Aufmerksamkeit, die seine Schriften zur Geschichte und zur Lyrik im Zeitalter des Hochkapitalismus durchziehen.

[43] Paul Celan: GW III, p. 179. – Die Alternative Enzensbergers lautete: » ... Tatsächlich sind wir heute nicht dem Kommunismus konfrontiert, sondern der Revolution. Das politische System in der Bundesrepublik läßt

berger unbedacht und lax gebrauchten Begriff der Ersetzung, denn die Ersetzung des bestehenden Systems durch ein neues kann nur wiederum auf ein System und damit auf die Affirmation des status quo hinauslaufen. Celans Hoffnung richtet sich nicht auf dessen Ersetzung und Beständigung – das wäre keine Hoffnung –, sondern auf Änderung – und erst von dieser »Änderung, Wandlung« her, die hier und jetzt, in jedem Hier und jedem Jetzt und also immer beim unersetzbaren Singulären anfängt, ist ihm eine Revolution denkbar, die nicht Substitut und nicht Affirmation wäre. Die Revolution – »die soziale und zugleich antiautoritäre« – setzt ein beim Unersetzbaren, dem Einzelnen und Einmaligen, der keinem Kollektiv integriert und von keiner Autorität regiert werden kann, weil er schon jetzt und hier – denn die Änderung soll nicht erst anfangen, sondern, so schreibt Celan, sie »fängt ..., hier und heute, ... an« – ein Ändernder und sich Ändernder ist. Celans Politik ist eine Politik der Singularität, nicht des Kollektivs und nicht des Kollektivbegriffs, die soziale und zugleich antiautoritäre Politik *jedes* Einzelnen als jedesmal *dieses* Einzelnen, die jedesmal einmalige Politik des Singulären als Alteration und Exposition eines Unersetzlichen. Sein »Häm« ist das Schibboleth dieser änderungsoffenen, in jedem Hier und Jetzt zu Anderem aussetzenden Einzigkeit.

Zwei Jahre vor »Aus dem Moorboden«, im April 66, hieß dies Unersetzbare in »Mit uns« »Gram«:

»MIT UNS, den
Umhergeworfenen, dennoch
Fahrenden:

der eine
unversehrte,
nicht usurpierbare,
aufständische
Gram.«[44]

sich nicht mehr reparieren. Wir können ihm zustimmen, oder wir müssen es durch ein neues System ersetzen. Tertium non dabitur.« (l.c., p. 179)
[44] GW III, p. 151. – Dies letzte Stück des Zyklus »Eingedunkelt« nimmt Motive der von Picassos »Saltimbanques« ausgehenden Fünften Duineser Elegie auf, und zwar nicht nur das von den »Fahrenden« und »Umhergeworfenen«, auch, wenngleich weniger augenfällig, das der Schriftfigur in »des Dastehns / großer Anfangsbuchstab ...«, das zum »aufständische(n) Gram« dynamisiert wird, vielleicht auch das der »unsäglichen Stelle«: »Und plötzlich in diesem mühsamen Nirgends, plötzlich / die unsägliche Stelle, wo sich das reine Zuwenig / unbegreiflich verwandelt –, um-

Er ist »der eine«, ein einziger, dieser Gram, unversehrt, weil selber die Wunde, nicht usurpierbar, weil in seiner Einzigkeit keiner Substitution und keiner Befriedung fähig, aufständisch, weil die Empörung – der Zorn wie die Insurrektion – gegen das Geworfensein und die Schmach der Unfreiheit, und ist Gram als Insurrektion der Schrift, der γραμμε, des Gedichts aus dem Schweigen des Stropheninterualls und gegen es: als aufständische Transmutation des Stummen. Daß hier mit einem explizit politischen Begriff von ›Aufstand‹ gesprochen wird, legt eine gleichfalls politische Konnotation im Elevationsbegriff »steigen« des späteren Textes nahe. Auch das ›Steigen‹ »aus dem Moorboden« ist eine politische, eine aufständische Bewegung. Sie geht aufs Unersetzbare, nicht Usurpierbare, Eine: »ein Häm«. »Häm«, ob Hajm oder aim, häm, hem oder em, Hemmung oder hyperbolisches Hämmern, ist kein vager Ausdruck, es ist, nach Celans Wort, ein vielstelliger. In einem programmatischen Satz über die »grauere« – und das ist auch die genauere – Sprache der Lyrik, erklärt Celan 1958: »Dieser Sprache geht es, bei aller unabdingbaren Vielstelligkeit des Ausdrucks, um Präzision. Sie verklärt nicht, »poetisiert« nicht, sie nennt und setzt, sie versucht, den Bereich des Gegebenen und des Möglichen auszumessen.«[45] Diese »Vielstelligkeit« des Ausdrucks, die sich in der Vervielfachung grammatisch-rhetorischer Positionen und semantischer Valeurs zeigt, kann aber die Bereiche des Gegebenen und des Möglichen nur dann ausmessen, wenn weder das Gegebene noch das Mögliche als bloßer Bestand verzeichnet werden. Sprache nennt nicht, was ist, und selbst ihre Setzungen resultieren nicht in einem gesicherten Seienden. »Wirklichkeit ist nicht«, betont Celan im gleichen Schreiben, »Wirklichkeit will gesucht und gewonnen sein.«[46] Diejenige Sprache, die auf der Suche nach Wirklichkeit ist und dazu auch auf ihre Möglichkeiten ausgeht, muß sich in jeder ihrer Stellen, so vielzählig sie sein mögen, offenhalten auf das, was noch zu suchen und zu gewinnen bleibt. Ihre Position muß sich

---

springt / in jenes leere Zuviel.« Celans Leerstellen-Lyrik dürfte von Rilkes mehr als von irgendeiner anderen der deutschsprachigen Tradition gelernt haben. Die unmittelbar folgenden Verse der Fünften Elegie lauten: »Wo die vielstellige Rechnung / zahlenlos aufgeht.« Celans im Folgenden berührte Formulierung von der »Vielstelligkeit des Ausdrucks« könnte einen Nachhall dieser Rilkeschen Zeilen mit sich führen – und so von ihrer eigenen »Vielstelligkeit« sprechen. (Rilke wird hier zitiert nach: *Sämtliche Werke. Werkausgabe* Bd. 2, Frankfurt a. M.: Insel 1976, pp. 701, 704.)
[45] GW III, p. 167.
[46] GW III, p. 168.

dem aussetzen, das noch keine hat. Deshalb muß sie nicht nur multipel sein und sich in immer anderen Positionen proliferieren, sie muß schon in jeder Setzung Aus-setzung, in jeder Position ihrer Stellen ihre Ex-position ins Stellenlose, ins Intervall zwischen die Stellen, in die Stellenvakanz sein. Die Setzung der Stellen, der syntaktischen, rhetorischen und semantischen, muß Setzung ins Unsetzbare sein. Allein aus diesem Unsetzbaren – das allein darum auch das Unersetzbare bleiben kann – ergibt sich für die Sprache die Möglichkeit, ihre Setzungen *um*zusetzen, anders zu setzen und zu multiplizieren, ergibt sich die »Vielstelligkeit des Ausdrucks« und seine Chance, Wirklichkeit zu suchen und zu gewinnen. Dies Unsetzbare und Unersetzbare ist das Einzelne, bei dem die Änderung, die Wandlung und, möglicherweise, die soziale und antiautoritäre Revolution, »hier und heute«, anfängt. Nur wenn Sprache die Züge der Ex-position ins Unsetzbare trägt, wenn sie der »Änderung, Wandlung« nicht nur lässig das Wort redet, sondern dies Wort zur Änderung, zu einem Anderen bringt, ist sie nicht begriffliche Kommunikation im Kollektiv, sondern Gedicht. Es bringt sie so aber in eine Stellenleere, nicht in eine der phänomenologisch so genannten Leerstellen, in denen die Leere selbst nur als Stelle in Betracht kommt und von Projektionen besetzbar und ausfüllbar ist. Auf das Unsetzbare und Unersetzbare geht Celans Sprache wie sie aufs Un*bes*etzbare ausgeht. In »Offene Glottis«, einem Text aus »Schneepart«, der »Aus dem Moorboden« direkt voransteht, vom selben 19. Juli 68 datiert ist und gleichfalls Motive Benjamins verarbeitet, und zwar insbesondere dessen Referat von Freuds »Jenseits des Lustprinzips« im Essay »Über einige Motive bei Baudelaire« –; in »Offene Glottis« heißt es: »unbesetzbar / ich und auch du«.[47]

---

[47] GW II, p. 388. – Acht Jahre früher, in *Der Meridian*, spricht Celan noch von dem Versuch, »auf jenes Ferne und Besetzbare zuzuhalten« (GW III, 200) – man könnte hier deshalb versucht sein, einen Widerspruch oder eine Entwicklung zwischen den Texten von 1960 und 68 zu sehen; aber »jenes Ferne und Besetzbare« wird, so fährt Celan fort, »nur in der Gestalt Luciles sichtbar«, also gerade in derjenigen, von der das »Gegenwort« kommt, »das Wort, das den ›Draht‹ zerreißt«, »ein Akt der Freiheit«, »ein Schritt« (189). Wenn es also für den Celan des »Meridian« ein Besetzbares gibt, dann ist es ein Riß. Das Besetz*bare* ist hier auch als ein der Besetzung Bares zu lesen.
Celans Interesse an Benjamins Überlegungen zu Baudelaire dürften im Zusammenhang derjenigen Frage stehen, die im »Motiv«-Essay den Rekurs auf Freud und seine Hypothesen zum Verhältnis zwischen Bewußt-

Vielstellig, und deshalb offen aufs Unsetzbare, Stellen- und Gestellose spricht – und ent-spricht sich – »Häm«. Seine elliptische Öffnung gehört nicht mehr der Ordnung der lexikalisch determinierten Sprache an, die sich auf vorgesetzte Bedeutungen oder Vorstellungen richtet. Seine Vielstelligkeit spricht aus der Disparität seiner Stellen und deshalb immer zugleich aus dem, das stellenlos zwischen ihnen liegt und das es in Hemmung, Hyperbel und Nichts selbst indiziert –: aus dem Intervall der Positionen, der Ex-position und Vakanz. Polysemie spricht aus – und mit – der Anasemie. Sie ist präzise, weil sie das keiner Präzision Fähige in sich einläßt. In einem der Aphorismen von »Gegenlicht« notiert

sein und Trauma veranlassen, der Frage nämlich: »wie lyrische Dichtung in einer Erfahrung fundiert sein könnte, der das Chokerlebnis zur Norm geworden ist.« »Eine solche Dichtung«, so antwortet Benjamin, »müßte ein hohes Maß von Bewußtheit erwarten lassen (...)« – diese Bewußtheit ist aber nach Freud als »Reizschutz« aufzufassen, der es entweder nicht zur »Energieumsetzung« in Form einer Erinnerungsspur kommen läßt oder vor ihrem zerstörenden Einfluß zumindest schützt, indem er den Wahrnehmungschok durch die Schockförmigkeit des Bewußtseins selber pariert. (Cf. Walter Benjamin: GS I,2, pp. 613–14) Celans Verse »Reizschutz: Bewußtsein, // unbesetzbar / ich und auch du« können demnach als Elemente einer Poetologie gelesen werden, für die das Gedicht – und das ist die Sprache des Einzelnen auf dem Weg zu einem inappropriierbaren Andern – nur dann nicht durch Traumen zerstört wird, wenn es selber schockhaft, traumatisch operiert. Daher der aphoristische Gestus in Celans Lyrik, die Elemente von Motto, Parole und Graffiti besonders im Spätwerk. Unbesetzbar, ist seine Sprache dasjenige, was selber – oft bis zum Punkt der Obsession – besetzt. Darin führen sie einen sprachökonomischen und sprach-politischen Kampf, der sich gegen dasjenige wendet, was bei Marx »Warensprache« heißt, und der sich orientiert an einer Einsicht Benjamins, in der Analysen von Marx und Hypothesen von Freud zusammentreten. Diese Einsicht ist in dem Satz aus »Zentralpark« ausgesprochen, den Celan sich ins Manuskript von »Offene Glottis« notiert hat: »Die Embleme kommen als Waren wieder.« (Benjamin: GS I,2, p. 681; Celans Notiz in: Paul Celan: *Schneepart*, HKA, 10.2, p. 158.) Die Embleme sind aber nicht Denk-, sondern Gedächtnisbilder. In ihnen wird das Erlebte akkumuliert und kapitalisiert, um in immer gleicher Münze in Zirkulation gehalten zu werden. Dagegen richtet sich »Offene Glottis«: sie »überwahr- / heitet / das augen-, das / gedächtnisgierige rollende / Waren- / zeichen«. Mit dieser poetologischen Skizze stellt sich Celan als der erste Lyriker nach Baudelaire dar, der es bis ins Detail seiner Diktion mit der literarisch gewordenen Warensprache aufnimmt. Seine Gedichte legen es darauf an, die Warensprache zu »überwahrheite(n)« und dem politökonomischen System, das sie an der Macht hält, Traumen zu versetzen, die es auf ein unbesetzbares Anderes – und deshalb nie auf ein ›Ersatzsystem‹ – öffnen.

Celan: »Vier Jahreszeiten, und keine fünfte, um sich für eine von ihnen zu entscheiden.«[48] »Häm« markiert – ammarkiert – was nicht da ist: die fünfte Jahreszeit, die weder Existenz noch Namen hat, und gewinnt in diesem anontologischen und anasemischen Gestus den – atopischen – Raum und die – achronische – Zeit der Entscheidung über das, was es gibt. Es ist der Raum *par excellence* der politischen Entscheidung: der andere Raum – und anderes als Raum –, die andere Zeit – und anderes als Zeit –, der Zeitspielraum, in dem die Logik des jeweils bestehenden politischen Systems und seiner erdenklichen Ersatzsysteme aussetzt, der offene Spielraum, von dem allein eine entschiedene »Änderung, Wandlung« ausgehen kann, und der, von dem sie »hier und heute« schon angefangen hat. »Häm« spricht schon – und ent-spricht sich – als Exzeß der Hoffnung und ihres Ziels über jeden Begriff, als befremdende Heimat und als das *noch entschlossener[e], noch wirklicher[e] und [...] noch irrsinniger[e]* Hämmern einer Sprache, die nicht herrscht und nicht dient, einer Sprache der reinen Mitteilbarkeit, hier und heute. »Häm«, dies im Ausstand seinen Term übersteigende Hämmern, ist immer auch der *Schlag* dieser Sprache, sprach-politisch: der *Streik*. In ihm ist das Ziel – das aim – aus einer anderen Sprache – und vielleicht aus anderem als der Sprache – schon »darin«: ganz es selbst, ganz anders.

»Häm«, das ist die »Änderung, Wandlung«, wie sie beim Einzelnen hier und heute, in seinem und jedem Hier und Heute, jedesmal einmalig und jedesmal aus einer fünften, namenlosen Jahres- und Geschichtszeit, aus der Achronie der Zeit- und Geschichtsoffenheit, anfängt. Es ist, unscheinbar und entscheidend, ein Anfang einer anderen Sprache, einer anderen Politik und einer anderen Geschichte. Und deshalb von Anderem, das in diesen sehr konventionellen Begriffen nicht mehr gefaßt ist.

Der Vers »Dorfluft, rue Tournefort«, in dem sich das Gedicht datiert, hat im Unterschied zu allen früheren des Gedichts keinen Begleiter. Wie »Häm« die Hälfte eines Worts, ist er die Hälfte eines Verspaars und wendet sich, wie jenes, einer Ergänzung zu, die nicht da ist. Eine Einzeilenstrophe, ist er eine Strophe, eine Wendung zu dem, das fehlt, das aber, wie Benjamin im Kafka-Aufsatz mit einem unausgewiesenen Zitat aus Rosenzweigs »Stern der Erlösung« schreibt (35), *jenem Nichts sehr nahe[steht], das das Etwas*

---

[48] GW III, p. 163.

erst brauchbar macht.⁴⁹ Der Vers ist gepaart mit einer Versvakanz, seine Datierung mit einem Undatierten, topo- und chronologisch Unbestimmten. Indem sich das Datum mit einem Leerdatum – und deshalb virtuell Unpaarigen – paart, hält es sich auf ein anderes Datum als das ›seine‹ und damit auf etwas anderes als ein Datum offen: auf eine andere Brauchbarkeit als sie in der Perspektive der datierten Geschichte absehbar ist. Die Datenlücke steht ein für das, was ohne Bild, ohne Sprache und ohne Sein ist und nur deshalb das, was gegeben ist, zuläßt und offenhält.

Ohne ein unbesetztes und unbesetzbares Offenes wäre der Text kein Gedicht. Er würde vielleicht zu dem gehören, was Celan in »Der Meridian« Kunst nennt, zu den ästhetisch-technischen, den poetischen Gebilden, die von der Machbarkeit der Welt zeugen, aber das nicht berühren, was sich der Logik der Herstellung, der Erzeugung, des Zeigens und Nennens entzieht. Er würde gemeinsame Sache machen mit den Systemen und Ersatzsystemen des Bestehenden und der politischen Bestätigung dessen dienen, was herrscht. Indem er aber in einzelnen ›Wörtern‹ wie »Ohnebild«, »Häm« und »mündig«, in der Mobilität seiner Syntax, Semantik und Phonetik, der Praxis des Versbruchs und des indefiniten Gestus von Memorandum und Imperativ auf ein Offenes, Bild- und Sprachfreies zuhält und *mit* ihm spricht; indem er *mit* dem spricht, das keine Sprache hat; mit ihm als einem Medium und einem Adressaten, einem »du / Aber-Du«, wie es in »Radix, Matrix« heißt, spricht, öffnet er die Logik der Aussage wie die des Aktes, der Proposition wie der Position auf dasjenige, was sich nicht machen, herstellen, zeigen oder in nominalen Einheiten fassen läßt. Nicht nur »poetisiert« er nicht, er poniert nicht. So wenig wie unter die Kategorie der *aisthesis* fällt er unter die der *poiesis* und der *thesis*. Indem er mit dem Sinnoffenen spricht – mit dem, das ungeschrieben, weiß bleibt und ebenso Sinn zuläßt wie jeden beständigen ver-

---

⁴⁹ In seinem Essay schreibt Benjamin von den »Studien«: »Vielleicht sind sie ein Nichts gewesen. Sie stehen aber jenem Nichts sehr nahe, das das Etwas erst brauchbar macht – dem Tao nämlich.« (35) In seinen ›Aufzeichnungen 4‹ ist der Wortlaut des Rosenzweigschen Satzes und die in der Druckfassung getilgte Referenz auf den »Stern der Erlösung« noch erhalten (123). Im Ersten Buch des Ersten Teils des »Sterns« heißt es nämlich vom Tao – das dem Fenster in der Wand und dem Hohlraum im Gefäß verglichen wird –: »es ist das, was dadurch, daß es ›nichts‹ ist, das Etwas ›brauchbar‹ macht, der selbst bewegungslose Beweger des Beweglichen. Es ist die Nichttat als der Urgrund der Tat.« (Franz Rosenzweig: *Der Stern der Erlösung*, Frankfurt a. M.: Suhrkamp 1988, p. 40)

weigert –, bewegt er, nach Benjamins Wort, Weltalter: die der Geschichte dessen, was Kunst heißt, Technik, wissende Produktion und Erkenntnis. Nicht nur Epochen bewegt er, sondern durch ihre *epoché* eine ganze vom Paradigma der Herstellung, der Setzung und Selbstsetzung, der obsessiven Semantisierung und Performierung dominierte Geschichte. Was Benjamin von Kafka gesagt hat: daß er nicht Zeitalter, sondern Weltalter im Schreiben bewegt hat, gilt unvermindert von Celan. Man tut gut daran zu präzisieren, daß er sie mit dem Ungeschriebenen bewegt hat. *Weltalter hat der Mann beim Tünchen zu bewegen. Und so noch in der unscheinbarsten Geste. Vielfach und oft aus sonderbarem Anlaß klatschen Kafkas Figuren in die Hände. Einmal jedoch wird beiläufig gesagt, daß diese Hände »eigentlich Dampfhämmer« sind.* Das Weißtünchen ist in Celans Miniatur einem Weißlassen gewichen, aber der verbleibende Diminutiv seines »Häm« resultiert in einer nicht weniger bewegenden und nicht weniger unscheinbaren Geste: in der Eröffnung einer anderen Geschichte und, diesseits aller Historismen, vielleicht, der Eröffnung von etwas anderem als Geschichte.

Versäumnisse.
Zwischen Theodor W. Adorno
und Paul Celan
(2008)

Keine Begegnung, die nicht versäumt werden könnte; kein Versäumnis, das nicht zu einer Begegnung gehören, zu einer solchen werden oder jede Begegnung verhindern könnte.

Wer den knappen Briefwechsel zwischen Theodor W. Adorno und Paul Celan liest, muß mit Befremden oder Betrübnis bemerken, daß er nicht bloß von einer intrikaten Beziehung zwischen Begegnung und ihrer Versäumnis, sondern von einem Versäumniszwang zeugt, unter dem, was einmal verfehlt wurde, wieder und wieder verfehlt werden kann. Unter den sechzehn Sendungen, die in den acht Jahren von 1960 bis 1968 zwischen dem Dichter und dem Theoretiker gewechselt worden sind – einer der Briefe Celans, die sich erhalten haben, ist von ihm freilich nie abgeschickt worden –, findet sich kaum eine, die eine wirkliche Antwort gäbe auf diejenige, die ihr vorausging. Selbst wenn man bedenkt, daß die Kontakte zwischen Celan und Adorno nicht auf ihren Briefwechsel beschränkt waren, sondern zum größeren und vielleicht intensiveren Teil in persönlichen Gesprächen, in Telephonaten und, dies vor allem, in der Lektüre der Schriften des einen durch den anderen stattfanden, bleibt der Eindruck einer fast peinlichen Asymmetrie zwischen den Briefpartnern und einer über lange und sehr lange Pausen hinweg beharrenden Neigung, immer aufs neue ein Versäumnis zu wiederholen und es in der Form der Vermeidung zu bestätigen.

Dem ersten Brief dieser Korrespondenz, in dem sich Adorno im März 1960 für die Übersendung von Celans Übersetzung der »Jeune Parque« bedankt, ist zwar eine Begegnung zu Beginn desselben Jahres, aber es ist ihm auch eine wichtigere, eine *versäumte Begegnung* zwischen den beiden im Spätsommer des Vorjahres vorangegangen.[1] Peter Szondi hatte versucht, ein Treffen zwischen den beiden in Sils-Maria zu arrangieren, beide hatten seine Einladung angenommen, aber Celan, der während der drei Wochen seines Aufenthalts in Sils die Arbeit an seiner großen Valéry-Übersetzung zuende geführt hatte, reiste mit seiner Familie eine Woche vor Adornos Ankunft zurück nach Paris. Das »Gespräch im Gebirg«, das er dort schrieb, bringt er in seiner Rede beim Empfang des Büchner-Preises, der ihm im folgenden Jahr verliehen wurde, mit einer *versäumten Begegnung im Engadin* in Verbindung – derjenigen Begegnung, die mit Adorno geplant war, die aber als *versäumte* eine *Begegnung* mit Adorno nicht gewesen und auch in der *kleinen Geschichte* nur als versäumte zu einer Begegnung – zur Begegnung mit einem Versäumnis – geworden ist. Um den Zusammenhang seiner Dichtung mit der Erfahrung von Büchners Lenz deutlich zu machen und um dem, was er als Antwort, als *Gegenwort* und Gegenwart versteht, Kontur zu geben, sagt Celan in der Meridian-Rede:

Meine Damen und Herren, ich habe vor einigen Jahren einen kleinen Vierzeiler geschrieben – diesen:
»Stimmen vom Nesselweg her:/ Komm auf den Händen zu uns./ Wer mit der Lampe allein ist,/ hat nur die Hand, draus zu lesen.«
Und vor einem Jahr, in Erinnerung an eine versäumte Begegnung im Engadin, brachte ich eine kleine Geschichte zu Papier, in der ich einen Menschen »wie Lenz« durchs Gebirg gehen ließ.
Ich hatte mich, das eine wie das andere Mal, von einem »20. Jänner«, von meinem »20. Jänner«, hergeschrieben.
Ich bin ... mir selbst begegnet.[2]

---

[1] Vermutlich wurde bereits eine frühere Begegnung zwischen den beiden versäumt. Datiert *Frankfurt, Januar / 1960* – der »Januar« wird in der Korrespondenz zwischen Celan und Adorno ein besonderes Datum werden – ist die Widmung eines Separatums von Adornos Studie »Erfahrungsgehalte der Hegelschen Philosophie« aus dem *Archiv für Philosophie*. Die Widmung lautet: *Für Paul Celan / anstelle des versäumten Pariser Aufenthalts (?) 1958 / herzlichst Theodor W. Adorno*. Noch bevor Celan von einer *versäumten Begegnung* spricht, gebrauchte also Adorno das hier auf einen Pariser Aufenthalt bezogene Wort vom Versäumnis. – Der Text von Adornos Widmung ist abgedruckt in: *Paul Celan: La Bibliothèque philosophique/Die Philosophische Bibliothek*, Catalogue raisonné des annotations établi par Alexandra Richter, Patrik Alac, Bertrand Badiou. Préface de Jean-Pierre Lefebvre, Paris: Editions rue d'Ulm 2004, p. 266.
[2] Paul Celan: *Gesammelte Werke*, Bd. 3, Frankfurt a. M.: Suhrkamp 1983, p. 201.

Lenz, der Büchnersche, geht, an einem »20. Jänner«, durchs Gebirge, und es ist ihm *manchmal unangenehm, daß er nicht auf dem Kopf gehn konnte;*[3] aber der 20. Januar 1942 ist auch der Tag der Wannsee-Konferenz, auf der die Ermordung der europäischen Juden organisiert wurde. Das Datum ist nicht nur das Datum traumatischer Ereignisse, es selbst ist ein Trauma, eine Wunde, die die Erinnerung auf einen Abgrund geöffnet hat. Der von Celan hervorgehobene Vers seines Vierzeilers aus dem Eingangsgedicht von »Sprachgitter«, den er als Erinnerungsspur dieses traumatischen Datums zitiert, ist aber seinerseits als – mindestens – doppeltes Zitat lesbar: als Reminiszenz an Lenz, der bedauert, nicht auf dem Kopf gehen zu können, und als Zitat einer Notiz vom Autor der »Jeune Parque«, der in seinen »Mauvaises Pensées et Autres« schreibt: *Mais le poète est le personnage le plus vulnérable de la création. En effet, il marche sur les mains.*[4] Auf den Händen gehen, das besagt nicht nur: verkehrt herum und so, daß der Himmel sich als Abgrund unter den Füßen öffnet, es besagt: in seiner äußersten Verletzlichkeit und auf dem Weg der Verletzung, dem *Nesselweg*, zu einem ›Datum‹ gehen, das nicht gibt, sondern nimmt, in keine Gemeinschaft, sondern in die Einsamkeit führt, nicht das Reden, sondern nur noch das Lesen und mit ihm ein völlig verändertes Verhältnis zur Sprache erlaubt. Auf den Händen, das heißt ins Ungangbare gehen. Wer die Einladung jener *Stimmen vom Nesselweg her* hört und die Erfahrung macht, daß er ihr nicht entsprechen kann, der ist mit ihr, *der Lampe* dieser Erfahrung, allein, hat *nur die Hand, draus zu lesen* und begegnet im Abschied von allem bisher Bekannten ... sich selbst. Die *versäumte Begegnung* mit Anderem eröffnet ihm die Begegnung mit sich. Begegnung ist Begegnung mit einem Abgrund, mit dem Faktum eines vielleicht unvermeidlichen Versäumnisses, mit einer Lücke, einer Ellipse im Welt-, im Selbst-, im Sprach-Verhältnis. Darum schreibt Celan nicht ›Ich bin mir selbst begegnet‹, sondern mit einer betonten Verzögerung, einer Pause und Leerstelle –: *Ich bin ... mir selbst begegnet.*

Celans Meridian-Rede bietet die Skizze zu einer Poetik der Begegnung, und genauer, da diese Begegnung sich dem Machen, Verfertigen und Herstellen, der *poiesis*, entzieht: sie bietet die Skizze zu einer Topographie der Wege und Umwege des Gedichts zu

[3] Georg Büchner: *Werke und Briefe*, ed. Fritz Bergemann, Frankfurt a.M.: Insel 1958, p. 85.
[4] Paul Valéry: *Œuvres II*, Pléiade, p. 801.

einer Begegnung mit einem Du und einem Selbst. *Umwege von dir zu dir* nennt er seine Gedichte und fügt hinzu, sie seien *Begegnungen, Wege einer Stimme zu einem wahrnehmenden Du, kreatürliche Wege, Daseinsentwürfe vielleicht, ein Sichvorausschicken zu sich selbst, auf der Suche nach sich selbst* ... Das Selbst ist auf dieser Wegekarte des Gedichts ein Du, es ist sich selbst ein Anderer und seines Adressaten nicht gewiß, seine Begegnung ist ein Weg und Sichvorweg, ein *Daseinsentwurf* im striktesten heideggerschen Sinn des Wortes, ein *Sichvorausschicken* in eine Zukunft, aus der es sich selbst als einem Anderen entgegenkommen mag.[5] Wie immer die Begegnung in diesem Entwurf einer Topographie *im Lichte der U-topie;*[6] wie immer sie in dieser U-topographie geartet sein mag, sie kann nur eine Begegnung mit dem sein, das nicht im voraus gewiß und nicht vorhanden, verfügbar oder machbar ist, sondern kann nur eine Begegnung mit dem sein, das sich entzieht, und mit dem, das sich *entgegen* ist. Begegnungen gibt es allein mit dem Versäumbaren. Und es gibt sie allein in der Lösung von Konventionen und Übereinkünften, von Plänen und Techniken, von allem, was *Kunst* heißt. Kunst hält sich im Bereich des *Mechanismus,* der *Automaten* auf,[7] sie ist, im Unterschied zum Gedicht, nicht begegnungsfähig, kennt kein Ich und kein Du, das sie nicht identifizieren könnte, keinen Abgrund und keine Wunde, an der sie zu leiden hätte. Der Büchnersche Lenz, der an jenem »20. Jänner« durch das Gebirge geht, ist, das hebt Celan hervor, nicht der mit der Kunst Beschäftigte, er ist ein Ich und als solches eine Ge-

---

[5] Den *kleinen Vierzeiler,* den er in seiner Meridian-Rede aus der Eröffnung von »Sprachgitter« zitiert – *Stimmen vom Nesselweg her:/ Komm auf den Händen zu uns / Wer mit der Lampe allein ist, / hat nur die Hand, draus zu lesen.* – hat Celan ein Jahr nach dieser Rede unter dem Datum des 15. 9. 61 auch in das Widmungsexemplar von »Sprachgitter« für Martin Heidegger eingetragen. (Cf. J.K. Lyon: *Paul Celan and Martin Heidegger, An Unresolved Conversation, 1951–1970,* Baltimore: The Johns Hopkins University Press 2006, p. 143) Nicht nur die Motive des Wegs und der Hand in diesen Versen verbinden sich mit denen von Heideggers Schriften – dem *Unterwegs zur Sprache,* den *Weg*marken und *Holzwegen,* die zu einem *Nesselweg* verschärft sind, das Zuhandene und Vorhandene –, mit dem Gehen auf den Händen und dem Abgrund unter den Füßen wird überdies ein Gedanke aufgenommen, den Heidegger in seiner ersten Arbeit über Trakl, nachdem er Hamanns Formulierung vom »Abgrund« der Sprache zitiert hat, in den Satz faßt: *Wir fallen in die Höhe. (Unterwegs zur Sprache,* Pfullingen: Neske 1959; p. 13)
[6] GW III, p. 199.
[7] L.c., p. 200 et passim.

Versäumnisse. Zwischen Theodor W. Adorno und Paul Celan

stalt des Gedichts: *er – nicht der Künstler und mit Fragen der Kunst Beschäftigte, er als ein Ich*.[8] Es ist *ein – befremdetes – Ich, an einem Ort, wo das Fremde war und wo die Person sich freizusetzen vermochte*.[9] Dieser Ort der Befremdung, des Fremd- und Anderswerdens, ist der U-topos, der Nicht-Ort des Abgrunds, zu dem nicht die Kunst, sondern allein die kreatürliche Sprache des Gedichts, zu der nur das *Sichvorausschicken* des Einzelnen ins Ungewisse einen Zugang finden kann. Der Schritt, der an diesen Un- und Gegen-Ort der existenziellen Sprache der Person und des Gedichts führt, kann der Schritt eines Versäumnisses sein. Er ist jedenfalls ein Schritt zugunsten einer Begegnung mit Anderem, zugunsten einer anderen Begegnung und einer Veränderung der Begegnung.

Im Zusammenhang dieses freisetzenden, weil befremdenden Schritts spricht Celan von seiner *versäumten Begegnung* mit Adorno. Er bietet keine psychologische oder technische Erklärung für sie, er versucht mit ihr die Logik der Ablösung des Gedichts von der Kunst zu erläutern. Wenn Celan diese Nicht-Begegnung einen »20. Jänner« nennt und sie mit dem Abgründigwerden der Welt und einer elliptischen Selbstbegegnung assoziiert, wenn er nicht nur von den »Sprachgitter«-Versen, sondern auch vom »Gespräch im Gebirg« emphatisch behauptet: *Ich hatte mich, das eine wie das andere Mal, von (...) meinem »20. Jänner« hergeschrieben*, dann war jenes Versäumnis zumindest bei der Niederschrift der *kleinen Geschichte* für ihn keine *quantité négligeable*, es war eine Eröffnung: die Eröffnung dessen, was in seiner Rede *eine – vielleicht selbstentworfene – Ferne oder Fremde* heißt.[10] Daß es zu einer solchen würde, war nicht geplant. Celan betont in der Entwurfsfassung seiner Rede: *ich sah es erst viel später.*[11] Er hatte eine Begegnung versäumt, aber mit seinem Versäumnis eine andere angebahnt, die erst im emphatischen Sinn eine Begegnung wurde. Wenn diese Bewegung, wie Celan es nahelegt, zu derjenigen von Büchners Lenz parallel verlief, dann führte sie von der Begegnung derjenigen, die *mit Fragen der Kunst* beschäftigt waren, zu der völlig anderen Begegnung eines – *befremdeten – Ich*, sie führte von der Begegnung zwischen Adorno und Celan als zweier mit *Fragen der Kunst Beschäftigten* zu dem Ort, *wo die Person sich*

[8] GW III, p. 194.
[9] GW III, p. 195.
[10] GW III, p. 195.
[11] Paul Celan: *Der Meridian*, Tübinger Ausgabe, Frankfurt a. M.: Suhrkamp 1999, p. 40.

freizusetzen vermochte; sie führte von der Sprache der Kunst und dem Reden über sie zum existenziellen Akt eines Einzelnen und zu seinem Gedicht. Damit ist aber gesagt, es hätte eine *Begegnung* mit Adorno nicht gegeben, wenn sie wie verabredet und geplant stattgefunden hätte. Das Gespräch zwischen Celan und Adorno wäre eines zwischen einem Künstler und einem Kunsttheoretiker geblieben, es hätte den Horizont der Artistik zwischen Automaten und Marionetten nicht überschritten, kein Abgrund hätte sich geöffnet, keine Stimme vom Nesselweg wäre vernehmlich geworden. Erst daß die geplante Begegnung versäumt wurde, machte die mit dem Unplanbaren möglich. Das Versäumnis war ein Weg zu einem Du in seiner Fremdheit und Andersheit, es war ein Schritt in eine andere Zeit als die der Kalender und Uhren, in eine andere Sprache als die der Verabredungen und der Reden.

Celan hat mit seinem Hinweis auf die *versäumte Begegnung im Engadin* nicht nur die Herkunft und den dichtungstheoretischen Sinn seines »Gesprächs im Gebirg«, er hat damit zugleich den Gesprächspartner charakterisiert, dem er ausgewichen war. Adorno wäre nicht derjenige gewesen, mit dem eine Begegnung, wie Celan sie verstand, möglich gewesen wäre. Kaum anders als in diesem Sinn läßt auch eine spätere Äußerung Celans sich verstehen, in der er noch einmal, doch mit einem pointierten Zusatz, die Formulierung von der *versäumten Begegnung* aufnimmt. In einem Brief an Otto Pöggeler schreibt er: *Erinnern Sie sich an mein kleines ›Gespräch im Gebirg‹? Und an die Stelle im ›Meridian‹, wo ich der – nicht von ungefähr – versäumten Begegnung im Engadin, d. i. in Sils-Maria gedenke?*[12] *Nicht von ungefähr,* also nicht zufällig, nicht leichthin und nicht ohne Vermutungen über ihren Ablauf wurde diese Begegnung von Celan versäumt – und wurde also nicht versäumt, sondern vermieden, und vermieden, weil sie eine Begegnung nicht hätte werden können. Versäumt wurde nur, was zu einem Versäumnis hätte werden müssen, weil es eine Be-

---

[12] Otto Pöggeler: *Spur des Worts. Zur Lyrik Paul Celans,* Freiburg/München: Alber 1986, p. 157. – Im selben Brief teilt Celan auch mit: *Ich sollte dort Th. W. Adorno – den ›Juden Groß‹ – treffen … Adorno selbst, dem ich das später erzählte, meinte, ich hätte doch länger in Sils bleiben sollen; dann hätte ich den wirklichen ›Juden Groß‹, nämlich Gershom Scholem kennengelernt …* (l.c., p.157) Ruft man sich die Rivalität zwischen Scholem und Adorno um die Freundschaft Walter Benjamins in Erinnerung, dann mag aus dieser Bemerkung deutlich werden, wie sehr sich Adorno von Celan verfehlt gefühlt haben und wie er den Eindruck gehabt haben muß, daß eine Begegnung mit ihm ein zweites Mal versäumt worden war.

Versäumnisse. Zwischen Theodor W. Adorno und Paul Celan 63

gegnung mit dem behindert hätte, was mehr als Kunst und anders als künstlich ist.

Die Motivation für das Versäumnis, die in der Meridian-Rede und im Brief an Pöggeler nur mit äußerster Diskretion und abstrakt angedeutet ist, wird in der folgenden Korrespondenz gewissermaßen nachgetragen, als ginge es in ihr vornehmlich darum, die Prognose, auf der Celans Vermeidung beruhte, zu bestätigen. In seinem Brief vom 21. März 1960, dem ersten, den er an Celan schreibt, bedankt sich Adorno nach allen Regeln der formellsten Höflichkeit – *tausend Dank* –, aber er spricht zunächst nur von den bibliophilen Qualitäten der Ausgabe (an denen Celan keinen Anteil hatte), nennt sie *schön* und denkt an *die schönsten Zeiten der Bremer Presse*, renommiert mit antiquarischen Kenntnissen, von denen er gleichzeitig behauptet, sie stünden seinem *literarischen Interesse* fern, bevor er von Celans *unvergleichlich schönem Text* spricht – aber von diesem wiederum nur, um jedes weitere Wort darüber aufzuschieben, denn dazu müsse er sich *wirklich Zeit nehmen*, die ihm seine Arbeit am Mahlerbuch gegenwärtig nicht lasse. Wenn Adorno betont, daß *ich (...) es als Unverschämtheit empfände, wenn ich Ihnen Verbindlich-Unverbindliches dazu sagen wollte*, dann nimmt seine eigene hypothetische Empfindung ostentativ diejenige seines Adressaten vorweg, der allein in der Position ist, bloße Floskeln als Unverschämtheiten zu empfinden. Adornos projektive Identifikation mit Celan begeht genau die ›Unverschämtheit‹, die er zu vermeiden behauptet. In einer Geste der Überbietung konventioneller Höflichkeiten teilt sie bloß *Verbindlich-Unverbindliches* mit und beteuert zugleich, eben dieses würde unterbleiben. Wenn in diesen Formulierungen noch ein Gespräch geführt wird, dann nur um den Preis seiner Entleerung. Es wird geredet, aber nichts wird gesagt. Und schlimmer: indem nichts gesagt wird, wird der Anschein erweckt, der eine Gesprächspartner sei eines Sinnes mit dem anderen, es gebe eine Korrespondenz zwischen ihnen, die sie der ausdrücklichen Verständigung mit dem jeweils Anderen überhebe.

Im nächsten Brief, mit dem sich Adorno bei Celan für dessen *höchst merkwürdiges und hintergründiges Prosastück* – das »Gespräch im Gebirg« – bedankt, ist abermals von einer hypothetischen *Unverschämtheit* die Rede, auch diesmal unter dem Vorbehalt eines Noch-nicht: *Natürlich wäre es die bare Unverschämtheit, wenn ich beanspruchen wollte, es etwa schon ganz mir zugeeignet zu haben, aber ich bin von der Sache außerordentlich beeindruckt.*

Die *Unverschämtheit*, von der hier die Rede ist und die wiederum eine vermiedene sein soll, läge in dem Anspruch, sich Celans Prosastück *schon ganz (...) zugeeignet zu haben*; doch so wenig Adorno diesen Anspruch meint gegenwärtig erfüllen zu können, so wenig kleinmütig charakterisiert er im folgenden Satz das Verfahren von Celans Text als Analogie zu genau derjenigen kompositorischen Technik, die er selbst bereits in seinem Mahlerbuch beschrieben hat, und belegt seine vorgreifende ›Zueignung‹ sogleich durch ein Zitat aus dem letztem, eben abgeschlossenen Kapitel seines Buchs. Als sollten sie ein Kommentar zu Adornos eigener Praxis bieten, deuten die zitierten Sätze den Dialog, von dem sie handeln, als Kampf rivalisierender, einander ins Wort fallender und sich gegenseitig überbietender Stimmen: *In der dialogierenden Anlage des Satzes* [nämlich des ersten Satzes von Mahlers Neunter Symphonie] *erscheint sein Gehalt. Die Stimmen fallen einander ins Wort, als wollten sie sich übertönen und überbieten: daher der unersättliche Ausdruck und das Sprachähnliche des Stücks.* Adorno meint schon dort zu sein, wohin er glaubt, daß Celans Texte ihn führen wollen, und verweigert ihnen mit seinem rivalisierenden Vorgriff die Aufmerksamkeit, der sie sich erst erschließen könnten. Er gibt seinem Adressaten halbbewußt aber überdeutlich zu verstehen, daß die Positionen von dessen Dichtung bereits von ihm selbst besetzt, daß diese Dichtung von den Einsichten, die er selbst formuliert hat, bereits übertönt und überboten sind. Im Dialog gegenseitiger Überbietungen – demjenigen, den er an Mahlers Satz und an Celans Prosa gleicherweise diagnostiziert – *das Sprachähnliche* zu sehen, ist Adorno nur darum möglich, weil er das, was Celan in seinem »Gespräch«, und zwar an die Adresse Adornos, zur Sprache schreibt, entweder ignoriert oder mißverstanden hat. Denn damit erklärt Adorno jedes Gespräch – und implizit noch dasjenige, das er selbst in seiner Korrespondenz mit Celan führt – zu einem Gefecht auf Leben und Tod; und erklärt den Sieg dieser Erklärung über jede Erfahrung, in der das Gespräch nicht das von Kontrahenten, sondern von sich freisetzenden und einander ihre Andersheit zugestehenden Einzelnen ist.

Er selbst, seine eigene Arbeit und seine persönlichen Kontakte in Paris und andernorts, immer wieder vor allem er und das Seine stehen im Zentrum von Adornos Briefen und verdrängen aus ihm alles, was darauf mehr als bloß eindrücklich oder ›impressionierend‹ wirken könnte. Wie es ihm darum geht, daß seine Bemerkungen nicht für unverschämt, seine Angebote nicht für zudringlich, seine Einschätzungen nicht für irrelevant gehalten werden, so liegt ihm alles daran, dort schon zu sein, wo Celan erst hingelangen könnte, bei der *avanciertesten künstlerischen Gruppe, die man heute auf deutschem Boden findet* oder im Kreis der Bekannten von Samuel Beckett, den er ihm vorzustellen vorschlägt. Adornos Briefe betreiben eine Politik des Vorgriffs, der Prärogative und der Eigentumsansprüche. Sie werden ihm passagenweise zum Tagebuch seiner Arbeitsprojekte, zum Terminkalender seiner Vorträge, ihr Adressat zur bequemen Extension seiner Selbstgefälligkeit. *Auf die Gefahr hin, für eitel zu gelten, aber sehr ernst muß ich sagen ...*: das Geständnis der Eitelkeit ist gefahrlos, denn es besagt, daß der Geständige sein eigener Kritiker ist und von seinem Gesprächspartner sich keiner Kritik zu versehen hat, die er selbst nicht schon überboten und neutralisiert hätte. Adorno spricht nicht *zu* Celan, er spricht *vor* ihm als dem Publikum, dem er zeremoniös sein kritisches Selbstgespräch vorführt. Dazu bedarf es einer minimalen, durch Etikette und Hierarchie kontrollierten Gemeinschaftlichkeit, die im Modus des *wir* eher dekretiert als vorsichtig gesucht wird. Sein Glückwunsch zur Verleihung des Büchner-Preises wird mit dem heiklen Vorbehalt versehen: *Auch wenn man wie wir sich an den Satz von Theodor Haecker hält, daß alles Offizielle Schmach sei, (...)* – obgleich es alles andere als wahrscheinlich war, daß Celan sich an einen Satz von Haecker gehalten hat, selbst wenn er die darin ausgesprochene Überzeugung geteilt haben sollte. Adorno suggeriert mit seinem *wie wir* eine ebenso dünkelhafte wie imaginäre Gemeinschaftlichkeit in der Verachtung des *Offiziellen*, ohne auch nur die Gewaltsamkeit zu bemerken, die mit dieser Geste der Vereinnahmung verbunden ist. Nicht um Korrespondenzen mit Celan kann es ihm zu tun gewesen sein, sondern um die Kontrolle in einem Gespräch, das ihm, ob als »Gespräch im Gebirg« oder auf Briefpapier, von Anfang an unheimlich gewesen sein dürfte.

Im letzten Brief, den Adorno ein halbes Jahr vor seinem Tod an Celan schreibt, bekundet er seine Freude über die Nachricht aus dem Suhrkamp Verlag, *daß Ihnen die »Negative Dialektik« etwas gesagt hat.* (Sein philosophisches opus magnum war Celan freilich nicht von ihm, sondern vom Leiter des Suhrkamp Verlags, Siegfried Unseld, geschenkt worden.) Und Adorno setzt, das ist der letzte Satz seines letzten Briefes, hinzu: *Freilich muß ich Ihnen gestehen, daß ich es nicht anders erwartete.* Celan hat, so ist damit gesagt, Adornos Erwartung entsprochen, er hat gehört, was Adorno zu sagen hatte, er hat es – wenn auch unbestimmt blieb, was, und wenn auch nicht Adorno, so doch dem gemeinsamen Verlag gegenüber – approbiert, aber damit nichts getan, das nicht vorhersehbar, im voraus erwartet und als das Erwartete seinerseits im voraus gebilligt war. Celan figuriert in Adornos Satz als der, der Adorno bestätigt, und der ihm bestätigt, daß er dort hin gelangt ist, wo Adorno schon war und ihn erwartete. Wer den Anderen nur bestätigt und dessen Bestätigung seinerseits nur bestätigen kann, kennt keinen Abgrund unter den Füßen, geht nicht auf den Händen und spricht zu niemandem, der anders wäre als er selbst. Adorno hat in Celan nur den gehört, der ihm bestätigte, was er schon zu wissen meinte. Er glaubte sich schon dort, wohin Celan ihm erst folgen sollte. Er war nicht entgegen-kommend (*avenant*), er war, unter dem Schutz der denkbar besten Manieren, zuvor-kommend (*prévenant*). Deshalb hat er – zumindest in seinen Briefen – kein Gespräch mit ihm führen können. Was Celan als *Begegnung* verstand, war unter den Voraussetzungen, die Adorno diktierte, vorab versäumt.

Nach der versäumten Begegnung in Sils werden, wie der Briefwechsel zeigt, von Celan zwei weitere Möglichkeiten zu einem Treffen mit Adorno versäumt. Celan versucht zwar, Adornos George-Vortrag im Collège de France im Januar 1968 *nicht zu versäumen*, kann dann aber wegen seiner Ermüdung doch nicht kommen (Br. 16); und er bleibt, nachdem er Adornos erste Vorlesung »Das ontologische Bedürfnis« im Collège gehört hatte, der zweiten und dritten fern. Der kurze Brief, mit dem er am 17. März 1961 sein Fernbleiben erklärt, ist vermutlich einer der wichtigsten der Korrespondenz. So knapp und dezent seine Hinweise bleiben, sie lassen doch vermuten, daß Celans Rückzug die Antwort auf eine doppelte Verständnislosigkeit war, auf eine, die Celan als philosophisch hoch gebildeten Schriftsteller, auf eine andere, die ihn als Mensch und Person betraf. Die Absage mag zum einen Adornos ebenso polemischem wie verfälschendem Umgang mit Heideggers Philosophie gelten. Als Motto zu diesem kurzen Brief zitiert Celan das Motto, das Adorno der Einleitung zu seiner »Philosophie der Neuen Musik« vorangestellt hatte, einen Satz aus Hegels Ästhetik-Vorlesungen, in dem das Mißverständnis, die Kunst sei ein bloßes *Spielwerk*, zurückgewiesen und in dem sie eine *Entfaltung der Wahrheit* genannt wird. Im Brief selbst teilt er mit, er sei sehr allein – mit sich und seinen Gedichten (was er für ein und dasselbe halte). Er werde daher bei den folgenden Vorlesungen nicht unter Adornos Zuhörern sein. Womit gesagt sein mag, es gebe keine

Gemeinschaft mit Adorno in seiner Attacke gegen Heidegger, die Dichtung und mit ihr der Dichter habe zur *Entfaltung der Wahrheit* – und der Wahrheit auch über Heidegger – einen anderen Weg einzuschlagen, dieser andere Weg sei der ins Alleinsein mit sich und seinen Gedichten. In Celans kurzem Schreiben wird die Szene der *versäumten Begegnung* in Sils, wie sie in der Meridian-Rede gedeutet wird, ein zweites Mal aufgeführt: Celan weicht der Wiederbegegnung mit dem bloßen *Spielwerk*, dem Mechanismus, den Marionetten und Automaten, die er aus nächster und allernächster Nähe kennengelernt hatte, aus und wendet sich *einer – vielleicht selbstentworfenen – Ferne oder Fremde* und der Selbst-Begegnung darin, er wendet sich seinen Gedichten zu, die er, mit Wörtern Heideggers, *Daseinsentwürfe vielleicht, ein Sichvorausschicken zu sich selbst* nennt.[13] – Größer als die Enttäuschung über den Theoretiker Adorno mag diejenige über den Gesprächspartner gewesen sein. Am 16. März, dem Tag nach seiner ersten Vorlesung, war Adorno zu Gast bei Celan und wurde von diesem, wie bereits früher, mit den Konsequenzen der Verleumdungskampagne konfrontiert, die die Witwe von Ivan Goll gegen ihn lanciert hatte. Aus den Aufzeichnungen von Gisèle Celan-Lestrange geht hervor, daß Adorno das, was Celan als lebensbedrohlich empfand, für eine journalistische Lappalie hielt. Nicht nur zeigte er kein Verständnis für Celans Situation, er wollte davon nichts wissen, geschweige denn eingreifen.[14] Ein Grund mehr für Celan, sich allein zu fühlen mit sich und seinen Gedichten. Sein Brief vom 17. März 1961 ist eine traurige, darum nicht weniger entschiedene Absage an Adorno; kein Versäumnis, sondern eine Abkehr von dem, der seiner intellektuellen und seiner Existenz als Dichter indifferent gegenüberstand.

Das Versäumnis – und es war mehr als ein bloßes Versäumnis – lag wiederum auf Seiten Adornos, als sich Celan fast ein Jahr später, nach der Lektüre des eben erschienenen Essays »Jene zwanziger Jahre« mit größter Emphase wieder an Adorno wendet, weil dessen *Person* ihm dadurch *nahe und ansprechbar* geworden war.

---

[13] Cf. GW III, p. 195, p. 201.
[14] Bereits ein Jahr zuvor, im Mai 1960, hatte Adorno abgelehnt, eine Erklärung zu unterschreiben, die den Goll'schen Plagiatsvorwürfen hätte entgegentreten sollen, weil – so lautete die Begründung, die Celan in seinem Notizkalender festgehalten hat – er nur eigene Texte unterschreibe. Einen eigenen Text in dieser Sache hat Adorno nicht verfaßt. – Für diese und andere Informationen über Notizkalender und Tagebuch-Aufzeichnungen von Paul Celan und Gisèle Celan-Lestrange danke ich sehr herzlich Bertrand Badiou.

Wiederum gilt der größte Teil seines Briefes der Verleumdungskampagne, die unverkennbar antisemitische Züge trug und bei Celan die tiefsten Ängste ausgelöst hatte. *Was gegen mich angezettelt wurde*, ist *Verdrängung – au sens le plus fort du terme*. Auf diesen langen Brief vom »21. Jänner 1962« folgt am »23. Jänner« ein weiterer, in dem er von *einer Art Dreyfus-Affäre* gegen ihn spricht, an der die *sogenannte geistige Elite* beteiligt sei, um ihn zu *erledigen* und zu *liquidieren*. Am »26. Jänner« wiederholt er seine Befürchtungen, schickt seinen Brief allerdings nicht ab. Nach einem Telephonanruf bei Adorno teilt ihm dieser kurz die Adressen zweier Pariser Freunde mit, geht aber mit keinem Wort auf den Inhalt von Celans Briefen ein, so daß dieser ihn am »29. Jänner 1962« ausdrücklich um eine Antwort bittet. Sie bleibt aus. Adorno gibt Celan keine Antwort auf seine drei Briefe aus diesem Monat, in denen er fast flehentlich um ein Wort des Verständnisses und der Solidarität bittet. Es sind drei, gar vier Briefe aus einem »20.« – dem 21., 23., 26., 29. – »Jänner«, die eine Begegnung und ein Gespräch suchen, Briefe, denen nur Schweigen begegnet. Celan, der für diesen Monatsnamen nicht immer seine alte Form wählte – sein nächster und letzter Brief an Adorno, auch er spricht sechs Jahre später vom *versäumen*, ist vom »*25. Januar* 1968« datiert –, dürfte mit seiner Wortwahl eben jenen »Jänner« des Büchnerschen Lenz zitieren, von dem er in der Meridian-Rede spricht, und mit ihm zugleich wiederum den 20. Januar der Wannsee-Konferenz. Celan hat sich in seinem »Gespräch« und seinem Vierzeiler, er hat sich auch in diesen Briefen an Adorno *von einem* »*20. Jänner*«, *von meinem* »*20. Jänner*«, *hergeschrieben*. Er hat sich in ihnen aber nicht allein von einer *versäumten Begegnung her*geschrieben, sondern auch auf eine Begegnung *hin*, die von einem Anderen versäumt werden konnte. *Sein* »Jänner«, der doppelgesichtiger und ungesichtiger kaum sein konnte, sein Datum war an diesen Anderen verloren.[15] Es war vermieden, zurückgewiesen, verdrängt – *au sens très fort du terme* –, es war mehr als bloß versäumt worden.

*

---

[15] Die abgründige Struktur des Datums bei Celan wird genauer analysiert in der Studie von Jacques Derrida: *Schibbolet – pour Paul Celan*, Paris: Galilée 1986.

Der Kniefall vor dem Versäumten – so lautet eine Eintragung in Celans Notizheften.[16] Sie läßt sich nicht eindeutig auf ein bestimmtes Geschehnis, einen Text oder eine Person beziehen, sie gibt aber Auskunft darüber, mit welcher analytischen Nüchternheit Celan das Motiv des Versäumnisses behandelt hat, in seiner eigenen Erfahrung wie in derjenigen Anderer. In seiner Lyrik nimmt es von früh an einen bedeutsamen Raum ein. Eine der komplexesten Überlegungen dazu findet sich in *Nachts wenn das Pendel* aus »Mohn und Gedächtnis«. Dort heißt es: *und das Versäumte geht um, groß wie die Schemen der Zukunft. // Was sich nun senkt und hebt, / gilt dem zuinnerst Vergrabnen: / blind ... küßt es die Zeit auf den Mund.*[17] Was sich als Rhythmus des Sprechens, sich senkend und hebend, bewegt, berührt das eigentlich Sprechende, den Mund der Zeit, die selbst nur als Schemen der Zukunft und als Gespenst des Vergangenen umgeht und derart umgehend die schlechthin Versäumte, die Säumende und der Saum bleibt. Die Zeit ist das jeweils Versäumte. Als Versäumtes ist sie dem Sprechen nicht äußerlich, keine ihm fremde Umgebung, sondern noch vor jeder Erinnerung das *zuinnerst Vergrabne*, das Abgeschiedene, das die Innerlichkeit des Inneren selbst ausmacht: sie spricht und zeitigt sich als Versäumnis. Was in diesen Versen *das Versäumte* genannt wird, ist kein Objekt einer Erkenntnis oder Anschauung, sondern das, vermöge dessen sich Anschauungen, Erkenntnisse und Benennung allererst einstellen können, von deren jeder sie aber versäumt bleibt. Das *Versäumte* ist das Schema aller Wirklichkeiten, der vergangenen wie der künftigen. Indem es *umgeht* wie ein Phantom oder *Schemen*, ist es das, was selber *säumt* und umrandet, was verweilt und verzögert und dessen Vergehen selbst nicht vergeht. Das Versäumte säumt und hält sich, wenn auch am Rande, an einem Saum, vor seiner Erscheinung wie vor seinem Verschwinden zurück. In diesem Sinn lassen sich auch die Zeilen in *Waldig* aus »Von Schwelle zu Schwelle« lesen: *umdrängt die Welt nun das Wort, / das auf den Lippen dir säumt.*[18] Das säumende, das verweilende und verzögernde Wort ist das Wort, das sich als Wort zurückhält und dadurch einräumt, was Zeit und was Welt heißen könnte. Die Sprache selbst erzeugt die Zeit durch den Verzug, den

---

[16] Paul Celan: *Mikrolithen sinds, Steinchen. Die Prosa aus dem Nachlaß* (herausgegeben und kommentiert von Barbara Wiedemann und Bertrand Badiou), Frankfurt a. M.: Suhrkamp 2005, p. 49 (Nr. 47.1).
[17] Paul Celan: Gesammelte Werke, Bd. 1, p. 57.
[18] L.c., p. 116.

sie als säumiges Wort gewährt. Nur weil die Sprache zögert und sich in ihrem Zögern entzieht, kommt die Welt zur Sprache, drängt sich um sie und bietet sich ihr dar. Nur weil die Sprache säumt, gibt es so etwas wie Welt. Ein Kniefall wie vor einem Idol würde das Versäumte bloß als Objekt mißverstehen – und den Entzugs- und Anziehungscharakter *(retrait, attrait)* der Zeit wie der Sprache, ihr Säumen verfehlen.

Adornos Schriften sprechen von einem anderen Versäumnis und einem anderen Versäumten. In den »Aufzeichnungen zu Kafka«, die Celan vermutlich 1953 in der »Neuen Rundschau« gelesen hat, schreibt Adorno – und verbindet einen Gedanken Benjamins mit einem anderen, entstellten aus Hölderlins »Patmos« –: *Zur Hölle wird bei Kafka die Geschichte, weil das Rettende versäumt ward.*[19] Der Eröffnungssatz der »Negativen Dialektik«, die dreizehn Jahre später, 1966, publiziert und von Celan in Teilen gelesen worden ist, lautet: *Philosophie, die einmal überholt schien, erhält sich am Leben, weil der Augenblick ihrer Verwirklichung versäumt ward.*[20] Versäumt heißt für Adorno eine bestimmte historische Möglichkeit, die hätte verwirklicht werden können und verwirklicht werden müssen, damit Geschichte nicht zu einem Inferno würde. Anders als für Celan, der im Versäumnis die Struktur der geschichtlichen Zeit erkennt, ist das Versäumnis für Adorno ein innergeschichtliches Ereignis und keines, das als Bedingung der Möglichkeit von Geschichte überhaupt gelten könnte. Was *versäumt ward*, ist ein Vorgestelltes, das innerhalb der geschichtlichen Zeit hätte verwirklicht werden können, ein Gebotenes oder Erhofftes, das sich seiner Aktualisierung nicht aus strukturellen, sondern aus sozi-ökonomischen Gründen entzieht, während es für Celan *das Versäumte* darum ist, weil es nicht erst seiner Realisierbarkeit, sondern schon seiner Vorstellbarkeit entzogen ist. Adorno hält am Phantasma eines empirischen Mißlingens fest, weil er die Zeitlichkeit – und das heißt die apriorische Versäumtheit – der Erfahrung in kontrollierbaren Grenzen zu halten versucht. Deshalb kann ihm das Versäumte als zwar ›negatives‹, aber darum nicht weniger ideales Gegenbild der wirklichen, infernalisch gewordenen Geschichte zu einer Ikone werden, vor der – nimmt man die Formulierung Celans in diesem Zusammenhang auf – nur noch ein *Kniefall* möglich ist, die sich aber durch nichts bewegen läßt,

---

[19] Cf. Paul Celan: *La bibliothèque philosophique* (l.c.), p. 710.
[20] Theodor W. Adorno: *Negative Dialektik*, in: *Gesammelte Schriften*, Bd. 6, Frankfurt a. M.: Suhrkamp 2003, p. 15.

in eine andere als ihre sakramentale Realität zu treten. So unverrückbar es das Versäumte bleibt, so sicher ist es bewahrt und so rückhaltlos kann es als exklusiver Besitz in Anspruch genommen werden.

Celan und Adorno haben sich im Verständnis dessen, was der eine wie der andere Versäumnis nannten, nicht begegnen können. Für den einen war es die Bewegung der Sprachzeit, in deren Medium allein Wirklichkeit und Welt möglich werden; für den anderen die Blockade der Verwirklichung einer Idee von gerechtem Leben. Für Celan war es die Zeitigungsweise endlicher Existenz, für Adorno die Verdammung des geschichtlichen Daseins zur Hölle. Für Adorno eine absolute Grenze und ein Schluß, für Celan ein Saum und eine prekäre Öffnung. Daher denn auch die unvereinbare Haltung, die beide zur Dichtung einnehmen, zur geschichtlichen, zur datierten, zur Dichtung »nach Auschwitz«. Für Adorno war das, was er wohl als erster unter diesen Sammelnamen faßte, ein Ende und der Ausschluß jeder Möglichkeit von Dichtung; für Celan eine absolute Herausforderung der Dichtung, die nicht zu beantworten auf die Zustimmung zum Mord und auf seine Fortsetzung hinauslaufen mußte.

Adorno hatte 1949 in dem Aufsatz *Kulturkritik und Gesellschaft*, der zwei Jahre später veröffentlicht wurde und seit 1955 in dem Band »Prismen« einem größeren Publikum zugänglich war, sein Verdikt über das Gedicht »nach Auschwitz« formuliert. Es steht am emphatisch zugespitzten Ende dieses Aufsatzes und erst sein Kontext erlaubt, es als mehr denn als lapidares Verdammungsurteil zu verstehen. Adorno schreibt dort nämlich: *Je totaler die Gesellschaft, um so verdinglichter auch der Geist und um so paradoxer sein Beginnen, der Verdinglichung aus eigenem sich zu entwinden. Noch das äußerste Bewußtsein vom Verhängnis droht zum Geschwätz zu entarten. Kulturkritik findet sich der letzten Stufe der Dialektik von Kultur und Barbarei gegenüber: nach Auschwitz ein Gedicht zu schreiben, ist barbarisch, und das frißt auch die Erkenntnis an, die ausspricht, warum es unmöglich ward, heute Gedichte zu schreiben. Der absoluten Verdinglichung (...) ist der kritische Geist nicht gewachsen, solange er bei sich bleibt in selbstgenügsamer Kontemplation.*[21] Es sei dahingestellt, ob Wörter wie »entarten« und »Verhängnis« nicht von eben derjenigen

---

[21] Theodor W. Adorno: *Kulturkritik und Gesellschaft*, in: *Gesammelte Schriften*, Bd. 10.1, Frankfurt a. M.: Suhrkamp 1977, p. 30.

sprachlichen und intellektuellen Verhärtung zeugen, die sie als *absolute Verdinglichung* zu charakterisieren versuchen; und dahingestellt auch, ob Werke der Kunst nicht verkannt sind, wenn sie unter den vagen Begriff der Kultur gebracht werden. Es bleibt deutlich, daß Adorno von einer Gefahr spricht, der noch *das äußerste Bewußtsein* – und also auch dasjenige, das sich in Werken der Kunst und zumal im Gedicht kondensiert – erliegen muß: aber doch nur dann erliegen muß, wenn es sich *aus eigenem* der Verdinglichung zu entziehen sucht und *bei sich bleibt in selbstgenügsamer Kontemplation*. Dieser Vorbehalt der Selbstgenügsamkeit des Bewußtseins wiegt in diesen Sätzen schwer genug, um auch noch den Inhalt dessen, was sie selber sagen, zu treffen. Denn der Barbarei, der »nach Auschwitz« jedes Gedicht verfällt, so schreibt Adorno, verfällt auch die Erkenntnis, warum es so sei. Mit dieser Volte ist aber ausgesprochen, daß das Verdikt über Gedichte »nach Auschwitz« ein Verdikt über dieses Verdikt selbst ist und besagt, es sei barbarisch, Gedichte »nach Auschwitz« als barbarisch einzuschätzen, und unmöglich, sie für unmöglich zu erklären. Deshalb konnte es Adorno nur leichtfallen, von seiner Formulierung Abstand zu nehmen und in der »Negativen Dialektik« einzuräumen, es *mag falsch gewesen sein, nach Auschwitz ließe sich kein Gedicht mehr schreiben*.[22] Wovon er sich freilich nicht distanziert hat, war die Prämisse seines Urteils, eine Prämisse, die erstaunlicher kaum sein konnte und an der niemand so vehement Anstoß genommen hat wie Celan. Diese Prämisse lautete nämlich, wie die soziologische und kulturkritische Erkenntnis, so könne auch das Gedicht *bei sich (bleiben) in selbstgenügsamer Kontemplation*. Zwar weist Adorno energisch genug auf die Notwendigkeit hin, der kritische Geist müsse sich aus mehr und anderem als *aus eigenem* der Verdinglichung entwinden, aber die Fähigkeit dazu konzediert er der Dichtung nicht. Alles, was Celan in seinen Gedichten und in seiner Prosa – und mit äußerstem Nachdruck in der Meridian-Rede – geschrieben hat, steht gegen die ebenso künstliche wie selbstdestruktive Überzeugung vom kontemplativen Charakter und von der Selbstgenügsamkeit der Dichtung.

Das Gedicht – *gewiß, es spricht immer nur in seiner eigenen, allereigensten Sache*, so sagt Celan in »Der Meridian«. *Aber ich*

---

[22] Theodor W. Adorno: *Negative Dialektik*, Gesammelte Schriften, Bd. 6 (l.c.), p. 355. – Dort auch die Wiederholung des selbstbezüglichen Arguments aus dem Aufsatz von 1949: *Alle Kultur nach Auschwitz, samt der dringlichen Kritik daran, ist Müll.* (p. 359)

denke, so fährt er fort, *daß es von jeher zu den Hoffnungen des Gedichts gehört, (...) gerade auf diese Weise auch* in eines Anderen Sache *zu sprechen – wer weiß, vielleicht in eines ganz Anderen* Sache.²³ Es ist diese Hoffnung des Gedichts, die ihm die Richtung und den Atem gibt, auf ein Draußen und Außerhalb seiner selbst zuzuhalten: *es hält unentwegt auf jenes »Andere« zu, das es sich als erreichbar, als freizusetzen, als vakant vielleicht, und dabei ihm, dem Gedicht (...) zugewandt denkt.* Diese Wendung und Zuwendung des Gedichts zum Anderen kann keine Sache der Kontemplation und der bloß theoretischen Betrachtung, es muß eine Weise des Sprechens nicht nur *zum* Anderen, sondern *mit* ihm, so fern und kognitiv unkontrolliert er sei, es muß eine *Begegnung* mit ihm und ein Gespräch sein. Alles andere als selbstgenügsam, ist das Gedicht mit jedem seiner Worte und jeder seiner Pausen einem Anderen überantwortet, dem es nicht gleicht, dessen es sich nicht sicher, dessen Gegenwart ihm nicht verbürgt ist, und auf das es angewiesen bleibt, auch wenn es nichts als eine Vakanz, eine Leerstelle und Stummzone ist, an der es *oft* zu einem *verzweifelten Gespräch*, einer verzweifelten Begegnung wird – einer Begegnung mit dem, das sich jeder Begegnung entziehen kann. *Das Gedicht will zu einem Andern, es braucht dieses Andere, es braucht ein Gegenüber. Es sucht es auf, es spricht sich ihm zu. Jedes Ding, jeder Mensch ist dem Gedicht, das auf das Andere zuhält, eine Gestalt dieses Anderen.* Weder selbstgenügsam noch an einem positiven oder als negativ gesetzten Anderen sein Genügen findend, bleibt das Gedicht für Celan ein *Schritt*²⁴ aus dem Bereich der Automaten-Kunst und -Kultur, ein Unterwegs und eine Bewegung zu Anderem hin und muß deshalb in sich schon bei Anderem und anders als es selbst sein – *eine »offenbleibende«, »zu keinem Ende kommende«, ins Offene und Leere und Freie weisende Frage (...).*

Das Gedicht, wenn es denn eines ist – und nichts kann dafür eine Gewähr bieten –, es ist für Celan nicht Kontemplation, es ist Akt: *das Gegenwort, (...) das Wort, das den »Draht« zerreißt, das Wort, das sich nicht mehr vor den »Eckenstehern und Paradegäulen der Geschichte« bückt, es ist ein Akt der Freiheit.*²⁵ Ein Akt der Freiheit, ist das Gedicht auch noch die Befreiung von jedem Akt, der es an den »Draht« der Konventionen und des Kon-

---

²³ Dies und die folgenden Zitate nach Paul Celan: *Gesammelte Werke*, Bd. III, Frankfurt a.M.: Suhrkamp 1983, pp. 196–199.
²⁴ L.c., pp. 189, 194.
²⁵ L.c.

sensus spannt, ein Akt der Desaktivierung all derjenigen, auch sprachlichen Kräfte, die einen Schluß und Abschluß dekretieren und Verdikte über sich und anderes verkünden. Ein Akt über jeden bekannten und approbierten Akt hinaus, ein *Gegenwort* und Gegenakt, ein Riß im Netzwerk der Definitionen und Finitionen, kann jedes Gedicht »nach Auschwitz«, seiner traumatischen Daten und Blockaden eingedenk, nur ein Gedicht *gegen* Auschwitz sein. Celan muß in Adornos Diktum, das ein solches Gegen und Darüber-Hinaus nicht in Betracht zieht und Dichtung schlichtweg als einen barbarischen Autismus denunziert, nicht nur eine bedauerliche Unbedachtheit, er muß in ihm eine tödliche Bedrohung all dessen gesehen haben, wofür er als Mensch mit seinen Worten und Gegenworten, mit seinen Gedichten und Gegengedichten stand. Da törichte Rezensionen dieses Diktum explizit gegen seine Lyrik in Anschlag brachten, konnte er nicht anders als auf das polemischste dagegen Einspruch erheben. Unter Celans Argumenten gegen Adorno ist es aber das moderateste, das diesem – vermutlich im April 1967 – entgegenhält, er unterstelle dem Gedicht schönfärberische Absichten: *Kein Gedicht nach Auschwitz (Adorno): Was wird hier als Vorstellung vom »Gedicht« unterstellt? Der Dünkel dessen, der sich untersteht hypothetisch-spekulativerweise Auschwitz aus der Nachtigallen- oder Singdrossel-Perspektive zu betrachten oder zu bedichten.*[26] Da ein Gedicht für Celan ein existenzieller sprachlicher Akt war, mußte ihm die Annahme grotesk erscheinen, es könnte aus Hypothesen und Spekulationen, Betrachtungen oder Kontemplationen hervorgehen.

Celan sah aber sehr klar, daß die Implikationen von Adornos Satz weit über die Unterstellung eines obsoleten Ästhetizismus hinausgehen. Die Identifizierung des Gedichts »nach Auschwitz« mit der Barbarei von Auschwitz behauptet nämlich mindestens zweierlei: Zum einen, daß sich das Gedicht, selbst wenn es ein Aufstand *gegen* den Mord ist, am organisierten Massenmord beteilige, indem es ihn ›ästhetisch‹ verharmlose und genießbar mache. Zum anderen, daß das Gedicht, als wehrloses Objekt dem historischen Zwang zur *absoluten Verdinglichung* unterworfen, selber dem Mord zum Opfer fallen müsse. Mord und Mordopfer in einem, wird das Gedicht in Adornos Überlegungen dennoch von seiner Verantwortung für sich und für Andere entbunden: nicht

---

[26] Paul Celan: *Mikrolithen sinds, Steinchen* (l.c.), Frankfurt a.M.: Suhrkamp 2005, p. 122.

Versäumnisse. Zwischen Theodor W. Adorno und Paul Celan

es ist selbstmörderisch, weil es selbstgenügsam ist, es fungiert nur als Exekutor eines selbstmörderischen geschichtlichen Automatismus, denn die Geschichte insgesamt – Adorno nennt sie deshalb *Verhängnis* – betreibt ihre Selbstzerstörung in *absoluter Verdinglichung*, die Vernichtung von Allem und Jedem, den progressiven Holocaust.

Nach der Logik der Identifizierung von Barbarei und Kultur, Mord und Mordopfer, die dem Adornoschen Diktum zugrunde liegt, muß dann auch gelten, was Celan in einem Leserbrief der Wochenzeitung »Die Zeit« gedruckt fand und was er mit den Worten resümiert, seine Gedichte seien *ein einziger Dank an die Mörder von Auschwitz (...) – jetzt, beim streng nach Adorno (...) denkenden Merkur, weiß man endlich, wo die Barbaren zu suchen sind (...)*.[27] Weniger sarkastisch, aber nicht weniger scharf hatte er schon im Juni 1962 die Logik dieser Ineinssetzung in den Satz gefaßt: *Wer nach Auschwitz mystifiziert, ist ein Mit-Mörder*.[28] Der Satz kann zum einen als Verdeutlichung von Adornos Diktum gelesen werden: *nach Auschwitz ein Gedicht zu schreiben, ist barbarisch;* zum andern aber als Verdeutlichung auch seiner Fortsetzung: *und das frißt auch die Erkenntnis an, die ausspricht, warum (...)*. Die Mystifikation, von der hier die Rede ist, kann sowohl diejenige sein, die von Adornos Diktum betrieben wird, wie diejenige, deren die Dichtung von ihm angeklagt wird. Die Perfidie dieser Mystifikation, die von Celans Wort *Mit-Mörder* schärfer erfaßt wird als von Adornos *barbarisch*, liegt darin, daß sie faktisch proklamiert, die Opfer seien Mörder, die Mörder seien Opfer, und mit dem universalisierten Mitmörder-Theorem diejenigen der Verfolgung aussetzt, die ein Gedicht schreiben. Deshalb mußte sich Celan als von diesem Satz und seinem Modell gemeint, deshalb mußte er sich von ihm verfolgt fühlen. ›Dichter sind Jidden‹ zitiert 1962 das Motto zum letzten Gedicht der »Niemandsrose« einen Satz von Marina Zwetajewa.

---

[27] Im Unterschied zu allen anderen Äußerungen, die eine Kritik an Adorno enthalten, ist diese eine aus einem Brief an Robert Neumann vom August 1965 noch zu Adornos Lebzeiten veröffentlicht worden, in: *Die Wahrheit, die Laubfrösche, die Schriftsteller und die Klapperstörche*, in: Paul Celan: *Mikrolithen sinds, Steinchen* (l.c.), p. 216. Cf. dazu die Erläuterungen pp. 941–42.

[28] L.c., p. 42. – Ein Jahr später notiert Celan als Variante dieses Satzes: *Wer nach Auschwitz mystifiziert, eskamotiert alles menschliche Leid.* (l.c., p. 48) Dieser Satz ist im Unterschied zum früheren offenbar nicht doppeldeutig.

Celan hat es bei diesen Antworten auf Adornos kulturhistorisches Theorem nicht belassen. Gegen die Konsequenzen der darin postulierten selbstmörderischen und mörderischen Logik der *absoluten Verdinglichung*, die es erlaubt, Opfer als Mörder zu denunzieren, sie an den journalo-germanistischen Pranger zu stellen und zu verfolgen, geht Celan expliziter und drastischer als in irgendeiner anderen Äußerung in dem Gedicht »Mutter, Mutter« vor, das er im Januar 1965 niederschreibt, aber nicht publiziert. In ihm wird Adorno als Stichwortgeber der Mörder – der Mutter-, der Muttersprach-, der Gedichtmörder – genannt. *Vor die Messer / schreiben sie dich*, so heißt es in dieser großen Apostrophe an die Mutter, *kulturflott, linksnibelungisch, mit / dem Filz- / schreiber (...)*; und, in einer Imitation von Adornos silbenpräziser Diktion: *anti- / restaurativ, proto- / kolarisch, prä- / zise (...) / meisterlich, deutsch, / mannschmannsch, nicht / ab-, nein wiesen- / gründig, / schreiben sie, die / Aber-Maligen, dich / vor / die / Messer.*[29] Was ehemals ›arisch‹, schreibt jetzt *proto- / kolarisch* und schreibt immer noch wie der *Meister aus Deutschland* die Mutter – Celans Mutter, die im Konzentrationslager Michailowka ermordet wurde, und die Mutter-Sprache, die Dichtung, die er zusammen mit ihr in seinem Gedicht anruft – *vor die Messer*: schreibt sie so, daß sie zum Opfer eines Todesurteils, einer Rufmord-Kampagne, einer Hinrichtung wird. Auf den Namen dessen, der dieses Schreiben vor die Messer, dies Schneiden mit den Messern durch seine Vor-Schrift *(proscription/préscription ?)* geboten und durch seinen Richtspruch mitlegitimiert hatte, läuft die zitierte Passage aus Celans Gedicht zu: dies Schreiben wird adverbial *wiesen- / gründig* genannt nach dem Vaternamen Adornos, Wiesengrund. *Nicht / ab-, nein wiesen- / gründig*, nicht so, daß sich ein Abgrund wie der des Büchnerschen Lenz auftut, sondern so, daß jeder Abgrund durch einen

---

[29] Paul Celan: *Die Gedichte aus dem Nachlaß* (Frankfurt a. M.: Suhrkamp 1997), p. 104. – Celan schreibt *proto- / kolarisch* mit einem l und läßt dadurch das *arisch* (und *ko-larisch*) aus dem Wort hervortreten [*proto- / colarien?*]. Mit der Segmentierung von *prä- / zise* wird das ›Schreiben vor die Messer‹ und das damit assoziierte ›Vor-Schreiben‹ durch ein ›Vor-Schneiden‹ erläutert; mit *meisterlich, deutsch* zitiert er die Wendung vom *Meister aus Deutschland* aus seiner »Todesfuge«; mit *mannschmannsch* verweist er auf die Verbindung zwischen Adorno und Thomas Mann sowie auf die Edition der Briefe Manns durch seine Tochter Erika, in die auch ein Schreiben an Claire Goll aufgenommen worden war. (Weitere Erläuterungen zu diesem Text finden sich in den Anmerkungen von Barbara Wiedemann und Bertrand Badiou, l.c., pp. 398–99.)

trügerischen ›Wiesengrund‹ verdeckt wird. So exzessiv oder ungerecht diese Verse erscheinen mögen – aber wem genau und unter welchen Bedingungen *können* sie so erscheinen? –, niemand sollte sich ihr Verständnis dadurch verstellen, daß er sie pathologisiert. Celan hat zu dem von Adorno und seinen Adepten Geschriebenen nichts hinzuphantasiert und nichts daran verfälscht, sondern es so ernst und buchstäblich genommen, wie es genommen zu werden selber beanspruchte. Das Urteil, das Gedicht »nach Auschwitz« sei barbarisch, es sei mithin mörderisch und mit-mörderisch, ist ein Todesurteil über das Gedicht und damit über die – nicht nur für Celan – exponierteste Sprache, die des Widerstands gegen Auschwitz, die des *Gegenwortes* und eines Aktes der Befreiung vom Systemzwang der ›absoluten Verdinglichung‹ fähig war. Adornos Diktum mit seiner Fehleinschätzung des Gedichts als barbarisch, selbstgenügsam und kontemplativ stellt nicht weniger als ein universelles Gedicht- und Sprachverbot, es stellt ein Sprachhandlungsverbot auf, das jedes Wort und jedes *Gegenwort*, jedes Gespräch zum Verstummen bringen mußte. So wenig der proskribierende Gestus von Adornos Urteil eine paranoide Projektion von Celan war, so wenig waren es die rufmörderischen Konsequenzen, die daraus von Anderen gezogen wurden. Celan war einem Wahnsystem konfrontiert, auf das er in »Mutter, Mutter« mit der Schärfe des Gequälten reagiert. Jede Begegnung, in der die Sprache tätig, in der sie frei und derart allererst Sprache werden könnte, wurde vom Barbarei-Theorem nicht etwa nur versäumt, sie wurde hintertrieben, denunziert, verdrängt und verworfen. (*Was gegen mich angezettelt wurde,* ist *Verdrängung – au sens le plus fort du terme* …, hatte Celan zur psychotischen Hetzkampagne der Goll-Witwe an Adorno geschrieben.) Um dieser Verdrängung entgegenzuwirken und das *vor die Messer* geschriebene Wort dennoch und wieder zum Sprechen zu bringen, muß Celan den Text, der mit der Apostrophe »Mutter« einsetzt, in den Gedanken ans Tun – an das Tun der Sprache, des Gedichts – münden lassen, an ein befreiendes Tun, das die noch einmal bedrohte, die noch einmal ermordete Mutter der Sprache zurückgewinnt: *Etwas tun, / etwas / tun / in der Höhe, der / Tiefe. / Etwas, auf Erden.*[30]

Der Streit um das Gedicht »nach Auschwitz« war keine Episode in der Ideologiegeschichte der Nachkriegszeit in West-Deutschland. Er war ein Kampf um die Möglichkeit eines *Akts der Freiheit* –

[30] L.c., p. 105.

und sei's im scheinbar engen Raum eines Gedichts. Adorno, der wie wenige seiner Zeitgenossen den Mut zum Ernst, zur Emphase und zur Genauigkeit hatte, hat sich nicht gescheut, in der Shoah nicht nur ein regionales, sondern ein weltgeschichtliches, ein die Welt und die Geschichte zerstörendes Ereignis zu erkennen und aus dieser Erkenntnis die Konsequenz zu ziehen, auch mit der Welt der Kunst sei es vorbei, und vorbei mit einer Kritik, die ihrer Kriterien sicher sein und sich der universellen Erschütterung überhoben wähnen könnte. Mit dieser Einsicht geht für Adorno die nur zurückhaltend angedeutete Überzeugung einher, Kunst könne nur dann noch authentisch sprechen, wenn sie sich von jener Welt- und Geschichtszerstörung nicht abwende, sondern – an einem anderen Ort – ihr Gedächtnis bewahre. Die letzten Sätze des Essays »Jene zwanziger Jahre« vom Januar 1962 modifizieren in diesem Sinn die letzten von »Kulturkritik und Gesellschaft«: *Der Begriff einer nach Auschwitz auferstandenen Kultur ist scheinhaft und widersinnig, und dafür hat jedes Gebilde, das überhaupt noch entsteht, den bitteren Preis zu bezahlen. Weil jedoch die Welt den eigenen Untergang überlebt hat, bedarf sie gleichwohl der Kunst als ihrer bewußtlosen Geschichtsschreibung. Die authentischen Künstler der Gegenwart sind die, in deren Werk das äußerste Grauen nachzittert.*[31] Kunst ist die Weise, in der die Welt überlebt; sie ist die Weltgeschichtsschreibung, die die Welt überlebt, aber die Welt nicht bloß »nach Auschwitz«, sondern die Welt nach der Welt und ihrer Geschichte. Unausgesprochen bleibt in diesen Formulierungen, daß Kunst als überlebende *bewußtlose Geschichtsschreibung* nur eine Welt für eine *andere* Welt und eine *andere* Geschichte sein kann, daß sie – ins Unbestimmte und für sie Unbestimmbare hinein – die Selbst-Genügsamkeit der bloßen Kontemplation aufgeben und sich Anderem zuwenden muß. In genau diesem Implikat von Adornos Analyse war eine Berührung mit den Erfahrungen Celans möglich. Celan hat in seinem Brief vom »21. Jänner 1962« entsprechend emphatisch darauf geantwortet: Adorno war ihm als Person *nahe und ansprechbar* geworden. Da sich aber an just diesem und den ihm folgenden Briefen erwies, daß Adorno für Ce-

---

[31] Der Essay wurde zunächst in der Zeitschrift *Merkur*, ein Jahr später in Adorno: *Eingriffe: neun kritische Modelle* (Frankfurt a. M.: Suhrkamp 1963) veröffentlicht (darin die zitierten Sätze p. 68). – Die hier zitierte Passage ist die einzige des Artikels, die von Celan, und zwar doppelt, angestrichen wurde. Cf. Paul Celan: *La Bibliothèque philosophique / Die philosophische Bibliothek* (l.c.), p. 259 (Nr. 284).

lan und seine Erfahrung eines Auschwitz »nach Auschwitz« *nicht* ansprechbar war, löste der Kontakt zwischen beiden sich auf. Die Erfahrung des Anderen und des Andersseins waren bei Adorno zu rudimentär, als daß die Einlösung ihres Versprechens nicht immer wieder gebrochen und nicht Mal um Mal von ihm zurückgewiesen worden wäre. Adornos Diktum nicht anders als sein persönliches Verhalten hat für Celan eine historische Signatur getragen. Die Weigerung, Sprache als Hinübersein zu Anderem zu erfahren, war die Elongatur des Prinzips Auschwitz in die Gegenwart – sie war die Verhinderung der Gegenwart des *Gegenwortes*.

*

Bereits im Mai 1960, noch bevor Celan ihm die Druckfassung des »Gesprächs im Gebirg« zugesandt hatte, teilte Adorno ihm während eines Gesprächs in Frankfurt mit, er wolle einen Aufsatz über seine Gedichte schreiben.[32] Erst acht Jahre später, in seinem letzten Brief, am 9. Februar 1968, kommt Adorno schriftlich auf seinen alten Plan zurück, auf *die längst projektierte Arbeit über Ihre Lyrik, die sich auf das Sprachgitter beziehen wird* – freilich nur, um sein Bedauern darüber auszusprechen, daß ihm ihre Fertigstellung noch nicht gelungen sei. Entworfen sei sie längst. Er präzisiert: *Die Konzeption hat sich unmittelbar angeschlossenen an eine Sitzung des Berliner Seminars von Peter Szondi, die wir gemeinsam über die ›Engführung‹ abhielten; (...)*. Es war also wiederum Szondi, der den Versuch unternommen hatte, Adorno mit Celan zusammenzubringen. War sein erster Versuch gescheitert, die beiden in Sils-Maria persönlich näher miteinander bekannt zu machen, so war dieser zweite, Adorno zum Studium der Gedichte Celans und damit zum längst geplanten Aufsatz über sie zu bewegen, kaum erfolgreicher. Die projektierte Arbeit wurde nie geschrieben. Adorno starb im Jahr seines letzten Briefs an Celan in der Nähe von Sils, wo sie einander neun Jahre zuvor versäumt hatten.

Dennoch hat Adorno über Celan geschrieben; und die Konzeption dessen, was er geschrieben hat, schließt in der Tat unmittelbar an Szondis Oberseminar an, das im Sommersemester 1967 über das hermetische Gedicht (Mallarmé, Eliot, Celan) gehalten wurde und dessen Sitzung vom 7. Juli der »Engführung« gewidmet war. Über-

---

[32] So in Celans Notizkalender unter dem Datum vom 12. Mai 1960 vermerkt.

liefert sind eine kurze Notiz von Adorno, die vermutlich unmittelbar nach dem Seminar niedergeschrieben wurde, sowie deren Ausarbeitung, die als Keimzelle zum geplanten Essay über Celan gedacht gewesen sein mag, von Adornos Herausgebern aber als eines der Paralipomena der unvollendeten »Ästhetischen Theorie« veröffentlicht wurde. Beide Texte gehen von dem Seminarthema aus, das Szondi vorgegeben hatte, dem Hermetischen. Die Notiz, die von Joachim Seng auf dem Vorsatzblatt von Adornos Exemplar des »Sprachgitter«-Buchs gefunden und erstmals ediert worden ist, lautet: *Zum Hermetischen. Es wird hier als Intention komponiert, was sonst erst als Gedichtetes resultiert. Es wird thematisch, was sonst in Kunst geschieht. Übersetzung abstrakt reduzierter Landschaft (gemalter) ins Wort. Versuch dem Stein, dem Toten den Trost abzugewinnen. Trost affirmativ (durch Ton). Beziehung auf Beckett: Figuren des Nichts.*[33] Im Paralipomenon der »Ästhetischen Theorie« werden die beiden Gedanken, die in dieser Notiz stenographisch skizziert sind, näher erläutert.[34] Das *hermetische Verfahren* wird darin erklärt durch den *zunehmenden Zwang, das Gedichtete vom Stoffgehalt und von den Intentionen abzuheben.* Dieser Zwang, der für Adorno zunächst ein Zwang ›der Reflexion‹ auf die Kunst ist, hat, so schreibt er, *von der Reflexion auf die Dichtung übergegriffen: sie versucht das, um dessentwillen sie da ist, in die eigene Gewalt zu nehmen, und das ist zugleich ihrem immanenten Bewegungsgesetz gemäß.* Hermetische Dichtung kann, so erklärt Adorno weiter, als diejenige angesehen werden, *die von sich aus herzustellen sich anschickt, was sonst erst geschichtlich als das Gedichtete aus ihr hervortritt, mit einem Moment des Schimärischen darin, der Verwandlung des emphatischen Gehalts in Intention.* Und weiter, an die Formulierung der Notiz angelehnt: *In der hermetischen Dichtung wird thematisch, von ihr selbst behandelt, was früher in Kunst geschehen mochte, ohne daß sie darauf sich gerichtet hätte (…).* Mit dieser Überlegung greift Adorno nicht nur den von Walter Benjamin in seiner frühen Hölderlin-Studie verwendeten Begriff des Gedichteten, sondern in den Begriffen »Stoffgehalt« und »emphatischer Gehalt« auch die Distinktion zwischen Sachgehalt und Wahrheitsgehalt auf, die Benjamin in seinem Wahlverwandtschaften-Aufsatz eingeführt hat. Während der Sachgehalt auf den Bereich der Stoffe und Intentionen eines Autors

---

[33] Frankfurter Adorno-Blätter VIII, p. 160.
[34] Aus Adornos Text wird im Folgenden zitiert nach: *Ästhetische Theorie*, GS 7, Frankfurt a. M.: Suhrkamp 1970, pp. 475–77.

Versäumnisse. Zwischen Theodor W. Adorno und Paul Celan

eingeschränkt bleibt, löst der Wahrheitsgehalt sich im Fortleben des Werks und im Obsoletwerden seiner Motive von den Realien und Absichten los. Mehr noch, der Wahrheitsgehalt liegt in nichts anderem als eben dieser Ablösung von den Intentionen und dem darin Intendierten und liegt deshalb allein im Leben der Geschichte, die keinerlei Zwecken, keinen Regeln und nicht der Vorherrschaft von Stoffen untersteht.[35] Wahrheit, eine fundamentale Kategorie des geschichtlichen Lebens, ist für Benjamin das schlechthin Nicht-Intendierbare. Sie ist nicht Thema, sondern Geschehen. Deshalb vermerkt Adorno eine Wandlung in der Geschichte der Geschichte, wie sie dramatischer nicht sein könnte, wenn er die Behauptung aufstellt, Celans Dichtung schicke sich an, *von sich aus herzustellen (...), was sonst erst geschichtlich als das Gedichtete aus ihr hervortritt, und in ihr werde thematisch, von ihr selbst behandelt, was früher in Kunst geschehen mochte, ohne daß sie darauf sich gerichtet hätte.*

Wenn es sich in der Tat so verhält, wie Adorno in seiner Notiz und ihrer Ausarbeitung darlegt, dann vollzieht sich in Celans Dichtung nicht weniger als ein literar-, ein kunst- und ein welthistorischer Bruch. Dann nämlich ist sie nicht Dichtung, deren Stoffe und Zwecke von der Geschichte aufgezehrt werden könnten, um im Gedichteten zu resultieren, sondern sie ist Dichtung des Gedichteten und also Dichtung der Geschichtlichkeit der Dichtung selbst. Das heißt zum einen, es gibt keine Geschichte, die dieser Dichtung noch äußerlich wäre, keine die ihren Stoffen und Intentionen noch etwas anhaben, keine die von ihr noch eine andere Wahrheit als die von ihr selbst schon ausgesprochene abheben könnte. Das Gedicht hat keine Geschichte, es ist seine Geschichte selbst. Damit ist zugleich auch gesagt: es gibt nur noch Geschichte in ihrem blanken, verzehrenden Verlauf, der von den Realien nichts als ihren Ruin, von den Absichten nichts als ihre Blendung bewahrt. Das Gedicht vollzieht an ihm selbst das Werk seiner Geschichte. Dichtung ist die Überlebende – der Rest, die Asche – der Vergängnis, die von ihr ausgesagt wird. Da beide Implikate von Adornos Bemerkung *Es*

---

[35] Cf. Walter Benjamin: *Goethes Wahlverwandtschaften*, in ders: *Gesammelte Schriften*, Bd. I,1, Frankfurt a. M.: Suhrkamp 1974, pp. 123–201. Das in seinem geschichtlichen Fortleben wachsende Werk wird dort einem *flammenden Scheiterhaufen* verglichen, dessen Flamme selbst das Rätsel bewahrt: *das des Lebendigen*. Benjamin schreibt: *So fragt der Kritiker nach der Wahrheit, deren lebendige Flamme fortbrennt über den schweren Scheiten des Gewesenen und der leichten Asche des Erlebten.* (p. 126)

wird thematisch, was sonst in Kunst geschieht nicht beziehungslos oder nicht bloß antithetisch nebeneinander stehen, ist mit seinem Satz gesagt, daß Celans Gedichte das Verstummen dessen sagen wollen, was sie sagen; dasjenige sagen wollen, das jedem Sagen und jedem Wollen den Bestand raubt; dasjenige geschehen *machen* wollen, was sie geschehen *läßt*. In ihnen soll aufgehen, daß sie untergehen. Weil dazu das Intentionsunfähige intendiert werden muß, fügt Adorno hinzu: *mit einem Moment des Schimärischen darin, der Verwandlung des emphatischen Gehalts in Intention.* Damit wird nicht eine subjektive Illusion oder gar die persönliche Schwäche eines Autors moniert. Die Verwandlung des Geschehens in Intention ist schimärisch, scheinhaft, weil sie die Struktur der Intention wie die des Geschehens in eine Aporie versetzt, die beiden den Charakter der Wirklichkeit und der Bedeutsamkeit entzieht. Wo das Intentionslose intendiert wird, in jeder aporetischen Dichtung – und also nicht allein in der Celans, sondern in jeder seiner Zeit – ist gesagt, daß nichts gesagt ist. Es ist dieser aporetische Zug, der für Adorno Celans Gedichte und Becketts Romane und Stücke zu in jedem Sinn epochalen Ereignissen in der Geschichte disponiert: zu Ereignissen, in denen die Geschichte, die sich in Dichtung kontrahiert, selber aussetzt, weil sie sich verfehlt und in ihrer Selbstverfehlung exponiert. Von beiden, Beckett und Celan, kann er deshalb notieren, ihre Schriften böten *Figuren des Nichts*.

Adorno, der in seinen Briefen an Celan *Unverschämtheit* nicht ohne Ostentation zu vermeiden sucht, zeigt in seinen Bemerkungen zu Celans Dichtung die denkbar größte Sensibilität für deren Scham. Als Gestus der Scham charakterisiert er ihre Sprache, die noch vor der Sprache zurückweicht und derart zur Zeugin einer durch und durch aporetischen Intention, eines widersprüchlichen und wider-sprachlichen Stoffs wird. *Diese Lyrik ist durchdrungen von der Scham der Kunst angesichts des wie der Erfahrung so der Sublimierung sich entziehenden Leids. Celans Gedichte wollen das äußerste Entsetzen durch Verschweigen sagen. Ihr Wahrheitsgehalt selbst wird ein Negatives.*[36] Scham, so wird aus diesen Sätzen deutlich, ist das Gefühl, keines angemessenen Gefühls fähig zu sein

---

[36] Nicht unwahrscheinlich, daß Adorno mit dem Motiv der Scham abermals zurückgreift auf einen Gedanken von Benjamin. In dessen Aufsatz über Robert Walser spricht er in der eindrücklichsten Weise von dessen *Sprachscham*. (Walter Benjamin: *Gesammelte Schriften*, Bd. II,1, pp. 325–26.) Wie freilich Adorno dieses Denkmotiv verarbeitet, geht in eine deutlich von der Benjaminschen verschiedene Richtung.

und keines in eine angemessene Sprache verwandeln zu können. Wenn Leid, wie Adorno es hier ausspricht, kein Gegenstand einer möglichen Erfahrung ist, sondern sich – als Leid – noch der Erfahrung entzieht, dann ist Scham der Affekt, der auf den Ausfall der Erfahrung des Affektes antwortet, sie ist die Erfahrung der Unerfahrbarkeit, des in kategorialen Strukturen Unfaßbaren –: nackter Affekt, dem allein die nackte, die von allen konventionellen Stoffen und Absichten entblößte, die von sich entblößte Sprache entsprechen kann. Diese Sprache der Verschweigung ist die Sprache von Celans Gedichten. Wenn sie *das äußerste Entsetzen durch Verschweigen sagen* wollen, so gewiß nicht in dem Sinn, daß sie es verheimlichen, verdrängen und unzugänglich machen wollen. Das äußerste Entsetzen sagt sich in ihrer Sprache, indem es noch diese Sprache erstarren läßt. Sie ist nicht eine variable Repräsentation des Leids, sondern selber das Leid, keine Sprache sein zu können, die noch etwas Gegenständliches, Bestandhabendes, Bedeutsames sagen könnte. Sie erstarrt vor Scham, nicht sie selbst sein zu können. In diesem Sinn ist Adornos Satz zu nehmen, Celans Lyrik sei durchdrungen von der Scham der Kunst angesichts des wie der Erfahrung so der Sublimierung – der Sublimierung nämlich zur Lyrik – sich entziehenden Leids. Daß sie sich selber nicht entspricht, nur darin entspricht sie einem Leid, das keine Entsprechung in der Sprache findet. Wo zunächst und vor allem dieses Leid, diese Unerfahrbarkeit und Unaussprechlichkeit des Leids zu sagen ist, kann allein eine Sprache wahr sein, die ihr eigenes Verstummen ausspricht. Wahr ist nur die Scham der Sprache, sich selbst nicht zu korrespondieren.

Ihr Wahrheitsgehalt selbst wird ein Negatives. Was diese Abbreviatur aus Benjaminschen und Hegelschen Begriffen zusammenzieht, kann nicht besagen, daß der Wahrheitsgehalt nichtig und die Geschichte, die ihn hervortreten läßt, an ihr Ende gekommen sei. Der Wahrheitsgehalt der Dichtung wird das, was Adorno *ein Negatives* nennt, vielmehr deshalb, weil das Geschehen der Geschichte nicht mehr zur Erfahrung werden und keine Geschichte des Erfahrenen ergeben kann. Geschichte, und mit ihr Wahrheit, ist unter dem Druck des Leids unerfahrbar, sie ist unbewußt und sublimierungsunfähig geworden. Von ihr bleibt nur das Geschehen dessen, was keine Geschichte hat und sich vor jeder – und in jeder – Geschichte zurückhält als absoluter Widerstand gegen sie –: als Widerstand eines Leids und einer Scham, die über die Grenzen des Geschichtsfähigen hinausgehen. Konnte Adorno in seinem

Essay über die zwanziger Jahre noch abstrakt von der Kunst »nach Auschwitz« als der *bewußtlosen Geschichtsschreibung* reden, so hätte er in der Ausarbeitung seiner Notate zu Celan von der Geschichtsschreibung des Bewußtlosen und von der Geschichte dessen, was keiner Geschichte fähig ist, schreiben müssen. Von der Geschichte überlebt nur die Scham, daß es sie gegeben hat, und nur die Scham, die vor ihr verstummt, wird von der Dichtung ausgesprochen. Was in ihr spricht, ist ihr Verstummen davor, daß sie noch spricht. *Wahr* ist sie nur deshalb, weil sie sich gegen jede geschichtliche Korrespondenz ent-spricht und in eine andere hineinspricht.

Die Selbst-Entfernung – und darin die Selbst-Begegnung – der Sprache, die sich in Celans Dichtung ereignet, reicht hinter die Geschichte und vor die Sprache ebenso zurück wie sie über sie hinausreicht. Deshalb ist der von Adorno dafür gewählte Begriff des *Negativen* irreführend. Er wird unausgesprochen korrigiert durch den Hinweis auf eine andere Sprache als die der Menschen, eine andere als die der Geschichte und ihres bewußtseinsfähigen Geschehens. *Sie ahmen*, so setzt Adorno seinen Gedankengang zu Celans Gedichten fort, *eine Sprache unterhalb der hilflosen der Menschen, ja aller organischen nach, die des Toten von Stein und Stern. Beseitigt werden die letzten Rudimente des Organischen; (...). Die Sprache des Leblosen wird zum letzten Trost über den jeglichen Sinnes verlustigen Tod.* So unangemessen der Begriff der Nachahmung in diesem Zusammenhang sein mag – denn er unterstellt, es gebe noch ein unversehrt Lebendiges, von dem das Leblose nachgeahmt werden könnte –, die Sprache *unterhalb* der organischen, die nach Adorno in Celans Lyrik spricht, ist die Sprache des Widerstands gegen Sprache und Geschichte. Dieser Widerstand kann nicht einfach Gegenstand der Erfahrung werden, aber er hält, aller Erfahrung voraus, die Möglichkeit der Erfahrung in der Distanz von ihr fest.[37] Die Sprache *des Toten von Stein und*

---

[37] In einer Aufzeichnung, die Adorno nicht kennen konnte, da sie aus den Vorentwürfen zur Meridian-Rede stammt, schreibt Celan zum Motiv des Steins in seiner – und nicht nur seiner, sondern auch Mandelstamms – Dichtung: *Der Stein, das Anorganische, Mineralische, ist das ältere, das aus der tiefsten Zeitschicht, aus der Vorwelt – die auch des Menschen Vorwelt ist, dem Menschen Entgegen- und Gegenüberstehende. Der Stein ist das Andere, Außermenschliche, mit seinem Schweigen gibt er dem Sprechenden Richtung und Raum; er muß, wie er da emporsteht und hinunterreicht, seine Ferne in seine Nähe nimmt, geistige Relevanz haben. Man kann sich ihm anvertrauen, man kann mit seinem – fragenden – Wort zu ihm gehen:*

Stern ist die Vor-Sprache jeder Sprache und deshalb die Sprache der Sprache. Keine Metasprache, in der die Regeln des Sprechens nur verzeichnet werden könnten, um verschoben zu werden, sondern eine Proto- und Para-Sprache, die in allem Sprechen als stummer Vorbehalt gegen das Sprechen, in jeder Sprache als Sprach-Versagen mitspricht. Eine Sprache ohne Sprache und aus dem Ohne der Sprache, kann die von Adorno beschriebene Dichtung von *Stein und Stern* schlechterdings nicht mehr dialektisch, sie muß, jeder Möglichkeit der Dialektik voraus, eine Sprache *zur* Sprache und Sprache *für* die Sprache und *vor* ihr sein. Noch vor jedem aktuellen Dialog muß diese Vor-Sprache *Für*-Sprache für ein Sprechen sein, das einen Anderen erreichen könnte.

Wie die Scham ist die Dichtung wesentlich Sprach-Ferne. Aber die eine wie die andere *stehen zu* dieser Ferne, weisen auf sie hin, beharren auf ihr und fördern sie. In diesem Sinn heißt es in *Heute und Morgen* aus dem Band »Sprachgitter«, auf den sich Adornos Kommentare beziehen: *So steh ich, steinern, zur / Ferne, in die ich dich führe* (...); in *Unten* –: *Und das Zuviel meiner Rede: / angelagert dem kleinen / Kristall in der Tracht deines Schweigens.* In *Nacht* –: *Hörbar (vor Morgen?): ein Stein, / der den andern zum Ziel nahm.* Daß einer dieser Sprach-Steine im anderen sein Ziel erreichte, davon ist nicht die Rede. Daß sie zu einander stehen und sich an einander anlagern, ist der einzige Trost, den sie bieten. Er liegt in einem Verhältnis, das von der Ferne nicht erlösen kann, weil es allein aus ihr möglich ist. Dieser irreduzible Beziehungs- und Bewegungssinn der Sprache von Stein und Stern bleibt von Adorno unerwähnt. Wenn er den Trost, der in ihr zu finden sein mag, in der Notiz, aber nicht mehr in ihrer Ausarbeitung, als *affirmativ* bezeichnet, dann mag ihn zu dieser Revision der Gedanke bewegt haben, daß die aporetische Sprache des Anorganischen sich der Alternative von Negation und Affirmation ebenso entziehen muß wie ihrer dialektischen Verschränkung und Aufhebung. Überdies kann Stummes kaum *affirmativ* durch seinen *Ton* sein, wie noch die Notiz: *Trost affirmativ (durch Ton)* behauptet. Der Trost, den Celans Gedichte gewähren, könnte allenfalls darin gelegen sein, daß sie *da* sind, fern und lapidar, und aus ihrer Entfernung und Kargheit zu Anderem sprechen – einem Anderen, das sich jeder Verwendung zu erbaulichen Zwecken entzieht.

der Stein. (Paul Celan: *Der Meridian*, Tübinger Ausgabe, Frankfurt a. M.: Suhrkamp 1999, p. 98.)

Adorno mag sich bei seinen Überlegungen zu »Sprachgitter« an das erinnert haben, was im »Gespräch im Gebirg« über jene andere Sprache gesagt wird, die nicht die der Menschen sein kann und nicht die einer Natur, die von Menschen beseelt ist. Von ihr, von der Sprache des Steins, heißt es dort: *Er redet nicht, er spricht, und wer spricht, Geschwisterkind, der redet zu niemand, der spricht, weil niemand ihn hört, niemand und Niemand, und dann sagt er, er und nicht sein Mund und nicht seine Zunge, sagt er und nur er: Hörst du?*[38] Im Unterschied zur Rede ist die Sprache des Steins ohne Inhalt, ohne Sprechenden und ohne bestimmten Adressaten. Doch eben weil niemand oder Niemand sie hört, kein Adressat von ihr antizipiert wird und alle Bestimmungen – auch die des Zuspruchs und der Anrede – in ihr außer Kraft gesetzt sind, muß diese Sprache *Hörst du?* sagen und in dieser Frage *Hörst du?* muß sie sich erschöpfen. Die Sprache des Steins ist imprädikabel, sie ist eine Sprache nicht des Gesprochenen, sondern des bloßen Sprechens, von dem dahingestellt bleibt, ob es ein gehörtes oder ein ungehörtes sein wird. Von dieser Sprache des nackten Daß des Sprechens, von dieser prädikatlosen und urteilsfernen Sprache muß, eben weil sie die des schieren Geschehens ohne lokalisierbare Herkunft und ohne vorbestimmtes Ziel ist, offen bleiben, ob sie ›tatsächlich‹, ›wirklich‹, ›real‹, ›aktuell‹ geschieht oder nicht. Daß sie das bloße Geschehen, das sie ist, immer auch nicht sein kann, weil darüber allein der entscheidet, der eine Antwort auf sie gibt, macht sie zur von sich selbst entlassenen, zur schlechthin selbst-losen Sprache. Sie ist Sprechen bloß *für* Anderes, und wenn sie die Sprache des Steins ist, dann nicht als kontrakte und, wie Adorno mit Szondi es will, hermetische, nicht als abgedichtete, sondern offene. Ihr Wahrheitsgehalt mag ein *Negatives* heißen, doch nur, weil sie noch ihr Geschehen und damit die Möglichkeit der Geschichte nicht selber enthält, sondern Anderem freistellt. Sie gewährt sich als ein Geschehen, das nicht das ihre bleiben kann. Die epochale Wende, die Adorno mit großer Behutsamkeit in Celans Sprache gewahrt, ist in der Tat eine Wende und epochal. Aber sie ist nicht, wie er meinte, eine Wende zum mimetischen Verstummen, zu einem schimärischen Intentionslosen und affirmativen oder konservativen Trost. Sie ist eine Wende zum Anfang und Voranfang der Geschichte, zur Intention auf die Freiheit von Intentionen und

---

[38] Paul Celan, *Gesammelte Werke*, Bd. III, Frankfurt a.M.: Suhrkamp 1983, p. 171.

deshalb zur Freiheit jedes Einzelnen, jedes singulären *Du*, sich von dieser Sprache ansprechen zu lassen.

In seinen Aufzeichnungen zu Celans Gedichten hat Adorno energischer als in irgendeinem anderen seiner Texte den Versuch unternommen, sein frühes Verdikt über Kunst »nach Auschwitz« zu revidieren. Anders als in den Überlegungen, die die Kunst als Ausdruck und mehr als spontane Reaktion denn als bedachte Antwort auf die Shoah behandeln[39], gesteht er in diesen Aufzeichnungen der Dichtung das Vermögen zu, eine entscheidende Erfahrung von geschichtlicher Veränderung zu artikulieren, und zwar einer Veränderung, die nicht mehr binnen-geschichtlich auf bloße Modifikationen einer Geschehensform hinauslaufen, sondern die überkommene Form der Geschichte und ihres Geschehens insgesamt suspendieren. Damit erst ist die Dichtung aus der *Singdrossel-Perspektive* herausgetreten, in der sie nach der empörten Formulierung Celans für Adorno noch befangen war, als er ihr nur die Fähigkeit zubilligte, das Geschehene zu verdoppeln und zu verdrängen. *Es wird thematisch, was sonst in Dichtung geschieht* –: mit diesem Satz ist angedeutet, daß das Geschehen selbst ein Leiden (souffrance) geworden ist, und eingeräumt, daß die Thematisierung des Geschehenen zugleich die Thematisierung des Verstummens aller Themen muß sein können. Mit diesem Satz wird denkbar, daß das Gedicht ein Rest, ein Residuum und ein Reservoir der Geschichte, und zugleich, daß es ein Abschied sein kann von der Geschichte *sonst*, von der Geschichte, wie sie bisher gewesen ist. Den Weg zu dieser Rest-Sprache, die sich von jedem thematischen Halt löst, charakterisiert Adorno als den ins *Anorganische*, aber darüber hinaus als den in die *Entgegenständlichung*. Er bezeichnet ihn als *Bahn vom Entsetzen zum Verstummen*. In der Sprache des Verstummens, die Celans Gedichte sprechen, und in der Sprache des Stummen, die er den Stein in seinem »Gespräch im Gebirg« sprechen läßt, ist allein noch gesagt, daß nichts mehr oder daß noch nichts gesagt ist: *Hörst du?* Die Bloßlegung dieses nackten Sagens, das nur nach dem Gehörtwerden fragt und keinen anderen Inhalt, kein Subjekt und keinen vorbestimmten Adressa-

---

[39] Cf. in den »Meditationen zur Metaphysik« aus der »Negativen Dialektik«: *Das perennierende Leiden hat soviel Recht auf Ausdruck wie der Gemarterte zu brüllen; darum mag falsch gewesen sein, nach Auschwitz ließe kein Gedicht mehr sich schreiben.* Nicht nur wird Kunst hier als Ausdruck verstanden, ihr wird ein Recht auf Ausdruck zugesprochen, ohne daß ein *Recht* im mindesten über Ausdruck oder über Kunst befinden könnte.

ten kennt, ist die Sache von Celans Dichtung. Adorno hat nicht versäumt, diesen entscheidenden Zug mit ebenso großer Sensibilität wie Härte zu erfassen; er hat aber wohl versäumt, dieser Sprache der absoluten Reduktion auf das Sagen weiter nachzudenken. Hätte er es getan, so hätte er kaum behaupten können, diese Dichtung versuche *das, um dessentwillen sie da ist, in die eigene Gewalt zu nehmen*, kaum schreiben können, sie schicke sich an, *von sich aus herzustellen (...) was sonst erst geschichtlich als das Gedichtete aus ihr hervortritt*; er hätte kaum von Nachahmung und von Willen und *Stilwillen* reden können, den er kunsthistorisch mit der *hermetischen Dichtung* in Beziehung setzt. Er hätte aber vor allem in der Spannung zwischen Thematisierung und Geschehen, die er selbst erkannt hat, nicht die Thematisierung privilegiert. Erst durch diese Privilegierung können in seiner Sicht die Gewalt und die Herstellung, die Nachahmung und der Stilwille als für Celans Dichtung konstitutiv erscheinen.

Peter Szondi, in dessen Seminar Adorno seine Überlegungen zum erstenmal vorgetragen hat, hat in seinen Analysen von Celans Dichtung den konträren Akzent gesetzt. Es ist in diesem Zusammenhang nicht irrelevant, daß auch er, und zwar bereits lange vor diesem Seminar vom Sommer 1967, eine Arbeit über »Engführung« plante. Am 19. November 1967 schreibt er dazu an Celan: *vielleicht kann ich eines Tages den Aufsatz, den ich seit Jahren plane, doch noch schreiben.*[40] Es ist ihm erst nach dem Tod von Adorno, der sich mit ähnlichen Plänen trug, gelungen, seine Absicht auszuführen. In der *Lecture de »Strette«*, die er auf Einladung von Jacques Derrida 1971 in der Zeitschrift *Critique* veröffentlicht hat, und in der er dieses Gedicht als *la réfutation de la thèse devenue trop célèbre de Theodor W. Adorno: »Après Auschwitz, on ne peut plus écrire de poèmes«* bezeichnet,[41] heißt es: *La poésie cesse d'être mimésis, représentation: elle devient réalité. Réalité poétique, bien entendu, texte qui ne suit plus une réalité, mais se projette lui-même, se constitue en réalité.* Und: *Sa poésie ne décrivant plus la« réalité«, mais devenant elle-même réalité, le »champ noirâtre« n'est plus ce que la poésie décrit, mais ce qu'elle fait être. C'est dans ce champ qu'elle avance en s'ecrivant elle-même; c'est dans ce champ*

---

[40] Paul Celan – Peter Szondi: *Briefwechsel*, Frankfurt a. M.: Suhrkamp 2005, (Nr. 97), p. 67.
[41] In: *Critique* (No 288, Mai 1971), p. 416. (In der deutschen Übersetzung der Herausgeber in Peter Szondi: *Schriften II*, Frankfurt a. M.: Suhrkamp 1978, p. 383.)

*qu'avance le lecteur.*⁴² Ebenso wie Szondis Studie über Celans »Engführung« auf der Absage des Gedichts an die thematisierende Beschreibung insistiert und seine sprachliche »Realität«, ja das »ist« seiner Sprache betont, hebt der Aufsatz über Celans Shakespeare-Übersetzung hervor, daß die Dichtung nicht mehr sich selbst thematisiert, sondern sie selbst ist. Celan habe, so schreibt Szondi, *an die Stelle des traditionellen symbolistischen Gedichts, das von sich selber handelt, das sich selbst zum Gegenstand hat, ein Gedicht gesetzt, das von sich selbst nicht mehr handelt, sondern es ist.*⁴³ Der Gegensatz zwischen Adornos Deutung und derjenigen von Szondi könnte nicht drastischer sein. Während der eine die epochale Geste von Celans Lyrik in der Thematisierung dessen sieht, was bis dahin *im* Gedicht und *dem* Gedicht geschehen ist, erkennt der andere sie in der Verwandlung eines Themas in den Vollzug und das Sein des Gedichts.

Die einander entgegengesetzten Deutungen von Szondi und Adorno konvergieren nur in dem, wovon keine der beiden spricht. Wenn nämlich das Geschehen durch seine Thematisierung, die es *als* Geschehen festhalten oder herstellen will, zugleich stillgestellt wird, so ist das Sein des Gedichts, mit dem es aus dem Repräsentationsparadigma heraustritt, von der Art, daß es als dieses Sein unvollziehbar ist. Eines der stärksten Argumente findet Szondi für seine Deutung des Gestus von »Engführung« in dem Verspaar: *Lies nicht mehr – schau! / Schau nicht mehr – geh!* Mit diesen Versen, so erklärt er, werde das vergegenständlichende theoretische Verhältnis zum Gesagten als inadäquat zurückgewiesen, und übrig bleibe die Weisung, wer einst Leser war, möge sich in der sprachlichen Realität des Gedichts bewegen, in ihr als dem *Gelände / mit der untrüglichen Spur* gehen. Doch so plausibel diese Deutung ist, nicht weniger plausibel ist die andere, *geh!* als ›geh weg!‹, ›entferne dich!‹ zu verstehen – zumal dies *geh!* sofort wieder aufgenommen wird mit der Begründung, es sei dies die letzte, die Stunde ohne Schwestern: *Geh, deine Stunde / hat keine Schwestern, (...) nirgends / fragt es nach dir.* Wird dieses finale »Geh« aber in der Tat als die Weisung gelesen – und buchstäblich er-fahren –, den Umkreis, in dem es gehört werden kann, zu verlassen, dann besagt es, es solle selbst nicht gehört oder es solle so gehört werden, daß es nicht mehr gehört werden kann; es solle und werde allein in sei-

---

⁴² L.c., pp. 390–91. (Dt. l.c., pp. 348–49.)
⁴³ *Poetry of Constancy – Poetik der Beständigkeit. Celans Übertragung von Shakespeares Sonett 105*, in: Peter Szondi: *Schriften II*, p. 344.

nem Verstummen gehört werden. »Geh« ist ein Partikel derjenigen Sprache, die nichts als ihr eigenes Vergehen ausspricht, eine Spur jenes Toten-Gesprächs, in das mit dem Gedicht auch sein Leser *verbracht* ist. So sehr es als Imperativ oder als Weisung sprechen mag, es ist bereits ein Wort, eine Silbe – und als Ge- eine Silbe der Versammlung –, die ›nicht nach dir fragt‹, niemanden anspricht, nirgendwohin weist. Es ist, Bedeutung und ihre Evakuation in einem, Verweisung nur als Verwaisung, Versammlung allein als absolute Vereinsamung. Wie das *Hörst du?* der Sprache des Steins aus dem »Gespräch im Gebirg« sich an niemand und Niemand richtet, so richtet sich das *Geh* nur an denjenigen, der mit ihm vergeht und, vergehend, schon nicht mehr hört. Es geht selber ins Intentionslose ein, auf das es sich richtet. In ihm geschieht noch immer und wird weiter geschehen, daß schon nichts mehr geschieht. Wenn die Sprache von Celans Gedicht statt beschreibend zu thematisieren oder figurativ zu repräsentieren, ihre eigene Realität, wie Szondi sie liest, *ist*, so ›ist‹ doch dies Sein allein das des Vergehens dieses Seins –: eine Sprache, die mit ihrem Nicht spricht, eine Sprache nicht des Seins, sondern der Ellipse des Seins, des Auseinander der Schrift des Seins, eine Sprache des S-t-eins.

Das *Hörst du?* aus dem »Gespräch im Gebirg« läßt sich nicht hören, sondern nur in seiner möglichen Unhörbarkeit hören. Es mag sein, daß Celan diesen Gedanken aus dem Motto zu Adornos Schönberg-Aufsatz von 1953 entwickelt hat, den Versen aus »Ode on a Grecian Urn« von John Keats: *Heard melodies are sweet, but those unheard / Are sweeter (...).*[44] Es mag auch sein, daß dieses *Hörst du?* eine Explikation und vielleicht ein Echo der letzten Sätze des Schönberg-Kapitels der »Philosophie der Neuen Musik« sind, die von dieser Musik sagen: *Sie verhallt ungehört, ohne Echo.*[45] Aber es ist, dieses *Hörst du?*, ein Echo nur als Wider-Wort zu dem Postulat der Ungehörtheit und Echolosigkeit, als *Gegenwort* zur Behauptung, diese Musik sei angelegt auf *das absolute Vergessensein* und sei deshalb *die wahre Flaschenpost.*[46] Das *Hörst*

---

[44] Th. W. Adorno: *Arnold Schönberg 1874–1951*; in: Die Neue Rundschau (1953/1), p. 80. Danach in: *Prismen*, Frankfurt a. M.: Suhrkamp 1992.
[45] Th. W. Adorno: *Philosophie der Neuen Musik*, Gesammelte Schriften Bd. 12, Frankfurt a. M.: Suhrkamp 1975, p. 126.
[46] L.c. – Die Metapher von der Flaschenpost ist eines der Meridian-Wörter in Celans Vokabular. Seine wichtigste Koordinate in der Geschichte der Literatur, die bis zu E. A. Poes »MS Found in a Bottle« zurückreicht, dürfte Ossip Mandelstams »Vom Gesprächspartner« sein.

du? ist Celans *Antwort* auf Adornos *ungehört*. Daß er sie ihm gegeben hat, darin lag Celans *Begegnung* mit ihm. Sie besagte, Begegnungen seien versäumbar, nicht aber auf ihre Versäumtheit, nicht auf ihr *absolutes Vergessensein* angelegt. Begegnungen sind solche in ihrer Versäumbarkeit, Gespräche im Vielleicht des Hörens auf ein *Hörst du?* So fein Adornos Gehör nicht nur für die Neue Musik war, die neue Dichtung Celans hat er kaum gehört, den Einzelnen, Anderen, der in ihr und mit ihr sprach, noch weniger. Auch das Nicht-Hören müßte noch gehört werden. Auch in ihm könnte es noch fragen *Hörst du?*

WASEN
Um Celans *Todtnauberg*
(2012)

Sprich auch du

Als Paul Celan es 1959 ablehnte, zu der Festschrift zum 70. Geburtstag von Martin Heidegger beizutragen, galt die Ablehnung nicht dem Philosophen, der mit dieser Schrift geehrt werden sollte. Sie galt deren Herausgeber und Verleger Günther Neske, der den Namen von Celan, ohne diesen selbst zuvor gefragt zu haben, auf die Liste der Beiträger zu dieser Festschrift gesetzt hatte; sie galt dem Versuch, seinen Namen und seine Sprache an einen Ort – auf eine Liste und in ein Buch – zu setzen, ohne dass der Genannte zuvor seine Zustimmung dazu gegeben hätte; und sie galt der Zumutung, binnen kürzester Zeit ein Gedicht zu liefern, das, wie Celan schreibt, *einen Beitrag zur Heidegger-Festschrift darstellen könnte*. Celans Weigerung galt also dem Missbrauch, der mit seinem Namen, seiner Sprache, ihrem Ort und ihrer Zeit getrieben wurde, und galt zugleich dem doppelten Missverständnis, seine Dichtung könne ein leicht verfertigter Zierat zur Feier eines Philosophen sein, der in Mußestunden Lyrik las. *Und ich kann auch nichts vom Zaun brechen*, so erklärt Celan in einem Brief an Neske mit einer Wendung, die gemeinhin lautet: einen Streit vom Zaun brechen, *wirklich nicht, das wäre alles andere als ernst – und Heidegger fordert Ernst und Überlegung.*[1] Das Gedicht, das Celan für die von ihm erwartete nächste Festschrift zu Heideggers 75. Geburtstag dem Verleger in Aussicht stellt, wird damit als Antwort auf eine Forderung – und wohl auch Herausforderung – durch Heidegger,

---

[1] Celans Brief an Günther Neske wird zitiert in *Herzzeit. Ingeborg Bachmann – Paul Celan. Der Briefwechsel*, Frankfurt a.M.: Suhrkamp 2008, p. 317. – Die Festschrift zu Heideggers 75. Geburtstag kam nicht zustande.

als eine bedachte Antwort und als Antwort eines Denkers charakterisiert, der das Werk eines anderen Denkers als Forderung auffasst und dieser Forderung zu entsprechen versucht.

Die Erklärung, die Celan in seinem Brief vom 10. August 1959 an Ingeborg Bachmann für seine Ablehnung gibt, hält mit jedem Urteil über Heidegger *heute* zurück, ohne einen Zweifel an der Indignation zu lassen, mit dem er dem Verfasser der Rektoratsrede begegnet. Celan schreibt nämlich: *Bleibt Heidegger. Ich bin, Du weisst's, sicherlich, der letzte, der über die Freiburger Rektoratsrede und einiges andere hinwegsehen kann; aber ich sage mir auch, zumal jetzt, da ich meine höchst konkreten Erfahrungen mit so patentierten Antinazis wie Böll oder Andersch gemacht habe, dass derjenige, der an seinen Verfehlungen würgt, der nicht so tut, als habe er nie gefehlt, der den Makel, der an ihm haftet, nicht kaschiert, besser ist als derjenige, der sich in seiner seinerzeitigen Unbescholtenheit (war es, so muss ich, und ich habe Grund dazu, fragen, wirklich und in allen Teilen Unbescholtenheit?) auf das bequemste und einträglichste eingerichtet hat, so bequem, dass er sich jetzt und hier – freilich nur »privat« und nicht in der Öffentlichkeit, denn das schadet ja bekanntlich dem Prestige – die eklatantesten Gemeinheiten leisten kann. Mit anderen Worten: ich kann mir sagen, dass Heidegger vielleicht einiges eingesehen hat; ich sehe, wie viel Niedertracht in einem Andersch oder Böll steckt; [...]. Dies, meine liebe Ingeborg, sehe ich, sehe ich heute.*[2] Was Celan nicht übersehen kann und was er, *heute, jetzt und hier*, sieht, bestimmt ihn zu der vorsichtigen Annahme, dass Heidegger *vielleicht einiges eingesehen* hat, dass er seinen Makel *nicht kaschiert*, dass er an seinen Verfehlungen *würgt* und ein Urteil über ihn deshalb nicht statthaft ist. Mit dieser Urteilsenthaltung räumt Celan ein, dass Heidegger *heute*, 1959, *vielleicht* ein anderer ist, als er zur Zeit seines Rektorats gewesen ist, dass er auch zu jener Zeit ein anderer, nämlich ein solcher gewesen sein mag, der zu dem hat werden können, der er *vielleicht* heute geworden ist, und räumt damit die schlichte Möglichkeit ein, Heidegger sei jemand, der in seiner Geschichte mit sich eine Erfahrung gemacht hatte und auf etwas anderes als sich selbst und seinen Willen zur Macht offen war.

Während Celan kaum Bedenken trägt, seinen Namen mit dem von Heidegger zu assoziieren, schließt er eine Verbindung seines Namens mit dem anderer Beiträger zu Heideggers Festschrift ri-

[2] L.c., p. 118–119.

goros aus: Er hegt den Verdacht, *dass in der Festschrift, wenn sie gedruckt vorliegt, dieser oder jener vorher nicht erwähnte Name dabei sein könnte (Friedrich Georg Jünger ist auch nicht gerade einer der schönsten ...), in dessen Nachbarschaft ich mich auf keinen Fall begeben darf ...*³ Die *Nachbarschaft* zu solchen *Namen* gilt Celan als ebenso körperliche wie seelische – als sprachliche – Zustimmung zu dem, wofür diese Namen einstehen oder eingestanden haben, sie gilt ihm so viel wie ein Händedruck und ein Bündnis mit denen, die sie tragen, und mit den Geschehnissen, den vergangenen und gegenwärtigen, zu denen sie mit ihren Taten, ihrem Verhalten oder ihren Schriften beigetragen haben. In einem Brief an Heinrich Böll, von dem er sich wenig später abwenden wird, erklärt er im September 1957, es sei ihm unmöglich, an Friedrich Sieburg einen Brief zu schreiben, nachdem er die Rede gelesen habe, die dieser als Botschaftsrat des Nazi-Regimes 1941 im besetzten Paris gehalten hat. Er müsse sich *schämen*, je neben ihm gestanden zu haben; und er sei *ratlos. Denn (u.a.): Wieviele Hände, die Mörderischeres geschrieben (und ausgeführt) haben, habe ich nicht schon gedrückt? (Nebenbei: Sieburgs Vortrag ist nicht, wie ich Ihnen sagte, »Streicher«, sondern »nur« Goebbels ...) Und habe ich nicht auch mit Weyrauch gesprochen, der ja, wie Sie mir sagten, noch im März 45 ein strammes Gedicht schrieb, habe ich nicht so zu ihm gesprochen, als sei er mein natürlicher Verbündeter? Habe ich mich nicht, als mir vor ein paar Monaten Martin Heidegger seine Rede auf Hebel schickte, gefreut?*⁴ Die Scham und die Angst vor der Berührung der Hände, die *Mörderisches geschrieben* haben, vor einem Gespräch mit Todfeinden und vor der Nähe zu ihren Namen, ist die Scham und die Angst, unwissentlich gemeinsame Sache mit denen zu machen, die jede Berührung zu einem tödlichen Zusammenstoß und jedes Sprechen zu einer letalen Konfrontation gemacht hatten. Wäre Sprache für Celan ein unverbindliches Kommunikationsinstrument gewesen, dann hätte er es nicht für

---

³ L.c., p. 121.
⁴ *Paul Celan – Briefwechsel mit den rheinischen Freunden*, ed. Barbara Wiedemann; Berlin: Suhrkamp 2011, pp. 349–50. – Die Übersendung des Hebel-Vortrags war offenbar Heideggers Dank für ein Schreiben oder ein Buch, das Celan Heidegger zugeschickt hatte. Heideggers »Gespräch mit Hebel«, das Celan im September 1956 erhielt, war begleitet von einer Photographie des Autors mit der Widmung: *Für / Paul Celan / mit herzlichem Dank und Gruß / Martin Heidegger.* (L.c., p. 656) Es ist nicht bekannt, was Celan Heidegger zugeschickt hatte, aber nicht undenkbar, dass es seine Gedichte waren.

unmöglich halten müssen, an Sieburg zu schreiben; weil aber Sieburg sie als bloßes Instrument und dadurch auch schon als Waffe im Dienst eines mörderischen Regimes benutzt hatte[5], musste Celan vor dem bloßen Gedanken, mit ihm zu sprechen, und der bloßen Erinnerung daran, mit ihm gesprochen zu haben, zurückzucken. Die Nazis hatten die Sprache zu einem Mordwerkzeug gemacht, sie hatten die Sprache selber ermordet, und jeder, der sie als offizieller Parteigänger, gelinder Konformist oder später Verharmloser so weitersprach, wie sie sie gesprochen hatten, beging mit dieser Sprache Mord an der Sprache und allen Sprechenden. Celans Angst ist die Angst, ermordet zu werden; seine Scham Scham darüber, eine gemeinsame Sprache mit Mördern zu sprechen und dadurch mit ihnen gemeinsame Sache gegen sich selbst zu machen. Sie ist die Scham vor seinem eigenen Tod, vor seinem Tod durch seine Sprache. *Und dann*, fährt er in seinem Brief an Böll fort, *(einiges, nein vieles überspringend): Kann es mir, bei all dem Unbeantworteten in mir selbst, überhaupt gelingen, einen Ort zu finden, wo die Dinge, klar umrissen, für sich selbst sprechen?*[6] Da er ratlos ist und seine Fragen in ihm selbst keine Antwort finden, wünscht er, ohne eigene Sprache, die eine Entscheidung über Sprechen und Nichtsprechen, Leben und Tod herbeiführen könnte, die Initiative den *Dingen* zu überlassen, den *Dingen*, die, *klar umrissen, für sich selbst sprechen.* Der *Ort* in ihm selbst, an dem sie es könnten, ist für Celan, als er diesen Brief schreibt, unzugänglich, denn die von ihm gemeinten *Dinge* – die sprachlichen und damit existenziellen Verhältnisse – sind von der Art, dass sie gegen sich selbst stehen und einander zum Verstummen bringen. Der von Celan erfragte Ort wird erst von einem anderen Ort – oder anderem als einem Ort – her zugänglich, der zu den tödlichen Gemeinsamkeiten der

---

[5] Sieburg hatte in seiner Pariser Rede 1941 gesagt: »Frankreich ahnte bereits diese tiefe Wahrheit: dass sich die Ideologie des Neuen Deutschlands, die Nationalsozialistische Weltanschauung dann automatisch in eine Waffe verwandelt – *se transforme automatiquement en arme* –, wenn man ihr das Recht verweigert, sich zu äußern.« Und zur ›Rechtfertigung‹ dieses ›Rechts‹: »Unser eigenes Schicksal hatte uns gelehrt, dass ein Volk eines Tages zwischen der Menschheit und sich selbst wählen muß – *un peuple, un jour, doit choisir entre l'humanité et lui-même...*« Damit ist gesagt: die nationalsozialistische Sprache ist eine Waffe gegen die Menschheit, und gegen die Menschlichkeit auch derjenigen, die sie sprechen; sie ist eine Sprache, die die Sprache ermordet. (Die entscheidenden Sätze aus Sieburgs Rede sind zitiert in Barbara Wiedemanns Kommentar zu ihrer Edition von Celans *Briefwechsel mit den rheinischen Freunden*, l.c., p. 655.)
[6] L.c., p. 350.

Sprache und den infamen Nachbarschaften der Namen in Listen und Büchern ein Äußerstes an Distanz wahrt. Dieser andere Ort, der in der Entfernung von allen bekannten Orten liegt, ist für ihn das Gedicht.

Am 24. Juli 1967 las Celan auf Einladung von Gerhart Baumann, dem Ordinarius für Germanistik an der Freiburger Universität, im Auditorium maximum vor weit über Tausend Hörern aus seinen Gedichten. Heidegger, dessen Schriften er seit mehr als dreizehn Jahren mit höchster Aufmerksamkeit studiert hatte und mit dem er zu diesem Zeitpunkt seit über elf Jahren Briefe und Bücher tauschte, hatte ihn vor der Lesung in Gesellschaft von Baumann begrüßt, saß während der Lesung in der ersten Reihe und lud ihn beim anschließenden Abendessen, nachdem Celan den Wunsch geäußert hatte, eines der benachbarten Hochmoore zu sehen, ein, am folgenden Tag mit ihm das Horbacher Moor und bei dieser Gelegenheit auch seine Hütte in der Nähe von Todtnauberg, einer Ortschaft im Schwarzwald südöstlich von Freiburg, zu besuchen.[7] Celan, der schon bei der Begrüßung vor der Lesung eine ›Aufnahme‹, die ein Photograph von ihm und Heidegger machen wollte, brüsk zurückgewiesen hatte, nahm Heideggers Einladung widerstrebend an – es falle ihm schwer, mit einem Mann zusammenzukommen, dessen Vergangenheit er nicht vergessen könne, erklärte er Baumann[8] – und verbrachte den Vormittag bis zum gemeinsamen Mittagessen zusammen mit Heidegger und in der Begleitung von Baumanns Assistenten Gerhard Neumann in der Umgebung von Todtnauberg, in Heideggers Hütte und auf einem wegen der feuchten Witterung bald abgebrochenen Gang im Hochmoor. Bei dem Aufenthalt in der Hütte trug Celan in das Gästebuch die Zeilen ein: *Ins Hüttenbuch, mit dem Blick auf den Brunnenstern, / mit einer Hoffnung auf ein kommendes Wort im Herzen. / Am 25. Juli 1967 / Paul Celan.*[9] Wenige Tage nach diesem Besuch, am 1. August 1967, schrieb Celan in Frankfurt das Gedicht mit dem Titel

---

[7] Diese Darstellung folgt der Erzählung in Gerhart Baumanns *Erinnerungen an Paul Celan*; Frankfurt a. M.: Suhrkamp 1986 und 1992, pp. 59–80.
[8] L.c., p. 68.
[9] Der Text von Celans Eintragung wurde durch einen Aufsatz von Stephan Krass in der »Neuen Zürcher Zeitung« vom 2./3. August 1997 zum erstenmal einer größeren Öffentlichkeit bekannt. Eine Reproduktion von Celans Eintragung ins »Hüttenbuch« findet sich in Axel Gellhaus: »*Seit ein Gespräch wir sind ...*«. *Paul Celan bei Martin Heidegger in Todtnauberg*, Marbach: Deutsche Schillergesellschaft 2002, p. 5.

»Todtnauberg«; es enthält die annähernd wörtliche Wiedergabe der ins Hüttenbuch eingetragenen Zeilen. Nach Paris zurückgekehrt, berichtet Celan einen Tag später, am 2. August, seiner Frau: *Heidegger était venu vers moi – Le lendemain de ma lecture j'ai été, avec M. Neumann, l'ami d'Elmar* [Tophoven], *dans le cabanon (Hütte) de Heidegger dans la Forêt-Noire. Puis ce fut, dans la voiture, un dialogue grave, avec des paroles claires de ma part. M. Neumann, qui en fut le témoin, m'a dit ensuite que pour lui cette conversation avait eu un aspect épochal. J'espère que Heidegger prendra sa plume et qu'il écrira quelques pages faisant écho, avertissant aussi, alors que le nazisme remonte.*[10]

Seit der Veröffentlichung von Gerhart Baumanns *Erinnerungen an Paul Celan* im Jahr 1986, seit dem Bekanntwerden von Celans Hüttenbuch-Eintrag und der Publikation seines Briefs an seine Frau sind die Sachgehalte, die in Celans Gedicht eingegangen sind, zwar nicht annähernd lückenlos, doch in groben Zügen und gewichtigen Details bekannt. Auf dem Hintergrund dieser Kenntnisse kann das Gedicht, wie die zahlreichen und in vielem kontroversen Kommentare seither nahe legen, als Fixierung von Eindrücken gelesen werden, die sich Celan während des gemeinsamen Vormittags bei Heideggers Todtnauberger Hütte eingeprägt haben. Doch die Eindrücke, die das Gedicht wie Stationen eines Itinerars aufzählt, sind von einer solchen Kargheit, dass nur die Wiederholungen und die Frage in der dritten der acht Strophen dem Text die Dringlichkeit, nur die Zeilenbrüche ihm die emphatische Zögerlichkeit zu verleihen scheinen, die aus ihm ein Gedicht werden lassen: ein Gedicht gegen das Dichterische, gewonnen aus dem doppelten Widerstand gegen pittoreske Nacherzählung und

---

[10] Paul Celan – Gisèle Celan-Lestrange: *Correspondance I* (éditée et commentée par Bertrand Badiou avec le concours de Eric Celan), Paris: Seuil 2001, p. 550. (Im Folgenden zitiert als *Correspondance* mit Band-Nummer.) – Die zitierte Passage lautet in der deutschen Übersetzung von Eugen Helmlé: *Heidegger war auf mich zugekommen – Am Tag nach meiner Lesung bin ich mit Herrn Neumann, dem Freund Elmars, in Heideggers Hütte im Schwarzwald gewesen. Dann kam es im Auto zu einem ernsten Gespräch, bei dem ich klare Worte gebraucht habe. Herr Neumann, der Zeuge war, hat mir hinterher gesagt, dass dieses Gespräch* [hier hinzuzufügen: für ihn] *eine epochale Bedeutung hatte. Ich hoffe, dass Heidegger zur Feder greifen und einige Seiten schreiben wird, die sich auf das Gespräch beziehen und angesichts des wieder aufkommenden Nazismus auch eine Warnung sein werden.* (Paul Celan – Gisèle Celan-Lestrange: *Briefwechsel* Bd. 1; Frankfurt a. M.: Suhrkamp 2001, p. 479.)

drückendes Schweigen. Unzweifelhaft war die Bemerkung von Gerhard Neumann für Celan von großem Gewicht, das Gespräch, das dieser im Fond des Wagens mit Heidegger geführt hatte, habe für ihn, Neumann, seinen einzigen Zeugen, *un aspect épochal* gehabt. Wenig an den dürftigen Zeilen des Gedichts scheint aber das Urteil der Kommentatoren bestätigen zu können, es habe sich in Todtnauberg eine jenseits der persönlichen Bedeutung für diesen einen Zeugen *epochale* Begegnung, ein Gipfeltreffen von Denken und Dichten, ein Drama abgespielt, das einen neuen Welthorizont aufriss; das Gedicht deutet mit zurückhaltender Bestimmtheit allein in den beiden Worten *Krudes* und *Knüppel-/pfade* auf ein Thema hin, das im Zentrum des Treffens gestanden haben dürfte, das sich aber durch zeitgeschichtliche Zeugnisse und durch Celans Briefe deutlicher erschließt als durch dies Gedicht. Es scheint, kurzum, nicht viel darauf hinzudeuten, dass Celans *Todtnauberg* die Rekapitulation eines historischen Ereignisses, das Memorial einer epochalen Begegnung und das *sinnfällige Zeugnis* von Celans *schmerzlicher Enttäuschung, vielleicht aber auch eine unerbittliche Absage* an Heidegger zu erkennen.[11] Wenn es sich um eine epochale Begegnung zwischen dem Dichter und dem Denker einer Epoche – und nicht um das belanglose Treffen zwischen einem unter vielen bedeutenden Philosophen und einem unter mehreren bedeutenden Lyrikern – gehandelt haben soll, dann bleibt überdies unerfindlich, warum ihr epochaler Charakter nicht im Gedicht, sondern in den lückenhaften Beobachtungen der Zeugen des Zusammentreffens gesucht wird; es bleibt unerfindlich, warum nicht das Gedicht als Deutung seiner biographischen Anstöße, sondern die Biographik zur Deutung des Gedichts herangezogen wird; unerfindlich, wie die Desillusionsromantik des 19. Jahrhunderts den Maßstab für das Verständnis eines Gedichts des fürchterlichen 20. sollte bieten können, und ungeklärt, in welchem Sinn eine Enttäuschung oder *vielleicht* eine Absage überhaupt epochal sein kann. Vor allem bleibt in dieser verbreiteten Einschätzung aber ungeklärt, ob nicht statt des historisch kontingenten Treffens das Gedicht epochal genannt zu werden beansprucht, und ob ein solches Gedicht sich damit bescheiden kann, dem darin angesprochenen

---

[11] So hat als erster Baumann geurteilt – aber nachdem er von *schmerzlicher Enttäuschung, vielleicht aber auch [...] unerbittlicher Absage* gesprochen hat, fährt er nüchtern fort: *Die Begegnungen* [zwischen Celan und Heidegger] *wurden indessen fortgesetzt und keineswegs abgebrochen* (l.c., p. 78).

Denkenden gegenüber die Haltung des Nicht-Denkenden, hilflos Hoffenden und passiv Enttäuschten einzunehmen, und nicht vielmehr fordert, als ein selber eminent denkendes, gegen jedes konventionelle Verständnis von Dichtung und Denken angehendes, gegen ihre unbedachte Hierarchisierung nicht weniger als gegen ihre gedankenlose Nivellierung andenkendes Gedicht verstanden zu werden.

Es steht außer Zweifel, dass Celan von Heidegger eine deutliche öffentliche Verdammung der Nazi-Ideologie und eine energische öffentliche Warnung vor ihrem Wiedererstarken zur Zeit seines Besuchs erwartet hat. Beides hat er unzweideutig im Brief an seine Frau ausgesprochen, beides in ebenso spärlichen wie unmissverständlichen Worten im Gedicht formuliert. Aber sein Gedicht handelt nicht zunächst von dieser, sondern von einer weit darüber hinausgreifenden Hoffnung. Es spricht von dem und spricht als das, was eine solche Verdammung und eine solche Warnung allererst auslösen könnte, spricht davon als von einem *kommenden / Wort* und spricht von ihm so, dass erst sein Wort vom *kommenden / Wort* dem Denkenden seine Autorität zuspricht, ihm seinen Ort zuweist und die sprachlichen Umstände darlegt, unter denen allein jener Hoffnung entsprochen werden könnte. Nicht das empirisch-historische Treffen zwischen Celan und Heidegger war die Begegnung zwischen dem Dichter und dem Philosophen, sondern erst das Gedicht ist diese Begegnung. In *Todtnauberg*, nicht aber in Todtnauberg, findet das Gespräch zwischen Celan und Heidegger statt. Wenn das Gedicht die ins Hüttenbuch geschriebenen Zeilen mit signifikanten Veränderungen wiederholt, so macht es sie zu Zeilen eines anderen Buches, plaziert in einer anderen Hütte und anderem als »der Hütte«, geschrieben an einem anderen Ort und in einer anderen, bei aller Nähe weit entfernten Sprache. Erst von diesem anderen Ort her spricht und erst von ihm her denkt Celans Gedicht und gibt eine nicht weniger gedichtete als denkende Antwort auf Heideggers Denken, auf seine Sprache und seine Weigerung zu sprechen. Allein von diesem anderen Ort – und anderem als einem Ort – her kann verständlich werden, in welchem Sinn Celans Begegnung mit Heidegger in *Todtnauberg* epochal, in welchem Sinn es eine drastische Veränderung der Sprache der Philosophie und der Sprache der Dichtung, eine Veränderung also der Sprache *sans phrase* anzeigt.

Die letzte Fassung, die Celan *Todtnauberg* für den Abdruck in

WASEN. Um Celans Todtnauberg

Lichtzwang (1970) gegeben hat, weicht in einigen Versen von derjenigen ab, die im Januar 1968 von den Éditions Brunidor herausgebracht wurde. Sie hat die folgende Gestalt:[12]

TODTNAUBERG

Arnika, Augentrost, der
Trunk aus dem Brunnen mit dem
Sternwürfel drauf,

in der
Hütte,

die in das Buch
 – wessen Namen nahms auf
vor dem meinen ? –,
die in dies Buch
geschriebene Zeile von
einer Hoffnung, heute,
auf eines Denkenden
kommendes
Wort
im Herzen,

Waldwasen, uneingeebnet,
Orchis und Orchis, einzeln,

Krudes, später, im Fahren,
deutlich,

der uns fährt, der Mensch,
der's mit anhört,

die halb-
beschrittenen Knüppel-
pfade im Hochmoor,

Feuchtes,
viel.

In seinen acht Strophen durchquert das Gedicht acht Stationen eines Geschehens, das von keinem grammatischen Subjekt dirigiert, an kein explizit angesprochenes Du gerichtet und von keinem finiten Verb zu einem syntaktischen Verband, einer Aussage, einer Prädi-

[12] Paul Celan, *Gesammelte Werke*, Bd. 2; Frankfurt a. M.: Suhrkamp 1983, pp. 255–56. (Im Folgenden zitiert als GW mit Band-Nummer und Seitenzahl.)

kation zusammengeführt wird. In lockerer parataktischer Fügung wird ein subjekt- und prädikatloser Katalog von Namen aufgeführt, die innerhalb der einzelnen Strophen durch Relationspartikel und Partizipialkonstruktionen aufeinander bezogen sind, während zwischen den Strophen und zwischen den darin genannten Namen jede explizite Verbindung fehlt. Der Katalog der ohne grammatische Relation aufgerufenen Namen reicht von *Arnika, Augentrost, der / Trunk* in der ersten Strophe über *Zeile* in der dritten, *Waldwasen, Orchis und Orchis* in der vierten bis zu *Krudes, der Mensch, Knüppel- / pfade* und *Feuchtes* in den vier folgenden Strophen. Ein die gesamte parataktische Konstruktion leitendes Verb gibt es nicht; die einzigen beiden Verben im Indikativ Präsens – sie sind durch einen deutlichen, aber unreinen Reim miteinander verbunden – erscheinen in der drittletzten Strophe in Relativsätzen, die das Nomen *der Mensch* kommentieren: *der uns fährt, der Mensch, / der's mit anhört*. Während die Namen ebenso wie die Strophen ohne Junktoren aufeinander folgen, treten innerhalb der einzelnen Strophen und in der Amplifikation der Benennungen Relationalpartikel hervor. Sie dominieren in den ersten zwei Strophen – Trunk *aus* dem Brunnen *mit* dem / Sternwürfel *drauf*, / / *in* der / Hütte –, kulminieren in der dritten und längsten Strophe – *in* das Buch ... *vor* dem meinen ... *in* dies Buch ... Zeile *von* / einer Hoffnung ... *auf* eines Denkenden ... *im* Herzen – und erscheinen dann, drastisch vermindert, nur noch je einmal in der fünften und siebten Strophe mit den Ortsbestimmungen »*im* Fahren« und »*im* Hochmoor«. Im Gegenzug zur Statik der nominalen Elemente bestimmt mehr als *aus, auf, vor* und *mit* die Richtungs- und Ortspräposition *in*, die in den 26 Versen des Gedichts sechsmal und davon dreimal allein in der dritten Strophe vorkommt, die Bewegung des Gedichts. Seine Sprache ist eine der positionalen Benennungen in einem präpositionalen Beziehungsgeflecht, das sich in den Achsenversen der langen dritten Strophe – *die in dies Buch / geschriebene Zeile von / einer Hoffnung, heute,* – verdichtet und danach zerfällt. Mit den präpositionalen Relationsbestimmungen zerfällt die Homogenität der Namen – *Waldwasen, uneingeebnet* –, die Identität der nominalen Einheiten wird eine des Disparaten – *Orchis und Orchis, einzeln* –, die Zeit- und Ortsbestimmungen werden solche eines richtungslosen Übergangs – *im Fahren* –, einer abgebrochenen Bewegung – *die halb- / beschrittenen Knüppel- / pfade* –, der Desintegration – *im Hochmoor* – und der Diffusion in Unbestimmtes – *Feuchtes, / viel*. Die Struktur der Präpositionen und insbesondere die des *in*, ob als eine der Bewegung des Hinein oder des Aufenthalts in einem Innenraum, verliert progressiv ihre Bestimmungskraft und öffnet sich einer vagen Irrelation, in der der Sinn des *in* – *im Fahren, im Hochmoor* – weder in einem Innenraum noch in einer Bewegungsrichtung oder einer stabilen Verortung, sondern grammatisch wie semantisch im Abbruch und Wegsinken von festen Raumbestimmungen liegt: *im Hochmoor* kann ebenso ›in der Hochmoor genannten Gegend‹ und ›auf dem Moor‹ wie ›innerhalb‹ und ›unter der Oberfläche des Moors‹ bedeuten.

Was sich in der grammatischen Bewegung des Gedichts als progressive Auflösung seiner Relations- und insbesondere seiner In-Struktur – damit aber der grammatischen Struktur insgesamt – darstellt, zeigt sich in seiner rhythmischen und Lautstruktur bereits in der zweiten Strophe: *in der / Hütte*. Das *in* bezeichnet hier zwar einen Innenraum, verzögert aber seine Sinnbewegung im Zeilenbruch und suspendiert damit die Intention der Präposition noch bevor sie die Position des Nomens erreicht, in dem sie allererst ihren Sinn als Präposition finden könnte. Das *in der* bleibt durch den Versbruch außerhalb und ›im‹ Außerhalb der *Hütte*, es stockt ›in‹ einem unbesetzten Zwischen, das nicht den Charakter eines Raums, am wenigsten den eines Innenraums hat, jedes In-Sein vielmehr verwehrt und zu einem Außen-sein umkehrt. Die Topologie der Bedeutungsintention, die mit der Präposition *in* verbunden ist, die Topologie des Wortsinns und des Ortsinns erfährt mit dem unscheinbaren Aussetzen der Sprachbewegung im Versbruch einen Riss, der in keiner Topik mehr enthalten und an keinem Sinn, sei er grammatischer, intentionaler oder existenzialer, orientiert sein kann. Um von dem kategorialen Sinn von Ortsverhältnissen zwischen Vorhandenen den existenzialen Sinn des In-Seins abzuheben, erinnert Heidegger in *Sein und Zeit* an die Herkunft der Präposition *in*: »*in« stammt von innan-, wohnen, habitare, sich aufhalten; [...]. Der Ausdruck »bin« hängt zusammen mit »bei«; »ich bin« besagt wiederum: ich wohne, halte mich auf bei ... der Welt, als dem so und so Vertrauten. Sein als Infinitiv des »ich bin«, das heißt als Existenzial verstanden, bedeutet wohnen bei ..., vertraut sein mit ... In-Sein ist demnach der formale existenziale Ausdruck des Seins des Daseins, das die wesenhafte Verfassung des In-der-Welt-seins hat.*[13] Mit dem unscheinbaren Hiatus zwischen *in der* und *Hütte* interveniert ›in‹ dem von Heidegger als Grund-

---

[13] Martin Heidegger: *Sein und Zeit*, Tübingen: Niemeyer 1967, p. 54. –

verfassung des Daseins charakterisierten In-Sein ein Leerraum und, genauer, eine Raumleere, die jede Topik zerlegt, welche als Grundverfassung dem Dasein Halt bieten und ihm Sein *in* einem Da, einer Hütte, einem Haus – sei es auch dem der Sprache – und *in* einer Welt gewähren könnte. Die *wesenhafte* Verfassung des In-Seins ist durch Celans Verssprache derart zerklüftet, dass das In wie das mit ihm besagte Sein und sein Wesen einem anderen als ihm selbst ausgesetzt ist: einem Außen, das nicht mehr das Außen eines In, sondern Außen über jede existenzial-topologische Korrelation zwischen einem Inner- und einem Außerhalb hinaus ist. Wenn Heidegger in der Erfahrung der Angst die Vereinzelung des In-der-Welt-seins des Daseins aufdeckt, dann bleibt sie für ihn doch Vereinzelung *als* In-der-Welt-sein; das In-Sein kommt zwar in den *existenzialen* »Modus« des Un-zuhause, dieses *Un-zuhause* wird zwar als *das ursprünglichere Phänomen*, das In-der-Welt-sein als *ein Modus der Unheimlichkeit des Daseins* begriffen,[14] aber doch nur in dem Sinn, daß das Dasein in dieser Unheimlichkeit *vor seine Welt als Welt und damit es selbst vor sich selbst als In-der-Welt-sein gebracht wird*.[15] Ohne dass die Möglichkeit einer solchen Vor-Struktur des In-Seins *als* In-Seins von Celans Vers ausgeschlossen würde, wird deren Prä-positionalität mit dem *in der / Hütte* allererst aus der Ex-position sowohl von *in der* wie von *Hütte* gewonnen, und damit jede Ursprünglichkeit des In-Seins, des Vor-In- und, in diesem Sinn, des Un-Seins, jede Ursprünglichkeit der Phänomenalität und Strukturalität noch des *Un-zuhause* einem Raum ausgesetzt, der schlechterdings nicht im Modus des *als* – nicht *als In-der-Welt-sein* – aufgehen und keiner Topologie eines In oder Vor des Seins des Daseins zugewiesen werden kann. In-Sein ist Derivat von keinem Sein; jedes Prä- einer Position springt ab von einem Ex-, das nicht das seine ist.

Das In-sein, das mit Celans Versen in jedem Wortsinn aus-setzt, wird in der folgenden, syntaktisch komplexesten Strophe des Gedichts in mehrfacher Weise verzögert, zerlegt und verteilt. Bevor noch das grammatikalisch zentrale Nomen der Strophe – *Zeile* – erreicht ist, wird die Bestimmung seines Ortes zweimal angegeben: die erste Bestimmung – *die in das Buch* – wird durch eine Parenthese mit der einzigen Frage des Gedichts – *wessen Namen*

Das Kapitel, dem das Zitat entnommen ist, trägt den Titel »Das In-der-Welt-sein überhaupt als Grundverfassung des Daseins«.
[14] L.c., p. 189.
[15] L.c., p. 188.

nahms auf / vor dem meinen? – in ihrem Lauf unterbrochen und nach dieser Parenthese, die den genannten Ort und seinen Inhalt in Frage stellt, mit einer akzentuierten Variation wiederholt – *die in dies Buch* –, um sodann, wieder auf den Inhalt des mit *Buch* benannten Ortes zurückkommend, in *geschriebene Zeile* das regierende Nomen zu erreichen. Mit *Zeile* ist im nicht nur grammatikalischen, sondern auch arithmetischen Zentrum dieser Strophe der Inhalt des Buches, der Ort im Ort und der innehaltende und Halte-Ort aller bisherigen Benennungen und Ortsbestimmungen genannt, und an just derjenigen Stelle genannt, an der zuvor die Parenthese eine nähere Bestimmung dieses Ortes aufgehalten und in Frage gestellt hatte. Der Ort im Ort – und das Wort, das dieser Ort als *geschriebene Zeile* in einem Ort aus Worten, dem *Buch*, ist –, das Wort als sprachlicher Topos, als zentrale These und Inhalt des gesamten Nominalsatzes, den die Strophe bildet, steht mithin in derjenigen strukturellen Position, deren Status zuvor von der Parenthese suspendiert worden war: das Wort, das die These markiert, steht in der Parenthese, der Topos im Atopos der Interjektion, das Nomen, das den Inhalt bezeichnet, an dem Ort, der vom Satzverband ausgenommen ist. Die Topologie, die vom ersten Teil dieser Strophe beschrieben wird, suspendiert mit dem Ort und dem Wort den Topos wie den Logos, und setzt das Wort selbst als den Ort – als *geschriebene Zeile* – außer Kraft, setzt es aus sich heraus, ohne ihm einen anderen Ort in einem umfassenderen Koordinatenraum zuzuweisen. Wiederholung ist Zurückholung in die Parenthese. Die Sprache der Topologie des In-Seins, die sich mit dem Vers *die in das Buch* ankündigt, ist durch Unterbrechung und Verdopplung zu *die in dies Buch / geschriebene Zeile* zur zweifachen und entzweiten Schrift eines Außen ohne In, sie ist zu einer Di-topographie ohne festen Ort und ohne gesichertes Wort, zu einer Diatopographie *auseinandergeschrieben* – wie *Gras*, nach dem Wort aus *Engführung, auseinandergeschrieben* ist und derart nicht nur anderes als *Gras*, nämlich ›Gas‹ und ›Sarg‹ und ›Grab‹, lesen lässt, sondern auch die Ort- und Wortvakanz zwischen den Schriftzeichen offen legt.[16] Wenn Sein jeweils In-einer-Welt-sein, wenn es In-Selbigkeit-sein und Selbst-Sein heißen soll, dann wird sie von der Sprache dieses In-Seins dementiert, die nur als aufgebrochene, gedoppelte und verteilte spricht, als strukturell von ihr selbst, von jedem ihrer Worte und jedem Ort abständige, in Spatien

---

[16] GW 1, p. 195.

ausgesetzt, auf Vakanzen ohne Namen geöffnet, von keiner Welt gehalten, nicht als sie selbst ist und nicht *ist*, und mit der daher immer auch anderes als die Sprache und anders als Sprache, mit der anderes als Sein und anders als Sein spricht.

Indem die *geschriebene Zeile* als Ort innerhalb eines anderen Ortes, des Buchs, erscheint, dies Buch aber zweifach und somit als von sich selbst unterschiedenes Buch oder als zwei verschiedene Bücher genannt wird, werden der Ort jener *Zeile* und diese *Zeile* selber als Ort an zwei verschiedene Orte versetzt. Das Buch, von dem hier die Rede ist, kann – außer dem Buch der Welt, des Gerichtes, des Schicksals – dasjenige Buch sein, das *in der / Hütte* bei Todtnauberg als Gästebuch liegt, und fungiert dann in dieser Strophe von Celans Gedicht als Reminiszenz der Begegnung mit Heidegger. Aber dies Buch – zumal wenn es mit dem emphatischen Demonstrativum *dies* bezeichnet ist, das seine zweite Nennung mit einem aktualisierenden Akzent versieht[17] –; dies Buch kann ebenso dies hier vor den Augen des Lesers liegende Buch mit diesen Zeilen von Paul Celan bezeichnen, in dem jenes andere Buch nur vergegenwärtigt, aber nicht anwesend, in dem aber auch *dies* Buch nicht anwesend, sondern nur vergegenwärtigt ist. Heideggers Hüttenbuch und Celans Gedichtbuch, zwei scharf unterschiedene, aufeinander irreduzible und dennoch miteinander kommunizierende Bücher, sind in dem einen, zweifach und mit dem selben Namen benannten *Buch* und die eine darin *geschriebene Zeile* zusammengezogen, kontrahiert und verdichtet, und schlagen zugleich die Einheit des Buchs und der Zeile, des Orts und des Wortes auseinander. Das selbe Buch ist ein anderes, die selbe Zeile eine von ihr unterschiedene, aber Selbigkeit und Unterschiedenheit ergeben sich erst aus ihrer Geschriebenheit, aus der Sprachbewegung eines Schriftraums, der auf kein In-Selbigkeit-Sein und kein komplementäres Im-Unterschied-Sein, auf kein In-Sein und kein korrespondierendes Außen-Sein beschränkt ist, sondern wiederholbar, verschiebbar, mobil und multipel jedes Selbe und seinen Unterschied von Anderem erst eröffnet.

Celans Gedicht spricht also zwei Sprachen in einer, und es ist Gedicht allein deshalb, weil es seine Sprache zu zwei Sprachen auseinanderspricht. Es ist Gedicht, weil es sich entdichtet und, was für seine eine Sprache gelten könnte, auf eine andere öffnet. Die dop-

---

[17] Im Brunidor-Druck von *Todtnauberg* heißt es in Zeile 7 und Zeile 10 gleichlautend: *die in das Buch.* (Paul Celan: *Lichtzwang*, Tübinger Ausgabe, l.c., p. 51.)

pelte Determination, die das Syntagma *die in das Buch* durch seine versetzte Wiederholung im Vers *die in dies Buch* erfährt, macht jenes und dieses Buch zu dem von Heidegger in der Todtnauberger Hütte und zu dem von Celans *Lichtzwang* mit dem Gedicht *Todtnauberg*. Sie verwandelt das eine in das andere, verschiebt damit den Ort der darin eingetragenen Zeile und spricht also selbst nicht an dem einen oder dem anderen Ort, schreibt nicht die eine oder die andere Zeile, sondern vollzieht ihre Verschiebung und schreibt sich als Verschiebung: als differenzielle Bewegung, aus der eins wie das andere und eins anders als das andere allererst hervorgeht. Das Gedicht schreibt sich in dieser *Zeile* dieses *Buchs* als Differenz der Verortung und also als Ortgebung, die selbst keinen zuvor gegebenen Ort besetzt hält, als Aufschub und also als Zeitgebung, die über keine schon zugemessene Zeit verfügt, als Sprachgebung, aus der die Verschiedenheit von Sprachen, ihre Übereinstimmungen und Divergenzen sich erst ergeben. Die Sprache dieses Gedichts ist die Sprache einer Differenz, die sich auf Differenzen zwischen schon Gegebenem nicht reduzieren lässt, weil sie alle differenziellen Bestimmungen erst ermöglicht und allen voraus aus dem Unterschied zu sich selbst spricht. Deshalb, und deshalb zuerst, wird im Gedicht die *geschriebene Zeile* als *Zeile von / einer Hoffnung, heute, / auf eines Denkenden / kommendes / Wort* bestimmt – als Zeile nicht *über* eine Hoffnung, sondern *von* und somit auch *aus* einer Hoffnung, und zwar einer solchen Hoffnung, die nicht Antizipation eines schon bekannten oder absehbaren, sondern Öffnung *auf* ein *kommendes / Wort* ist. Die *Zeile*, ob in jenem Buch oder in diesem, ist eine Zeile der Hoffnung, sie ist eine *auf-* und offengeschriebene, eine *von* der Hoffnung *auf* ein ungeschriebenes, ortloses, selbst offenes Wort hin, und eine Zeile, die ebensowohl *von* jenem Wortoffenen, Ungeschriebenen her geschrieben ist. Sie spricht, die Sprache dieser wie jener *Zeile* spricht nicht aus einem irgendwie ermessbaren Abstand zum Erhofften, sie spricht aus der offenen Differenz zu dem, was keinen raum-zeitlichen und keinen sprachlichen Ort haben kann, wenn es denn ein *kommendes*, ein unerzwungen von ihm selbst her und frei *kommendes* und deshalb – der in der arithmetischen Mitte des gesamten Gedichts gelegene Versbruch deutet es an – ein unabsehbar verzögert *kommendes / Wort* soll sein können. Von dieser Sprache, die auf das in ihr Ungesprochene offen und aus der Differenz zu sich überhaupt Sprache ist; von dieser Sprache, der ein *kommendes / Wort* und ein bestimmbarer Ort fehlt; erst von dieser Sprache aus der

Nicht-Sprache schreibt sich jeder Name und jede Bestimmung eines In-Seins – *in der / Hütte, in das Buch, in dies Buch* und *im Herzen* – von Celans Gedicht her, und jedes In-Sein, wie es sich in den präpositionalen Wendungen und in der Position der nominalen Einheiten dieses Gedichts artikuliert, schreibt sich auf jenes Ungeschriebene, Sprachferne zu, das in keinem In befasst sein kann und dem jedes Sein, sofern es als Anwesend-in-einem-Ort-sein bestimmt ist, abgehen muss. Es gibt kein »ist« in diesem Gedicht. Alle konstativen und deskriptiven Strukturen, die auf ein In-Sein verweisen, halten auf ein Hinaus und Außen zu, das über jede sprachlich fixierbare Opposition zwischen Innen und Außen hinausgeht: ein Außen noch jenseits eines Außen *in* der Sprache, ein Außen, für das sich die Sprache von Celans Gedicht, wie immer diskret, aus einer konstativen zu einer exstativen, aus einer deskriptiven zu einer de-skriptiven und ex-skriptiven verwandelt. In diesem, auch diesem über jede Immanenz hinaussetzenden und jede Setzungslogik aussetzenden Sinn ist Celans auf den 26.3.69 datiertes Notat zu verstehen: *La poésie ne s'impose plus, elle s'expose.*[18]

Der Vergleich zwischen Celans Eintragung in Heideggers Gästebuch und der dritten Strophe von *Todtnauberg* macht deutlich, wie weit sich die beiden Texte trotz ihrer Nähe voneinander unterscheiden. Die Eintragung hat den folgenden Wortlaut: *Ins Hüttenbuch, mit dem Blick auf den Brunnenstern, / mit einer Hoffnung auf ein kommendes Wort im Herzen / am 25. Juli 1967 / Paul Celan*. Die Parallelkonstruktion der Syntagmen *mit dem Blick auf [...]* und *mit der Hoffnung auf [...]* legt es nahe, Blick und Hoffnung als parallele Bewegungen zu verstehen, deren Ziele einander entsprechen und für einander substituiert werden können: der *Brunnenstern* und *ein kommendes Wort* erläutern demnach einander, ihr Parallelismus macht den einen zur Metapher des anderen und verbindet beide im gemeinsamen Raum der Phänomenalität. Keine derartige Parallele, die das *kommende / Wort* dem Bereich des Sichtbaren, Absehbaren und Vergleichbaren assimilieren würde, findet sich im Gedicht. Dessen Formulierungen bestehen auf der Unvergleichbarkeit des Wortes mit allem der Anschauung schon Gegebenen und sprechen mit einer Emphase, die den Prosazeilen der Eintragung fehlt, von der Hoffnung nicht auf ein *kommendes Wort*, sondern von der auf ein *kommendes / Wort*, ein in seinem

---

[18] GW 3, p. 181.

Kommen sich haltendes und darin sich zurückhaltendes Wort.[19] Sie sprechen nicht *mit einer Hoffnung,* sondern *von / einer Hoffnung,* und übergeben damit, wenn auch zweideutig, der Hoffnung und dem noch ausstehenden Wort die Initiative des Sprechens. Sie sprechen, anders als die Eintragung im Gästebuch, nicht bloß von einem *kommenden Wort,* sondern bestimmter von dem *eines Denkenden,* und legen damit nahe, dass der Denker, bei dem Celan zu Gast war, gemeint sei, legen aber nicht weniger nahe, dass es ein *Denkender* überhaupt und nicht eine bestimmte historische Person sei, von der jenes Wort erhofft wird. Mit der Verdopplung des Buches in *das* und in *dies* Buch hat sich nämlich der Adressat der *Zeile von / einer Hoffnung* verallgemeinert und ist vom Eigentümer des Hüttenbuchs nicht zu dem, sondern zu *einem Denkenden* geworden. Ein Denkender überhaupt, unbestimmt welcher, so ist damit gesagt, möge jenes ausstehende Wort sagen, und erst dadurch, dass er es sagt, könne er sich als Denkender erweisen. Die *Zeile* des Gedichts richtet sich somit ohne Ansehen der Profession an einen jeden, der jenes Wort noch nicht gesagt hat; es richtet sich an jeden möglichen Leser und darum auch an denjenigen, von dem *die in dies Buch / geschriebene Zeile* herrührt. Wenn also eines Denkenden *kommendes / Wort* erhofft wird, dann auch das des denkenden Dichters, und wenn das Gedicht ein Gespräch ist, dann ein Gespräch davon, dass es zu einem Gespräch nicht kommt, solange das *kommende / Wort* sowohl eines Denkenden als auch eines Dichtenden ausbleibt, das Denken ein Denken bloß daran bleibt, dass *wir noch nicht denken,*[20] und das Dichten bloß ein Dichten

---

[19] In der Brunidor-Fassung sprechen die Verse *von / einer Hoffnung, heute, / auf eines Denkenden / kommendes (un- / gesäumt kommendes) / Wort* – und insistieren, trotz der verschärften Dringlichkeit der Hoffnung, mit dem in *un- / gesäumt* gelegten Versbruch auf der strukturellen Säumigkeit auch des ungesäumt kommenden Wortes. Cf. Paul Celan: *Lichtzwang,* Tübinger Ausgabe, l.c., p. 51.

[20] *Das Bedenklichste ist, dass wir noch nicht denken* – so lautet der mehrfach wiederholte Leitspruch in Heideggers *Was heißt denken?* – Celan hatte diese Vorlesung aus den Jahren 1951/52 bereits im September 1954 studiert und annotiert, Heidegger hat ihm ein Exemplar der zweiten Auflage von 1961 nach seinem Besuch in Todtnauberg mit der Eintragung gewidmet: *Für / Paul Celan / zum Dank für die Lesung / am 24. Juli 1967 / Martin Heidegger.* (Paul Celan: *La bibliothèque philosophique,* eds. A. Richter, P. Alac, B. Badiou; Paris: Éditions rue d'Ulm 2004, p. 392. – Im Folgenden zitiert als Bphi mit Seitenzahl.) Zu den Notizen, die sich Celan nach der Lektüre des Buches 1954 gemacht hatte, gehören auch die Entwürfe zu einem Widmungstext, von denen der jüngste den folgenden Wortlaut hat:

davon, dass es noch keines ist. Die Zeilen im Hüttenbuch können als ein mit größter Diskretion formulierter Appell gelesen werden, Heidegger möge sich über seine Unterstützung des Nazi-Regimes in unzweideutigen Worten äußern und mit der Autorität seines Wortes einem Rückfall in seine Ungeheuerlichkeiten entgegenwirken. Die Zeilen im Gedicht nehmen jene aus dem Hüttenbuch zum Teil wieder auf, nehmen sie aber auch aus dem Hüttenbuch wieder zurück, in dem – *wessen Namen nahms auf / vor dem meinen?* – Celans Name vereinnahmt, mit Namen, die für *Mörderisches* stehen[21], – mit *Wesse(l)* und *-ss*-Namen – assimiliert erscheint, von denen ihm sein Name genommen, weggenommen und getilgt werden könnte, und übertragen diese Zeilen mit seinem Namen in eine *Zeile* seines Gedichts in seinem eigenen Buch, das vor aller Öffentlichkeit und unverhohlen die Hoffnung auf ein schlechthin anderes, ein in noch kein Buch aufgenommenes, uneinnehmbares und von niemandem antizipierbares Wort ausspricht. Nicht nur erweitert derart das Gedicht den Kreis der Angesprochenen und macht die private Mahnung zu einem öffentlichen Aufruf an einen jeden, spricht Heidegger als einen jeden und in einem jeden seinen ›Heidegger‹ an, es gesteht überdies offen ein, dass auch es selbst, dieses Gedicht in diesem Buch, jenes *kommende / Wort* nicht sagt, von dem es sich her und auf das es sich hin schreibt. Das Gespräch mit Heidegger ist durch das Gedicht zu einem Gespräch mit jedem denkbaren ›Heidegger‹, zu einem Gespräch mit einem *Denkenden* ohne Namen, es ist zum Selbstgespräch mit einem noch ausstehenden Selbst und zu einem Gespräch mit der Sprachangst, der Sprachächtung, dem Schweigen in allen seinen Modalitäten geworden. Mit ihnen spricht das Gedicht, es nimmt sich von ihnen nicht aus, macht sich ihnen nicht gleich, sondern spricht mit ihnen als Fürsprecher einer anderen, kommenden, aber nicht schon angekommenen Sprache. Damit spricht es auch für den *Denkenden* und denkt ihm – ihm voraus – als entscheidende Aufgabe zu, ein Sprechender zu sein. Es dichtet und denkt, indem es dem *Denkenden* vorausdenkt, selber das Denken. Damit kehrt es nicht nur das Generationenverhältnis zwischen Heidegger und Celan, sondern die in den rationalistischen und idealistischen Philosophien geltende Hierarchie zwischen Denken und Dichten um, und behauptet

---

Dieses Zeichen der Verehrung / aus einer kleinen fernen / wunschdurchklungnen / Nachbarschaft / Herrn Martin Heidegger / dem Denk-Herrn // auf dem Weg über die Engelsbucht. (Bphi 409–410.)
[21] Cf. Celans Brief an Böll vom September 1957, Fußnote 4.

WASEN. Um Celans Todtnauberg

das seit den dreißiger Jahren von Heidegger in seinen sprach- und kunstphilosophischen Schriften immer wieder betonte Primat des Dichtens vor dem Denken gegen dieses selbst. Nicht das Denken weist der Dichtung ihren Ort an, sondern die Dichtung dem Denken. Dieser Ort ist aber für Celans Gedicht nicht ein topologisch bereits fixierter, sondern derjenige, der sich erst von einem *kommenden / Wort*, einem nicht-gegebenen, noch ausstehenden, einem Ektopos herschreiben kann. Allein von diesem Außerörtlichen und Außerwörtlichen her und auf es hin definiert – und indefiniert – sich, was Dichtung und Denken und was das Gespräch zwischen beiden heißen kann.

In einem Entwurf zu *Todtnauberg* greift Celan zur Charakterisierung seines Gesprächs mit Heidegger – und damit zugleich des Gesprächs zwischen Dichtung und Denken – Verse aus der Entwurfsfassung von Hölderlins *Friedensfeier* auf, die von Heidegger in seinem Vortrag *Hölderlin und das Wesen der Dichtung* 1936 besonders hervorgehoben wurden. Diese Verse lauten nach Heideggers Zitat[22]:

> *Viel hat erfahren der Mensch.*
> *Der Himmlischen viele genannt,*
> *Seit ein Gespräch wir sind*
> *Und hören können voneinander.*

In Celans Entwurf heißt es:[23]

> <u>*Seit ein Gespräch wir sind,*</u>
> *an dem*
> *wir würgen,*
> *an dem ich würge,*
> *das mich*
> *aus mir hinausstieß, dreimal,*
> *viermal.*
>
> *Im Ohr*
> *wirbelnde*
> *Schläfenasche, die*
> *eine, letzte*
> *Gedankenfrist duldend.*
>
> *Feuchtes, viel*

[22] Martin Heidegger: *Erläuterungen zu Hölderlins Dichtung*, Frankfurt a.M.: Klostermann 1951, p. 38.
[23] Paul Celan: *Lichtzwang*, Tübinger Ausgabe, Frankfurt a.M.: Suhrkamp 2001, p. 49.

Von den ersten zwei Versen Hölderlins – *Viel hat erfahren der Mensch./Der Himmlischen viele genannt,* – hat sich in Celans Entwurf bloß *Feuchtes, viel* erhalten, das in der Endfassung von »Todtnauberg« zur Abschlußkadenz *Feuchtes,/viel.* wird. Hölderlins zweites Verspaar wird dagegen einer extensiven Variation unterzogen, die sich auf das *wir* der Sprache des Gesprächs, auf das Hören und auf die Zeitspanne zwischen dem *Seit* und seiner letzten Frist konzentriert. Heideggers Kommentar gilt dem Sein des Menschen im Gespräch und der Einheit seines Wesens in der Sprache: *Wir – die Menschen –,* so schreibt er, *sind ein Gespräch. Das Sein des Menschen gründet in der Sprache; aber diese geschieht erst eigentlich im Gespräch. Dieses ist jedoch nicht nur eine Weise, wie Sprache sich vollzieht, sondern als Gespräch nur ist Sprache wesentlich. [...] Wir sind ein Gespräch, das bedeutet zugleich immer: wir sind ein Gespräch. Die Einheit eines Gesprächs besteht aber darin, daß jeweils im wesentlichen Wort das Eine und Selbe offenbar ist, worauf wir uns einigen, auf Grund dessen wir einig und so eigentlich wir selbst sind. Das Gespräch und seine Einheit trägt unser Dasein.*[24] Jede einzelne Behauptung des Heideggerschen Kommentars wird von Celans Versen verworfen. Zwar sprechen sie vom Gespräch, das *wir sind*, aber von ihm nicht als vom *Sein* des Menschen, sondern als von demjenigen Minimum des sprachlichen Geschehens, das sich in dem Kollektivpronomen *wir* artikuliert, einem *wir*, das zugleich das Gespräch führt und das Pronomen für dies Gespräch ist. Hölderlins und Heideggers *wir* liest Celan in dem Vers *wir würgen* als einen Sprach- und Gesprächsrest, der von einem Würgen übriggelassen wird, als Zeugnis des Würgens an einer gemeinsamen Sprache, die als erstickend erfahren wird, und als Fragment einer Sprache, die noch anderes als *wir* zu sagen versucht, anderes als die Sprache eines *wir* und anderes als ein Gespräch sein könnte. *Wir*, das heißt: wir *würgen*, wir ersticken an der Sprache und sind, wenn immer wir sprechen, im Begriff, sie auszustoßen. *Wir* heißt: die Sprache ist das, was wir ausstoßen, was – da *wir* diese Sprache sind – uns ausstößt, jedes sprechende Ich ausstößt und, so sagt der Sprecher von Celans Versen, *das mich/aus mir hinausstieß/dreimal,/viermal*, also vielmals seit ein Gespräch wir sind, und nicht nur ein für allemal, sondern immer wieder, weil und solange *wir*, die Sprache, eine Bewegung der Selbstausstoßung ist.

Nicht also nur eine bestimmte Sprache und nicht nur ein be-

---

[24] Heidegger: *Erläuterungen zu Hölderlins Dichtung*, l.c., pp. 38–39.

stimmtes Gespräch – dasjenige, zum Beispiel, mit Heidegger oder mit Heideggers Hölderlin –, sondern die Sprache insgesamt, sofern sie Gespräch ist, wird von Celans *wir würgen* als Ekel- und Würgegeschehen beschrieben und als solches erlitten, das mit sich selbst einen jeden, der spricht, auswirft, vereinzelt und aus der Sprache und ihrer Gemeinschaft exiliert. Anders als Heidegger es will, ist das Gespräch des *wir* nicht ein Gespräch, welches *das Eine und Selbe [...] offenbart, auf Grund dessen wir einig und so eigentlich wir selbst sind*, sondern vielmehr ein sich von Anbeginn vereinigendes, sein eigenes und jedes Selbstsein abstoßendes Geschehen, das keinen *Grund* bieten kann, *unser Dasein* zu tragen. Celans generöses Zugeständnis aus dem August 1959, Heidegger möge einer sein, der an seinen Verfehlungen *würgt*,[25] mag in diesen Versen wieder aufgenommen sein, denn das *wir* des *wir würgen* schließt auch ihn in die Eruktionsbewegung des Gesprächs ein; doch von dem Gedanken der *Einheit* des Gesprächs, von der Deutung, *daß jeweils im wesentlichen Wort das Eine und Selbe offenbar ist, worauf wir uns einigen;* vom Denken des Gesprächs als des einheitlichen *Wesens* der Sprache rückt Celans Vers vom August 1967 resolut ab und bewirkt damit einen Ruck auch im Gespräch zwischen Dichten und Denken. Nicht dass es nicht stattfindet oder versäumt würde, führt diesen Ruck herbei, sondern dass es, wo es, wie in diesen Versen, geschieht, als *würgen*, als Selbstabstoßung der Sprache und Verwerfung jedes einigen *Wesens* erfahren wird, treibt Dichten und Denken auseinander und lässt keines von beiden als es selber bestehen. Da das Gespräch nicht – wie nach Heideggers Deutung von *logos* – Versammlung des Sprechens, sondern Sichauseinander-sprechen der Sprache und derer ist, die sie sprechen, müssen auch Dichten und Denken einander und sich selbst abstoßen und wie die Dissoziation ihres gemeinsamen Grundes auch die ihres je eigenen Geschehens, ihres – verbalen – *Wesens* artikulieren.

Wenn zum Gespräch des *wir* auch das Hören gehört – *Seit ein Gespräch wir sind / und hören können voneinander* –, dann muss die Erfahrung der Sprache als einer tödlichen Gefahr auch das Gehör betreffen. *Wir*, das Gespräch, wird deshalb in Celans *Todtnauberg*-Entwurf *wirbelnde / Schläfenasche* im Ohr: nicht der *Grund*, in dem *das Sein des Menschen gründet*, und nicht die beständige *Einheit* im *wesentlichen Wort*, von der Heidegger schreibt, sie *trägt unser Dasein*, sondern der Wirbel eines *wir*, der als Asche von ei-

[25] Cf. Fußnote 2.

nem Schläfenschuss ins Gehör dringt. Was wir hören, ist unser Tod. Doch dieser Tod ist nicht ›natürlich‹, er ist ein Tod aus der Sprache, Mord, und ein Mord an der Sprache und den sie Sprechenden, der, auch wenn er ein ›gehörter‹ ist, der Andere, nah- oder fernstehende, betrifft, jeden in jedem einzelnen Wort trifft. *Wir sind* nur als diejenigen, die an der Sprache sterben und unseren Tod als *wirbelnde / Schläfenasche* hören. Die *Gedankenfrist* heißt die *eine, / letzte*, nicht weil jede Sekunde verletzt, aber die letzte tötet, sondern weil jede die eine letzte ist, in der das Gespräch des *wir* tötet. Die Frist, die dem Denken gewährt ist, ist genau diese eine und jeweils letzte, sein eigenes Enden, sein Schon-nicht-mehr-Denken und seine Erfahrungsunfähigkeit zu erfahren. Sein *Sein*, das *Sein des Menschen* im würgenden Gespräch und wirbelnden Hören des *wir*, ist – transitiv – sein Nicht-Sein. Es zu denken besagt, eben dieses Denken als ein vom *wir* ausgestoßenes, nicht-kollektives, radikal vereinzeltes; es besagt zugleich, dieses Denken als ein der Einzelnheit auch jedes Anderen und der Unausdenkbarkeit seiner Andersheit verantwortliches; und es besagt deshalb, das jeweilige Nicht-Denken des Denkens und das jeweilige Nicht-Sprechen einer gemeinsamen Sprache zur Sprache zu bringen: doch zu einer anderen als der Sprache des in sich einigen Gesprächs, zur Sprache der Andersheit der Sprache, zu einer Sprache der Ver*a*nderung der Sprache zu bringen, und besagt somit: aus der Differenz der Sprache zur Sprache zu dichten, doch zu dichten wiederum nicht durch Kontraktion und Versammlung des Disparaten zur Einheit, sondern durch die intensivierte Dissoziation und Disparation des Geschehens der sprachlichen Welt. Das Versagen des Denkens vor seinem eigenen – schon nicht mehr eigenen – Enden und die *Gedankenfrist*, die verschwindende Zeit dieses Denkens, *seit ein Gespräch wir sind,* zu einer anderen und ver*a*ndernden Sprache zu bringen, kommt dem Denken nicht weniger zu, als es dem Dichten zukommt; aber wo das Denken vor seiner Grundlosigkeit zurückweicht und im *wesentlichen* Wort des Gesprächs das *Eine und Selbe* als *Grund* und *Wesen* des Daseins behauptet, kommt es dem Dichten allein zu, das Denken in seinem Versagen zu denken und auf jene andere Sprache hinzusprechen, die weder diejenige eines einigenden Gesprächs noch die seiner Verschweigungen wäre.

Celan hat das Gespräch über die Struktur des Gesprächs in *Todtnauberg* nicht mit den Versen über das würgende und wirbelnde *wir* fortgesetzt. Sein Würgen und Wirbeln bestimmt indessen mit der Summierung von uvularen Frikativen und Okklusiven die Phonetik der drei Eröffnungsverse des Gedichts: in *Arnika, Augentrost, Trunk, Brunnen, Sternwürfel, drauf* dominieren durchweg Kehlkopfverschluß- und Würgelaute, Lautungs- und Stimmhemmer, die das Gespräch über die Sprache des *wir* und ihre Selbstabstoßungs-Struktur unthematisch fortsetzen. Die Endfassung des Gedichts entfernt sich aber auch auf dem Feld der Semantik nicht weit von diesem Würgen des *wir*, das an Hölderlins Versen und Heideggers Denken des *Wesens* von Sprache und Dichtung festhält, um sie abzustoßen. Die beiden Verse, die der Buch-Strophe des Gedichts folgen – sie sind die zuletzt gefundenen und wurden vermutlich erst zwischen dem 17. und 25. August 1967 in das Gedicht aufgenommen –:[26]

> *Waldwasen, uneingeebnet,*
> *Orchis und Orchis, einzeln,*

verändern einen Begriff und eine Konfiguration aus den Schriften Heideggers, die das Verhältnis zwischen Dichten und Denken und damit die für ihn und für Celan entscheidende Korrelation angehen. *Waldwasen* ist ein Wort, das Celan in Mörikes »Maler Nolten« angestrichen und zu dem er in einer Marginalie angemerkt hat: *Wasen: Heidegger in Todnauberg* [sic].[27] Wasen sind Rasen, Feuchtwiesen, Auen oder Anger; das vornehmlich in Süddeutschland gebräuchliche Wort bezeichnete früher die Schindanger, an denen Abdecker oder sogenannte Wasenmeister Tierkadaver verscharrten.[28] Die Bedeutung des Wortes reicht bis hin zu Torf, moorigem Boden, Schlamm, Schlick, Kot und trifft sich mit der des norddeutschen Wrasen, das für Dampf, Dunst, Brodem, feuchte Erde oder einfach Feuchtigkeit steht.[29] Celans Marginalie zu Mörike legt nahe, dass Heidegger das Wort bei ihren gemeinsamen Gängen in Todnauberg gebraucht hat. Es unterhält, darauf haben mehrere Kommentatoren bereits aufmerksam gemacht, die engste phonetische Beziehung zu dem von Heidegger nicht im Sinne von ›essentia‹, sondern als Verbalsubstantiv gebrauchten *Wesen*, das in seiner Terminologie das Geschehen des seinerseits verbal

---

[26] Cf. die Bemerkungen der Herausgeber in *Lichtzwang*, Tübinger Ausgabe (l.c.), p. 50.
[27] Der Fund dieser Anmerkung ist Bertrand Badiou zu verdanken. Er wird ausgewiesen in Barbara Wiedemanns reich kommentierter Ausgabe von Paul Celan: *Die Gedichte*, Frankfurt a. M.: Suhrkamp 2003, p. 807.
[28] Cf. Grimms Deutsches Wörterbuch, Bd. 27, Sp. 2276.
[29] Cf. Grimms Deutsches Wörterbuch, Bd. 30, Sp. 1680.

verstandenen Seins bezeichnet. Eine der philosophiegeschichtlich markantesten Formulierungen von *Sein und Zeit* erklärt definitorisch: *Das »Wesen« des Daseins liegt in seiner Existenz.*[30] Damit ist der Begriff »Wesen« zweideutig zum einen im Sinn des Geschehens der Existenz des Daseins gebraucht, zum andern aber im Sinn einer ›essentia‹, die zur Gänze vom existenziellen Geschehen aufgezehrt wird. Liegt der eine Sinn von Heideggers Satz in der Entdeckung der rückhaltlosen Endlichkeit des Seins des Daseins, so ermäßigt sein anderer Sinn diese Endlichkeit zu einer solchen, die ihrerseits noch als essenziell verstanden werden kann. Heideggers »Wesen« markiert den philosophiegeschichtlichen Ort, an dem die Entessenzialisierung des Seins einen letzten Anhalt an einem Essenz-Rest sucht. Es ist dieser Wesens-Rest, der von Celans *Wasen* aufgelöst wird.

Daß Celan von *Waldwasen* spricht, mag sich unter anderem durch die Erwähnung des Waldes in *Aus der Erfahrung des Denkens* erklären. Heidegger hatte ihm die kleine Schrift, die, bereits 1947 verfaßt, 1954 zum ersten Mal als Buch im Neske-Verlag erschienen war, zusammen mit seiner Rede »Dem Freunde Hans Jantzen zum Andenken« bei ihrem gemeinsamen Besuch in Todtnauberg zum Geschenk gemacht. Seine Widmung lautet: *Für / Paul Celan / zur Erinnerung / an den Besuch auf der Hütte / am 25. Juli 1967 / Martin Heidegger.*[31] Die letzten Seiten dieser Sammlung von Aphorismen und Poesien versuchen sich an einer erneuten Deutung der *Nachbarschaft* zwischen Dichten und Denken, der Heidegger seit seinem Kunstwerk-Aufsatz und den Hölderlin-Vorlesungen der dreißiger Jahre nachgegangen war. Auch die kleine *Erfahrungs*-Schrift beruft sich auf Hölderlin. Auf ihrer letzten Seite heißt es:

> *Singen und Denken sind die nachbarlichen Stämme des Dichtens.*
> *Sie entwachsen dem Seyn und reichen in seine Wahrheit.*
> *Ihr Verhältnis gibt zu denken, was Hölderlin von den Bäumen des Waldes singt:*

---

[30] Martin Heidegger: *Sein und Zeit*, l.c., p. 42. – Der Satz ist in Celans Exemplar ebenso angestrichen wie die umgebenden Sätze, woran sein Gewicht kenntlich wird. Cf. Bphi 376.
[31] Bphi 338. – Ein Faksimile von Heideggers Widmung ist abgedruckt in dem Buch von Hadrien France-Lanord: *Paul Celan et Martin Heidegger. Le sens d'un dialogue.* Paris: Fayard 2004, p. 306; in dessen deutscher Ausgabe, Freiburg: Rombach 2007, p. 266.

»*Und unbekannt einander bleiben sich,*
Solang sie stehn, die nachbarlichen Stämme.«[32]

Denken ist demnach selbst ein Dichten, und es steht, weder übernoch untergeordnet, neben dem Singen, das ein Dichten eigener Art ist. Wenn diese *nachbarlichen Stämme des Dichtens* denen des Waldes gleichen, dann ist dieser Wald für Heidegger ein Dichten; und wenn seine Stämme *dem Seyn entwachsen*, dann finden die verschiedenen Weisen des Dichtens in diesem *Seyn* ihren Grund. Celans *Orchis und Orchis, einzeln,* lässt sich als verminderte Reprise von Hölderlins Versen über die *nachbarlichen Stämme* lesen, die einander unbekannt bleiben. Wie das Verhältnis zwischen *Singen und Denken* in Heideggers Überlegung, so macht das zwischen *Orchis und Orchis* in Celans Vers kenntlich, was es mit dem Sein auf sich hat. *Orchis und Orchis, einzeln,* unterscheidet aber, anders als Heideggers Erklärung, nicht zwischen *Singen und Denken,* sondern unterscheidet zwischen gleichnamigen Pflanzen aus der selben Familie der Orchideengewächse und – *orchis* heißt im Griechischen Hode – zwischen identisch benannten Zeugungsorganen, unterscheidet also zwischen dem Selben und dem Selben und lässt es in sich und von sich unterschieden, verdoppelt und gegen sich vereinzelt sein, nicht nur von Anderem, sondern von sich selber entfernt. Was *einzeln* ist, ist es nicht durch seine Verschiedenheit von allem Anderen, sondern allein aus dem Unterschied zu sich: es ist das, was von sich selbst und seinem Sein absteht und, gedoppelt, über sein Sein hinaussteht, zugleich weniger und mehr als es selbst, weniger und mehr als sein Sein. Mit einer fast definitorischen Wendung kann es in *Cello-Einsatz* in diesem Sinn heißen: *alles ist weniger, als / es ist, / alles ist mehr.*[33] Kein »ist« situiert *Orchis und Orchis* in dem, was Heidegger in *Sein und Zeit* als Anwesenheit – als *parousía, ousía* oder Wesen – und damit als den zeitlichen Sinn von Sein charakterisiert, wie er von der klassischen Metaphysik unterstellt, aber von ihr weder ausgearbeitet noch befragt wurde.[34] Über den Horizont der Anwesenheit und ihrer Modifikationen hinaus steht aber, was in *Orchis und Orchis, einzeln,* neben sich steht, zugleich vor diesem Horizont zurück in einem Unterschied zu seinem und jedem Sein, der Entsprechung, Anmessung

---

[32] Martin Heidegger: *Aus der Erfahrung des Denkens,* Pfullingen: Neske 1976 (4. Auflage), p. 25.
[33] GW 2, p. 76.
[34] Martin Heidegger: *Sein und Zeit,* l.c., pp. 25–26 und passim.

und Kommensurabilität mit sich und der Zeit des Seins verwehrt. *Orchis und Orchis* sind darum nicht schon abwesend oder nichtig – dann wären sie bloß seiende Negationen ihres Seins –, sie sind nicht zeitlos oder Verweigerungen ihrer Anwesenheit, sondern in ihrer parataktischen Stellung zu einander und zu sich sind sie als Par-ousien, als Para-ousien strukturiert, an die äußerste Grenze der Anwesenheit versetzt und offen auf das, was schlechthin anders als diese und anders als »ist«, nicht zeitlos, sondern zeitlich im Extrem, Para-chronien, und als solche Para-*chro*nien je singuläre Wendeachsen der Zeit: *Orchis und Orchis*.[35]

Wenn *Orchis und Orchis, einzeln,* nicht nur Hölderlins *benachbarten Stämmen,* sondern auch ihrer Deutung als den Stämmen im Wald des Dichtens antwortet, dann ist das von Celans Vers gedeutete Dichten ein Ent-dichten jenes Waldes, nicht eine Annäherung zwischen Nachbarn, sondern eine Entfernung zwischen ihnen, die Selbst-Entfernung des Selben, die Sui-Differenz des Denkens, das sich selbst *unbekannt* bleibt, und die Selbst-Suspendierung eines *Singens,* das sich als Bewegung der Singularisierung von sich löst: Pflanze und Fortpflanzungsorgan nur ist, indem es vom organisch-genetischen Sein, vom Sein als Aufgang, Vollzug und Anwesen des Anwesenden absteht. *Einzeln* spricht als adjektivische Apposition zu *Orchis und Orchis,* ohne nähere syntaktische Verbindung, ohne Synthesis, ohne verbales Komplement, das sie in der Gegenwart oder einer ihrer Modifikationen verorten würde. Ihr Name benennt sie – mit dem Anklang an das französische *or, hors* und *dehors* – als bloßes Außen ohne Wesen und – mit der Evokation des griechischen *chisma,* der Sonderung – als schieres Außereinander und plurale, plurilinguale Kluft. Damit rückt Celans Vers von dem von Heidegger gemeinten Dichten, dem von ihm charakterisierten *Singen und Denken,* dem von ihm gedachten Sein rigoros ab. Die Mannigfaltigkeit von Scheidungen, die er in seine Sprache legt, läßt sich nicht auf die ontologische Differenz zwischen Sein und Seiendem, Anwesen und Anwesendem reduzieren, da sie Scheidungen zwischen nominalen Elementen und Zerlegungen dieser Elemente sind, die sich nicht im Horizont der Anwesenheit aufhalten, sondern, durch Iteration und Apposition aufeinander und auseinander verwiesen, – *Orchis und Orchis, einzeln,* – eine parataktische Sequenz von Seiendem neben und außer seinem Sein, Anwesendem

---

[35] In seinen wahrscheinlich von Ende 1954 datierenden Notizen zu Heideggers *Einführung in die Metaphysik* steht neben der Eintragung *Parataxis / im Gedicht* ein dreifach unterstrichenes *vertiefen!* (Bphi 355.)

neben und außer seinem Anwesen ausmachen: eines *para*, das allererst eine *ousia*, doch ebenso anderes als diese zuläßt. Mit dem Begriff der ontologischen und also seins-internen Differenz ist ihre Struktur auch deshalb nicht fassbar, weil diese von Heidegger als *diaphora* und *Austrag* gedeutet wird.[36] Nichts *trägt* hier noch, und nichts *trägt aus*. Das Paar *Orchis und Orchis* bleibt, separiert, entpaart und an der Schwelle zur Prokreation. Mit der Zeile *Orchis und Orchis, einzeln,* spricht das Gedicht, unterhalb und außerhalb allen Seins, als mehr- und zwischen-sprachiges, mehr denn sprachliches Geklüft.[37]

Wie *Orchis und Orchis* einzeln stehen, die selben, aber voneinander und von sich selbst abgesetzt, so sind die *Waldwasen* in Celans Vers *uneingeebnet* –: nicht vereinheitlicht, gleichgemacht oder ›gleichgeschaltet‹, sondern in ihrer Unebenmäßigkeit und Verschiedenheit bewahrt. Wenn diese *Waldwasen*, wie die Versverbindung der vierten Strophe von *Todtnauberg* es nahe legt, die Feuchtwiesen sind, auf denen die *Orchis* wachsen, dann nehmen sie genau diejenige Stelle ein, die in Heideggers *Erfahrungs*-Schrift dem *Seyn* zugewiesen wird. Von den *nachbarlichen Stämmen* heißt es dort: *Sie entwachsen dem Seyn [...]*. Das *Wesen* des *Seyns*, das *Seyn* in seinem *Wesen* liegt, wie Celans – vielleicht von Heidegger vorbereiteter – Wortfund es deutet, in den *Wasen. Wasen* ist eine Paronomasie, ein veranderter, parasemischer, ein Fehlname von *Wesen*. Ihnen, den *Wasen*, dem anders verstandenen und zu Anderem gewordenen Wesen, *entwachsen* die *Orchis*, die ihrerseits eine Umdeutung des von Heidegger gedachten Dichtens und seines *Singens und Denkens* sind. *Waldwasen* ist hier wie zuvor in Mörikes Roman das Wort zwar eines Dichtens, doch da dieses Dichten zugleich ein Denken ist und beide, wie Heidegger schreibt, dem *Seyn* nicht nur entwachsen, sondern *in seine Wahrheit* reichen, bestimmt sich in *Wasen* die *Wahrheit* des *Seyns*, in ihm bestimmt sich der Sinn von *Seyn* und weist durch die Einführung einer minimalen graphisch-phonetischen Unebenheit in das plane Vokabular des Denkens ein völlig verändertes Verständnis von *Seyn* auf. Denn *Wasen* sind modrige Feuchtgelände ohne feste Grenzen und verlässlichen Grund, in denen Lebendiges nicht so sehr west als verwest, amorphe Fäulnis- und Wucherbecken, in denen Kadaver von

---

[36] Cf. Martin Heidegger: *Identität und Differenz*, Pfullingen: Neske 1957, pp. 57–61.
[37] *Sterbegeklüft* ist ein Wort aus Celans Gedicht *Schneebett* (GW 1, p. 168).

Tieren und, so konnte Celan vermuten, von Menschen verrotten, in denen Seiendes von der Art des Daseins nicht ist, nie gewesen ist und nie jemals gewesen sein wird. Wesen, von Heidegger auf den Bereich des Daseins und seiner Möglichkeiten beschränkt, trifft in *Wasen* auf das, was ihm als das für es schlechthin Un-mögliche zuvorkommt und bevorsteht. Sie sind dem Moor verwandt und dem *Hochmoor* seines Gedichtes benachbart, in dessen Name Celan das französische *mort* gehört haben mag.[38] In diesem parasemischen Kontext, diesem fortgesetzten Para-Text, nimmt noch *Orchis* den Beiklang von ›Orkus‹ – dem mythischen Namen des Todes, des Nichtseins und Nie-Gewesenen – an, und der Titel des Gedichts wird aus dem Namen einer bergigen – und in diesen Sinn *uneingeebneten* – Ortschaft im Schwarzwald zu dem der Unterwelt und eines Totenangers: *Todtnauberg* heißt, umbenannt und zur Kenntlichkeit entstellt, *Waldwasen, uneingeebnet*.

Mit der Transformation des *Wesens* des *Seyns* in formlose und formauflösende *Wasen*; mit dieser Transformation in eine unvordenkliche Deformation verwandelt sich das Landschaftsbild von Celans Versen in ein sprachliches Vexierbild des *Seyns* und desjenigen Dichtens, das in seine *Wahrheit* reichen soll. Von deren Ort spricht Heidegger in der Passage von *Aus der Erfahrung des Denkens*, in der er die Überlegungen zu den *nachbarlichen Stämmen* des Dichtens vorbereitet:

> *Der Dichtungscharakter des Denkens ist noch verhüllt.*
> *Wo er sich zeigt, gleicht er für lange Zeit der Utopie eines halbpoetischen Verstandes.*
> *Aber das denkende Dichten ist in der Wahrheit die Topologie des Seyns.*
> *Sie sagt diesem die Ortschaft seines Wesens.*[39]

Wenn das *denkende Dichten* – Heideggers Charakterisierung eines Denkens diesseits der Ontologie – dem *Wesen* des *Seyns* seinen Ort zuspricht, dann ist es der *logos* von dessen *topos* und als solcher *Topologie des Seyns*. Damit ist gesagt, dass Denken jeweils zusprechendes, weil einem Anspruch des Seins entsprechendes Denken ist, in dem sich das Geschehen der Sprache Mal um Mal aufs neue

---

[38] Cf. meine Studie über Celans *Aus dem Moorboden: Häm. Ein Gedicht Celans mit Motiven Benjamins*, in: *Jüdisches Denken in einer Welt ohne Gott* (Festschrift für Stéphane Mosès), Berlin: Vorwerk 8 2001, pp. 173–97, vgl. auch in diesem Band, pp. 13–56.
[39] Martin Heidegger: *Aus der Erfahrung des Denkens*, l.c., p. 23.

in die Grenzen eines bestimmten Ortes fasst, der ihm zu verweilen und das zu sein gestattet, als was es sich jeweils definiert: als idea, ousia, substantia oder cogitatio, als Wille oder als Wille zur Macht. Denken ist demnach jeweils topisches Denken, indem es sein eigenes und alles umgebende Geschehen durch sein Sagen sistiert, durch sein Selbst-Verständnis in eine bestimmte Stellung bringt, sich eine Richtung anweist und sich derart in der Erfahrung seines Geschehens verortet. Noch das, was jenseits seines Bestimmungsvermögens gelegen ist – und zuerst das bloße Faktum seines Seins, seines Mitseins mit Anderen, seines Seins zum Tod – kann vom Denken nur als Faktum seines Vermögens und a limine als die ihm eigene *Möglichkeit der Unmöglichkeit der Existenz* verstanden und zum Stehen gebracht werden.[40] Da dem Denken ein ›objektiver‹, von seiner eigenen Geschichte unabhängiger Anhalt für die Bestimmung seines Seins nicht gegeben ist, kann es sich nur als *Dichten* denken und die Struktur dieses Dichtens als *Topologie des Seyns* charakterisieren. Von dieser schreibt darum Heidegger: *Sie sagt [dem Seyn] die Ortschaft seines Wesens*. Die *Topologie* bestimmt diese Ortschaft aber allein in derjenigen Sprache, die ihr zuvor schon vom *Wesen* des *Seyns* zubestimmt wurde, und da dieses *Wesen* als Anwesen – und Anwesen auch von Abwesendem – prinzipiell verortungsfähig ist, kann die *Topologie des Seyns* nicht anders als diesem *Wesen* zu entsprechen: sie ist Selbst-Entsprechung und Selbst-Verortung des *Seyns* in seiner jeweiligen Sprache und allein so *in der Wahrheit*. Trotz aller Anstrengungen, sich vom Korrespondenzbegriff der Wahrheit zu lösen und durch die aletheische Entbergung zu einem umfassenderen, prä-prädikativen Wahrheitsbegriff zu gelangen, denkt Heidegger auch die *Topologie des Seyns* nach dem Schema der Entsprechung. Sie ist Sui-Korrespondenz der topischen Sprache des Denkens mit sich als dem *Wesen* des *Seyns*. *Topologie des Seyns* ist Auto- und Tauto-Topologie.

Wenn *Todtnauberg* ein Gespräch Celans mit Heidegger nicht allein über dessen Schweigen zu seinem Nazi-Engagement, sondern zugleich auch über sein Sprachdenken und das in ihm Ungedachte ist, und wenn sich dieses Gespräch nicht allein auf das während des Todtnauberger Treffens, sondern auf das in dem Buch *Aus der Erfahrung des Denkens* Gesagte bezieht, das ihm Heidegger mit auf den Weg gegeben hatte, dann können die Seiten über die *To-*

---

[40] Martin Heidegger: *Sein und Zeit,* l.c., p. 262. – Cf. dazu meine Untersuchung *Prämissen* in: *Entferntes Verstehen*, Frankfurt a. M.: Suhrkamp 1998, pp. 36 sqq.

pologie des Seyns und die Nachbarschaft von Dichten und Denken kaum verfehlt haben, Celans besondere Aufmerksamkeit auf sich zu ziehen. Auf sie nämlich hatte Celan, der das Buch wahrscheinlich schon seit den fünfziger Jahren kannte, bereits geantwortet. In seiner Meridian-Rede aus dem Oktober 1960 stellt er, und vermutlich zunächst im Hinblick auf Heideggers Formulierungen in der *Erfahrungs*-Schrift und nicht im Hinblick auf eine historische Rhetorik im Sinn von Curtius, die Frage nach der *Toposforschung* des Gedichts. Und er antwortet: *Gewiß! Aber im Lichte des zu Erforschenden: im Lichte der U-topie.* Das Gedicht ist für ihn *der Ort, wo alle Tropen und Metaphern ad absurdum geführt werden wollen* – und wie die Tropen, so auch die Topoi. Denn für Celan durchlaufen Gedichte die Bewegung einer Frage: *einer »offen bleibenden«, »zu keinem Ende kommenden«, ins Offene und Leere und Freie weisenden Frage – wir sind weit draußen. / Das Gedicht sucht, glaube ich, auch diesen Ort.*[41] Dieser Ort wird also von der Meridian-Rede als das *Offene und Leere und Freie*, als *weit draußen* und, paradox oder absurd, als atopischer Ort, als *U-topie* charakterisiert – damit aber, im Gegenzug zu Heideggers *Topologie* und Auto-Topologie des *Seyns*, als Ort eines gänzlich Anderen, als Ort, der kein Ort des Seins, der nicht er selbst und selbst nicht ist. Dieser Ort seines Nicht-Seins kann deshalb auch, statt eines Eigennamens, der ihm entspräche, nur einen anderen, einen veranderten und Unnamen führen. *U-topie*, so schreibt ihn Celan mit einem Gedankenstrich und Pausenzeichen, und unterscheidet ihn damit vom Begriff der gängigen heterotopischen Utopien. Heidegger, der die Meridian-Rede kannte, hatte darin Celans Antwort auf seinen Gedanken von der *Topologie des Seyns* nicht erkannt und sein Unverständnis durch das Geschenk genau der Schrift verraten, zu der Celan bereits Distanz bezogen hatte. Wenn Celan in *Todtnauberg* insistent den Ort, die präpositionalen Ortsbestimmungen und das In-Sein thematisiert und sie auf ein Dahinsein und ein Außen ohne Sein öffnet, dann vermutlich auch, um eine zweite Antwort auf Heideggers *Topologie* zu geben und, an die Bemerkungen aus der Meridian-Rede anknüpfend, das kaum begonnene Gespräch mit erhöhter Dringlichkeit fortzusetzen.

Der u-topische Ort ist in *Todtnauberg* nicht einer; er liegt nicht im Bereich des Zählbaren und nicht des mit sich einigen Denkens, sondern in der zahllosen Vielheit dessen, wo er nicht ist. Er ist eine

---

[41] GW 3, p. 199.

U-topie der Sprache, und ihre Orte sind solche von Worten, deren jedes, gegen sich selbst und über sich hinaus sprechend, sich ent-spricht. Sie folgen einer Logik und, genauer, Allologik, die, so heißt es in *Deine Augen im Arm* –: *verortet, entwortet, // entwo*.[42] Die *Waldwasen* sprechen von dem *Wesen* des Waldes, der für Heidegger ein Dichten ist, weg, sie sind das durch Paronomasie verformte und *uneingeebnet* pluralisierte *Wesen* und als *Wasen* somit derjenige Ort, der nicht er selbst ist und selbst nicht ist, ein Atopos des Anders-Seins und von Anderem als Sein; nicht ein Wort, das benennt oder bezeichnet, sondern entnennt und die Zeichen und ihre Bedeutungen so hinwegnimmt, wie in der Buch-Strophe die ›Namen nahmen‹. *Wasen*, schwankend zwischen Singular und Plural, pluraler und singulärer als beide, spricht als ein Wort, das noch in Gebrauch ist und in Wörterbüchern verzeichnet steht, aber zugleich als ein Wort aus anderen Worten und zu anderen hin – zu und aus Wesen, wessen, Rasen, Wrasen, Wahrsein, Wahnsinn, Schindanger, Feuchtwiesen, Moor –, ein Mikro-Canto, Wort des Außer-sich des Wortes, das in diesem Außer-sich nicht ist oder west, sondern, halb obsolet und befremdend wie viele von Celan gefundene Wörter, wast. *Wasen* spricht – und ent-spricht sich – als Wortwasen. Es markiert den Ort eines anarchischen Verwesungsprozesses, den Ort der Dekomposition – und der Dekomposition noch des Ortes –, und exponiert sich zugleich, außer- und vorwesentlich, ohne bestimmten Richtungssinn, der Möglichkeit, als Er-wesungsprozeß zu wirken. Es sagt, anders als das *denkende Dichten* Heideggers, dem *Seyn* nicht *die Ortschaft seines Wesens*, es entstellt dieses *Wesen* und mit ihm das *Seyn*, überführt es seiner Ortsunfähigkeit, seiner Bodenlosigkeit, seinem Un-Sein. Es fordert damit aber, jedes *Wesen* aus diesem *Wasen* und auf ihn hin zu denken, Sein aus Anderem als ihm selbst und auf dieses Andere hin, seinen Ort und sein Wort aus einem *entwo* und auf es zu.

Heideggers Frage nach dem Sinn von Sein und seinem Wesen bleibt so lange nicht ernst genommen und so lange ohne Antwort, wie sie – und das geschieht in seinen eigenen Arbeiten – in der Entsprechung zwischen *dichtendem Denken* und Seinsgeschehen mündet; sie bleibt so lange ohne Antwort, wie sie nicht auf das Anti-Wort stößt, in dem sie sich in die Frage nach den *Wasen* verwandelt und damit auch schon aufhört, Frage zu sein, und selbst zu *Wasen* wird. Wenn Heidegger in *Hölderlin und das Wesen der*

---

[42] GW 2, p. 123.

Dichtung schreibt: *Dichtung ist worthafte Stiftung des Seins*, deshalb jeweils erneute Gründung des Wesens der Dichtung und der Sprache, deshalb *geschichtliches Wesen* und als solches *das einzig wesentliche Wesen*,[43] so ist das *geschichtliche Wesen* in Celans Gedicht mit den *Wasen* nicht neu gegründet, Sein nicht *neu gestiftet* und gesichert im Wort, sondern einem Bestandlosen überantwortet, das älter als alt, und einem Kommenden ausgesetzt, das neuer als neu ist und sich in kein Wort faßt, das noch – oder schon – dem Sein gehörte. Wenn Heidegger zwei Jahrzehnte später in *Unterwegs zur Sprache* das Wesen des Seins als seinen Entzug und das *Wesen der Sprache* als ein solches denkt, das keine Entsprechung in der *Sprache des Wesens*, sondern allein in ihrem Zerbrechen findet, dann bleibt doch auch dieses Zerbrechen noch das Geschehnis des Seins, es bleibt sogar das eigentliche *Ereignis* seines Wesens, die Gebung des Seins.[44] *Ein »ist« ergibt sich, wo das Wort zerbricht* – so lautet die abschließende Vermutung seiner Erörterung über *Das Wesen der Sprache*.[45] Weil *das Wort, das Sagen, kein Sein hat* und *nichts Seiendes ist*,[46] und weil *das Wort für das Wesen des Wortes [...] nicht gewährt* wird, nur deshalb bleibt es und west als diejenige *Versammlung, die Anwesendes erst in sein Anwesen bringt*.[47] *Wasen* dagegen sprechen als das gewährte *Wort für das Wesen des Wortes*, indem sie nicht die *Versammlung*, sondern die Streuung und Dekomposition dieses Wortes und dieses Wesens betreiben, nicht Anwesendes, sondern Nie-Gewesenes in ein Anwesen bringen, das nicht das seine und jeweils nur mehr und nur weniger als Wesen, nämlich bloßes Heran- und Hinwegwesen zu Anderem ist. Diskursiver als das eine Wort *Wasen* spricht eine gewichtige Parenthese in *Windgerecht* aus *Sprachgitter* von 1959 von der Struktur eines Daseins ohne Wesen und seiner Artikulation im Gedicht[48]:

(Ungewesen und Da,
beides zumal,
geht durch die Herzen.)

---

[43] Martin Heidegger: *Erläuterungen zu Hölderlins Dichtung*, l.c., p. 41, 47.
[44] Martin Heidegger: *Unterwegs zur Sprache*, Pfullingen: Neske 1959, pp. 192–93, 214.
[45] L.c., p. 216.
[46] L.c., pp. 192–93.
[47] L.c., pp. 236–37.
[48] GW 1, p. 169.

Das Zusammen eines *Da* – ohne Sein – und eines *Ungewesen* – dem jede Beziehung auf die konstitutiven Elemente der von Heidegger gedachten Seins- und Zeitstruktur abgeht –, dieses Zusammen lässt jedes *Da* zu dem eines Noch-Nie und Nirgends, jedes *Ungewesen* zu dem eines Jetzt, Hier und Andernorts werden und definiert derart eine Erfahrung radikaler, infra-radikaler Zeitigung, Verräumlichung, Ersprechung und Existenz, die Heideggers Wesens-Denken, so nah es sich an eine solche Erfahrung herantastet, unzugänglich bleibt. In *Waldwasen* berührt jenes *Ungewesen* das (verbale) Wesen des Seins und lässt es *uneingeebnet* – nämlich unreduziert auf ein in sich einiges und einstimmiges Wesen – zurück. *[N]icht ebenzubringen / der Hubbel Dasein*, so heißt es in *Spät*, vier Monate vor dem Todtnauberger Treffen.

*(Ich bin auch, weiß Gott, kein »Hirte des Seins« ...)*⁴⁹ – wenn dieser parenthetische Satz aus dem Brief an Bachmann vom 7. September 1959 mehr ist als eine stilkritische Floskel, dann kann er nur besagen, dass Celans Auseinandersetzung mit Heidegger zunächst und vor allem eine Auseinandersetzung mit seiner Philosophie, mit seiner Frage nach dem Sein und seinem Denken über Sprache und Dichtung und erst deshalb auch mit seinem Nazi-Rektorat und seinem Schweigen darüber war. Die Antwort, die Celan darauf mit *Todtnauberg* gibt, ist nicht zunächst eine moralische, sondern eine philosophische, es ist die Antwort eines *denkenden Dichtens* in genau demjenigen Sinn, in dem Heidegger es nicht hat verstehen können. *Wasen* ist das prägnanteste Wort – und *entwo* – dieser Antwort. Es spricht und ent-spricht sich als eine Epoché nicht nur der Subjektivität des Subjekts und nicht nur des Seins selbst, das mit seiner Wahrheit an sich hält und derart sein Wesen sichert⁵⁰; es spricht als eine Epoché, die noch die onto-topologische Selbst-Verwahrung des Seins aussetzen lässt, und reduziert diese auf das fortgesetzte, von Sein und Wesen abgesetzte Un-wesen⁵¹, die

---

⁴⁹ *Herzzeit*, l.c., p. 121.
⁵⁰ Zur Charakterisierung der Selbst-Verbergung des Seins greift Heidegger auf den Begriff der Epoché zurück, wenn er schreibt: *Wir können dieses lichtende Ansichhalten mit der Wahrheit seines Wesens die* epoché *des Seins nennen. Dieses dem Sprachgebrauch der Stoa entnommene Wort nennt hier jedoch nicht wie bei Husserl das Methodische des Aussetzens der thetischen Bewusstseinsakte in der Vergegenständlichung. Die Epoche des Seins gehört ihm selbst. Sie ist aus der Erfahrung der Vergessenheit des Seins gedacht.* Martin Heidegger: *Der Spruch des Anaximander*, in: *Holzwege*, Frankfurt a.M.: Klostermann 1950, p. 311.
⁵¹ Es muss bei diesem Gebrauch des Wortes »Un-wesen« bedacht werden,

Gründungsverweigerung, die Ortsohnmacht, das Unvermögen zu sein. *Waldwasen* heißt: inertia vor und noch während des Wesens, Vorwelt, Fehlwort. Es radikalisiert die von Heidegger angestoßene, aber nicht durchgehaltene Entessenzialisierung der Existenz und löst die *Unheimlichkeit des Daseins* aus ihrer Verhaftung an ein In-Sein, in dem es den Ort seiner Bleibe besetzt. Es ist an jemanden gerichtet, der es zu sagen erlaubt, aber es zu hören sich gescheut hat; an ihn und an Andere vermutlich in der Erwartung gerichtet, dass auch dieser *vase communicant* den Weg zu seiner Adresse nicht ohne Blockaden finden werde. Als Wort der Epoché des *Wesens* von *Seyn* ist *Waldwasen*, als Gedicht der Epoché des *Wesens der Dichtung* ist *Todtnauberg* in einem weit mehr als bloß biographischen Sinn *epochal*.

Was *Waldwasen* diskret andeutet, gewinnt in der folgenden zweizeiligen Strophe schärfere Kontur. *Krudes, später, im Fahren, / deutlich,* – diese Verse werden in Celans Brief an seine Frau mit dem Satz kommentiert: *Puis ce fut, dans la voiture, un dialogue grave, avec des paroles claires de ma part.*[52] Aber die Verse sagen noch mehr. *Deutlich* wird *Krudes* – nach dem lateinischen *crudus* ein Blutendes, Verletztes, Geschundenes –, doch sein Deutlichwerden selber ist krude, und das *Fahren*, in dem die topologisch fixierte Ortschaft verlassen wird, vollzieht die Bewegung dieser Verdeutlichung des Kruden. Sie wird in der folgenden Strophe – *der uns fährt, der Mensch, / der's mit anhört,* – näher bestimmt als eine Fahrt ins Hören, da *fährt* und *hört* einander als unreine Reime semantisch erläutern, und zugleich bestimmt als ein solches Hören, das ein Erfahren ist. *Der uns fährt*, war, nach dem Bericht von Celan an seine Frau, Gerhard Neumann, damals Assistent von

dass Heidegger in der Abhandlung *Vom Wesen der Wahrheit* (1930/43) schreibt: *Das eigentliche Un-wesen der Wahrheit ist das Geheimnis. Un-wesen bedeutet hier noch nicht abgefallen zum Wesen im Sinne des Allgemeinen (koinón, génos), seiner possibilitas (Ermöglichung) und ihres Grundes. Un-wesen ist hier das in solchem Sinne vor-wesende Wesen. »Unwesen« besagt aber zunächst und zumeist die Verunstaltung jenes bereits abgefallenen Wesens. Das Un-wesen bleibt allerdings in jeder dieser Bedeutungen je in seiner Weise dem Wesen wesentlich und wird niemals unwesentlich im Sinne des Gleichgültigen.* Die Frage, die an diese Darlegung zu richten ist, muss offenkundig lauten, wie das *Un-wesen* dem Wesen *wesentlich* sein kann, wenn das *Un-wesen* gerade darin liegt, sich als Geheimnis dem Wesen vorzuenthalten. Auch die Rede von seinem *vor-wesenden Wesen* assimiliert es schon demjenigen *Wesen*, gegen das es sich verwahrt. Cf. *Wegmarken*, Frankfurt a. M.: Klostermann 1967, p. 89.
[52] *Correspondance I,* 550.

Gerhart Baumann, der die Begegnung zwischen Celan und Heidegger vermittelt hatte; in diesen Versen ist er *der Mensch, / der's mit anhört*, derjenige also, der zwei Sprechende oder einen Sprechenden und einen Schweigenden durch sein Fahren und Hören zusammenbringt, sie zum einzigen Mal in diesem Gedicht zu einem *uns* – und zwar einem *uns* überhaupt – werden lässt und zum einzigen Mal ins Präsens eines Verbs, in die Gegenwart eines Gehörten versetzt. *Der uns fährt, der Mensch,* ist ein Fährmann – einem Charon nicht unähnlich[53] –, der zwischen Zweien übersetzt und sie beide durch sein Fahren und Hören in einen anderen Bereich übersetzt.[54] Wenn die Rede von *Krudem,* der frühere Anklang von *Orchis* an ›Orkus‹ und die folgende Evokation des *Hochmoors* und seine Homophonie mit dem französischen *mort* nahelegen, die Fahrt führe ins Totenreich, so machen das emphatisch wiederholte Präsens dieser Verse und die Rede vom Hören deutlich, dass diese Fahrt in die Gegenwart führt –: aber in die Gegenwart der Sprache von Krudem, die Gegenwart der kruden Sprache, die krude, die blutige und mörderische Gegenwart. Gegenwart ist die Gegenwart dessen, was sie zerstört, sie ist Gegenwart des Todes und also dessen, was sie nicht ist. Ihr Zeuge ist *der Mensch*, sofern er die Erfahrung dieser einzigen, der in jedem Sinn ungeheuren Gegenwart des schlechthin Ungegenwärtigen macht, und *Mensch,* so besagen diese Verse, ist er nur dann und nur solange er ihre krude Gegen-Gegenwärtigkeit erfährt. Sein Hören kann nur das Hören des Schon-nicht-mehr-Hörens einer Sprache sein, die allein deshalb gegenwärtig spricht, weil sie die Sprache des Schon-nicht-mehr-Sprechens spricht, des Blutens. Was die komplexe Wendung der Entwurfsfassung von der *im Ohr / wirbelnde[n] / Schläfenasche* des *wir* und der *letzte[n] / Gedankenfrist* sagt, wird in diesen schlichteren Zeilen wiederum zu einer Bewegung der Sprache des Gedichts: sie macht sich selbst zum Fährmann zwischen *fährt* und

---

[53] René Char, ein Freund sowohl von Heidegger wie von Celan, der Char übersetzt hat, war einer der Mittler zwischen beiden.
[54] Celan schreibt bei Gelegenheit seiner Picasso-Übersetzung in einem Brief an Peter Schifferli, den Leiter des Arche-Verlags, vom 1. April 1954, dass Picassos Text *nicht nur übersetzt, sondern auch – wenn ich ein Heidegger-Wort missbrauchen darf – übergesetzt sein* will, und spricht deshalb scherzhaft von seinem *Fergendienst*. (›*Fremde Nähe*‹ – *Celan als Übersetzer,* Marbach: Deutsche Schillergesellschaft 1997, p. 399) Das *Heidegger-Wort*, auf das Celan damit anspielt, steht in *Der Spruch des Anaximander*, wo von der Gelegenheit *über-zu-setzen* und der *Übersetzung* als einer *Übersetzung zur Wahrheit* die Rede ist. (*Holzwege,* l.c., pp. 217–18)

hört und ist als übersetzender Dritter Vermittler und Zeuge des Gesprächs zwischen Zweien. War nach Celans Bericht an seine Frau Gerhard Neumann der Zeuge – *le témoin* – des Gesprächs mit Heidegger, so wird im Gedicht der Text dieses Gedichts selbst dieser Zeuge – testis –, und durch ihn wird jeder Leser, *der's mit anhört*, zum Zeugen einer Erfahrung der Über- und Gegen-Gegenwärtigkeit von *Krudem*, jeder zum Übersetzer eines blutigen Sprechens, Hörens und Schweigens; jeder ein ›Celan‹, jeder ein ›Heidegger‹ und jeder ein Anderer, Ver*a*nderter.

Celans Gedicht wendet sich in diesen Versen ein weiteres Mal von jeder *Topologie* ab, die das Sein durch Entsprechung – und sei's im Wort – verortet und die Möglichkeit behauptet, es gebe ein menschliches, sprachliches Sein, das sich an einen Ort halten, diesen gegen das Nichtsein geschützt halten oder es sich zueignen könnte. Es war Celan wichtig, dass in der Person von Gerhard Neumann *der uns fährt, der Mensch, / der's mit anhört*, einen epochalen Aspekt – *un aspect épochal* – in dem Gespräch erkannt hatte.[55] Diesen Aspekt, und mehr als den bloßen Aspekt, trägt unvermindert das Gedicht. Aber es ist epochal, weil es das im Topos und Chrono-Topos der Anwesenheit verhaltene Sein in die Bewegung a u s dem und z u dem übersetzt, was als Über-Anwesenheit und Gegen-Gegenwärtigkeit dieses Sein nicht ist; weil es noch die Epoché – das Ansichhalten – des Seins, wie Heidegger es denkt, einer völlig anderen, kruden Epoché aussetzt und ihr einen Stoß erteilt, der keinem Sein erlaubt, bei sich selbst zu bleiben und zu verleugnen, dass es, aus jedem Wort, blutet.

Die Verse der vorletzten Strophe – *die halb- / beschrittenen Knüppel- / pfade im Hochmoor* – sind von den Kommentatoren mit dem abgebrochenen Gang im Horbacher Moor, mit Heideggers »Holzwegen« und mit den Knüppelschlägen in Zusammenhang gebracht worden, mit denen Menschen in KZs zu Tode geprügelt wurden. Aber diese *Pfade* sprechen nicht nur über etwas bereits Geschehenes und deuten nicht nur auf Themen, die außerhalb ihrer gelegen sind, sie sind auch Pfade des Gedichts, die im *Hochmoor*, wiederum dem des Gedichts, zurückgelegt werden. Sie heißen *die halb- / beschrittenen* nicht nur auf Grund einer Reminiszenz an eine abgebrochene Wanderung, sie brechen selbst ab und beschreiten das Moor nur zur Hälfte, weil es in seiner ganzen Länge oder Tiefe zu beschreiten paradox hieße, es – das Moor *mort* –

---

[55] *Correspondance I*, p. 550.

nicht zu beschreiben. Die Rede vom Tod ist aporetisch, sie ist ein Weg im Weglosen, ein Weg, der notwendig einer und keiner ist, deshalb ein immer nur halber. Im Gedicht *Schliere*, das Celan nach Auskunft von Otto Pöggeler 1957 an Heidegger schicken wollte,[56] heißt es: *Wege, halb – und die längsten, // Seelenbeschrittene Fäden*. Die Nähe dieser Verse zu denen aus *Todtnauberg* ist zu groß, als dass diese nicht als deren Reprise gelesen werden müssten. Für die Halbheit der Wege bietet »Schliere« die Erklärung: *von den Blicken auf halbem / Weg erschautes Verloren, / Wirklichgesponnenes Niemals, / wiedergekehrt.*[57] Nicht ins Verlorene, das einmal da und vorhanden, erblickt oder gesagt worden ist, sondern ins *Verloren* führen die Wege, und also in das, was nie zuvor war, in ein *Niemals*, das erst durch den – undurchschreitbaren – Weg zu ihm hin ›wirklichgesponnen‹ und vom Text der Sprache erwirkt wird. Die *halb- / beschrittenen Knüppel- / pfade im Hochmoor* sind nicht anders als die *Wege, von denen Schliere spricht, die längsten*, sie sind länger als jede messbare Länge es sein könnte, weil sie Wege in dem sind, das nicht ist, nie gewesen ist und in der Zeit des präsentischen Seins niemals sein und gewesen sein wird. Da sie nicht durch die zeit-topologisch bestimmbaren Orte des Anwesenden und seines An- oder Abwesens führen, müssen diese Sprachwege in einem Abwesen noch vor jedem erdachten oder erdenklichen Anwesen gebahnt werden und können deshalb nur halb und unendlich, indefinit finit, in jedem Sinn aporetische Wege in einem atopischen Gelände, Wege aus einer *fremden / Zeit für ein fremderes Immer* sein: eine Zeit eröffnend, wo keine – keine eigene, nur eine zeitfremde – ist, und sie so eröffnend, dass sie die Zeit des Immer eines Niemals bleibt, Semi- und Hyperchronie einer Zeit nie des Anwesens und seiner Modifikationen.

Durch diese an-archische und ana-chronische Zeit gehen *die halb- / beschrittenen Knüppel- / pfade im Hochmoor*. Sie gehen durch die Unzeit des Todes und der Toten, durch die des *Moors* in allen seinen Konnotationen und die der *Wasen*, die keinem Wesen und seinem Anwesen entsprechen. Als Pfade der Sprache sprechen sie zwar, aber sie sprechen – *Wege, halb – und die längsten* – nur halb und zugleich über jedes ding- und sinnfest Gesagte unabseh-

---

[56] Cf. Otto Pöggeler: *Spur des Worts. Zur Lyrik Paul Celans*; Freiburg: Alber 1986, p. 153, p. 248.
[57] GW I, 159. – Wie in *Todtnauberg* ist auch in *Schliere* an hervorgehobener Stelle, einsetzend mit dem *und nun* im Achsenvers des Gedichts, von einem *Stern* die Rede.

bar hinaus. Ihre Sprache ist zugleich semi- und hypersemiotisch, da sie mit dem Stummen sprechen muß: mit dem, was nicht nur schweigt, sondern nicht und niemals zur Sprache kommt, mit ihm als einem unorganischen Mittel des Sprechens und mit ihm als einem Gegenüber, das zu einem Mittel nie werden kann und sich jeder Vermittlung entzieht. Celans Dichtung ist nicht einfach »unterwegs zur Sprache«, sie ist unterwegs zur Sprache dessen, was keine hat, und zu dem, was in keinem Sinn eine ist. Sie ist aber auch unterwegs zu der Stummheit derer, denen die Sprache gewaltsam geraubt, denen sie vorenthalten und verweigert wurde, zur Stummheit derer, denen es die Sprache verschlagen hat, und zum Schweigen derjenigen, die über diese Stummheiten und dieses Schweigen, auch wenn es sie *würgt*, sprechen müssten. *Knüppel-/pfade* sind die, die nach dem Mord an denen, die sprechen, von diesem Mord zu sprechen nicht aufhören. Wenn *Schliere* als Manifest des Unterwegs, des Halbwegs im Weglosen, wenn es derart als frühe Antwort auf Heideggers Wesens-Sprache gelesen werden kann, dann können die Verse von den *halb-/beschrittenen Knüppel-/pfaden* aus *Todtnauberg* mit der Reprise aus *Schliere* als Mahnung an Heidegger – und nicht nur an ihn – gelesen werden, das *Niemals* der Sprache schwerer zu nehmen, als es die Rede von ihrem *Wesen* erlaubt, und ihr Noch-Nicht ernst genug zu nehmen, um das Schweigen darüber zu brechen. Wenn – so lässt sich das, woran diese Verse erinnern, extrapolieren –, wenn Heidegger nicht über das, was Celan im Brief an Bachmann seine *Verfehlungen* nennt, und nicht über die unterm Nazi-Regime Ermordeten sprechen kann, dann müsse er doch über sein Nicht-Sprechen-Können sprechen, über sein persönliches Unvermögen und darüber hinaus noch über das Unvermögen jeder Sprache. Erst dieses Sprechen vom Unvermögen zur Sprache, erst das Ansprechen gegen die Unmöglichkeiten des Sprechens kann, wenn auch immer nur *halb*, ein anderes und verändertes Sprechen sein, eines, das weder seine Verluste noch sein *Verloren* und *Niemals* in Abrede stellt. Erst von diesem Halb-Sprechen, diesem Sprechen des Ent-sprechens her kann das, was Heidegger in *Aus der Erfahrung des Denkens* die *Utopie eines halbpoetischen Verstandes* nennt, zu jener *U-topie* einer menschlicheren Sprache werden, von der Celan in der Meridian-Rede spricht: zum Gedicht. Allein die Sprache des U-topischen und seiner Atopien kann nicht nur dem Wesen, sondern auch dem darin zurückgehaltenen, verborgenen und verschwiegenen Unwesen der Sprache gerecht werden: allein sie wäre Sprache sowohl

WASEN. Um Celans Todtnauberg

eines Dichtens, das sich nicht mehr gegen seine Endlichkeit abdichtet, sondern sich ent-dichtet, als auch eines Denkens, das sich ent-denkt und sich derart allererst ent-deckt.

Im *-moor* von *Hochmoor* klingen – als in einem *Ohr* – die phonetischen Elemente entscheidender Worte des Gedichts und ihre semantischen Konnotationen nach: *-trost, vor, kommendes, Wort, Orchis*, und verbinden sich mit den Anklängen an das französische *mort* und *hors* oder *dehors*. Mit der Schlusskadenz der letzten Strophe –

Feuchtes,
viel.

– werden die Frikative von *Würfel* und *Hoffnung*, von *Fahren, fährt* und *-pfade*, die Semantik des Wassers aus *Brunnen*, der Fäulnis aus *-wasen* und *-moor*, die Phonetik von *heute*, die Morphologie von *Krudes*, vor allem aber der Laut- und Bedeutungskomplex *Fahren,/deutlich* wieder aufgenommen. *Feuchtes* besagt – verwirbelt und umgestellt – noch einmal und mit allen Implikaten und Konnotaten dieser Verse: *Krudes, [...] im Fahren,/deutlich*. Im *-es* von *Feuchtes* schwingen die mannigfaltigen *es-, is-* und *as*-Laute des Textes – *das, wessen, dies, eines, kommendes, -wasen, Orchis, Krudes, uns* – mitsamt den Elisionen des *e* in *nahms* und *der's* mit, so dass *Feuchtes* als Echo des Gedichts im Gedicht, als seine interne, aber zugleich externalisierende Reduplikation gehört werden kann. *Feuchtes* versammelt die Hindeutungen auf Wässriges und Belebendes aus *Brunnen*, auf die Fäulnis aus *Waldwasen* und *Hochmoor*, Gefahr und Gewalt aus *Fahren, fährt* und *Knüppel-/pfade*, Blut und Mörderisches aus *Krudes* nicht in einer distinkten, semantisch eindeutigen Gestalt, sondern übersetzt sie in ein ebenso elementares wie unbestimmtes Wort, das die früheren Worte und Wortpartikel deutet und nicht minder von ihnen gedeutet wird. Noch die Wechselbestimmungen zwischen *heute, Fahren [...] deutlich* und *Feuchtes* sind im gleichen Maße Umbenennungen wie sie Suspendierungen von Benennungen sind, die in das vage Element des unbestimmt Vieldeutigen, des Bestimmungsfähigen, doch alle Bestimmtheit Zurückhaltenden versetzen. Wie die Syntagmen von *Todtnauberg* sich an keiner Stelle zu einem geschlossenen syntaktischen Verband komplettieren, sondern in paratakischer Reihung die Geste der Distribution des Disparaten wahren, so wird mit der Konvergenz der Elemente des Gedichts in *Feuchtes* deren Zusammenhalt in einem Wort gewahrt, das zugleich in diese Elemente diffundiert und die schwebend diffuse Verbindung benennt. Daß es *Feuchtes* ist, charakterisiert alles Genannte und läßt es ineinander übergehen: es ist dessen gemeinsame und die für jedes Einzelne unter ihnen entscheidende Bestimmung, die auf die Wesensfrage antwortet, was es denn sei. Aber *Feuchtes* benennt kein Kondensat, in dem sich sein Wesen verdichten und zu einem beständig Anwesenden stabilisieren könnte, sondern ein verschwebend Unbestimmtes, dessen antagonistische Charaktere Wasser und Blut, Belebendes und Tödliches, Klärung und Fäulnis einander durchdringen und jede Wesensbestimmung verweigern. *Feuchtes* läßt deutlich werden, dass die Sprache des Gedichts insgesamt durch die Artikulation ihrer Überbestimmtheit einen Sprachwasen ausmacht, in dem die Elemente des Un-Wesens und der Wesensverwehrung, des Vor-Wesens und des Verwesens jede definite Bestimmung in die Schwebe versetzen und aufheben, ohne in der Form eines Aussagesatzes oder eines Urteils eine schlüssige Gestalt zu gewinnen.

Celan hat die beiden letzten Worte seines Gedichts so disponiert, dass sie den prädikativen Satz, den sie andeuten, verweigern. *Feuchtes, / viel –*: nur das homophone ›Feuchtes fiel‹, das damit nahegelegt wird, würde einen Satz, eine geschlossene Aussage, ein abschließendes und überdies präteritales Urteil ergeben, in dem das gesamte Gedicht aus seiner ana-chronisch seriellen Bewegung in die Vergangenheit versetzt und zur Darstellung eines abgeschlossenen Geschehens würde. Aber nicht ›fiel‹, sondern *viel* heißt das letzte Wort des Gedichts, und mit ihm wird nicht nur die Möglichkeit des Fallens, des Gefallen-Seins und des Gefallen-Findens, die es evoziert, außer Kraft gesetzt, mit ihm beharrt das Gedicht auf dem Fortwirken des *Feuchten* wie seiner Konnotate und belässt sie *uneingeebnet* in ihrer Disparität. So deutlich das ›fiel‹ vom *viel* dementiert wird, es verweist eben dadurch auf diejenige Möglichkeit, die das Gedicht revoziert: die Möglichkeit einer Lösung und Ablösung, einer Auflösung und Konklusion. In *Die entsprungenen*, im selben Monat wie *Todtnauberg* verfaßt, heißt die letzte Strophe: *Du hörst's regnen / und meinst, auch diesmal / sei's Gott.*[58] Die letzte Strophe von *Hochmoor*, das am 20. Juli 1968, fast genau ein Jahr nach dem Todtnauberger Treffen geschrieben wurde, heißt: *Schwingmoor, wenn du vertorfst, / entzeigere ich / den Gerechten.*[59]

[58] GW 2, p. 269.
[59] GW 2, p. 390.

Mit beiden Schlussstrophen ist auf das Kirchenlied verwiesen, dessen erste Verse lauten: *Thauet, Himmel, den Gerechten! / Wolken! regnet ihn herab!*, und verwiesen ist damit zugleich auf den Subtext der letzten *Todtnauberg*-Verse, der ein Abregnen des *Feuchten*, ein Niederregnen des Gerechten nur andeutet, um diese Erwartung stumpf zu enttäuschen. *Feuchtes* fiel nicht, sondern es bleibt *viel*, das nicht fiel und nicht fällt, nicht zu Wasser kondensiert, keinen Messias, keine Lösung und keine Erlösung, weder eine Absolution noch eine Konklusion zulässt, die Gerechtigkeit herbeiführen oder auch nur als erwünscht in Aussicht stellen würde.

Viel hat erfahren der Mensch. / Der Himmlischen viele genannt – so lauten die Verse aus Hölderlins *Friedensfeier*-Entwurf, auf deren Fortsetzung Celan in der Entwurfsfassung seines Gedichts mit einer Variation auf das Gespräch, das *wir* sind, antwortet. Nicht von den *Himmlischen* sind in Celans Gedicht *viele* genannt, sondern vom erfahrenen Irdischen, Moorigen und Kruden ist nur unbestimmt *viel*, und dies *viel* nur so genannt, dass es durch seine Nennung nicht erlöst und nicht erledigt ist. Es ist nicht, dieses *viel*, hat kein beständiges Sein und kein Wesen, sondern bleibt, in seiner logischen wie in seiner ontologischen Struktur, unstet und unbestätigt, suspendiert als das *viel* eines *Feuchten*, dem es durch keine Flexion, sondern allein durch parataktische Apposition zugeordnet ist. Wie die Appositions-Struktur von *Waldwasen, uneingeebnet, / Orchis und Orchis, einzeln,* und *Krudes, später, im Fahren, / deutlich,* so ist die von *Feuchtes, / viel* die grammatische Realisierung einer A-Position und Ad-position, die nicht das Wesen, nicht die Essenz oder Substanz von etwas, sondern ihre Kontingenz charakterisiert. Für diese durch kein *koinón* und kein *génos* gehaltene Existenz eines jeweils Einzelnen hat Heidegger in *Sein und Zeit* den Begriff der Geworfenheit gebraucht, Celan verweist mit dem Kompositum *Sternwürfel* in der ersten Strophe von *Todtnauberg* auf die Kontingenz noch des Sterns, auf den Heidegger in *Aus der Erfahrung des Denkens* zuzugehen mahnt, wenn er schreibt: *Auf einen Stern zugehen, nur dieses,*[60] und nimmt in der letzten Strophe auch diesen *Sternwürfel*, diesen geworfenen Würfel dessen, worauf sich eine Hoffnung richtet, in das *viel* auf, das nicht fiel. Er ist geworfen, der Sternwürfel, aber da er nicht fiel, bleibt er im Wurf, bleibt in der Bewegung seiner Kontingenz und Appositionalität, damit zugleich in einer Bewegung, die ihn in kei-

---

[60] Martin Heidegger: *Aus der Erfahrung des Denkens*, l.c., p. 7.

ner *Topologie des Seyns* verortbar macht und ihm jedes Wesen, das nicht in dessen Vor-wesen und Un-wesen läge, entzieht –: er bleibt, wie das als unbestimmt *viel* Benannte, als das, was nicht bleibt. Grund zu bieten und Richtung zu weisen, war die Aufgabe, die Heidegger in Hölderlins Vers: *Was bleibet aber, stiften die Dichter* gelesen hatte.[61] Die Retraktation dieser Stiftung eines bleibenden Wesens ist die Sache von Celans *viel*. Es besagt: Was nicht bleibt, *viel*, vermerkt das Gedicht. Es ist, nach der Formulierung der Meridian-Rede, die *Unendlichsprechung von lauter Sterblichkeit und Umsonst*.[62]

Feuchtes, / viel enthält, indem es den Fall jenes und jedes Würfels aufhält, einen so diskreten wie entschiedenen Einspruch gegen Heideggers *Topologie*, sofern sie Mono-Topologie und Phono-Topologie ist. *Viel* und ›fiel‹ sind, da sie identisch lauten, allein durch ihre Schreibung differenziert. Durch das, was keine Stimme hat und durch keine *phoné* bestimmbar ist, durch das also, was weder durch seine Verlautung noch ein ihr korrespondierendes Schweigen, sondern durch die Stummzone der Schrift und der von einem Komma und Versbruch indizierten Sprachpause markiert wird, spricht und, genauer, schreibt sich *Feuchtes, / viel* als diejenige Bewegung, die sich vor ihrer Beständigung und Substanzialisierung zurückhält und die Multiplizität des in dieser Bewegung Begriffenen vor jeder Einheit und Einebnung bewahrt. *Viel* ist sowenig wie *Feuchtes* eine Be-stimmung, in ihm ist keine Herkunft und kein Bestimmungsort, kein Zweck und kein Ende angezeigt, an dem ein Wurf oder ein Fall zum Stillstand an einem vorbestimmten oder auch nur zufälligen Ort kommen könnte; in ihm ist, anders

---

[61] Martin Heidegger: *Erläuterungen zu Hölderlins Dichtung*, l.c., pp. 41, 45, 47.
[62] GW 3, p. 200. – Heidegger hat diesen Satz von Celans Rede in seinem Exemplar mit der Randbemerkung versehen: *Warum nicht »endlich« sagen? Aus des Bleibenden?* (James K. Lyon: *Paul Celan and Martin Heidegger. An Unresolved Conversation, 1951–1970*; Baltimore: Johns Hopkins University Press 2006, p. 151.) Mit der Frage *Aus des Bleibenden?* bezieht er Celans Formulierung auf die von Hölderlin und auf seinen Kommentar dazu. Mit der Frage *Warum nicht »endlich« sagen?* weist er die Überlegung zurück, dass eine ›Endlichsprechung‹ des Endlichen – nämlich von *lauter Sterblichkeit und Umsonst* – ein Ende der Endlichkeit erklären und diese Endlichkeit in ein Bleibendes verkehren müsste. Celans Formulierung entspricht der Endlichkeit – und das heißt auch: der Endlichkeit der Sprache der Endlichkeit – durch Paradoxie; Heideggers Fragen arbeiten auf eine Endlichkeits-Verminderung, auf ein Bleiben im Widerstand gegen *lauter Sterblichkeit* hin.

als in ›fiel‹, keine zielgerichtete Bewegung und kein Richtungssinn angegeben, und mit ihm ist, anders als im präterital-indikativen ›fiel‹, keine temporale Dimension angegeben, innerhalb deren es sich aufhalten könnte. Weder eine Orts- noch eine Zeit- oder eine Modal-Bestimmung, ohne Stimme und ohne Sinn, bleibt *viel* eine Vokabel und, genauer, ein Graphem für das Ohne-Wesen dessen, was sich im Wurf oder im Fall hält, in ihm von Anderem und noch von sich selbst fern – *einzeln* – hält und als derart Einzelnes mit sich und Anderem zusammen *viel* ausmacht. Dies Wesen-ohne-Wesen *Feuchtes,/viel*, die Dispersion vor allem Wesen und Sein, kann in keine *Topologie des Seyns* eingetragen werden, die diesem *die Ortschaft seines Wesens sagt*. Es sagt nicht und schweigt nicht, sondern bleibt als geschriebene Sprache stumm: es spricht nicht als *Topologie*, sondern als Topo-graphie. Diese ist nicht eins, sondern *viel* – und nimmt in dies *viel* auch noch die Markierungen anderer als der manifesten deutschen Sprache auf: das französische *vie*, Leben, *vil*, niederträchtig, *fil*, Faden, und das griechische *phil* der *philía* jeder Neigung, auch derjenigen mit Namen *philologia* oder *philosophia* –, spricht vielsprachig, von vielen Orten her und auf viele hin, ohne dass diese vielen von einem umfasst und zu einer Totalität von Orten zusammengefasst werden könnten. Da ihrem *viel* dieser einigende Ort fehlt, deshalb ist sie Poly-topographie und Poly-Atopographie – aber wiederum nicht des *Seyns*, dem sie die *Ortschaft seines Wesens* sagt, sondern eines solchen Seins, das nicht eines, nicht ein einheitliches Geschehen, kein *Wesen*, sondern dessen polysemische und poly*a*semische Entstellung zum Unwesen von *Wasen*, von *Fahren … deutlich* und *Feuchte[m]* bleibt. Diesseits des Seins, singulär und plural ohne mögliche Totalisierung: so schreiben sich die letzten Verse – denen ein *verser* im Sinne des Ausschüttens und Abregnens fern bleibt – von *Todtnauberg* und so, noch den Ort des Todes entortend, das gesamte Gedicht. Es fällt kein Urteil, stellt kein Gericht, sondern beharrt auf dem, was ungerichtet und unausgerichtet, indefinit, atopisch bleibt und allein so die Möglichkeiten einer gerechten Sprache wahrt.

Celan hat bereits 1958, in seiner Antwort auf eine Umfrage der Librairie Flinker, um das polytopische und atopische Verfahren seiner Dichtung zu charakterisieren, das Wort *Vielstelligkeit* gewählt. *Dieser Sprache geht es*, so schreibt er, *bei aller unabdingbaren Vielstelligkeit des Ausdrucks, um Präzision. […] Freilich ist hier niemals die Sprache selbst, die Sprache schlechthin am Werk, sondern immer nur ein unter dem besonderen Neigungswinkel sei-*

ner Existenz sprechendes Ich, dem es um Kontur und Orientierung geht. Wirklichkeit ist nicht, Wirklichkeit will gesucht und gewonnen sein.[63] Meint *Vielstelligkeit* hier mit einer Anspielung auf vielstellige Zahlen vornehmlich die präzise Bezifferung einer Größe, so kann das Wort im kritischen Hinblick auf Heideggers Topologie die zusätzliche Bedeutung von Polytopie annehmen. Da diese aber auf eine Wirklichkeit ausgeht, die nicht *ist*, sondern *gesucht und gewonnen* sein will, heißt diese Polytopie präziser Polyatopie, und dies umso mehr, je fragwürdiger *Kontur und Orientierung* im Wirklichen werden müssen, wenn deren Gewinn zur Zerstörung des Wirklichen führt. Wie sich in Celans pros-ontologischer Einsicht, dass Wirklichkeit nicht *ist*, andeutet, kann sich die Präzision der Vielstelligkeit allein von jener *U-topie* herschreiben, um die es zwei Jahre später in seiner Meridian-Rede geht. Erst das Stellen- und Ortlose gewährt die indefinite Mannigfaltigkeit von Orten und die Präzision ihrer Verortung; erst das *verortet, entwortet, //entwo* die Freiheit eines sprachlichen Geschehens noch jenseits des feststellenden Wortes und seiner Topoi und Tropen; erst die *Wasen* und ihre Atopie eine Erfahrung jenes Geschehens, die noch vor dessen Orte zurückgeht. Von hier, dem Ortlosen und Vorweltlichen aus, und von einer Hoffnung auf ein Kommendes her, das sich außerhalb aller Weltordnungen und Ortungen bewegt, formuliert Celan eine dichterische und philosophische Antwort auf Heidegger, die ihm erlaubt, *Krudes* und damit dasjenige Un-wesen auszusprechen, das dieser als Denker weder hinreichend bedacht noch als politisch wirkender Mensch deutlich zur Sprache gebracht hatte. In Celans *Todtnauberg* artikuliert sich, wie in seinen anderen Gedichten auf andere Weise, *unter dem besonderen Neigungswinkel seiner Existenz* eine menschliche, eine Sprach- und Denkerfahrung, die, in großer Nähe zu Heideggers »Schritt zurück«, noch hinter diesen zurück und über ihn hinaus ins bloß Halb-Beschreitbare geht. Diese Erfahrung, so sehr sie eine des Denkens ist, läßt sich in philosophischen Begriffen nicht fassen, in Heideggers Sprache des Wesens deutet sie sich schwankend an, deutlich, gedacht und menschlich wird sie in der *Wasen*-Sprache von Celans Gedicht.

Heidegger hat sich durch sein Gespräch mit Celan nicht zu einer öffentlichen politischen Erklärung bewegen lassen. Das Echo, das Celan auf seine klaren und vermutlich kruden Worte erwar-

[63] GW 3, pp. 167–68.

tet hatte, blieb aus, eine Warnung vor nazistischen Tendenzen im damaligen Deutschland gab es aus Heideggers Feder nicht. Am 2. November 1967, drei Monate nach der Niederschrift von *Todtnauberg*, wandte sich Celan an Robert Altmann, den Verleger der Éditions Brunidor, und machte ihm den Vorschlag, einen Einzeldruck des Gedichts in begrenzter Auflage herauszugeben.[64] Von Altmann hatte Celan, der ihn durch die Vermittlung seines Freundes Ghérasim Luca kennengelernt hatte, bereits 1965 eine bibliophile Ausgabe des Zyklus *Atemkristall* mit Graphiken seiner Frau Gisèle Celan-Lestrange publizieren lassen; im Januar 1967 eine Karte mit dem Gedicht *Schlafbrocken* und einer Radierung von Gisèle als Neujahrsgabe für Freunde des Paares; im Mai desselben Jahres *Grambeschleunigt* mit sechs Radierungen seiner Frau. Am 12. Januar 1968 – am selben Tag, an dem Celan eine Vorlesung von Adorno im Collège de France besuchte – erschien der Brunidor-Druck von *Todtnauberg* in einer Auflage von 50 Exemplaren, deren erstes an Heidegger geschickt wurde[65], weitere Exemplare wurden denjenigen geschenkt, die aus größerer oder geringerer Nähe zum Todtnauberger Treffen beigetragen hatten oder an ihm beteiligt waren.[66] Damit war das Gedicht zu einem offenen Brief an Heidegger geworden. Es enthielt eine Mahnung, die von seinem Adressaten umstandslos als solche anerkannt wurde, aber es blieb vor allem ein Gedicht, das sich in dieser Mahnung nicht erschöpfte, und wurde als solches von Heidegger nicht verstanden.

Die drei wichtigsten Sätze des Briefs, mit dem Heidegger auf dieses Geschenk, das in jedem Sinn eine Herausforderung war, zwei Wochen später antwortete, teilte Celan in einem Schreiben vom 2. Februar 1968 an Robert Altmann mit: *Lieber Herr Altmann, / lassen Sie mich Ihnen nur die drei zentralen Sätze aus Martin Heideggers Brief vom 30. Januar zitieren: / »Das Wort des Dichters, das ›Todtnauberg‹ sagt, Ort und Landschaft nennt, wo ein Denken den Schritt zurück ins Geringe versuchte – das Wort*

---

[64] *Correspondance II*, 573 (dt. Bd. 2, p. 476).
[65] Genauere Angaben zu den Drucken, ihren Formaten und Auflagenzahlen finden sich zusammen mit biographischen Hinweisen im *Gesamtverzeichnis der Brunidor Editionen, kommentiert von Robert Altmann* (ed. Evi Kliemand); Schaan / Liechtenstein: edition eupalinos 2000, pp. 36–41. – Zu den Publikationsdaten cf. die »Chronologie« in *Correspondance II*.
[66] Eine Liste der Empfänger dieses ersten Drucks von *Todtnauberg* ist abgedruckt in Hadrien France-Lanord: *Paul Celan et Martin Heidegger. Le sens d'un dialogue*, l.c., p. 240 (dt. p. 214).

des Dichters, das Ermunterung und Mahnung zugleich ist und das Andenken an einen vielfältig gestimmten Tag im Schwarzwald aufbewahrt. / ...... / Seitdem haben wir Vieles einander zugeschwiegen. / Ich denke, dass einiges noch eines Tages im Gespräch aus dem Ungesprochenen gelöst wird.« / Wenn wir uns, wie ich hoffe, nächste Woche sehen, bringe ich Ihnen den Brief mit. / Mit herzlichen Grüßen / Ihr / Paul Celan / 2. Februar 1968.[67] Heidegger lässt keinen Zweifel daran, dass er die Gespräche mit Celan seit ihrer Begegnung im Stillen fortsetzt; er lässt auch keinen Zweifel daran, dass er Celans Gedicht als *Ermunterung und Mahnung* versteht, es nicht dabei bewenden zu lassen, *Vieles einander zugeschwiegen* zu haben, sondern das Schweigen zu brechen und sich öffentlich gegen jede Assoziation seiner Person und seines Denkens mit einer mörderischen Gleichschaltungspolitik zu erklären. Er lässt aber ebenso wenig einen Zweifel daran, dass für ihn eine solche öffentliche Erklärung nicht in Frage kommt, und dass, was sich *eines Tages [...] aus dem Ungesprochenen* lösen mag, es nur *im Gespräch* – und vermutlich in der Fortsetzung des privaten Gesprächs mit Celan – tun könne. Damit ist Celans Hoffnung, die er in seiner Hüttenbuch-Eintragung angedeutet und im Brief an seine Frau ausgesprochen hatte: *que Heidegger prendra sa plume et qu'il écrira quelques pages faisant écho, avertissant aussi, alors que le nazisme remonte,*[68] damit ist diese gegenüber Heidegger mindestens zweimal geäußerte Hoffnung enttäuscht. Celan wird aber nicht nur seine politische Hoffnung enttäuscht gefunden haben, er musste enttäuscht und sogar verbittert darüber sein, dass sein Gedicht von Heidegger nicht verstanden, dass es nicht als Gedicht und nicht als philosophisch bedachter Einspruch gegen jede *Topologie des Seyns* verstanden worden war. Die unverkürzte Zitierung des ersten der *drei zentralen Sätze* von Heideggers Brief deutet darauf hin, dass Celan auch diesen, und nicht nur die beiden folgenden, die von Schweigen und Gespräch reden, in jeder Hinsicht anstößig fand.

Das Wort des Dichters, das »Todtnauberg« sagt, Ort und Landschaft nennt – so schreibt Heidegger, aber Celans Gedicht *nennt* den Ort nur, indem er ihn umbenennt und entnennt, dem *-berg*

---

[67] *Correspondance II*, p. 576, und France-Lanord (l.c.), p. 244 (dt. 216). – Heideggers Brief wurde zum ersten Mal vollständig abgedruckt im Artikel von Stephan Krass in der Neuen Zürcher Zeitung vom 3./4. Januar 1998. Seither auch bei France-Lanord, l.c., pp. 241–42 (dt. p. 215).
[68] *Correspondance I*, p. 550.

nicht die Bergung – Verbergung oder Entbergung – belässt, sondern ihm *Krudes [...] deutlich* entgegenhält; *Todt-* nicht als bloße Komponente eines Ortsnamens zitiert, sondern es in ein *-moor* und *mort* versetzt und ihn mit den *Knüppel-/pfaden* als gewaltsamen Tod, als Mord kenntlich macht; in der *-au-* keine idyllische Stätte in einer Wald- und Wiesenpoesie evoziert, sondern einen Anger und Schindanger, einen *Wasen*, in dem mit dem Wesen des Seins auch dessen Name, dessen Ort und dessen währender Bestand verrückt, zersetzt und versprengt werden. *Ort und Landschaft [...], wo ein Denken den Schritt zurück ins Geringe versuchte –*, so schreibt Heidegger und reduziert Celans Rückgang zu den Ermordeten eines Terrorregimes auf eine Wallfahrt zum Ort des Denkens des Seins und seiner Vergessenheit, reduziert ihn auf einen *Schritt zurück ins Geringe*, wo Celan ausdrücklich von nur *halb-/beschrittenen Knüppel-/pfaden* spricht, und reduziert ihn, wo Celan von einer irreduziblen Unvergeßbarkeit von anderem als Denken und anderem als Sein spricht, auf eben nur diese beiden. *Das Wort [...], das das Andenken an einen vielfältig gestimmten Tag im Schwarzwald aufbewahrt –*, so schreibt Heidegger und erklärt damit Celans Gedicht zu einem impressionistischen Stimmungsstück, dessen ›Vielfältiges‹ die im Gedicht sorgsam exponierte Differenz zwischen *viel* und ›fiel‹ ebenso überdeckt wie die ›Gestimmtheit‹ die Stummheit, die in den Paronomasien, Heterographien und Pausen des Gedichts *gegen* die Sprache der Benennung *mit* ihr spricht. *Seitdem haben wir Vieles einander zugeschwiegen –*, schreibt Heidegger, aber *Feuchtes,/viel* schweigt nicht, es bringt das Schweigen von Wasen und Moor, das Schweigen, das Mord und Blutiges verbirgt und noch in *Feuchtes* – als nicht verlautendes *feu*, dem französischen Wort für ›Feuer‹ wie für ›verstorben‹ – sich andeutet, zur Sprache, bringt es als Verschweigen und Schweigen, als erzwungene Stummheit und als die völlig andere unvermeidliche Stummheit des Sprachlosen zur Sprache, und tut damit just das, was Heidegger zu tun sich weigert. Anders als Heidegger es wahrhaben will, haben er und Celan nicht *einander* Vieles zugeschwiegen. Heidegger mag Vieles zugeschwiegen haben. Celan hat ein Gedicht, ein sehr großes, geschrieben, das mehr als nur spricht, er hat es zunächst durch den Einzeldruck, dann durch die Aufnahme in *Lichtzwang* zu einem öffentlichen und in jedem Sinn offenen Brief gemacht, adressiert nicht nur an einen, sondern an einen Jeden und in einem Jeden an Niemand. Heidegger hat das Geschenk, das ihm damit gemacht war, nicht verstanden, nicht aufgenommen und nicht beantwortet. Die Worte, mit denen er es charakterisiert, sind genau diejenigen, die von diesem Gedicht dementiert werden.

Celan las trotz seiner Verstimmung wenige Monate nach Heideggers Brief, im Juni 1968, wieder in Freiburg und unternahm mit Heidegger wieder einen Ausflug ins Moor. Zwei Jahre später, im März 1970, Celan war kränker denn je, kam es zu einem letzten, dem dritten Treffen zwischen den beiden in Freiburg und zu einer Verabredung für ein weiteres im Donautal. Einen Monat später, im April, nahm sich Celan in der Seine das Leben. Nach seinem Tod wurde unter seinen Papieren der undatierte Entwurf zu einem Brief an Heidegger gefunden, der als Antwort auf dessen unverbindliches Dankschreiben für *Todtnauberg* gelesen werden kann. In dem Fragment spricht Celan nicht nur als historisch und politisch denkender Mensch, sondern ausdrücklich als einer, dem es um die Verantwortung des Denkens nicht weniger als um die des Dichtens geht. Der kurze Text sagt: *dass Sie durch Ihre Haltung das Dichterische und, so wage ich zu vermuten, das Denkerische, in beider ernstem Verantwortungswillen, entscheidend schwächen.*[69] Die *Haltung*, auf die er diese Schwächung zurückführt, dürfte kaum eine andere sein als die Zurückhaltung, mit der Heidegger all dem begegnete, was in Celans Gedicht *Waldwasen, Krudes, Hochmoor* und *Feuchtes, / viel* heißt. Es war der Gestus dessen, der sich festhält, die Antwort auf das, was ihm den Halt zu entziehen droht, verweigert und seine Verantwortung dafür – die Verantwortung für das Unverantwortbare – leugnet.

In der zweiten Schrift, die Heidegger neben *Aus der Erfahrung des Denkens* auf der Todtnauberger Hütte Celan zum Geschenk gemacht hatte, der Gedenkrede auf den Kunsthistoriker Hans Jantzen, heißt es von dessen *seltene(r) Art zu ek-sistieren –: Ich nenne dieses Vermögen: Das Zuvorkommen in der Zurückhaltung.*[70] Einen Monat vor dem Zusammentreffen, am 23. Juni 1967, hatte Heidegger in einem Brief an Gerhart Baumann geschrieben: *Schon lange wünsche ich, Paul Celan kennen zu lernen. Er steht am*

---

[69] Zuerst zitiert in Robert André: *Gespräche von Text zu Text. Celan – Heidegger – Hölderlin*, Hamburg: Meiner 2001, p. 226. Seither in *Correspondance II*, p. 598; und France-Lanord p. 249 (dt. p. 218).

[70] Hier zitiert nach Martin Heidegger: *Reden und andere Zeugnisse eines Lebensweges* (Gesamtausgabe Bd. 16), Frankfurt a. M.: Klostermann 2000, p. 687. – Celans Exemplar der Schrift *Erinnerung an Hans Jantzen* trägt die Widmung: *Für / Paul Celan / zur Erinnerung / auf der Hütte / am 25. Juli 1967 / Martin Heidegger.* (Bphi 338.)

weitesten vorne und hält sich am meisten zurück. Ich kenne alles von ihm, [...].[71] Die Vorstellung, die Heidegger von Celan hegte, entsprach seiner Idee nicht nur einer *seltenen*, sondern der höchsten *Art zu ek-sistieren*: derjenigen, die dem *denkenden Dichten* ansteht. Aber Celans Dichtung steht, immer noch, am weitesten vorne – wo immer es sei – und hält sich am wenigsten zurück.

---

[71] Gerhart Baumann: *Erinnerungen an Paul Celan*, l.c., pp. 59–60.

Epoché Gedicht
Celans *Reimklammer* um Husserls Klammern
(2012)

Philosophie hat sich durch den Anspruch definiert, das, was ist, und dies, *dass* es ist, auszusagen als das, was zur Erscheinung kommt, und dies Erscheinende in einer solchen Sprache zu sagen, die es im Bereich des Erscheinens befestigt. Der *logos apophantikos* war als aufweisende Rede das privilegierte Organon, in dem sich die Phänomene bekunden, und dieser apophantische Logos war die Bestimmungsinstanz der Phänomene auch dort noch, wo sie mit ihrem Erscheinen an sich hielten, den Bereich der Erscheinungen verließen oder das Maß des Erscheinens verfehlten: wo sie, kurzum, ihre Phänomenalität dementierten. Philosophie verstand sich deshalb im emphatischen Sinn als Logik der Phänomene, sie war Ontologie nur als Wissenschaft dessen, was vermöge der Sprache und unter dem Blick der *theoria* zum Sein in der Erscheinung – des *eidos* und der *idea* – kommt, und musste sich als Logik des *logos apophantikos* vornehmlich sich selbst, ihrer eigenen Sprache und dem bedachten Sprechen dieser Sprache zuwenden. Sie musste sich aber auch denjenigen sprachlichen Phänomenen zuwenden, die nicht ihre eigenen waren, um selbst an ihnen zum Vorschein zu bringen, was für die Sprache der Selbstphänomenalisierung brauchbar war. In ihrer Wendung zu den Formen der Kunst und denen der Rhetorik konnte sie nicht verfehlen, auf solche zu stoßen, die nicht dem Schema der aufweisenden Rede entsprachen, aber doch einem *logos semantikos*, der vermöge seiner Bedeutsamkeit den Vorhof zur eigentlich phänomenalen und darum erst distinkt sprachlichen Sprache eröffnen konnte. Deshalb galt, was von ihr als *poiesis*, *ars* und Kunst angesehen wurde, als bloßes Vorspiel zur Philosophie bereits lange bevor die philosophische Ästhetik es zu Beginn des 19. Jahrhunderts als im Medium der Sinnlichkeit befangene und deshalb geschichtlich überlebte Modalität des Erscheinens auf eine Vorstufe der Phänomenologie des absoluten Geistes verwies.

Die Geste der Philosophie gegenüber der Kunst war die der Rückholung einer vor-philosophischen, weil nicht durchweg ihrer selbst mächtigen, unmündigen, weil nicht rein sich selbst zur Erscheinung und zum Bewusstsein bringenden und darum im strengen Sinn – dem Sinn jedes Sinns – vor-sprachlichen Sprache. Philosophie sollte Sprache *par excellence*, sie sollte die Sprache der Sprache und darin die Erscheinung des Erscheinens der Welt sein; die Sprachen der Kunst galten dagegen nur als Sprachen eines täuschenden Anscheins, der sich nicht zur Gediegenheit wahrhafter Phänomene herausarbeiten konnte, weil er nicht den Weg zu ihrer Herkunft aus der produktiven Kraft der Sprache ging. Diese phänomenalisierende und phänomeno-logisierende Kraft wurde aber, als Subjektivität charakterisiert, zu derjenigen Setzungs- und Selbstsetzungsinstanz erklärt, auf die ihre Epiphänomene und allen voran die ephemeren Produkte der Phantasie zurückgeführt werden musste, wenn sie ihren Grund erreichen, sich selbst begreiflich und in sprachlicher Prägnanz der Theorie vor Augen gestellt werden sollte. Die Zurückführung der Kunst auf die Prinzipien der Philosophie galt also der Reduktion bloßen Scheins auf den Ursprung aller Erscheinungen; die Entfernung von den Objektivationen der Kunst war eine Hinwendung zu ihrer Erzeugung aus der Logik der Subjektivität.

Diese Reduktion heißt im spekulativen Idealismus Hegels »Aufhebung«, weil sie den Schein der bloßen Objektivität nur tilgt, um seine substanziellen Züge, seine Gesetztheit, Durchbildung und Bedeutsamkeit, im Subjekt seiner Setzung zu erhalten und in den Stand substanzieller Subjektivität zu erheben. In der transzendentalen Phänomenologie verfährt diese Reduktion nach einer Methode, die von Husserl *epoché* genannt wird, weil sie durch Enthaltung vom Urteil über die Gegenständlichkeit eines jeweils Erschauten, Geglaubten oder Gedachten deren Herkunft aus den ursprünglichen logischen Setzungsakten des Subjekts freilegen soll. Beide Verfahren – Aufhebung und *epoché* – dienen der Abwehr des ephemeren Scheins und der Nichtigkeit im Feld der Phänomene, beide begegnen der Kunst als einer unvollkommenen und zweifelhaften Objektivation und führen sie auf die einzig unzweifelhafte, weil den Zweifel selbst erst in Gang setzende Objektivierungs-Tätigkeit und in ihr auf die irreduzible Subjektivität des Subjekts zurück. Kunst, auch wenn sie sich in nächster Nähe zur Philosophie bewegt, wird von dieser als ihr bloßer Vorbote eingeschätzt, als bestimmungs- und aufhebungsbedürftig, angewiesen

Epoché. Gedicht. Celans Reimklammer *um Husserls Klammern* 145

auf ihre Vervollständigung im seiner selbst bewussten Wort, der logischen Idee.

Mit den philosophischen Vorbehalten gegen sie ist spätestens seit Pindar und Aristophanes und allerspätestens seit der ›progressiven Transzendentalpoesie‹ die sogenannte Literatur auf das intimste vertraut. Sie ist, wenn auch nie im technischen, disziplinären oder gar akademischen Sinn, philosophisch belehrt. Literatur denkt, auch wenn sie Anderes und anders denkt als die Philosophie. Aber wenn sie Philosophien adaptiert, erprobt oder selber entwirft, dann selten ohne jene Distanz, die nicht ironisch oder humoristisch sein muss, um als Aufhebung oder als Epoché zu wirken. Nur ist es nicht diejenige Aufhebung und nicht die Epoché, die ihr von der Philosophie zugedacht wurde, es ist eine, der die Philosophie ihrerseits verfällt, eine hyperbolische Distanzierung und eine Aufhebung zu anderem als dem logischen Selbstbewußtsein, in der die Positionen von Philosophie und Literatur mehr als bloß vertauscht erscheinen, da nicht mehr mit Sicherheit ausgemacht werden kann, ob die eine oder die andere, und ob überhaupt noch dieses Paar oder nicht vielmehr ein Drittes spricht oder ein solches, das von keiner Zahl und keinem Namen erfasst werden kann. Nicht also die Inversion jener Hierarchie zwischen Philosophie und Literatur, die bis ins 18. Jahrhundert relativ stabil blieb, sondern die verstörende Implikation der Möglichkeit einer solchen Inversion gibt zu denken. Wenn die Hierarchie zwischen Philosophie und Kunst nämlich umkehrbar ist, dann nur deshalb, weil keine von beiden über eine gesicherte Form – das Phänomen aller Phänomene –, und keine von beiden über die Sprache – als den Logos der Phänomenalität – verfügt, die den Verkehr zwischen ihnen regulieren könnte. Es reicht also nicht, den Hegelschen Satz vom Ende der Kunst durch die Kunst selbst umgekehrt zu finden und zu behaupten: *Man kann wohl hoffen, dass die* [Philosophie] *immer mehr steigen und sich vollenden werde, aber ihre Form hat aufgehört, das höchste Bedürfnis des Geistes zu sein.*[1] Was mit der Kollusion oder Kollision, der Konjunktion oder Disjunktion zwischen Literatur und Philosophie in Frage steht, ist die Form nicht der einen oder der anderen, sondern diejenige Form, die zwischen

---

[1] Cf. Hegel: *Vorlesungen über die Ästhetik I;* Theorie Werkausgabe, Bd. 13, Frankfurt a.M.: Suhrkamp 1970, p. 142. – Zu Hegels Theorem vom Ende der Kunst cf. meine Studie »(Das Ende der Kunst mit der Maske)« in: *Sprachen der Ironie, Sprachen des Ernstes,* ed. Karl Heinz Bohrer; Frankfurt a.M.: Suhrkamp 2000, pp. 121–155.

beiden zu scheiden und zu vermitteln erlauben und ihnen derart
allererst ihre jeweilige Form zuteilen könnte. In Frage steht, ob
diese Form der Formen nicht eine Form am Rand ihrer selbst, eine
unförmige und unmögliche Form sein muß, die jede systematische
Vermittlung unterbindet, weil sie kein selbstbefasstes, kein autologisch strukturiertes Phänomen darstellen kann. In dem sonderbaren Verhältnis zwischen Philosophie und Kunst zeichnet sich also
ein anderes Verhältnis ab, ein Verhältnis zu einem Verhältnislosen,
in dem die Kunst für dasjenige einsteht, das jeden Halt verweigert,
sich jedem apophantischen Logos entzieht und sich so suspendiert,
wie keine Epoché und keine Aufhebung durch die Philosophie es
könnte.

*

Paul Celan hat in seiner *Meridian*-Rede darauf insistiert, dass
die anschaulichen, die *phänomenalen* Elemente der Dichtung –
ihre Metaphern, Tropen und Topoi – einen Bereich durchqueren
müssen, dem jede Phänomenalität abgeht und der deshalb nur als
atopisch, als *U-topie* verzeichnet werden kann. In den Entwürfen
zu seiner Rede notiert er: *Das Bild? Die Metapher? Sie sind das
Gesehene, Wahrnehmbare, sie haben phänomenalen Charakter.
Das Gedicht ist der [einmalige] Ort, wo alle Tropen ad absurdum
geführt werden.* Und: *Das sind extreme Formulierungen, ich weiß,
vielleicht auch Formulierungen in extremis. [...] Toposforschung?
Gewiß, aber im Lichte des zu Erforschenden, [Ortlosen,] im Lichte
der U-topie.*[2] Zu den eminent *phänomenalen* Elementen der Dichtung, denen die Durchquerung und Erforschung des Ortlosen,
Aphänomenalen aufgetragen ist, gehören auch Metrum, Rhythmus
und Reim. Sie *ad absurdum* führen besagt, ihnen ihre Klanggestalt
nehmen und sie unhörbar werden lassen, noch wo sie ertönen, und
sie derart zu paradoxen Erscheinungen eines Erscheinungslosen
machen. Wenn das Gedicht *der [einmalige] Ort* eines Ortlosen ist,
dann muß es gerade in seinen Reimen, den Extrem- und Randformen des ästhetischen Phänomens, an das Extrem, an die äußersten und die Außengrenzen der Form und somit an ein Formfreies
rühren, statt jener substanziellen Form aller Formen zu genügen,

---

[2] Paul Celan: *Der Meridian*, Tübinger Ausgabe, Frankfurt a.M.: Suhrkamp 1999, p. 38.

Epoché. Gedicht. Celans Reimklammer *um Husserls Klammern*

die von der Philosophie gedacht und nach ihrer Maßgabe von der Kunst erstrebt werden soll.

Die Erkundung des Atopischen, Aphänomenalen und Averbalen, des Un-bestimmten und Stimmlosen wird aber von Celan nicht nur theoretisch gefordert, sie wird in seinen Gedichten betrieben, wo immer thematisch vom Reim die Rede ist und wo immer der Reim, besonders nach *Sprachgitter*, als dichterisches Element eingesetzt wird. So heißt es in »Ein Wurfholz« vom Wort, das *ver-/nichtet,/verbracht und verworfen* wurde, es sei *sich selber der Reim, –/so kommt es/geflogen, so kommts/wieder und heim*: auf sich selber der Reim ist das Wort also allein im Übergang zu seiner Vernichtung und im Rückgang zur Stummheit.[3] In »Dein Heim«[4] steht der Vers: *elektrisch gereimt und entreimt*; in »Seelenblind«[5] erscheint *der Entreimte*. Mit ungewöhnlicher Häufigkeit benutzt Celan in seiner Lyrik aber auch die entgegengesetzte Extrem- und Randform der Artikulation, die Klammer: ein Graphenpaar, das – ähnlich wie Gedankenstriche – stumm eine Pause markiert und, wie er es um einzelne Wörter, Verse oder ganze Strophen setzt, als Asyl oder Krypta, als Schale, Mandorla, Höhle oder Kammer, oft als jene ortlose *U-topie*, von der die *Meridian*-Rede handelt, und fast immer als Index der Aphonetisierung, des Rückzugs ins Aphänomenale und Averbale gelesen werden kann. In Celans Werk fallen zwei Gedichte besonders dadurch auf, dass sie beide Extremphänomene – den Reim und die Klammer – zugleich verwenden. Die Texte beider Gedichte, die emphatisch in Reimen sprechen, stehen insgesamt zwischen Klammern. Es sind das »(Ich kenne dich, du bist die tief Gebeugte …« aus *Atemwende* und »Klammer auf, Klammer zu«, ein von Celan mehrfach bearbeitetes, für den Band *Schneepart* bestimmtes, dennoch nicht von ihm veröffentlichtes, wohl aber aufbewahrtes Gedicht. Es erkun-

---

[3] Paul Celan: *Gesammelte Werke*, Bd. 1, Frankfurt a. M.: Suhrkamp 1983, p. 258. – Der Reim von *Reim* auf *heim* erscheint zum erstenmal 1944 in »Nähe der Gräber«: *Und duldest du, Mutter, wie einst, ach, daheim,/den leisen, den deutschen, den schmerzlichen Reim?* (GW 3, p. 20) Die in Frage gestellte Verbindung des Reims mit dem Heim und der Mutter – der Muttersprache und der Sprache als Mutter – bleibt für Celans heikles Verhältnis zum Reim fortan entscheidend.

[4] Paul Celan: *Gedichte aus dem Nachlaß*; ed. Bertrand Badiou, Jean-Claude Rambach und Barbara Wiedemann, Frankfurt a. M.: Suhrkamp 1997, p. 271.

[5] Paul Celan: *Gesammelte Werke*, Bd. 2, Frankfurt a. M.: Suhrkamp 1983, p. 183.

det in äußerster Kondensierung explizit den Zusammenhang zwischen einem extrem *phänomenalen* Formelement der Lyrik, dem Reim, und der unlyrischen, averbalen Klammer.

»Klammer auf, Klammer zu« datiert, zusammen mit zwei anderen Gedichten – »Mit Rebmessern« und »Lößpuppen« – vom 21.7.1968. Es ist von Celan nicht nur auf den Tag, sondern auf die Minute genau datiert. In der ersten Niederschrift lautet das Datum: *21.7.68 / Unterwegs / 10 Uhr 10, Rue d'Ulm*. Der Text des Gedichts, dessen Wortlaut sich in den zwei folgenden Fassungen vom selben Tag nicht ändert, hat in der ersten Niederschrift diese Form:

Einmal die Klinge,
    einmal die Schneide,
    einmal keins
Nichts ist verloren,
    nichts ist erkoren
    Einer sagt eins

Erst in der zweiten, ebenfalls handschriftlichen Fassung trägt der in zwei Strophen zu je drei stufenförmig angeordneten Versen gegliederte Text einen Titel, nämlich *Klammer auf, Klammer zu*. Er wird dort gestrichen und ersetzt durch das von einem Doppelpunkt gefolgte Wort *Reimklammer*. Dieser Titel wird auch in die dritte überlieferte Niederschrift, diesmal einem Typoskript vom selben Tag, übertragen, wird dort aber handschriftlich wieder durch den älteren ersetzt: *Klammer auf, Klammer zu*. Zudem wird die ursprüngliche Strophenform von zwei absteigenden Dreizeilern zugunsten einer dreizeiligen Fassung aufgegeben, in der die drei Verse der ursprünglichen ersten Strophe in einen einzigen Vers, die drei Verse der zweiten Strophe in zwei Verse zusammengezogen und beide Versgruppen durch eine Leerzeile von einander abgerückt sind. War in der zweiten Niederschrift nur die erste Strophe zwischen Klammern gesetzt, so steht in der letzten der gesamte Text nach dem Titel zwischen Klammern.[6] Die Änderungen an der Betitelung, den diakritischen Zeichen und der Choreographie der Verse des ersten Notats ergeben in der letzten Fassung das Gedicht:

---

[6] Paul Celan: *Die Gedichte aus dem Nachlaß*, l.c., pp. 196, 479–480.

Epoché. Gedicht. Celans Reimklammer *um Husserls Klammern* 149

KLAMMER AUF, KLAMMER ZU
(Einmal die Klinge, einmal die Schneide, einmal keins.
Nichts ist verloren, nichts ist erkoren,
Einer sagt Eins.)

Das eine Wort, das im Verlauf der Entstehung des Gedichts auftaucht und wieder verschwindet, *Reimklammer*, ist die Inversion eines anderen, in der Verslehre gebräuchlichen Kompositums. Man spricht von ›Klammerreim‹ oder von ›umarmendem Reim‹, um ein Schema von symmetrischen Endreimen zu charakterisieren, in dem – wie in *abba* – eine Versgruppe von einer anderen umfangen oder umklammert wird. Eine solche Klammerfunktion der Endreime ist in der ersten Niederschrift nicht ersichtlich; ihr Reimschema lässt sich als *abc/ddc* notieren. Erst der kompositorische Umbau der Verse lässt in der letzten Fassung *keins* und *Eins* als Klammer um *erkoren* – einschließlich der entsprechenden Leerstelle des Spatiums – hervortreten, so dass das Reimschema als *aoba* notiert werden kann. *Keins* und *eins* bilden also eine Reimklammer, aber eine Klammer bilden auch die erste Silbe des Textes, *Ein-*, und die letzte, *Eins*, und ihre Klammerfunktion bleibt in dem dreifach wiederholten *einmal* des ersten Verses – *(Einmal die Klinge, einmal die Schneide, einmal keins.)* – ebenso erhalten wie in der Struktur des letzten Verses – *(Einer sagt Eins.)* –, in dem die Reimklammer aus dem ersten und dem letzten Wort, *Einer* und *Eins*, um das dazwischen stehende Prädikat *sagt* gebildet wird.

Damit nicht genug: Die Reimklammern, die von den beiden Außenversen gebildet werden und zugleich ihre Binnenstruktur determinieren – *(Einmal ... keins // Einer ... Eins)* –, bestimmen auch den zweiten Vers: *Nichts ist verloren, nichts ist erkoren,* dessen zwei Hälften aus parallel konstruierten Syntagmen bestehen und in dem, ob durch Reim oder Wiederholung desselben Wortes, jedes Korrespondenzpaar die zwischen ihnen stehenden Wörter umklammert. Von den beiden *Nichts* und *nichts* werden *ist verloren*, vom ersten und vom zweiten *ist* werden *verloren, nichts*, und von *verloren* und *erkoren* werden die Wörter *nichts ist* umklammert. Diese Klammerserie enthält kein Wort, das nicht zu einer Klammer gehörte, und keines, das nicht zugleich seinerseits von andren, gleichfalls den Klammern zugehörigen, eingeklammert wäre. Alle grammatischen, metrischen und phonetischen Charaktere dieses einen Doppelverses definieren sich als Klammerfaktoren in dem doppelten Sinn, dass sie alle anderen umfassen und derart in sich enthalten, und von allen andren umfasst und in ihnen enthalten sind. Klammer und Eingeklammertes, Drinnen und Draußen, diese und alle korrespondierenden Oppositionsfunktionen, die im Text explizit oder implizit am Werk sind, sind aus ihrer binären und zugleich hierarchischen Struktur entlassen, weil jedes einzelne Element jeweils beide Funktionen, die des Umgreifenden und die des Umgriffenen, des Enthaltenden und des Enthaltenen übernimmt. Inhalt und Form werden durch das um Wiederholung und Parallelismus erweiterte Reim-Paradigma derart in eins gesetzt, dass alle inhaltlichen Bestimmungen zugleich als formale, alle formalen zugleich als inhaltliche erscheinen. Wenn die Klammer – oder die Reimklammer – um eine Wortgruppe deren Grenzen bezeichnet, so besteht dieser Vers wie auf andere Weise alle Verse dieses Gedichts allein aus solchen Grenzen, aber da er nur aus ihnen besteht, gibt es für ihn kein Außen und kein Innen, sondern allein die Bewegung – und zwar die immer wieder aufs neue einsetzende Bewegung – der Grenzziehung und ihres Aussetzens. Was gesagt wird, steht durch die Art, wie es gesagt wird, in allen seinen Elementen auf dem Sprung zwischen Klammer und Umklammertem und hält in diesem Sprung – wie in einem Enjambement – inne.

Das formale Gerüst dieser Verse, das jedes ihrer Elemente als Reim und somit jedes als Klammer ausweist, erstreckt sich noch in ihre semantischen und ihre historischen Dimensionen. Wie der Klammerreim zwischen Anfangs- und Schlußvers *keins / Eins*, so lässt der Binnenreim des zweiten Verses *verloren / erkoren* die semantische Opposition zwischen Negation und Selektion in phonetischer Korrespondenz zusammenklingen. Durch den Reim gerät die individuelle Bedeutung unter das Primat der allgemeinen Struktur und stellt sich als deren semantisches Korrelat dar. Ob *verloren* oder *erkoren*, ob *keins* oder *Eins*, so konträr die Aussagen dieser Wörter sein mögen, ihre semantische Opposition ist suspendiert durch ihre Zugehörigkeit zum Reimformular und zur Klammerfunktion, die es erfüllt. Der Reim wird zum Ausweis einer nicht nur formellen, bloß phonetischen, sondern einer substanziellen Zusammengehörigkeit zwischen extremen semantischen Bestimmungen. Durch die Wahl der beiden Reimwörter *verloren* und *erkoren* wird diese Zusammengehörigkeit überdies im Reimrepertoire der Tradition deutscher Lyrik begründet, da sie sich als Echo, als Nachhall oder als Reim auf entsprechende Reimpaare zum Beispiel bei Luther, bei Goethe und bei Wagner lesen lassen.

In dem Kirchenlied »Ein feste burg ist unser Gott« heißt es: *Mit unser macht ist nicht gethan / Wir sind gar bald verloren / Es streit für uns der rechte mann / Den Gott hat selbs erkoren*.[7] In Goethes »Trilogie der Leidenschaft« wird Werther mit den Worten angesprochen: *Zum Bleiben ich, zum Scheiden du erkoren, / Gingst du voran – und hast nicht viel verloren*.[8] Und bei Wagner singt Isolde zu sich selbst mit Blick auf Tristan: *Mir erkoren, – / Mir verloren, –*[9] Wenn Celan die durch Reimtradition stabilisierte Harmonie zwischen *verloren* und *erkoren* in seinem Gedicht wiederaufruft und seine Reime auf die überlieferten reimen lässt, dann exponiert er nicht nur deren formulaischen Charakter, er macht seinen Vers überdies zur Abbreviatur einer Dichtungsgeschichte des Reims zwischen Theologumenon und Opernphrase. In ihrem durch Negation abgewiesenen Echo – *Nichts ist verloren, nichts ist erkoren* – rückt diese Geschichte aber in eine Distanz, die dem Vers erlaubt, sie zugleich zu enthalten und sich von ihr fern zu halten. Abgesetzt und ferngerückt, ist die historische Semantik dieser Reime zwar nicht *verloren*, sie ist aber auch nicht *erkoren*, sondern spricht ohne Privilegierung oder Verlust neutralisiert in diesem Vers nur mit. Die Reimwörter und die Reimform, die sie verbindet, unterliegen in ihrer Wiederaufrufung einem Widerruf ihres semantischen Gehalts wie ihrer Harmonisierungsfunktion; sie sind auf dem Weg ihrer Asemantisierung und Defunktionalisierung; es geschieht ihnen, dass sie an den Rand ihrer Geschichte gebracht und dort, im Aussetzen ihres Geschehens, einem Intensivum ihrer Geschichtlichkeit, suspendiert sind. Der Reim selbst ist seine – suspendierende – Klammer.

Der Klammercharakter des Reims und der reimähnlichen paradigmatischen Elemente des Gedichts – seiner Parallelismen, Wiederholungen und Echostrukturen – wird nicht nur von allen Elementen des Textes realisiert, er wird von ihnen überdies als Thema bezeichnet. Doch thematisiert wird die ›Klammer‹ nicht primär als Instrument des Zusammenhalts, wie eine Papierklammer, eine Haarspange oder eine Fibel es wäre, sondern als die konventionelle graphische Markierung in einem Text, die einen Einschub, eine Parenthese oder eine Interjektion umrahmt und die ein

---

[7] Martin Luther: *Die deutschen geistlichen Lieder*, ed. Gerhard Hahn, Tübingen: Niemeyer 1967, p. 39 f.
[8] Goethe: *Berliner Ausgabe*, Bd. 1, Berlin: Aufbau 1976, p. 496.
[9] Richard Wagner: *Tristan und Isolde* (I, 2), in: *Die Musikdramen*, München: Deutscher Taschenbuch Verlag 1978, p. 324.

Deutschlehrer – wie Celan es an der École Normale Supérieure in der rue d'Ulm war – den Schülern bei einem Diktat mit »Klammer auf« und »Klammer zu« bezeichnet. Die Benennung für dieses Graphem, das wie ein Reim nur paarig auftritt, ist ebenso eine Metonymie wie die Rede vom Reim als einer Klammer und von der Reimklammer. Beide evozieren jene andere ›Klammer‹, die als technisches Utensil für die Bündelung von Disparatem eingesetzt wird, und beide sind als Metonymien nicht nur Übertragungen einer Vorstellung in eine benachbarte andere, sondern zugleich Verklammerungen mit der ›Klammer‹ als dem Paradigma paariger Relationen.

Es ist dieses Doppel-Graphem mit seiner konvexen und konkaven Krümmung – ( ) –, das im ersten Vers von Celans Gedicht seinerseits mit der Doppel-Metonymie von *Klinge* und *Schneide* charakterisiert wird, die sich zum einen durch die ikonische Analogie mit der graphischen oder typographischen Klammer nahelegt, zum anderen durch den Anklang von *Klinge* an den Reim als Klangphänomen und durch die materielle Zusammengehörigkeit von *Klinge* und *Schneide*. Wie man von einem ›grammatischen Reim‹ spricht, wenn ein Verb in verschiedenen Flexionsformen – wie ›ich grabe, du gräbst‹ – wiederholt wird, so kann man die Paronyme *Klinge* und *Schneide* als ›semantische‹ oder ›Figuralreime‹ charakterisieren. Sie bedeuten, obgleich verschieden klingend und in verschiedener Schreibung, annähernd das selbe, und sind derart nicht nur Metonymien der Klammer, sondern verhalten sich zueinander wie Reime. Die Elemente der vom ersten bis zum letzten Wort des Gedichts dominierenden Reimsilbe *ein* finden sich überdies in beiden Klammer-Wörtern, in *Klinge* wie in *Schneide*, wieder; sie legen in ihrer Verbindung mit dem wiederholten *einmal* nicht nur das Reinklammer-Schema des Textes, sondern in dem verbleibenden *-mal* auch den Doppelsinn von graphischer Markierung und Wundmal – einem von *Klinge* und *Schneide* beigebrachten Stigma – bloß.

Damit ist das Paradigma der Reimklammer auf das gesamte Gebiet der Sprache dieses Textes ausgedehnt. Alle sprachlichen Verhältnisse, ob im Bereich der Morphologie, der rhetorischen Figuren oder der Grapheme, auf dem Niveau der Phonetik, der Syntax, der Semantik oder der historischen Pragmatik, sind determiniert als Beziehungen zwischen paarigen oder parallelen Elementen: sie sind Reim- und Klammerverhältnisse, in denen Disparates und sogar Widerstreitendes zusammengefasst und diese Fassung zugleich

Epoché. Gedicht. Celans Reimklammer *um Husserls Klammern* 153

außer Funktion gesetzt ist. Klammern haben – wie das griechische Wort für sie, *synthesmoi*, besonders deutlich macht – Synthesis-Charakter. Die beiden Metonymien, die Celan für die öffnende und die schließende Klammer gebraucht, scheinen im denkbar schroffsten Kontrast zu ihrer Synthesis- und Halte-Funktion zu stehen, da sie die Klammer nach den von ihr geweckten ikonischen Assoziationen als *Klinge* und *Schneide* – eines Dolchs oder eines Messers – bezeichnen. Die Synthesis wird *per antiphrasin* vollzogen, der Zusammenhalt durch Scheidung und Zerschneidung herbeigeführt. So paradox die Logik einer solchen Darstellung durch das Gegenteil scheinen mag, jedes Gedicht, und dieses explizit, setzt sich durch seine konstitutiven Formelemente von allen übrigen sprachlichen Äußerungen ab, trennt sich durch einen Rahmen von seiner Umgebung und setzt sich in die Klammern seiner Form – in ein Intervall, wie Celans Vers es deutet – zwischen *Klinge* und *Schneide*. Jeder Text – und mit größter Emphase dieser – ist sein eigener Paratext. Es ist also kein Ausdruck der privaten Obsessionen dessen, der mehrfach sich selbst und Andere mit Messerstichen verletzt hat, sondern die präzise Artikulation einer strukturellen Eigentümlichkeit der dichterischen – doch darüber hinaus jeder – Sprache, wenn Celan den Zusammenhalt durch Klammern als einen Zusammenhalt durch *Klinge* und *Schneide* darstellt. Der Horizont einer jeden Erscheinung, herausgeschnitten – *horizein* – aus einer Mannigfaltigkeit von Ungefährem, ist eine Klammer, die dieser Erscheinung ihre bleibende Form sichern soll. Erst der Schnitt, ob Klammer oder Reim, verbindet; erst eine Serie von Disjunktionen entfaltet die Kraft zur Synthesis. Da aber ausnahmslos jedes Element von Celans Text durch seine Reimklammer-Struktur – und somit durch Verbindung und Schnitt zwischen Verbindung und Schnitt – definiert ist, bezieht sich jedes Element auf das andere und sich selbst als *Klinge* und *Schneide*. Das Gedicht schneidet sich selbst und noch sein Ausschneiden aus. Es steht am Rand des von ihm ausgeschnittenen Horizonts über ihn hinaus, auf Messers Schneide und neben ihr, trans-horizontal, ein Paratext seiner selbst, ohne ein substanzielles Residuum zu bieten, das der Text ›selbst‹ wäre.

Das Gedicht ist der – ortlose – Ort, an dem seine Messer sich kreuzen.[10] Gleichklänge sind die von gleichen Klingen, Zusam-

---

[10] *Mein Gedicht ist mein Messer*, diesen Titel trägt die Sammlung von Selbstkommentaren und poetologischen Räsonnements von Lyrikern, die Hans Bender 1955 herausgibt und der er 1961 unter dem selben Titel eine

menklänge Überschneidungen ihrer Schneiden. In ihnen kreuzen die Elemente des Gedichts nicht nur einander, jedes kreuzt und durchkreuzt sich selbst. Deshalb verfährt das Gedicht nicht als progressive Segmentierung eines ihm fremden Materials, vielmehr konstituiert es sich in einer Serie von Sui-Segmentierungen, von autochirurgischen Schnitten und Malen, aus denen sein Klang- und Sinnkörper allererst hervorgeht. Was als Gedicht geschieht, ist die generative Autovivisektion seiner Sprache. Damit hat es sich vom semiotischen Basisaxiom der ästhetischen Tradition gelöst. Es operiert nicht mit Zeichen, die auf ein bereits gegebenes oder durch es erzeugtes Phänomen, nicht mit Bildern, die auf Anschauungen oder Vorbilder verweisen, sondern mit Markierungen, die Differenzen eröffnen, doch die markierten und vermöge ihrer Markierung stabilisierten Differenzen durch ihre Re-Markierung in Bewegung versetzen und derart die differenziellen Markierungen zu sui-differenziellen, die Iterationen zu Sui-Alterationen eines in sich selbst fortgesetzt Anderen werden lassen. Was in dem Versteil *Einmal die Klinge, einmal die Schneide* mit *Einmal* als Mal – als einmaliger Klang, Graphem und Klammerbogen – markiert ist, wird mit einem nochmaligen *einmal* aufs neue, doch mit der Differenz re-markiert, dass es nicht eine *Klinge*, sondern eine *Schneide* und derart eine metonymische Verschiebung ist, worin die vorherige Markierung bewahrt und zugleich zu einer benachbarten anderen bewegt erscheint. Damit ist die Bewegung einer Semiose durch fortgesetzte Dissektion einer Markierung, durch ihre Duplikation in Nachbar-Markierungen, durch Fort-setzung jeder Setzung skizziert. Jede Markierung erweist sich damit als Para-Markierung, jede Differenz nicht als Diaphora, sondern Paraphora. In Markierungen vorrückend, deren jede, beginnend mit der ersten, die Doppelfunktion eines Paar- oder Reimelements und seiner neutralisierenden Einklammerung hat, ist der semiotische Prozeß zugleich der Prozeß seiner Suspendierung durch permanente Parenthetisierung.

erweiterte Taschenbuchausgabe folgen lässt. In seinem darin abgedruckten Brief an Bender vom 18. Mai 1960 geht Celan mit keinem einzigen Wort auf den martialischen – oder chirurgischen – Titel dieser Anthologie ein, verweigert jeden Selbstkommentar, weist insbesondere die Assoziation des Gedichts mit dem »*poiein*« und dergleichen – nämlich dem »*Machen*«, der *Mache* und der *Machenschaft* – zurück und erklärt, um den Zusammenhang zwischen Gedicht und Handwerk zu erläutern: *Ich sehe keinen prinzipiellen Unterschied zwischen Händedruck und Gedicht.* (Paul Celan: *Gesammelte Werke*, Bd. 3, pp. 177–78.)

Epoché. Gedicht. Celans Reimklammer *um Husserls Klammern* 155

Semiose ist Parasemiose. Die Sprache des Gedichts spricht nur, indem sie sich auf ein Außerhalb ihrer selbst hinspricht, und kommt zur Sprache nur als Weg zu dem, das sie nicht ist. Da diese parasemiotische Grundoperation des Kommens zur Sprache nicht schon über eine Sprache und nicht über einen etablierten Formenkanon des Sprechens verfügt, ist sie, *strictu sensu*, in keiner Sprache verfasst und in keiner daheim. *In statu nascendi linguae*, ist sie die protosemiotische Eröffnung des Bereichs sprachlicher, und somit möglicher ästhetischer, Erscheinungen und in eins damit, *in statu moriendi*, das Verlassen dieses Bereichs.[11] Sie ist Bahnung zur Sprache und ihre Tilgung, deshalb kann sie in allen ihren Gesten nur rückhaltlos einmalig sein und muß die Einzigkeit ihres Geschehens als immediate Ver*a*nderung artikulieren. Damit trennt es sich von allen Substanzialismen. Die ästhetischen Begriffe, die seit der griechischen Antike auf der Substanzialität der phänomenalen Sprache beharren – von der Poiesis und Mimesis bis zur Harmonie –, und alle Begriffe, die seit dem deutschen Idealismus die jüngere Tradition der Ästhetik definieren – von der Phänomenalisierung der Idee bis zur Begründung von Intentionen in der Struktur der Subjektivität –, sind für dieses Gedicht des Zur-Sprache- und des Zum-Schweigen-Kommens ebenso außer Kraft gesetzt wie die korrespondierenden Begriffe der Semiotik, der Logik und der Ontologie. Die parasemiotische Bewegung des Gedichts bewahrt die Einmaligkeit seiner Sprache, indem es sie aus dem von ihm selbst gesetzten Horizont, der es als gemachtes, verfertigtes, poetisches Phänomen erscheinen lässt, heraus- in jeweils andere Horizonte und, ohne Grenzen, ohne Klammern, in keinen eintreten läßt.

Durch die Eröffnung mit dem Einschnitt des *Einmal* einer *Klinge* und durch ihre Wiederholung im bestätigenden und zugleich differierenden *einmal* einer *Schneide* greift Celans Gedicht vor den Bereich des Phänomenalen und des Ästhetischen in den eines bloßen Differenzials zurück: es beginnt mit einer Scheidung und ihrer Reprise, nicht mit der Nennung eines Gegenstandes oder der Vorstellung von ihm. Die Sukzession von Nominalphrasen, die der erste Vers durchläuft, stellt keine Aussage im Sinn eines *logos apophantikos* dar, wie er von Aristoteles zum Fundament einer Logik der Aufweisungen und einer Ontologie der substanziellen We-

---

[11] Celan gebraucht die Doppelformulierung von der Sprache *in statu nascendi* und *in statu moriendi* in seinem Brief an Werner Weber vom 26. März 1960; cf. »Fremde Nähe«. Celan als Übersetzer, ed. Axel Gellhaus et al., Marbach: Deutsche Schillergesellschaft 1997, p. 398.

senheiten gemacht worden ist, sondern eine Serie von Scheidungen, deren jede die andere wieder aufnimmt – und insofern als deren Reim erklingt –, sie durch deren Alteration aber einer zusätzlichen Scheidung aussetzt – und sie dadurch einklammert und suspendiert. Diese Differenzialreihe bietet das Erzeugungsschema nicht nur des Reims als minimaler Selbstbeziehung sprachlicher Phänomene, und der Klammer als ihrer Ekschematisierung, sondern der Phänomenalisierung und Entphänomenalisierung insgesamt. Sie bewegt sich nicht innerhalb des Horizonts der apophantischen Rede, sondern, ihn allererst ausschneidend und seine Demarkationslinie tilgend, als das bloße *apo-* des *apophainein*, das Hervorihres Hervorkommens in die Erscheinung, und als das *apo-* der *apophasis*, des Absprechens, mit dem sie aus dem Bereich des Phänomenalen ausscheidet. Sie selbst, die Sprache des Gedichts, ist kein saturiertes oder auch nur saturierbares Phänomen, sondern die Bewegung der Phänomenalität zwischen ihrem Noch-nicht und ihrem Nicht-mehr. Das Gedicht definiert – und indefiniert, infinitisiert – sich als die einmalige Erscheinung des Erscheinens in seinem Verschwinden, als – selber endliche – Sprache der Endlichkeit. Es ist, wie Celan in seiner *Meridian*-Rede von der Dichtung sagt: *diese Unendlichsprechung von lauter Sterblichkeit und Umsonst!*[12]

Nun reicht aber die iterative Alteration, deren Formular die beiden ersten Kola von Celans Gedicht bieten, nicht aus, um das Erzeugungsschema sprachlicher Phänomene in allen seinen Elementen zur Sprache kommen zu lassen. Zwischen der Markierung des *Einmal* und seiner Re-Markierung im folgenden *einmal*, zwischen dem ersten Kolon und seiner Wiederaufnahme im zweiten liegt ein unmarkiertes Spatium, das von der Semiose so wenig wie von der Phänomenalisierung entbehrt werden kann, weil erst dieser Leerraum und diese Leerzeit die Iterierbarkeit ermöglicht, der Phänomene und Verweisungen sich verdanken. Diese Pause im semiotischen Prozess, der zugleich einer des Phänomenal- und des Ästhetisch-Werdens ist, diese inter- und aphänomenale Pause kommt im dritten Kolon des ersten Verses zur Sprache, in dem es heißt: *einmal keins.*

Das Intervall zwischen *Einmal die Klinge* und *einmal die Schneide* ist durch ein stummes Pausenzeichen, ein Komma – eine verminderte Klammer und also eine Klammer noch zwischen den

---

[12] *Der Meridian*, l.c., p. 11.

Klammern – markiert. Als Pause ist es ein Drittes zwischen den paarigen Klammerteilen *Klinge* und *Schneide*, ein Drittes im Zwischenraum des Doppel-Graphems der Klammer und als solches sein Im-plikat, der In-halt, die darin enthaltene, sie auseinander und zueinander haltende Klammervakanz. In der Aufzählung *Einmal die Klinge, einmal die Schneide, einmal keins* wird dieses unpaarige Element – die Differenz zwischen den paarigen Differenzialen – erst im dritten Kolon eigens benannt. Es fällt sowohl durch seine Verkürzung wie durch den Genuswechsel aus der Reihe der beiden ersten. Wo nach dem Gesetz der Wiederholung ein feminines Substantiv stehen müsste, steht ein negatives Indefinitpronomen im Neutrum, das sich nicht direkt auf eines der beiden vorangehenden Nomina beziehen lässt. Dieses *keins* lässt sich auf mindestens dreierlei Weise deuten: als elliptisches »*keins* von beiden« und somit als ›ne utrum‹, als ›neutrum‹ zwischen den beiden Klammerteilen *Klinge* und *Schneide*; oder als *keins* im Sinn von ›nicht eins‹, ›überhaupt keins‹ oder ›nichts‹, wie jenes *Nichts*, das vom nächsten Wort im folgenden Vers genannt wird; oder, zum Dritten, so, dass es sich auf das *mal* von *einmal* bezieht und von diesem einen *Mal* in extremer Verknappung sagt, es sei *keins*. *Keins* ist in diesen drei einander präzisierenden Bedeutungen das zwischen den zwei ersten *Malen* gelegene dritte *Mal*, ist aber, von aller Bedeutung unabhängig, auch insofern deren Implikat und der ›Inhalt‹ der Klammerwörter *Klinge* und *Schneide*, als alle seine phonetischen und graphischen Elemente in ihnen enthalten sind und in ihnen ihre Suspendierung markieren. Wenn nun in und neben dem Doppel-Graphem der Klammer *keins* steht, dann steht es dort zwar *einmal*, aber auf die Frage, welches *Mal*, welche Markierung es verzeichnet, heißt die Antwort: *keins*, keins von beiden, überhaupt keins und kein Mal. Mit *einmal keins* ist gesagt, dass kein konventionelles, aber auch kein bloß vorstellbares oder denkbares semiotisches *Mal* die Strukturlücke bezeichnen könnte, die sich auftun und offenhalten muss, um die Differenz zwischen dem einen Klammerteil – *Klinge* – und dem anderen – *Schneide* – und somit die paarige Relation zwischen beiden zuzulassen. Das heißt: eine Markierung muss fehlen, damit es zu einer Markierung und ihrer Iteration, zu einer Bewegung der Semiose, der Phänomenalisierung und ihrer ästhetischen Harmonisierung kommen kann. *Einmal keins*, »Ein Mal keins«, das heißt: Ein Mal, das kein Mal ist, ein Kein-Mal, ein Nicht-Mal oder eine Nicht-Klammer ist das notwendige Implikat jeder Struktur, die, sofern sie Struktur ist, eine Klammer, einen Reim, ein Paar, einen Parallelismus oder ein Paradigma bildet. Die paradigmatische Synthesis durch eine Klammer oder Reimklammer muss, um paradigmatisch und Synthesis sein zu können, eine Vakanz enthalten, die sich eben dieser Klammer, dem Reim, der Synthesis und dem Paradigma vorenthält. Das Paar bedarf des Unpaarigen, jede Form – *a fortiori* jede ästhetische – des Formlosen, jede Struktur eines strukturfreien und strukturierungsunfähigen Elements, eines Unbaubaren, um sich aufbauen zu können. Mit *einmal keins* kommt dasjenige Glied jeder Artikulation zur Sprache, das in jeder fehlen muss. Das Einmaleins des Gedichts, wie Celan es schreibt, ist ein Einmalkeins.

Der Ausfall eines Formelements, der die Form – die dichterische, aber auch die Form jeder Sprache – allererst ermöglicht; die notwendige Nicht-Markierung, der jede Markierung entspringt; dieses »ein Mal: kein Mal« wird, kaum ist es als *einmal keins* am Ende des ersten Verses von Celans Gedicht notiert, im folgenden als Leerzeile ›realisiert‹. Diese Leerzeile lässt als markiert unmarkierte merken – sie lässt als *blanc* ›sehen‹ und als Pause ›hören‹ –, dass erst sie, wie das *einmal keins* es ausspricht, und als ein solches *keins*, den Markierungen, den graphischen wie den phonetischen, eigens das Feld einräumt, in dem sie erscheinen können. Mit diesem Spatium eröffnet sich die Möglichkeit ihres Erscheinens durch das Ausbleiben jeder anderen Erscheinung. Ihm, diesem Aphänomenalen, müssen sich aber die Phänomene, die Markierungen, die sprachlichen Zeichen eigens zuwenden, wenn sie, wie in Celans Gedicht, alle für sie konstitutiven Elemente offenlegen und klären sollen. Zu diesem ›alle‹ gehört unverzichtbar *keins*: das Leer-Element, die Markierung einer Nicht-Markierung, ein *Mal*, das »Kein-Mal« ist und sich allein in seinem Nicht-Erscheinen bekundet: die zusätzliche, die laterale Admarkierung, die sich selber bestreitet: die Ammarkierung.[13]

---

[13] Zur Ammarkierung cf. meine Celan-Studie »Bogengebete« (in: *Aufmerksamkeit – Liechtensteiner Exkurse III*, Eggingen: Edition Isele 1998; pp. 11–44). Ihre Struktur kommt im Wesentlichen überein mit derjenigen, die von R. Gauthiot, Charles Bally und Roman Jakobson in ihren Arbeiten zum Nullzeichen, der morphologischen Nullfunktion, und der Nullopposition herausgestellt wurde. Nach Jakobson steht die Nullopposition in signifikanter Weise an dem Platz, an dem ein durch Opposition charakterisiertes Zeichen fehlt, sie markiert also die Abwesenheit eines Zeichens, ohne selber ein Zeichen zu sein. (Cf. Jakobson: »Le signe zero«, in: *Selected Writings*, Bd. II, Berlin: Mouton de Gruyter 1971 p. 211–219). Die Nullopposition suspendiert demnach die Ordnung der Oppositionen, auf der das

Epoché. Gedicht. Celans Reimklammer *um Husserls Klammern* 159

Selbst wenn die Leerzeile zwischen dem ersten Vers von Celans Gedicht und dem zweiten: *Nichts ist verloren, nichts ist erkoren* als konventionelle Strophentrennung verstanden wird, muss sie sich doch als Strukturelement aus dem gesamten Verlauf dieses bestimmten Textes, in dem sie eingesetzt wird, und des näheren aus den benachbarten Versen erklären. Nicht anders als die Reim-Konvention wird die Konvention der Strophenmarkierung durch ihre jeweilige Verwendung jeweils aufs neue determiniert, und re-determiniert wird sie in diesem Fall durch das *einmal keins* explizit als diejenige Konvention, durch eine Markierungslücke eine Markierung zu erreichen. Das *einmal keins* erklärt die folgende Leerzeile zum Thema – zum Leerthema – des Gedichts, als dieses paradoxe Thema wird es in ihr eigens inszeniert, und im folgenden *Nichts* und dem mit ihm einsetzenden Vers wird es als paradoxe Thematisierung eines Gegenstandslosen und also Athematischen noch einmal bekräftigt und kommentiert.

Das *Nichts ist verloren* dieses Verses besagt demnach ein Doppeltes: zum einen, dass auch in der Leerzeile nichts vom Gesagten und nichts vom Ungesagten des Gedichts verloren ist, dass es vielmehr als das, was es ist oder nicht ist, bewahrt und erhalten ist. Damit wird auch das, was fehlt, und die Weise seines Fehlens in die Bewegung der Sprache aufgenommen und seine Deutung als Verlust eines ehemals Vorhandenen oder als Negation eines vordem positiv Gegebenen zurückgewiesen. Was nicht ist oder nicht erscheint, ist kein ontologisches, phänomenologisches oder logisches Defizit, kein Defekt am Seienden, Erscheinenden oder der

gesamte Zeichensystem der Sprache beruht. Die Terminologie der Linguisten, denen diese Entdeckung zu verdanken ist, bleibt verwirrend, weil sie nicht auf den Begriff der Opposition verzichten, obgleich die von ihnen erkannte Struktur sich in keiner Opposition fassen lässt. Lévi-Strauss hat in seiner »Introduction à l'œuvre de Mauss« das Nullzeichen auf dem Feld der Anthropologie als Mana, Wakau, Oranda wiedererkannt (Marcel Mauss: *Sociologie et Anthropologie*; Paris: Presses universitaires de France 1950, p. XLIX–XLX), Lacan hat wenig später, 1953 im »Discours de Rome«, das Nullsymbol als Ansatz zur sogenannten ›symbolischen‹ Ordnung charakterisiert (*Ecrits*, Paris: Seuil 1966, p. 276–79), Derrida in ihm die Basisstruktur der Supplementarität, also die konstitutive Strukturlücke und den Überschuß jeder Struktur erkannt (*L'écriture et la différence*, Paris: Seuil 1967, p. 424–25). – Daß Celan diese Analysen hat kennen können, besagt nicht, dass er sie gekannt hat, noch weniger, dass er sie hat kennen müssen, um zu seinen Einsichten zu gelangen. Auf sie wird an dieser Stelle hingewiesen, um den Horizont einer Epoche anzudeuten, der zu ihrem Teil auch seine Dichtung angehört.

Sprache, sondern ohne Verlust eben dies, dass es nicht ist, und dass es als derart Nicht-Seiendes, Nicht-Erscheinendes und Ungesagtes dennoch zur Sprache des Gedichts gehört. *Nichts ist verloren* besagt darüber hinaus, und präzisiert damit die erste Lektüre: das großgeschriebene, als substantiviertes Adjektiv deutbare *Nichts* – das Nichts überhaupt – ist *verloren* als dasjenige, was alles Seiende und sein Sein zunichte macht, und mit dem Verlust dieses Nichts, seiner fortwährenden Selbstvernichtung ist der Raum für dasjenige eröffnet, das als Nicht-*Nichts* ein bestimmbares Etwas, Erscheinung und Sprache ist. Wie in den Versen *Nichts, / nichts ist verloren* aus »Engführung«,[14] die hier wieder aufgenommen werden, wendet sich das *Nichts* in seiner Wiederholung gegen sich selbst. Ob als verlorenes oder unverlorenes gedeutet, es ist in beiden Fällen ein solches, das aus dem Horizont der Sprache nicht ausscheidet, sondern als para-phänomenales und para-ontologisches Geschehnis in ihr mitspricht. Mit dem Nichts spricht das Gedicht, und mit ihm die Sprache in der Klammer und jenseits der Klammer des Gedichts, als das Nicht-Mal, das Nicht einer minimalen sprachlichen, einer Ammarkierung, wie sie im Reim, in den Klammern der *Klinge* und *Schneide* und wie sie von jedem Element des Gedichts, das durch seine *Reimklammer*-Struktur determiniert ist, erscheint und mit ihrem Erscheinen zurückhält.

Das Nichts, verloren und unverloren, steht in der Klammer. Es ist das eingeklammerte, das umhegte, erhaltene, bewahrte, aber zugleich das suspendierte, das vorenthaltene und verwehrte; es ist dasjenige, das sich grade in seiner Verwehrung verwahrt und derart erst allen Erscheinungen der Sprache, den phonetischen wie den graphischen, den syntaktischen wie den semantischen, ihren Raum lässt. Wenn aber das Nichts, das *einmal keins,* das Kein-Mal und die vakante Zeile in der Klammer des Gedichts stehen, dann ist das Gedicht insgesamt die Klammer um Nichts – und also um das, was sich schlechterdings nicht umklammern, nicht einklammern, nicht einschließen und umgreifen lässt: was als Nicht-Etwas jeder Klammer erst erlaubt, sich zu öffnen und zu schließen, und als Nicht-Markierung das Implikat jeder Markierung bleibt. Mit dem *Nichts ist verloren* rückt Celans Gedicht insgesamt in den para-phänomenalen Saum zwischen Phänomenalität und Aphänomenalität. Es spricht nicht die Sprache der Ontologie, die das

---

[14] GW 1, p. 204.

Epoché. Gedicht. Celans Reimklammer *um Husserls Klammern*   161

Nichts von sich fernhält oder in ein Seiendes konvertiert, sondern spricht, mit *Nichts* sprechend, parontologisch.

Die *lectura difficilior*, für die das *Nichts* des vorletzten Verses sowohl Adjektiv wie Substantiv sein kann, kommt für das zweite, kleingeschriebene *nichts* nicht in Betracht. Das zweite Kolon des Verses besagt schlicht, dass nichts von dem, was gesagt, und nichts von dem, was offengelassen ist, hervorgehoben, erwählt oder privilegiert ist: *nichts ist erkoren*. Betont das erste Kolon die Unverlorenheit, so das zweite die Neutralität des Gesagten wie des Ungesagten. Auch das *Nichts* ist nicht erkoren, stellt kein ausgezeichnetes Phänomen dar, selbst dadurch nicht, dass es sich als solches jeder triftigen Bezeichnung oder Auszeichnung entzieht. Was für das Nichts gilt: dass es sich nur in einer paradoxen Ammarkierung bekundet, gilt unvermindert für jedes phänomenale Element des Gedichts, der Sprache und der Welt: auch es ist nicht schon durch seinen phänomenalen Status und nicht durch seine ästhetische Kohärenz ausgezeichnet. Mit der Zurückweisung des *erkoren* tritt das Gedicht von sich selber zurück. Seine Geste ist die des Lassens, des Zulassens und Zusammen-lassens, des Sprechen-lassens und noch des Nichts-Sprechen-lassens. *Nichts ist verloren, nichts ist erkoren* bestätigt nicht allein die Gleichrangigkeit des Gesagten und des Ungesagten, es inszeniert sie zugleich durch die ebenmäßige, neutralisierende parataktische Fügung zweier Aussagen, die einander in der Waage halten. Die Mitte dieses Verses – die ›Schneide‹ der Waage, auf der er als Waagbalken aufruht – ist nichts als eine Pause, eine Zäsur, die durch ein Komma markiert ist. Es ist eine von den beiden Versgliedern eingeklammerte, eine suspendierte Pause gleich der Leerzeile, die der Vers kommentiert, und gleich jenem *einmal keins*, in dem die unmarkierte Stelle zwischen den Klammer-Emblemen des ersten Verses angesprochen wird.

Die Entfaltung der Reim- und Klammerstruktur und die Offenlegung dessen, was von ihr umschlossen wird, kulminiert im Schlussvers von Celans Gedicht: *Einer sagt Eins*. Setzt sich der erste Vers aus drei Kola, der zweite aus zweien zusammen, so ist der letzte aus einem einzigen Kolon gebildet, das wie alle vorangehenden außer *einmal keins* dreigliedrig ist. Er hebt sich von den anderen Versen durch zwei Besonderheiten ab: er enthält das einzige Maskulinum und das einzige ›starke‹ Verb dieses Textes im Präsens. Durch dieses Verb, ein finites Verb des Sagens, steht der Schlussvers in morphologischem Kontrast insbesondere zum Anfangsvers und seiner Trias aus Nominalphrasen; er rückt durch diese Besonderheiten aber zugleich in die Nähe des dritten Kolons des ersten Verses, auf den er den Reim – *keins / Eins* – enthält und dem er überdies darin korrespondiert, dass er auch als versetztes drittes Kolon zu den zwei Kola des zweiten Verses gelesen werden kann. Korrespondierend zum *einmal keins* gehört *Einer sagt eins* nicht zu den paarigen Formen der Klammern – *Klinge* und *Schneide* – und des Reims – *verloren / erkoren* –, sondern zu demjenigen dritten, vakanten Element, das von jenen umgeben wird. Strukturell stellt der dritte Vers – *Einer sagt Eins* – also eine Reprise des dritten Kolons des ersten Verses – *einmal keins* – dar und präzisiert als Kommentar dessen Aussage. [E]*inmal keins*, das besagt: einmal keines von Zweien, einmal keins von den paarigen Reimklammer-Elementen, einmal ein Singuläres, das seine Singularität dadurch bezeugt, dass es der Ordnung des Mals, der iterierbaren Markierung nicht angehört, sondern Mal *keines* Mals ist.

Singulär ist allein, was nicht als Eins von Zweien oder Mehreren zählbar und durch keine Reihe, und sei es die kürzeste, determinierbar ist. Dieses Inkommensurable *einmal keins* heißt, aus dem Neutrum in das einzige Maskulinum des Textes übersetzt, *Einer*. Von diesem Einen allein kann gesagt werden, er *sagt Eins* – nämlich wiederum dasjenige Einzige, das seiner Singularität und der darin begründeten Einheit entspricht. Er sagt, wenn er *Eins* sagt, nicht eines von Zweien, nicht die Zweiheit, die von der Reimklammer gehalten wird, und nicht die synthetische Einheit ihrer Korrespondenz im Paar, sondern dasjenige *Eins*, das einzig von ihm gesagt werden kann. *Einer* sagt *Eins*, nicht indem er nach dem Vorbild seiner Einsheit ein ihm nachgebildetes Eines sagt, sondern indem er sich allererst – wie die trans-segmentale Verbindung *Ein-er-sagt* es nahelegt – *er*sagt, sich in seiner Singularität also nicht bloß bezeichnet, sondern erzeugt, und sich als derart *er*sagender nicht einfach repliziert und nicht als reflexives Selbst zum Relat einer iterativen Relation wird, die ihn ein zweites Mal als *Einer* erscheinen lassen müsste, sondern ihn als *Eins* – als Neutrum – und somit als in sich ver*a*nderten zu sich und zur Sprache bringt. Einheit und Einzigkeit dieses generativen Sagens erzeugt sich als Sagen *keines* anderen Sagens, keines anderen Einen und *er*sagt sich somit im *einmal keins*, im »Ein Mal: Kein Mal«, im Sagen eines Nicht-Sagens. – *Einer*, ersagt, ist *Eins*, da er *keins* ist. – Allein ein *keins* kann *Eins* sagen und *Eins* besagen, weil jedes, das nicht *keins* wäre, schon ein Zweifaches, Doppeltes und Iteriertes sagen müsste und sich in einer unendlichen Serie von Reproduktionen verliefe, ohne auch nur ein einziges Mal *Eins* sagen und es sein zu können.

Ob dieses *Einer* auf Irgendeinen, einen Jeden, jeden Einzelnen verweist, oder ob es auf jenen verweist, für den in der Tradition des Monotheismus das emphatische *Einer* reserviert ist: was immer *Einer* bedeuten mag, seine Bedeutung könnte sich allein derjenigen Einzigkeit verdanken, die ihm durch kein Anderes und kein Wiederholbares, sondern allein in einem *keins* zukommen kann. Um eine bestimmte Bedeutung ist es in diesem Gedicht indessen nicht zu tun, sondern einzig um die Struktur der Erzeugung derjenigen Bestimmbarkeit, die jeder Bestimmung und distinkten Bedeutung vorausgeht, der Sprache. Erzeugt, ersagt wird *Einer* und seine Verwandlung in *Eins* sowenig aus ihm selbst wie aus Anderem; erzeugt wird er und sein *Eins* allein in demjenigen Sagen, das *keins* ist: Ein Nicht-Mal ist das einzige, das *Eins* sagt und aus dem sich *Einer* ersagt. Wenn *Eins* durch eine Reimklammer mit *einmal keins* verbunden ist, dann stimmen sie nicht nur phonetisch zusammen, dann spricht *keins* auch semantisch im *Eins* mit, es spricht zu ihm und erspricht sich zu *Eins*. Jeder Einzelne ist *Einer* nur als *Keiner*; *Einer*, sei er auch der Allerhöchste, sagt sich als der, der er ist, und ersagt sein *Eins* und *Sein* allein aus einem *keins* und zum *keins*. Noch der Monotheismus und sein Monolingualismus sprechen – und sprechen allein – als Atheismus und anonym, merkmallos, stumm. Was immer *Einer* und *Eins*, *einmal* und ein Mal sein mag, seine Erscheinung folgt einer Logik – einer Allologik und Alogik –, die es nur am absolut Anderen, an Keinem, hervorgehen lässt. Sie folgt der aporetischen Logik der Ammarkierung.

Wenn *Eins* an der Strukturstelle des *keins* steht, so ist es durch den Reim, der es mit ihm und mit der Anfangssilbe *Ein-* verbindet, zugleich eine Klammer um das gesamte Gedicht. Wie *sagt* durch *Einer* und *Eins*, so wird das Sagen des ganzen Gedichts durch *Ein-* und *Eins* eingeklammert. Es wird von dieser Klammer nicht nur zusammengehalten, in einen Rahmen gesetzt und mit dieser Umgrenzung, bewehrt mit *Klinge* und *Schneide*, als Gedicht markiert und als dieses eine Gedicht definiert; es wird durch diese Klammer zugleich suspendiert, aus Urteilszusammenhängen herausgehoben und neutralisiert. Was eingeklammert ist – das ganze Gedicht und der Vers, in dem es kulminiert –, gerät dadurch in die ex-ponierte Position, in der zwischen den einzelnen Kola des Textes und zwischen seinen beiden ›Strophen‹ eine Leerzeile, Zäsur oder Pause sich auftut –: das Eingeklammerte ist derart nicht bloß neutralisiert, es ist in die Sprachvakanz versenkt, in der die Bewegung des Gedichts aussetzt und verharrt. Eingeklammert von *Einer* und *Eins*, spricht *sagt* und mit ihm das Sagen des Gedichts aus der Stummzone, die selber nicht spricht und nur darum zur Sprache kommen lässt.

Nun sind aber die Reimklammer-Elemente *keins* und *Eins* dadurch, dass sie jeweils an dritter Stelle – im dritten Kolon des ersten Verses und im dritten Vers – erscheinen und dort den leeren Zwischenraum zwischen den beiden ersten markieren, nicht nur Klammern, sondern zugleich deren *keins* –: das *einmal keins* markiert das Intervall, setzt die Klammer und entklammert sie. Wie dieses *keins* ist auch das *Eins* und das *Einer* sowohl Rahmen wie auch seine Entrahmung, Reime wie ihre Entreimung, Markierungen wie die von ihnen offengelassenen und sie zulassenden Nicht-Markierungen; sie sind jeweils eines, indem sie es nicht sind. Da jedes Element von Celans Text, und mit besonderer Emphase seine Rand- und Reimelemente, als Klammer und Eingeklammertes widersprüchlich determiniert ist, bietet der gesamte Text eine Fugenkomposition aus unverträglichen Doppelbestimmungen, deren eine die andere jeweils bestätigt und zugleich außer Kraft setzt, sich mit ihr verbindet und die Verbindung mit ihr als einer Verbindungslücke löst. Jedes seiner Elemente ist determiniert als Klammerelement und indeterminiert als Klammervakanz. In der offenen Fuge zwischen *Einer* und *Eins* steht derart *sagt* als strukturelles Äquivalent des sprachlosen Intervalls – und dementiert seinen Sinn als Kopula und Prädikat –; da den beiden Randelementen *Einer* und *Eins* durch ihren Reim auf *keins* aber gleichfalls die Funktion des Intervalls zukommt, ist dem von ihnen umgebenen *sagt* zugleich mit der Position der Vakanz die Funktion der positiven Markierung – und damit der Prädikationskopula – zugewiesen. Im *sagt* öffnet sich die Fuge zwischen dem Klammerpaar: Sprache ist Platzhalterin des Kein-Mal; und im *sagt* hält diese Fuge zusammen: Sprache ist das *Einmal* eines Kein-Mal, das sich in fortgesetzten Wiederholungen erhält. Mal eines Nicht-Mals, eingeklammerte Vakanz und Entklammerung aller Klammern, macht das *sagt* von Celans Gedicht seine Sprache in allen Elementen zur Exposition einer suspendierten Leere und einer entklammerten Parenthese. Es suspendiert noch die Suspendierung, die es in jeder seiner Gesten behauptet. Es eröffnet einen Ort, wo keiner ist, aber hält nicht diesen Ort, sondern seine Öffnung fest.

Epoché. Gedicht. Celans Reimklammer *um Husserls Klammern* 165

*

Klammer auf, Klammer zu – die Abbreviatur von Celans Gedicht, die sein Titel bietet, lässt kaum einen Zweifel daran, dass das zwischen die Klammern gesetzte Gedicht auf ein absolutes Minimum zusammengezogen ist: zwischen der öffnenden und der schließenden Klammer steht es als Komma – als diakritische Markierung oder, wenn sein Name als Anagramm des hebräischen ›Makom‹ gelesen wird, als bloßer ›Ort‹ oder einer der Namen Gottes. Das Gedicht geht in jedem seiner Momente durch die Peripetie zwischen Etwas und Nichts und vollzieht einen Umschwung zwischen Sprache und Schweigen, den Celan *Atemwende* genannt hat. Das Gedicht in seiner größten Verdichtung ist das Gedicht dort, wo es als Platzhalter einer Pause, im Phänomen eines Nichtphänomenalen, an sich hält. Das Ansichhalten und Zurückhalten, insbesondere mit einer urteilenden Aussage, trägt im technischen Vokabular der Phänomenologie den Namen *epoché*. Um das Verfahren der Urteilsenthaltung zu charakterisieren, gebraucht Husserl außer den Ausdrücken ›in die Schwebe versetzen‹, ›außer Kraft setzen‹, ›ausschalten‹ und ›außer Geltung setzen‹ immer wieder die Wendung ›einklammern‹ und ›in Klammern setzen‹. Celan, der nicht nur Husserls Zeitvorlesungen gut kannte – aus ihnen zitiert er im April 1968, drei Monate vor der Niederschrift des Klammergedichts, in »Mapesbury Road« die Metapher *Zeithof*[15] –, sondern seit den frühen 50er Jahren immer wieder in seinen Abhandlungen gelesen und zur Vorbereitung seiner *Meridian*-Rede 1960 Exzerpte aus den »Ideen« notiert hat, wird von »Reimklammer« nicht nur im Hinblick auf den Verklammerungs-Sinn des Reims, sondern vermutlich ebenso im Hinblick auf die Einklammerungs-Funktion der phänomenologischen *epoché* gesprochen haben. Die Klammern, die er im ersten Entwurf des Gedichts um den ersten Dreizeiler, und diejenigen, die er in der Schlussfassung um das ganze Gedicht gezogen hat, lassen kaum eine andere Deutung zu als die, dass das Eingeklammerte dadurch explizit ›außer Geltung gesetzt‹ wird. Und da jedes Element dieses Gedichts nicht allein von der Struktur einer verbindenden Reimklammer determiniert ist, sondern ebenso sehr von der Klammer der Urteilsaussetzung, stellt

---

[15] Ein halbes Jahr zuvor erscheint der Ausdruck *Zeithof* im Gedicht »Schwimmhäute«, ein Jahr später, im Juni 1969, ist in »Erst wenn ich dich« die Rede von *Zeithöfen*, und »Zeitgehöft« lautet der Titel von Celans letztem, zwischen Februar 1969 und April 1970 entstandenen Gedichtband.

es nicht weniger dar als eine dichterische Analyse des Reims als *epoché* und der *epoché* im Reim, aber überdies eine Verschärfung dessen, was bei Husserl Einklammern heißt.

Unmittelbar vor einer Passage zur Funktion der *epoché* aus der ersten von Husserls »Cartesianischen Meditationen«, die Celan in seinem Exemplar mit einer Anstreichung versehen hat, heißt es: *Dieses universale Außergeltungsetzen (»Inhibieren«, »Außerspielsetzen«) aller Stellungnahmen zur vorgegebenen objektiven Welt, und so zunächst der Seinsstellungnahmen (betreffend Sein, Schein, Möglicherweise-sein, Vermutlich-, Wahrscheinlich-sein u. dgl.) – oder, wie auch gesagt zu werden pflegt, diese* phänomenologische epoché *oder dieses* Einklammern *der objektiven Welt – stellt uns also nicht einem Nichts gegenüber. Was uns vielmehr, und gerade dadurch, zueigen wird, oder deutlicher: was mir, dem Meditierenden, dadurch zueigen wird, ist mein reines Leben mit all seinen reinen Erlebnissen und all seinen reinen Gemeintheiten, das Universum der* Phänomene *im Sinn der Phänomenologie.*[16] Das Einklammern der *objektiven Welt* setzt somit die unabhängige Geltung ihrer Objektivität außer Kraft und macht sie als Phänomen der Bewusstseinsoperationen zunächst des Meditierenden, sodann der reinen transzendentalen Subjektivität erkennbar. Die Einklammerung ist demnach die Methode der Reduktion der Welt und aller mundanen Akte auf ihre Herkunft aus der Subjektivität des Subjekts, sie ist die ›Zueignung‹ oder die Wiederaneignung des reinen Lebens des transzendentalen Ego, das sich in seinen Phänomensetzungen entäußert hat. Sie bewirkt keine Privation, stellt uns, wie Husserl betont, *nicht einem Nichts gegenüber*, betreibt keine universale Weltvernichtung, sondern setzt nur die zur naiven Einstellung gegenüber der Welt gehörige *Generalthesis* außer Kraft, diese Welt sei ein im Modus der Vorhandenheit bestehendes unabhängiges Gegenüber. Die Klammer suspendiert mit dieser *Generalthesis* aber jede *Seinsthesis*, die sich auf die *gesetzte Gegenständlichkeit* dieser Welt und der in ihr begegnenden Geschehnisse, Sachverhalte, Einstellungen, Urteile erstreckt. Sie ist nicht Tilgung, sondern Rückführung, im strengen Wortsinn *Re-duktion* des Gesetzten und des Setzungsaktes auf ihre Herkunft aus dem transzendentalen Ego.

---

[16] Husserl: *Cartesianische Meditationen und Pariser Vorträge* (Husserliana I), Den Haag: Martinus Nijhoff 1973, p. 60. – Cf. *Paul Celan – La bibliothèque philosophique*; eds. Alexandra Richter, Patrik Alac, Bertrand Badiou, Paris: Editions Rue d'Ulm 2004; p. 419.

Epoché. Gedicht. Celans Reimklammer um Husserls Klammern 167

Es ist dieser methodische Rückführungssinn der phänomenologischen Einklammerung, der in dem von Celan angestrichenen Satz betont wird: *Die epoché ist, so kann auch gesagt werden, die radikale und universale Methode, wodurch ich mich als Ich rein fasse, und mit dem eigenen reinen Bewusstseinsleben, in dem und durch das die gesamte objektive Welt für mich ist, und so, wie sie eben für mich ist.*[17] Die Urteilsenthaltung gegenüber der als objektiv angenommenen Welt restituiert demnach das ursprünglich erzeugende Verhältnis des Bewusstseins zu dieser Welt und zugleich sein Verhältnis zu sich selbst. Damit das Ich sich *als Ich rein fasse,* muss die These, es gebe eine von ihm unabhängige Welt, zurückgenommen werden. *Die Thesis,* so heißt es zu dieser Rücknahme in den gleichfalls von Celan gelesenen »Ideen«, *wird »außer Aktion gesetzt«, eingeklammert, sie verwandelt sich in die Modifikation »eingeklammerte Thesis«, das Urteil schlechthin in das »eingeklammerte Urteil«.*[18] Mit der Einklammerung aller thetischen Bewusstseinsakte verliert die objektive Welt zwar ihre *Seinsgeltung,* doch *geht* sie selbst, diese im reinen Bewusstsein konstituierte Welt, *nicht einfach verloren.* Wie die *reine Bewusstseinssphäre* als *»phänomenologisches Residuum« zurückbleibt* – wie also stets das transzendentale Ego außerhalb der Klammer bleibt –, so bleibt mit diesem Residuum auch die in seiner Sphäre getragene Welt zurück. *Es verbleibt, oder vielmehr es wird durch diese epoché allererst eröffnet, die absolute Seinsregion, die der absoluten oder »transzendentalen« Subjektivität* [...]. *Von ihr lässt sich sagen, dass sie in einer besonderen, ganz eigenartigen Weise das reale Weltall, bzw. alle möglichen realen Welten und alle Welten jedes erweiterten Sinnes »in sich trägt«* [...].[19] Was in der Klammer der transzendentalen *epoché* steht, ist somit zwar außer Kraft und außer Aktion gesetzt, aber doch so, dass es eben dadurch an die Quelle seiner Kraft, in die alle Akte fundierende Aktivität des Ego zurückversetzt und darin geborgen ist. Für die Phänomenologie ist das *Residuum* nach einer Notiz in Celans *Meridian*-Konvoluten ein *Allheiler.*[20] Die

---

[17] Husserl, l.c., p. 60.
[18] Husserl: *Ideen zu einer reinen Phänomenologie und phänomenologischen Philosophie,* Erstes Buch (Husserliana III), Den Haag: Martinus Nijhoff 1950, p. 66.
[19] L.c., pp. 72–73.
[20] Der Meridian, l.c., p. 212. – Diese Notiz gehört offenbar in den Zusammenhang von Aufzeichnungen, die sich auf Husserls »Ideen« beziehen (cf. l.c., p. 249).

Klammer macht, wie Husserl immer wieder betont, *zueigen*; sie führt die ›natürliche‹ Seinsgeltung in den Bereich der sie konstituierenden Subjektivität zurück; sie re-duziert sie in eine Enklave im transzendentalen Ego.

Anders die Klammer von Celans Gedicht. Nichts bleibt außerhalb dieser Klammer, die das gesamte Gedicht umspannt; ein phänomenologisches Residuum gibt es nicht, das sich der Suspendierung entziehen könnte; von einem Ego, zumal einem transzendentalen, wird sie nicht gehalten. Wollte man – wie es möglich ist – das C von Celans Namen als graphisches Äquivalent eines ersten Klammerteils (lesen und sein C.la. als Anklang an das Wort ›Klammer‹, dann würde in diesem Gedicht Celans Signatur oder seine Paraphe gelesen, aber sie stünde nicht außerhalb dieser Klammern, wäre auch kein Residuum seines Ego, sondern ein Fragment seines Namens, wäre somit eine kontingente Markierung, die keine Universalisierung zu einem universellen Ego duldet und nicht den Charakter einer transzendentalen Bestimmung der Subjektivität trägt. Wollte man *Einer sagt Eins* auf ein transzendentales Subjekt und sein notwendiges Prädikat deuten, so stünde dem bei allen gehörigen Vorbehalten und Einschränkungen nichts entgegen, nur: *Einer sagt Eins* steht selbst in der Klammer, klammert mit dem *sagt* das Zentrum der transzendentalen Tätigkeit ein, setzt sich somit außer Kraft und Aktion und kann schlechterdings nicht als Agent der transzendentalen Reduktion und nicht als Residuum der *epoché* gelten.

Die phänomenologische Reduktion auf das Residuum Subjektivität ist in Celans Gedicht ihrerseits reduziert – aber reduziert ist sie auf die Geste des Reduzierens selbst. Die Bewegung dieser Re-Reduktion, die selbst ihr einziges Residuum ist, kennt keinen Haltepunkt Ego, der außerhalb ihrer Grenzen läge, und keinen egologischen Fixpunkt, an dem sie Orientierung finden könnte. Husserls phänomenologische Klammer setzt die thetischen Bewusstseinsakte, die auf die Vergegenständlichung der Welt hinwirken, außer Kraft, um sie in der *Urthesis* des reinen Ego zu versammeln;[21] die dichterische Klammer Celans klammert noch die phänomenologische Klammer und damit nicht nur die Weltgegenständlichkeit, sondern die transzendentale *Urthesis* des Subjekts ein, auf die jene Gegenständlichkeit zurückgeführt wird. Celans

---

[21] Zu *Urthesis, Urdoxa, doxischer Urthesis* cf. Husserl: Ideen zu einer reinen Phänomenologie und phänomenologischen Philosophie, l.c., pp. 289–91.

Text versetzt die Klammer in die Klammer und setzt damit nicht bloß wie Husserl die positionalen Urteilsakte im Bereich der natürlichen *Generalthesis*, er setzt überdies – hyper-thetisch und hyper-phänomenologisch – den Thesis-Charakter des transzendentalen Bewusstseins außer Aktion: setzt dessen Ur-Akt des Setzens, damit aber auch die von ihm vollzogene Außergeltung-Setzung in Klammern. Derart noch sein ›eigenes‹ Setzen und noch seine ›eigenen‹ Klammer-Setzungen in Klammern setzend, ist das Gedicht nichts als die Geste seiner Selbst-Enteignung, seiner Setzung als Aussetzung in die Aus-setzung. *Zueigen* wird sich das Sagen des Gedichts und seine Einheit und Einzigkeit im *Eins* nur, indem es im selben Zug seine Entäußerung zu einem Klammerelement und weiterhin zu einer aphänomenalen Nicht-Markierung erleidet. In einem Zug ist es *einmal* und *einmal keins;* in einem Zug sein Entzug, Entzug seines Selbst und des Seinen. Es ist Epoché der *epoché*, Par*ex*these der Parenthese, und allein so Gedicht –: Sprache, befreit von den Konventionen und Konformismen der Aussage, befreit noch von dem Zwang, Sprache zu sein; Sprache ohne thetisches Sein.

Die Detranszendentalisierung, die in Celans Gedicht am Werk ist, schlägt also nicht den Weg zur Naturalisierung und nicht den zu einem Empirismus der Sinnlichkeit und der Anschauung ein. Die extreme Abstraktheit seines Textes bietet Anschauung allein im Bereich graphischer Markierungen, sinnliche Reize allein in der Euphonie der Reime; aber Sinnlichkeit und Anschauung, historisch und strukturell überdeterminiert, entfalten ihr Spiel nur in – und, genauer, an einer Umgebung, die sich der sinnlichen Vorstellung und der Anschauung entzieht, weil sie markierungslos, bild- und klanglos in Pausen, Zäsuren und offenen Zwischen- und Randräumen verläuft. Seine Komposition hat kein Zentrum, das Gegenstand einer Vorstellung werden könnte, ihre phänomenalen Elemente sind sämtlich in einer Bewegung der Peripetie ins Aphänomenale begriffen. Kein Ich meldet sich darin zu Wort, und wo *Einer sagt* und *Eins* sagt, dort in der emphatisch betonten Randposition, die den Agenten des Sagens und sein transzendentales Substrat zum Index der Suspendierung des Sagens und der Deaktivierung seiner Tätigkeit macht. Die Funktion dessen, was Husserl als transzendentales Residuum denkt, der Selbstsetzungsakt des Ich, wird von Celans Gedicht also auch keiner infra- oder ultra-transzendentalen Instanz zugeschrieben, in der die Defizite des Ego-Residuums behoben wären, sondern dieser Akt wird eben dem ausgesetzt, was er selbst nicht setzt und nicht als Selbst setzen kann. Die transzendentale Struktur des reinen Bewusstseinslebens, des in sich einigen Ich, wird in eine Bewegung der Exzendenz gezogen, die sie dem unmittelbar benachbarten und von ihr doch nicht fassbaren, dem ad-transzendentalen und a-transzendentalen Feld exponiert, das sich keinem Setzungsakt eines Ich verdankt und durch keine methodische Reduktion einem solchen Akt unterstellt werden kann.

Celan hat die Nachbarschaft des Gedichts zu dem, was sich nicht nur den Prinzipien der traditionellen Formgebung, sondern der Form überhaupt versagt, in einer Notiz angedeutet, die keinen Zweifel daran lässt, dass für ihn die Initiative zum Gedicht nicht von der gesetzten – und also auch nicht von der durch ein Subjekt determinierten – Form, sondern von einem *Weiß* ausgeht, das weder gesetzt noch durch Setzungsakte saturiert werden kann: *Die Form des Gedichts ist längst nicht mehr die seiner Verse und Strophen; ein viel weiteres Weiß als die seines Satzspiegels bestimmt seine Konturen.*[22] Es ist dieses *viel weitere Weiß*, das aus dem Bereich transzendentaler Akte rigoros ausgeschlossen und das innerhalb dieses Bereichs schlechterdings undenkbar ist, dem das Gedicht auf seinem Weg nicht nur begegnet, sondern mit dem es spricht. Es ist ein Grenzgänger nicht nur konventioneller Satz-, Satzspiegel- und Setzungsformen, sondern bewegt sich am Rand aller gesetzten und setzbaren, aller phänomenalen und phänomenologisch fassbaren Formen und ist in diesem Sinn – mithin über den Horizont jedes determinierbaren Sinns hinausgehend – die attranszendentale Sprache der Trans-formation. Es ist der Übergang der Form in jenes *viel weitere Weiß* oder aus jenem *Weiß*, das keine Form hat und allein deshalb Formen – doch nur formoffene, nur Halbformen (wie Klammern) – zulässt. Es ist afformativ.

Die Klammern, für Husserl Instrumente der Selbstgewinnung des Ich im reinen Bewusstsein, bleiben in Celans Gedicht Spuren der Konstitution eines absolut singulären Einen, aber verwandeln sich zugleich in Markierungen seiner Hinfälligkeit und setzen auch diese hinfälligkeits-aufhaltenden Markierungen noch aus. Das Residuum, das sie bieten, ist, anders als das husserlsche,

---

[22] Paul Celan: *Der Meridian*, l.c., p. 99. – Die Wörter *bestimmt die Konturen* sind von Celan unterpunktet worden, vielleicht um anzuzeigen, dass er die Triftigkeit dieser Formulierung bezweifelte, vielleicht auch, um die derart bestimmten *Konturen* durch eine vom *viel weiteren Weiß* unterbrochene Linie zu verdeutlichen.

keines der Selbstsetzung; es ist ein der Nichtsetzung ausgesetzter Setzungs-Rest. Deshalb grenzt es sich von anderen, historischen und möglichen Sprachen, und grenzt sich noch vom Anderen der Sprache, der Nicht-Sprache, nicht so sehr ab, als dass es die Bewegung dieser Abgrenzung vollzieht und in dieser Bewegung sowohl den Weg der Sprache wie des Nicht der Sprache bahnt. Das Gedicht, in jedem Sinn eine Partitur seiner selbst, teilt sich: sich selber der Reim und mit sich in ursprünglicher Paarung einig, aber sich selber auch *Klinge* und *Schneide*, als Eingeklammertes von jeder autarken Setzungsaktivität geschieden, lässt es sich zu einem Aparté, einem lateralen und Latenz-Phänomen seiner selbst werden. Da jedes Element seines Textes Reim und jedes Klammer ist, die zusammenhält und zugleich suspendiert, ist jedes einzelne Element und die gesamte Komposition zugleich Affirmation und Suspendierung dieser Affirmation, Bestätigung und ihre Beiseitesetzung, Setzung und Absetzung. Husserls Residuum der Subjektivität wird bei Celan zu einem Rest ihres Verstummens. Wenn die transzendental-phänomenologische Reduktion die reine Tätigkeit des Subjekts zu retten sucht, so rettet Celans Rediktion dieser Reduktion mit jener Tätigkeit zusammen ihre Vertanheit. Das *Einer* bewahrt nicht weniger als das *Eins* sein *keins*. Der attranszendentale Rest des transzendentalen Residuums – das Gedicht als *singbarer Rest*,[23] aber auch als des Singens *barer* Rest – erhält sich als Widerstand gegen den Akt wie gegen seine Desaktivierungen. Akt gegen den Akt, ist er der von sich freie Akt, ein Akt ohne konstitutives Subjekt, ohne Anhalt am vorgesetzten Telos einer Wirkung, aber auch ohne ein ›Ohne‹, in dem er sich als nichtig setzen würde, weder *verloren* noch *erkoren* –: der von sich selbst entlassene, der Akt der Freiheit vom Akt.

Während das Bewusstsein, dessen fundamentaler Struktur sich Husserl zu vergewissern sucht, irreduzibel thetisch operiert und die Einklammerung von Wirkungen thetischer Akte nur im Dienst der ursprünglichen *doxischen Urthesis* der Glaubensgewissheit vollzieht, ist das Bewusstsein in Celans Klammern wesentlich parenthetisches Bewusstsein – und eben deshalb nicht irreduzibel Bewusstsein, nicht Ich- und Setzungsbewusstsein, sondern seiner Sprachlichkeit ausgesetztes und in ihr aussetzendes Bewusstsein. Als nicht thetische, sondern parenthetische Sprache erfährt Celans

---

[23] Titel eines Gedichts von 1964 aus Celans »Atemwende«, in *Gesammelte Werke*, Bd. 2, p. 36.

Gedicht in jedem seiner Elemente a priori ihre Suspendierung in der Nicht-Doxa, dem Nicht-Gebrauch, ja der Nicht-Setzung und *in fine* der Nicht-Sprache. Dass Sprache in Celans Gedicht – und demnach Sprache strukturell überhaupt – parenthetisch verfasst ist; dass sie zur Gänze in Klammern steht, besagt nun aber sowohl, dass sie die Klammer um ihre Setzungen setzt und mithin die Tätigkeit der *Urthesis* vollzieht, als auch, dass sie eben dies Setzen der *Urthesis* aussetzen lässt. Als parenthetische Sprache ist sie Auto-Thesis und Auto-Exthesis in einem: sie setzt ihre eigene Klammersetzung in die Klammer; aber sie kann Eingeklammertes und Klammer, Klammer und deren Einklammerung nur sein, sofern sie jeweils zugleich ein Drittes, nämlich eine Aussetzung ohne eigenen Grund, eine nicht von ihr selbst ausgehende und nicht in ihr und ihren Modifikationen mündende Aus-setzung zulässt, sie kann nicht Auto-Exthesis sein, ohne noch ihr *autos* einem schlechthin indefiniten und infiniten Anderen zu überlassen.

Dass sämtliche Reimklammern in Celans Gedicht ihrerseits in Klammern gesetzt sind; dass es in ihm nur eingeklammerte, außer Geltung gesetzte Klammern und Klammern von Klammern gibt, macht es zu einer *mise en abîme* sowohl der thetischen wie auch jener suspensiven, parenthetischen Sprache, die noch im Akt ihrer Deaktivierung die Kontrolle über sich behält und sie im Verhalten und Zurückhalten von Urteilsakten zur Meisterschaft ausbildet. Diese Meisterschaft einer poetischen Sprache, die ihre *poiesis*, ihr Machen, in der Setzung noch der Außerkraft-Setzung zu einem Extrem der Sprachmächtigkeit führt, ist Celans Text an keiner Stelle fremd. Doch dieses Extrem wäre keins, wenn es nicht berührte, was ungemacht und ungesagt, unmachbar und unsagbar bleibt und sich mit der Sprache der *poiesis* auch ihrer methodischen Suspendierung entzieht. In einer Notiz, die Celan im Zusammenhang erneuter Husserl-Studien 1960 festgehalten zu haben scheint, wird dieses Unmachbare, Poesiefreie andeutungsweise als der Horizont des Gedichts umschrieben: *Das Gedicht: die Spur unseres Atems in der Sprache / der Hauch unsrer Sterblichkeit, mit dem ein Fragment Sprache hinübergeht ins Nichts und damit jene Vakanz entsteht, die dem Neuen Form gibt.*[24] Das Intervall, die Pause, der *blanc* sind die Zonen, ohne die es keine Sprache, keine Urthesis, aber auch keine Klammer, keine Epoché einer Thesis gäbe. Sie sind

---

[24] Paul Celan: *Der Meridian*, Tübinger Ausgabe, Frankfurt a. M.: Suhrkamp 1999, p. 115. – Die Notiz steht zwischen Aufzeichnungen, die sich auf Paul Natorps *Logos*-Aufsatz von 1918 über Husserl beziehen.

Epoché. Gedicht. Celans Reimklammer *um Husserls Klammern*

Zonen eines Offenen, das nicht von der Sprache als transzendentalem Logos erzeugt, sondern von der Sprachvakanz als attranszendentale Lücke freigelassen wird. Diese Lücke öffnet sich als unbesetzter Zwischenraum in der Sprache des Gedichts: als Leerzeile zwischen dem ersten und zweiten Vers, als Zäsur zwischen den Kola, in allen Wort- und Silbenintervallen; aber nicht nur lokalisiert als Zwischenbereich der Worte und Verse, sondern vor jeder möglichen Lokalisierung als Umfeld jedes Wortes, jedes Graphems und Phonems, des ganzen Gedichts, und umgibt ungesetzt noch die Klammern, die es umgeben.

Dieses Um und Vor jeder möglichen Setzung wie jeder möglichen Außerkraft-Setzung gehört zum Bereich des Gegebenen nur auf problematische Weise. Es ist nicht einer Gebung durch eine egologisch determinierbare Instanz verdankt und deshalb in keinem Sinn die reflexive Voraus-Setzung sprachlicher Akte; es ist aber als Stummzone und Leerfeld im Bereich der Sprache auch nicht einfach Nichts oder blanke Abwesenheit, sondern bestimmbare Abwesenheit, teilbare, aufteilbares Nichts, so sehr es einem konturlosen *nihil negativum* entlehnt scheinen mag. Die vakante Umgebung der Sprache wird als Um-gebung und als die von niemandem und nichts gegebene Vor-gabe der Sprache allererst mit der Sprache erschlossen; doch erschlossen und wie auch zurückhaltend bestimmt wird sie allein als von der Sprache verlassene und von ihr freigelassene Gebung. Erst das Verlassen der Sprache leiht der Vakanz Kontur und lässt sie zur Um-gebung ihrer Form, einer Form, wie Celan schreibt, des *Neuen*, der nicht-programmierbaren, nicht-antizipierbaren Sprache werden. Die Sprachvakanz, nicht aber eine ›natürliche‹ *Generalthesis* über die Gegenständlichkeit der Welt, wie in Husserls *phänomenologischer epoché*, ist der primäre Empfänger der Klammer; und die primäre Geste der Sprache liegt nicht in der *Urthesis* als Selbst-Setzung der transzendentalen Subjektivität, sondern in der Ur-Parenthesis als Zernierung und Außerkraft-Setzung des Nichts. Sprache – und zunächst die des Gedichtes – ist die Klammer um Nichts. In ihr ist es umschrieben, in ihr abgewehrt und bewahrt. Von dieser Doppelgeste spricht der Vers: *Nichts ist verloren, nichts ist erkoren* – nichts nämlich von dem, was in der Klammer als seiende oder nicht-seiende Sprachvakanz apostrophiert sein mag, ist verloren, aber nichts davon ist mit dem Privileg subjektiver thetischer Aktivität versehen. Mit diesem Vers, der an Husserls Charakterisierung der *phänomenologischen epoché* erinnert, sie stelle uns *nicht einem Nichts gegenüber*, wird von Celan eine andere Epoché – oder etwas anderes als eine Epoché eingeführt. Es ist die Einklammerung des Nichts in der Sprache und die Einklammerung der Sprache noch durch dieses Nichts. Von dieser doppelten Geste spricht die Wendung *einmal keins* – ein Mal: kein Mal –, in der die Nicht-Markiertheit markiert, die Abwesenheit der Sprache angesprochen und derart sowohl festgehalten als auch freigelassen ist. Die Sprache des Gedichts – und mit ihr jede – ist Sprache *circum nihilum*. Sie ist es allein so, dass sie sich, ohne dies *nihil* zu fliehen und ohne ihm zu verfallen, als Sprache *cum nihilum* und derart vom Nichts nicht weniger als vom thetischen Sein frei spricht. Nur derart, m i t dem Nichts und den Vakanzen sprechend, ist sie die Sprache eines *Neuen,* eine neue, eine Sprache des Anfangens der Sprache. Es ist die Sprache des Einen und der Einzigkeit, sofern sie sich vom Paradigma der Einheit und Einzigkeit löst und *Eins* nur als dasjenige eines *keins,* als das von sich selbst freie *Eins,* von sich freie *Sein* ist.

*

Mit der Bewegung des Gedichts zu sich als zu dem, das es nicht ist, tritt es aus dem Horizont nicht nur der Phänomenologie, sondern ebenso entschieden aus dem koextensiven Horizont der Ästhetik heraus. Hegel begründet in seinen »Vorlesungen über die Ästhetik« nach Hothos Redaktion die Privilegierung des Reims in der *lyrischen Poesie* damit, dass sie als *subjektive Ausdrucksweise* [...] *das Sprechen selbst schon zu einer Musik* [...] *der melodischen Symmetrie* [...] *des Klangs macht, aus welchem das Innere sich selber vernehmlich entgegentönt.* Wie in der *melodischen Symmetrie* ein Klang auf den anderen reimt, so reimt diese Klangsymmetrie des Ausdrucks ihrerseits auf das Innere des Subjekts, so dass aus dem äußerlichen Klang dieses Innere *sich selbst vernehmlich* wird. Diese Formulierung vom Sich-Selbst-Vernehmen des Inneren im Reim hat Celan in seiner Ausgabe von Hegels »Ästhetik« doppelt angestrichen und mit der Randbemerkung versehen: *In-sich-selbst-Münden des Gedichts.*[25] Damit ist die zirkuläre, damit ist aber auch die selbst-konstitutive Bewegung des Gedichts auf eine Formel gebracht, nach der es sich durch den Rückgang seiner Sprache in sich, durch die wechselseitige Wiederholung seiner Elemente und somit als Reim auf sich selbst definiert. Gedicht ist, was sich selbst ent-

---

[25] *La Bibliothèque philosophique,* l.c., p. 129.

spricht und vermöge seiner Selbst-Entsprechung reines Selbst-Vernehmen ist. Alle Äußerlichkeit, die es als *Ausdrucksweise* annehmen mag, jedes Andere, das nicht sein eigenes wäre, ist in ihm getilgt und die Differenz zwischen Sprache und Angesprochenem in substanzieller Subjektivität aufgehoben. Die Formel der Ästhetik ist die Formel der Phänomenologie des spekulativen Geistes. Sie lautet: Selbst-Entsprechung im Selbst-Vernehmen des Subjekts als seiner eigenen Substanz. Sie lautet, verdichtet: Reim auf sich im Anderen seiner selbst. Was Celan mit seiner Marginalie *In-sich-selbst-Münden des Gedichts* notiert, besagt, dass das Gedicht für die Hegelsche Ästhetik an sich selbst auto-phänomenologisch und auto-logisch ist, indem es nicht nur eine Sprache unter anderen, sondern die eine, konstitutive Sprache der substanziellen Subjektivität und in diesem Sinn – dem Sinn aller Sinne – die Sprache der Sprache überhaupt spricht. *In-sich-selbst-Münden des Gedichts* ist die Formel der Kunst als Auto-Thesis und Auto-Aisthesis.

Damit ist der Bereich der im strengen Sinn ästhetischen, der spekulativen Bestimmung des Gedichts umrissen, den Celans Gedicht verlässt. Wenn jedes seiner Elemente zugleich Reim und suspendierende Klammer ist, dann steht jedes als Revokation neben sich selbst, jedes – und mit ihm das ganze Gedicht – steht nicht nur am Rand seiner selbst, sondern ist dann nichts anderes als sein Rand, jedes markiert als dieser Rand seiner selbst, dass es nur insofern noch ist, als es nicht mehr es selbst ist. Diese sowohl zeitliche wie räumliche, zunächst aber semiotische und parasemiotische Bewegung kann mit einem Begriff der Hegelschen Philosophie, wenn er durch sie nicht zur Gänze definiert gedacht wird, als ›Aufhebung‹ charakterisiert werden. Von der *Selbstaufhebung* des Gedichts sprechen denn auch die Entwürfe zur *Meridian*-Rede 1960;[26] in ihrer Endfassung taucht der Begriff, vielleicht bedeutsamerweise, nicht mehr auf. In ihr heißt es, nachdem vom Gedicht gesagt wurde, es folge einer *starken Neigung zum Verstummen: Es behauptet sich – erlauben Sie mir, nach so vielen extremen Formulierungen, nun auch diese –, das Gedicht behauptet sich am Rande seiner selbst; es ruft und holt sich, um bestehen zu können, unausgesetzt aus seinem Schon-nicht-mehr in sein Immer-noch zurück.*[27] Celans *extreme* Formulierung betrifft das Gedicht als Extrem, als ein Äußerstes, als Rand seiner selbst und der Sprache. Sie besagt,

---

[26] Der Meridian, l.c., pp. 56, 59, 60.
[27] L.c., p. 8.

dass das Gedicht insgesamt und in jedem seiner Momente schon keines mehr ist, dass es nicht mehr spricht, sondern verstummt ist; und dass es dieses Aussetzen *unausgesetzt* rückgängig macht, indem es sich aus seinem Verstummen in sein *Immer-noch* und also in das *Immer-noch* auch seines *Schon-nicht-mehr* zurückruft. Das Gedicht ist ein Extrem und ein Randphänomen, weil es, an diesem Rand sprechend, schon über ihn hinaus gegangen ist und nicht mehr Gedicht ist; weil es mit jedem Wort, das es sagt, zugleich auch sein Nicht-Sagen sagt; weil es Phänomen seiner Aphanisis, Verlauten seines Verstummens ist. Wenn es *am Rande seiner selbst* sich behauptet, dann als dieser Rand, der der seine nur ist, solange es an ihm aufhört zu sein.

Anders als für Hegel ist das Gedicht für Celan nicht das Selbst-Vernehmen der Subjektivität, sondern das Vernehmen ihres Unvernehmbargewordenseins. Es spricht, aber hört sich nicht; hört nicht sich, sondern etwas Unerhörtes, Fremdes, und sucht ihm zu entsprechen. Das *In-sich-selbst-Münden des Gedichts* weicht einem Münden in das, was nicht es selbst ist. Während der *phänomenale Zug*, den Celan an den Bildern und Tropen der traditionellen Lyrik ausmacht,[28] im Reim zum Topos der Selbst-Phänomenalisierung und Selbst-Wahrnehmung der Kunst wird, durchquert das Gedicht, wie Celan es versteht, einen Atopos – die *U-topie* –, einen unmarkierten, aphänomenalen Raum, der sich der Wahrnehmung, der Anschauung[29] und somit der *aisthesis* und jeder Ästhetik des Selbst versagt. Der Rand, von dem Celan spricht und über den sein Gedicht hinausspricht, ist als der Ort, an dem es sich selber *zurück ruft,* wohl immer auch die *Reimklammer,* die es mit sich selbst zusammenhält, aber als die Klammer, die seine und ihre eigene Geltung suspendiert, ist er zugleich jener Nicht-Ort der *U-topie,* an dem seine Konstitution als substanzielle Subjektivität zerfällt. War die Formel der spekulativen Reim-Ästhetik – der Ästhetik als Spekularität – Selbst-Entsprechung im Anderen seiner selbst, so könnte die Devise von Celans Dichtung heißen: Selbst-Entsprechung in einem Anderen, das auf kein Selbst reduzierbar ist. Die Extremisierung, die Entäußerung des Gedichts zu einem Rand seiner selbst ist seine Ver*a*nderung: eine Sui-Alteration, die es nicht zur Form auto-thetischer und auto-ästhetischer Subjektivität, sondern immer wieder nur zu einer para-ästhetischen und pa-

---

[28] L.c., p. 74.
[29] L.c., pp. 10, 12, 38, 74.

ra-thetischen, einer über jede Setzungsmöglichkeit hinwegsetzenden, immer wieder aufs Neue aussetzenden Sprache kommen lässt. Diese Sprache spricht nicht mehr zu sich selbst, sie spricht von sich weg. Sprache ist in ihr fortgesetzte Parekbase von der Sprache: sie spricht und entspricht sich, indem sie ihr Aussetzen spricht. Dieses Entsprechen der Sprache – das Sprechen ihrer Endlichkeit – ist nicht der Weg der Kunst als der Sprache der Sprache selbst, es ist der Weg des Gedichts ins Offene einer von keiner Sprache besetzten und *a limine* von keiner sprachlich besetzbaren Zukunft. Während die Kunst sich in der Gegenwärtigkeit des Selbst-Vernehmens erschöpft und eine Zukunft nicht kennt, ist das Gedicht, *am Rande seiner selbst* und *weit draußen*,[30] strukturell künftig. Es ist, in jedem Moment seiner Gegenwart, das, was auf Anderes wartet, sich ihm wartend überlässt und mit ihm und seinen Sprachlosigkeiten spricht. Es ist die Entsprechung zur Entsprechung, die Klammer, die sich entklammert.

Die Klammern von Celans Gedicht sind seine sprachlosen Ränder. Nur in den beiden Gedichttiteln »Reimklammer« und »Klammer auf, Klammer zu« benannt, figurieren sie im Korpus des Texts als lautlose Grapheme, die indizieren, er sei insgesamt in die Klammer der Lautlosigkeit gestellt. Das Gedicht wird dadurch, streng genommen, unsprechbar. Wenn Celan von *Reimklammer* spricht, dann erteilt er dem Reim zum einen die Funktion einer Klammer, die semantisch Verschiedenes durch Homophonie miteinander verbindet, legt aber zum anderen nahe, dass dem Reim selbst eine – nicht nur phänomenologische – ›Klammer‹ einbeschrieben ist, die mit der *melodischen Symmetrie* seines Klangs auch seine synthetische, seine Synthesmos-Funktion außer Kraft setzt. Die Reimklammer klammert Reim und Klammer ein. Durch die streng durchgehaltene parataktische Fügung der Parallelismen und die Verbindung von Anfangs- und Schlussreimen kommt jedes Element des Gedichts in die Randposition, jedes in die Position einer Klammer, die sowohl Synthesis- als auch Suspendierungsfunktion hat, und jedes in diejenige Position, in der es Reim auf *keins*, Entsprechung einer Nicht-Entsprechung ist. Noch das *erkoren* des zweiten Verses kann als Reim nicht nur auf das *verloren* des selben Verses, sondern auf ein fehlendes Reimwort in der vorangehenden Leerzeile gelesen werden, auf eine Reimvakanz, an der es sich entreimt, entpaart und vereinzelt. Derart wird jede Markie-

[30] L.c., p. 10.

rung des Gedichts zu einer Ammarkierung, tritt durch Juxtaposition neben sich, an den Rand ihrer selbst, wird zur Schwelle und Öffnung nicht nur auf das, was es nicht ist, sondern auf dies: dass es nicht ist.

Die *Urthesis* der transzendentalen Subjektivität und die Synthesis im Sich-Vernehmen der spekulativen Ästhetik des substanziellen Subjekts; diese beiden großen phänomenologischen Thesen der Tradition, mit denen Celans Gedicht kommuniziert, sind in ihm zu einer Parathesis geworden, die auf das Nicht-Gesetzte und schlechthin Unsetzbare, das Reimlose, weil Sprachlose des Nicht-Gedichts antwortet, ihm entspricht und, sich selbst entsprechend, in ihm behauptet. Diese Parathese, in der die absolute Athese des Nichtsprechens mitspricht, bleibt nicht der bloße Rand, nicht der äußere Rahmen des Gedichts, sondern wird in es hineingezogen und macht es, alle Oppositionen zwischen Innen und Außen, Zentrum und Peripherie auflösend, zur Pare*n*these – zur Interjektion, zum Einwurf, zur Zwischenbemerkung, aber auch zur Enklave, Krypta und Freistatt. Das Gedicht ist Parenthese. Aber es ist Parenthese nicht in einem Kontinuum von Aussagen, das von ihm unterbrochen würde, und Parenthese nicht zwischen den Extremen von Phonem und Aphonie, Graphem und *blanc*, Sprache und Nichtsprache, sondern Parenthese in dem völlig anderen Sinn, dass es alle Extreme, ohne sie zur Synthesis zu bringen, in sich als dem offenen Zwischenraum zwischen ihnen versammelt und so erst zur Sprache – zu einer Sprache aus keiner – kommen lässt. Das Gedicht ist die Ur-Parenthese der Sprache. Es resonniert mit dem Stummen, es spricht mit seinem Nicht. Deshalb ist es Gedicht nur als diejenige Sprache, die sich in Klammern setzt und noch diese Klammern – die Male des *keins* – entklammert, um anderes vernehmlich zu machen als sie selbst, anderes als das, was sie ist, und als dies, dass sie ist. Gedicht ist es allein als seine Epoché, und als Epoché noch jeder Epoché, die ein anderes Residuum lässt als *keins*. Es ist die Sprache einer Epoché ohne Alibi. Allein so, als fortgesetzte Auto-Epoché, ist es frei von der Ästhetik der Selbstsaturation, und allein so ein freies, ein Gedicht frei vom Gedicht.

*

Eine Sprache in der Epoché kann von der Philosophie, sofern sie Ontologie und Phänomenologie, Logik des *logos apophantikos* und Semiologie ist, nicht gedacht werden. Philosophie kann eine solche

Epoché. Gedicht. Celans Reimklammer *um Husserls Klammern*

Sprache aus Sprachlosem zu denken nur lernen, indem sie – kaum anders als radikale Philologie – den Parenthesen der Dichtung und den benachbarten der Literatur nachgeht, indem sie mit diesen Parenthesen, ihren Krypten und Freistätten spricht, mit ihnen – mit ihnen zusammen und mit ihnen als der Verweigerung jedes Mit – denkt und ihre Klammern und Entklammerungen mit ihnen teilt. Philosophie und Literatur sind kein einfaches Paar. Sie mögen sich aufeinander reimen, aber ihre Reimklammer markiert jenen Rand beider, an dem sie nicht miteinander und nicht mit sich selbst übereinstimmen. Sich in die eine Klammer der Verbindung als die andere ihrer Suspension zu versetzen, kann der Philosophie erst gelingen, wenn sie auf eine Parenthese – eine Parenthese, wie Dichtung es ist, ohne Rückhalt – sich einlässt, wenn sie sich auf sich selbst als suspendierte und noch ihre eigenen Klammern lösende – auf eine jedesmal einmalige, rückhaltlos geschichtliche Sprache des Denkens –, wenn sie sich, kurzum, darauf einlässt, parenthetisch zu denken –: im Denken ihrer selbst schon das Denken eines nicht mehr Denkbaren zu sein. Die Philosophie einer Sprache, die zu sich als einer irreduzibel anderen steht, beginnt erst mit einer Epoché der Philosophie, die sie eine von sich befreite und anders als Philosophie sein lässt.

Tò autó, das Selbe, --
(2014)

Aus der Zeit der Vorbereitung seiner Meridian-Rede, die am 22. Oktober 1960 gehalten wurde, datieren Gedichte von Celan, die das Verhältnis zwischen *ich* und *du*, ihr Miteinander, ihre Selbigkeit und Verschiedenheit mit besonderer Intensität thematisieren. Sie sprechen eine Sprache, die zum Teil aus den Ressourcen der biblischen und der sogenannten mystischen Traditionen, zum Teil aus denen der Liebeslyrik oder der Landschafts- und Bewegungsdichtung geschöpft ist. Das Gedicht »Zu beiden Händen«, das vom 1. Juli 1960 datiert, nimmt, was bei Celan selten geschieht, mindestens einen emphatisch philosophischen Begriff auf, einen der ältesten, geschichtlich reichsten und systematisch gewichtigsten. Es ist derjenige, mit dem sich die Philosophie wie mit kaum einem anderen selbst als Philosophie bestimmt hat, und mit dem sie sich seit ihren Anfängen und bis heute in Argumenten, Analysen, Umdeutungen und Verwerfungen zu befassen nicht aufhören konnte. Es ist der Begriff des Selben. Die letzte der vier Strophen des Gedichts lautet mit ihren neun Ein-Wort- und Zwei-Wort-Versen (I 219):

> *Das*
> *Selbe*
> *hat uns*
> *verloren, das*
> *Selbe*
> *hat uns*
> *vergessen, das*
> *Selbe*
> *hat uns - -*

Diesem abschlußlosen Schluß-Ritornell des Selben steht in den ersten Versen die Evokation von Zweiheiten gegenüber, die in ein – zumindest dem Scheine nach – kontradiktorisches Verhältnis zueinander gebracht werden:

> *Zu beiden Händen, da*
> *wo die Sterne mir wuchsen, fern*
> *allen Himmeln, nah*
> *allen Himmeln:*
> *Wie*
> *wacht es sich da! Wie*
> *tut sich die Welt uns auf, mitten*
> *durch uns!*

In der Entwurfsfassung der ersten Strophe hießen die Eröffnungsverse (TA, Die Niemandsrose, 21):

> *Zur linken*
> *Hand:*
> *da,*
> *wo die Sterne mir wuchsen / [...].*

Die Rede von Händen, zunächst von der linken, dann von zwei komplementären, mehr aber noch die emphatische Variation auf das Selbe in der Schlussstrophe verweisen auf das Lehrgedicht des Parmenides, zunächst auf die Geste, mit der die Göttin – Wahrheit oder Gerechtigkeit – zu Beginn ihrer Rede mit ihrer Hand die rechte Hand des Sprechenden ergreift (Fr. 1, 22-23), sodann auf den Grundsatz, der von dieser Göttin verkündet wird: *tà gàr autò noeîn te kaì eînai* – ›das Selbe nämlich ist Vernehmen (Denken) und Sein‹ (Fr. 3). Dieser Grundsatz wird von Parmenides an anderer Stelle mit den Worten präzisiert: *tautòn th'estì noeîn te kai oúnekén esti nóema* – ›das Selbe ist Vernehmen (Denken) und der Grund, aus dem das Vernommene (Gedachte) seiend ist‹ (Fr. 8, 34). Das Paar aus Denken und Sein, dessen Verhältnis vom Gedicht des Parmenides als das Selbe – *tò autó* – charakterisiert wird, findet sich in Celans Gedicht auf die *beiden Hände* verteilt, deren Paarigkeit die Zusammengehörigkeit der ihnen zugewachsenen Sterne verbürgt. Wie das Selbe, *tò autó*, bei Parmenides von dessen Bewahrerin ausgesprochen wird, so spricht der Träger der Sterne bei Celan von ihrer Zusammengehörigkeit, und diese Zusammengehörigkeit, so legt die letzte Strophe nahe, ist wiederum als das Selbe gedacht – als Verhältnis zwischen Denken und Sein, das hier nicht im Halten, sondern im Verlieren und Vergessen erfahren wird.

In beiden, dem alten und dem neuen Gedicht, spricht das Selbe. In beiden – an beiden Extremen der Geschichte des europäischen Denkens und Dichtens, zweieinhalb Jahrtausende voneinander entfernt – spricht das Selbe als Mitte eines doppelten Leuchtens

Tò autó, das Selbe, – –

oder Aufleuchtens dessen, was voneinander zwar geschieden, aber in seiner Geschiedenheit das Selbe ist. Doch in beiden sagt und besagt das Selbe und als das Selbe und *tò autó* Benannte nicht nur Verschiedenes, vielmehr spricht es vom Selben als der Scheidung jenes Verschiedenen, spricht von zwei gänzlich verschiedenen Scheidungen und spricht von ihnen in derart verschiedener und derart scheidender Weise, dass deutlich wird: dieses Selbe kann nicht einmal mit sich selbst das Selbe gewesen sein, es kann nicht *sein* und ist nicht zu *denken* als das Selbe, als das es doch benannt wird, und kann selbst dann weder *sein* noch *gedacht* sein, wenn es Scheidung, Trennung oder Teilung sein und als solche gedacht sein soll.

Wenn Celans Gedicht in seiner Endfassung von Sternen *zu beiden Händen* spricht, dann mag es damit nicht allein auf die Paarigkeit und Komplementarität von *noein* und *einai* hindeuten, es kann überdies auf die Duplizität der zwei Räder des Wagens anspielen, in dem der Redende im Gedicht des Parmenides ›mitten durch‹ (Fr. 1, 20) die zwei geöffneten Tore über die ›steinerne Schwelle‹ zwischen Nacht und Tag ins lichte Haus der Göttin einfährt (1, 12), es mag sich aber darüber hinaus auch auf Abendstern und Morgenstern beziehen, denn Parmenides war nach dem Zeugnis des Aetius einer der ersten Gelehrten der Antike, die diese beiden als einen und den selben ansahen (Aetius, Test. 40a; Uvo Hölscher: Anfängliche Fragen. Studien zur frühen griechischen Philosophie; Göttingen: Vandenhoek & Ruprecht 1968, 37). Wenn Celan zunächst daran dachte, sein Gedicht unter das Regime der *linken Hand* zu stellen, dann vermutlich, um der parmenideischen Lehre vom Rechten, Richtigen und Wahren, das allein im Seienden und seiner Selbigkeit mit sich und mit dem Denken zu finden ist, frontal zu widersprechen oder diese Lehre des Selbstwiderspruchs zu überführen, daß das Rechte nur im Unterschied zum Unrechten, das Seiende nur im Unterschied zum Nicht-Seienden gedacht werden kann, also mit dem zusammen gedacht werden muss, was sich dem Denken entzieht. Mit dieser Antithese zur These des Parmenides hätte Celan aber für die Privilegierung des Linken, Unrechten und Nichtseienden einen Wahrheitsanspruch erhoben, der dem des Parmenides noch in seiner Umkehrung recht gegeben hätte. Indem das Gedicht in der Endfassung von *beiden Händen* spricht, ist mit deren Paarigkeit nicht nur die von Parmenides postulierte Einheit von Denken und Sein, sondern auch der korrespondierende Gegensatz zwischen dem Selben und dem Unselben, mit jener Einheit und diesem Gegensatz zugleich aber die Möglichkeit bewahrt, im

Ausgang vom parmenideischen Gedicht eine andere Erfahrung des Selben als dieses zu eröffnen.

Dieses Selbe bestimmt sich in den Eröffnungsversen des Gedichts als dasjenige, was jene beiden Hände und die ihnen zugewachsenen Sterne ebenso zusammenhält wie es von diesen zusammengehalten wird. Es ist das Selbe einer Zweiheit, die die Kollektivnamen *Hände* und *Sterne* trägt, doch dieses Selbe spricht nicht als ein Ich, sondern spricht von seinem Ort – seinem *da / wo* –, dessen Bezeichnung in ihrer graphischen Artikulation durch einen Versbruch gespalten ist, und spricht von sich mit einem dativischen Pronomen – einem *mir* –, in dem es als ein von Anderem bestimmtes, von Anderem begabtes erscheint, von Sternen, die ihm *wuchsen* –: *da / wo die Sterne mir wuchsen*. Es wäre nicht nur misslich, es wäre verfehlt, vom latenten »ich« dieser Verse als einer suireferenziellen Instanz zu sprechen, denn in ihnen erscheint, was später *das / Selbe* heißt, allein als das, dem etwas von Anderem her zukommt, zuwächst und zugesprochen wird, und sich erst durch dieses paarig und lateral Hinzukommende im strengen Wortsinn kon-stituiert. Als das von seinen Sternen Zusammen-gestellte ist sein Ort keine autonome und selbstständige Stelle, sondern ein Zwischenraum – doch wiederum kein solcher Zwischenraum, der zwischen zwei bereits feststehenden Punkten gelegen wäre, sondern sich – *fern / allen Himmeln, nah / allen Himmeln* – zwischen Ferne und Nähe zu dem erstreckt, das seinerseits kein beständiges Maß für Entfernungen bietet. Der Zwischenraum zwischen Nähe und Ferne zum Unnahbaren und Unentfernbaren kann nur ein solcher sein, der sich als Raum allererst öffnet, sich auftut, bewegt und wächst wie jene *zu beiden Händen* gewachsenen Sterne, die, wie die stehende deutsche Redewendung sagt, ›aufgehen‹ wie ein Licht ›aufgeht‹. Wie der Raum, dieser Zwischenraum mit mobilen und unabgeschlossenen Dimensionen, aufgeht, so auch die Zeit, die nach einem Doppelpunkt im folgenden Doppelvers mit einer *exclamatio* angegeben wird –:

> *Wie*
> *wacht es sich da!*

Wie zuvor das Wachsen, so spricht das Wachen von einem Aufgehen, einer Öffnung und einem Anfang dessen, was zuvor niemals war und was nie anders denn als Geschehen bei einem Anbruch – dem Anbruch eines Tages, dem Anbruch einer Zeit – eintritt. Ohne dass vom *Wie* im Sinn der Beschaffenheit des Wachens noch

Tò autó, das Selbe, – –

die Rede wäre, spricht nach der langen Pause, die ihm folgt, das emphatisch auf der Anfangssilbe akzentuierte *wacht es sich da!* den Anbruch der Zeit als Aufmerksamkeit im *da* aus. Nicht anders als die Zwischenraum-Öffnung hat auch diese Zeiteröffnung keine zuvor gesetzten Grenzen; nicht anders als jene bestimmt sie sich nicht nach einem vorgesetzten Maß; und ähnlich wie jene ist sie ein Geschehnis, das sich im Selbst-Verhältnis eines Neutrums – in einem *es sich* – ergibt. Daß *es sich da* wacht, das ist dasjenige Verhältnis eines Es zu ihm selbst als demselben, das den Anfang der Zeit und das nie zuvor gewesene Selbe ergibt. Erst als diese neutrale Relation ohne vorgesetzte Relate entspringt die Zeit und mit dieser und als diese ein Selbes: ohne Vorgänger, ohne Zuvor oder Danach, schieres Beginnen ohne Herkunft, ohne Subjekt oder Substanz.

In den ersten Versen von Celans Gedicht begibt sich nicht weniger als eine Topo- und Chronogonie: sie sprechen nicht nur über den Anfang des Raums und der Zeit als ihr Thema, sie rufen ihn, in einer durchgängigen *exclamatio,* im emphatischen Wortsinn hervor und lassen ihn durch sich geschehen. Wenn diese Verse in semantischen und graphischen Dopplungen und Spaltungen sprechen, so erweitern die folgenden durch eine weitere Dopplung und nicht ohne die explizite Thematisierung der Spaltung die Topo- und Chronogonie zur Kosmogonie:

> *Wie*
> *tut sich die Welt uns auf, mitten*
> *durch uns!*

Von der Welt wird damit nicht nur gesagt, dass sie sich auftut, es wird von ihr gesagt, dass sie die Welt allein dadurch ist, daß sie sich auftut und nichts anderes als dieses Sich-Auftun ist. In Parallele zum *Wie / wacht es sich da!* ist es wiederum ein Selbstverhältnis, als das die Welt hervorgeht: sie *tut sich ... auf*; prononcierter als beim Wachen bestimmt sich dieses Selbstverhältnis, dem Doppelsinn der Wendung von ›sich auftun‹ entsprechend, als eines der Öffnung und Eröffnung, des Aufgehens und des Erscheinens. Sie tut sich nicht von Anderem her auf, ist – *fern allen Himmeln* – von keiner höheren Macht geschaffen und keine solche, die zuvor schon gewesen, aber verborgen war und nun ins helle Licht ihrer Erscheinung träte. Sowohl die Bewegung des *da* im offenen Zwischenraum von Ferne und Nähe als auch das *mitten / durch uns* machen deutlich, dass dieses Sich-Auftun ein Klaffen ist, in dem kein vorgängiger *mundus absconditus* sich offenbart, und dass dieses Klaffen – ein *chorismos* und *chaos* – die Welt ist, wie sie nie zuvor an anderem Ort oder unter anderen Bedingungen bereits war. *Welt* heißt hier deshalb: Anfangen der Welt, Aufgang dessen, was ist, aus seiner Trennung von sich, Erscheinung *ex abrupto* einer Scheidung, durch die zum ersten Mal das durch sie Geschiedene als solches hervorgeht und sich in seiner Geschiedenheit als das Selbe: als *die Welt* erweist.

Mit dieser *Welt* kommt zum ersten Mal auch ein *uns* – und damit wiederum ein dativisches Selbstbeziehungs-Pronomen – zur Sprache, aber zur Sprache nur als durch das Sich-Auftun der Welt zerspaltenes, durch jenes Sich-Auftun in seiner Mitte bestimmtes und zusammengehaltenes, als das erst in seiner Öffnung auf die Öffnung der Welt ihm selbst als das Selbe eröffnete Selbe. *Uns* wird nämlich zweimal gesagt: einmal ist es dasjenige, dem sich die Welt auftut, dem sie sich öffnet und dem sie erscheint, und einmal das, durch dessen Spaltung diese Welt sich öffnet und erscheint. Denn *mitten/durch uns* besagt nicht etwa ›durch unsre Vermittlung‹, sondern bezeichnet den Bewegungsraum der Öffnung und Erscheinung der Welt: Als die Kluft, die zwischen *uns* allen und durch jeden Einzelnen von *uns* verläuft, tut sich die Welt auf, kommt hervor und erscheint. Und als diese Kluft, die *uns* durchzieht, gehen wir selbst uns auf und kommen zur Welt und zur Sprache. Kein *wir* ist es, das in originärer Kollektivität spricht, und nichts ist uns von einer anderen, prä-existierenden und in sich konsistenten Instanz zugesprochen, sondern allein die Öffnung auf *uns* lässt dieses *uns* zur Erscheinung kommen und sprechen. Allein als *uns* aus der Entfernung von *uns* Zugesprochene sind wir mit *uns* zusammengesprochen und mit uns dasselbe. Die Konsistenz einer kollektiven Sprecherinstanz, die sich im *uns* selber benennt, ergibt sich also erst aus der Differenz zu sich: sie ist kon-sistent allein aus der Trennung zwischen *uns* und *uns*, und kon-sistent allein im ko-, in einer Mitte, die ebenso scheidet, wie sie das voneinander Geschiedene mit ihm selbst als demselben zusammenhält. Das *uns*, das in diesen Versen zweifach angesprochen wird, ist angesprochen aus der Kluft, die es durchzieht und in sich zusammenzieht.

Was spricht – was von Anfang an in diesem Gedicht und als dieses Gedicht spricht –, ist kein Wesen, kein beständig oder auch nur unbeständig Seiendes, erst recht kein ›lyrisches‹ oder sonstwie klassifizierbares ›Ich‹ oder ›Wir‹, sondern das Aufgehen der Minimalbedingungen dafür, dass es überhaupt Seiendes gibt: das Aufgehen des Raumes, der Zeit, der Welt und der Sprache. Dieses Aufgehen unterliegt selbst nicht den Bedingungen eines bereits konstituierten Zeit-Raums und einer vorgegebenen Sprach-Welt, vielmehr gibt es Zeit-Räume und Sprach-Welten und damit die transzendentalen Strukturen der Erfahrung erst frei und erteilt ihnen mit dieser ultra- und, genauer, attranszendentalen Freigabe selbst die Struktur des Aufgehens. Da Aufgehen aber zum einen heißt: Sich-Zeigen, und zum anderen: Sich-Scheiden, und da beide Züge seiner Bewegung darin konvergieren, das Selbe in ein differenzielles Verhältnis zu *sich* als dem Selben zu bringen, heißt Aufgehen: Geschehen des Selben in der Scheidung von diesem selbst, Unterscheidung zum Selben, Verselbigung.

Das Selbe ist demnach weder ein feststehendes Datum, noch eine fixe Relation, noch das vorbestimmte Ziel eines genetischen oder historischen, eines ontischen oder noetischen Prozesses. Das Selbe geschieht; und als Geschehen des Aufgehens einer zeit-räumlichen Sprachwelt ist es der Aufgang sowohl dessen, was ›Sein‹, wie auch dessen, was ›Vernehmen‹ oder ›Denken‹ heißt. Das eine wie das andere ergibt sich erst aus dem Unterschied zu ihm selbst und ist erst aus diesem Unterschied zu ihm für es selbst das Selbe: Es ist seiend, seit und solange es in dieser Unterscheidung erscheint, und ist Vernehmen und Denken, seit und solange es auf sich als das Selbe offen ist. Darum, und darum allein, kann der Satz des Parmenides lauten: das Selbe – *tò autó* – nämlich ist Denken (Vernehmen) und Sein; und allein darum kann Celans Gedicht dieses Selbe als Sich-Auftun der raum-zeitlichen Welt in dem Unterschied eines sprechenden *uns* zu ihm als dem selben angesprochenen *uns* zur Sprache bringen. Wenn das Selbe nun aber kein schon gegebenes Seiendes ist, sondern Seiendes allererst zulässt, dann muß es als Geschehen des Aufgehens von Seiendem in seinem Unterschied zu sich gedacht werden –: es muss, in einem anderen als dem geläufigen Sinn des Wortes, gedacht werden als Onto-genese. Und wenn es nicht Denken und Sprechen in zuvor gesetzten Relationen, sondern deren Hervorgang aus der Differenz zu diesen selbst ist, dann ist dieses Selbe, wiederum in einem anderen als dem geläufigen Sinn, Logo-genese. Ob als Raum-, Zeit-, Sprach-, Welt- und Seins-Eröffnung, das Selbe ist jeweils allein aus dem Unterschied zu sich dieses Selbe und deshalb nie anders denn als sein Hervorgang aus seiner Entfernung, nie anders denn als *autó*-Genese.

Es bedürfte umständlicher Darlegungen, um deutlich zu machen, dass diese Deutung des Selben zwar nicht den klassischen und nicht den traditionellen, sei's philosophischen, sei's philologischen Kommentaren, wohl aber dem Text des Parmenides entspricht. Erst Celans Gedicht eröffnet den Zugang zu dieser Deutung und macht, genau besehen, klar, dass es aus entscheidenden Motiven der parmenideischen Schrift die Lehre für das Verständnis ihres mehrfach wiederholten Grundsatzes zieht. Dazu nimmt er nicht nur das Motiv der Verdopplungen und Scheidungen auf, das von anderen Lesern als narrative Marginalie ohne philosophische Dignität behandelt wird, er nimmt vor allem den Ort einer Göttin ernst, die die *krisis,* die Scheidung zwischen Wahrheit und bloßem Anschein – *alétheia* und *dóxai* – vollzieht (Fr. 8, 15), als *moira* diese Scheidung selbst ist (Fr. 8, 37) und, zwischen Wahrheit und Anschein waltend, die Einsicht in die Wahrheit der Wahrheit wie der Unwahrheit verheißt: ›Du wirst alles erfahren, sowohl der runden Wahrheit unerschütterliches Herz wie auch das Vermeinen der Sterblichen, worin keine wahre Verlässlichkeit ist. Aber gleichwohl wirst du auch dies verstehen lernen, dass das Vermeinte als Vermeintes in Gebrauch sein muß und wirst durch alles hindurch alles durchdringen.‹ (Fr. 1, 28–32; Übersetzg. Hölscher modif.) Verhält es sich aber so, dass die Göttin wie ihr Schüler zwischen Wahrheit und Unwahrheit erst zu scheiden hat, dann ist allein diese Scheidung und Durchdringung – *pánta peronta* (Fr. 1, 32) – das Geschehen der Wahrheit und die *krísis* das einzige Geschehen, das mit ihm selbst als das Selbe zusammenbestehen kann. Die *krísis* ist *tò autó,* die Scheidung das Selbe. Als Geschehen dieser Scheidung steht das Denken mit sich als dem von ihm Gedachten zusammen und das Sein mit sich als Seiendem und Bleibendem. Die Homöostase zwischen Geschehen und unerschütterlichem Bleiben – dem parmenideischen *menein* (Fr. 8, 29–30) – wird nur auf zweideutige Weise in der Rede von einem gangbaren und einem ungangbaren Weg aufgelöst. Ein Bleiben im Sinne von unverrückbarem Bestand kann es in Celans Sich-Auftun der Welt *mitten/durch uns* nicht geben.

Aber noch der Akzent, der auf die Mitte des *mitten/durch* gesetzt ist, kann als Wiederaufnahme jener Mitte verstanden werden, die bei Parmenides das Selbe von Erkennen und Sein – das *autó* des *noein* wie des *eĩnai* (Fr. 8, 44) – ausmacht und als *mesaitáten* Anfang und Ziel aller Bewegung ist (Test. 37, Aetius II 7, 1; Fr. 5). Bei Parmenides trägt diese Mitte der ›wohlgerundeten Kugel‹ des Seins die Namen *anánke, díke* und *moira,* Notwendigkeit, Gerechtigkeit und Aufteilung. Die von ihnen vollzogene *krísis,* die Scheidung, Entscheidung und Unterscheidung, erteilt Sein und hält es in sei-

Tò autó, das Selbe, – –

ner Geteiltheit als Ganzes zusammen. Diese einende Doppelbewegung wird in Celans Gedicht aufgenommen und vom weiteren Gang des Gedichts sowohl präzisiert wie durch diese Präzisierung einer Dispersion überantwortet, die bei Parmenides nicht vorgezeichnet ist. Sie lässt sich kaum anders als durch Celans Lektüre von Heideggers Texten zum parmenideischen Gedicht erklären.

In »Wozu Dichter?« von 1946 spricht Heidegger zur Erläuterung des Gedankens der *unerhörten Mitte* aus Rilkes »Sonetten an Orpheus« (II, 28) von Parmenides' Konzeption der Mitte und des Selben (HW 260; 277-78), in der Vorlesung »Was heißt Denken?« und der dazu gehörigen Abhandlung »Moira«, endlich in dem Vortrag »Der Satz der Identität« analysiert Heidegger mit größter Ausführlichkeit das *tò autó* des Parmenides. Alle diese Texte – mit der möglichen Ausnahme von »Moira« – sind von Celan, wie die Anstreichungen in seinen Büchern bezeugen, nicht nur gelesen, sondern aufmerksam studiert worden. Sie sprechen, mit besonderer Deutlichkeit in »Der Satz der Identität«, von der epochalen Differenz zwischen dem neuzeitlichen Begriff der Identität und dem parmenideischen Gedanken des *autós*, versuchen diese Differenz zu verdeutlichen als Differenz zwischen *Zusammen*gehören und Zusammen*gehören*, und empfehlen, dieses *Gehören* als das Geschehen des wechselseitigen *Eignens* von Mensch und Sein und näherhin als *Er-eignis* zu denken. Allein wenn *dieses Eignen, worin Mensch und Sein einander ge-eignet sind*, so schreibt Heidegger, lasse sich *die Konstellation von Mensch und Sein*, lasse sich also die Zusammen-Stellung des denkenden und sprechenden Wesens mit dem ihm Zugedachten und Zugesprochen so erfahren, dass Denken und Sprache aus der Herrschaft dieser zum technischen *Ge-Stell* verhärteten *Konstellation* entlassen würden. *Denn*, so hofft er, *im Er-eignis spricht die Möglichkeit an, daß es das bloße Walten des Ge-Stells in ein anfänglicheres Ereignen verwindet*. Dieses *anfänglichere*, soll heißen als Anfang vor allen Gründen geschehende Ereignen, das älter ist als jede metaphysisch gefaßte Identität, kommentiert Heidegger mit den von Celan markierten Sätzen: *Das Wort Ereignis ist der gewachsenen Sprache entnommen: Er-eignen heißt ursprünglich: er-äugen, d.h. er-blicken, im Blicken zu sich rufen, an-eignen.* (ID 24-25) In dieses Eräugen, zu sich Rufen und Aneignen als das *anfänglichere* Geschehen der Zusammengehörigkeit von Mensch und Sein soll Heideggers Denkbewegung zurückführen.

In dieses Er-eignis führt Celans Gedicht hinein, um aus ihm

hinauszuführen. Es geht mit Heideggers Überlegungen, indem es sich zugleich von ihnen verabschiedet. Die zweite seiner vier Strophen lautet:

> *Du bist,*
> *wo dein Aug ist, du bist*
> *oben, bist*
> *unten, ich*
> *finde hinaus.*

Damit kann zweierlei gesagt sein: Wenn diese Verse von dem Auge sprechen, das bei Parmenides das ziellose Auge – *áskopon* – heißt (Fr. 7, 4), so befindet es sich, mal oben, mal unten, auf dem Weg des bloß sinnlichen Suchens, der Verirrung und des Nichtseins sowohl des Sehens wie des darin Gesichteten. Demnach wäre das *du*, das hier angesprochen wird, mitsamt dem ihm zugesprochenen Sein, in der Irre, wäre so taub wie blind – *kophoì òmos typhloí* –, gehörte zum unterscheidungslosen Haufen der Doppelköpfigen – der *ákrita phyla* der *díkranoi* (Fr. 6, 7 u. 5) – , aus der erst das *ich*, das dieser Verwirrung ansichtig wird, hinausfindet. Sprechen diese Verse dagegen von dem Auge als dem Organ einer Wahrnehmung, die zugleich denkendes Vernehmen des ihm Dargebotenen und in diesem Sinn ein *noein* ist, dann besagt: *Du bist, / wo dein Aug ist*, dass das *du* sein Sein in dem hat, was es aufnimmt, dass es also recht eigentlich jeweils nur bei dem *ist*, was es erblickt, dass es als Erblickendes das Erblickte ist, und dass, da es sowohl oben als auch unten und mithin überall ist wie die wohlgerundete Sphäre des Seins, das Sein des *du* das Selbe ist wie sein Denken, *noein* und *einai*, gemäß dem Grundsatz des Parmenides, im *autós* zusammengehören. Das *Aug* ist *tò autó*, da es das Miteinandersein des Denkens und des Gedachten, mit diesem aber die anfängliche *Konstellation von Mensch und Sein* herbeiführt. Es ist kein bloßes Seh-Organ, es ist ein Seins-Organ, das sich mit Anderen als das Selbe zusammen sein lässt. Damit hat sich der *autos*-Gedanke des Parmenides in Celans Gedicht bewahrheitet, aber hat sich bewahrheitet allein als die Wahrheit eines *du* – es mag Parmenides, es mag seinen Kommentator Heidegger adressieren –, eines *du*, das im Sich-Auftun der Welt aus der prekären Gemeinschaft des *uns* sich abgespalten hat. Da dieses *du* wie sein Blick und sein Sein jedoch *du* allein für ein *ich* sein kann, das seinerseits dem von ihm Erblickten sowohl zugehört als auch nicht zugehört, lautet das Abschluss-Kolon der Strophe in schroffer Entgegenwendung: *ich / finde hinaus*.

Mit dieser Wendung löst sich Celans Gedicht von Parmenides, ohne jedoch vom argumentierenden Duktus seines Denkwegs abzuweichen. Es spricht nicht mehr nur die Wahrheit des *du* und des von ihm Erblickten aus, es spricht die Wahrheit über diese Wahrheit aus, dass auch sie noch als die eines Erblickenden erblickt werden muss, um Wahrheit für anderes als es selbst zu sein. Damit ist aber gesagt, dass die Selbigkeit von Sein und Denken im *du* nicht die ganze, nicht die einzige Wahrheit ist, sondern dass sie noch mindestens eine weitere, dass sie die Wahrheit eines Anderen und somit das Geschehen einer Unterscheidung zulassen muss, die der Selbigkeit von Sein und Denken noch vorausgeht und sie deshalb von Anbeginn zerteilt. Wie das *du bist* spricht auch das *ich / finde hinaus* im Präsens, besagt also, dass dieses *ich* auf dem Sprung ist, aus der von ihm erblickten Zusammengehörigkeit mit dem *du* und seiner Erkenntnis hinaus zu finden, und dass es, dieses *ich*, nichts anderes ist als die Bewegung des Hinaus aus der Sphäre des Selben in das Unselbe. Dieses *ich* ist der Sprung zwischen dem Selben und dem, was es nicht ist, das aber, es derart nicht seiend, wiederum nur das mit ihm Selbe sein könnte. Das *ich* ist also der Sprung *im* Selben.

Damit sind aber die Parameter nicht nur des parmenideischen *tò autó*, sondern auch die von Heideggers *Er-eignis* verschoben. Wird dieses Ereignis nämlich, wie Heidegger es will, als *Er-äugnis* verstanden, dann gilt uneingeschränkt der Satz *Du bist, / wo dein Aug ist*. Das Gesetz der Selbigkeit von Sein und Denken herrscht auch dann noch, wenn es aus einer in sich homogenen und kontinuierlichen Bewegung der Aneignung des Selben ans Selbe gedacht wird. Mit der Rede vom Hinausfinden wird abrupt und dieses Kontinuum brechend betont, dass es eine Bewegung des Hinaus aus der Immanenz von Sehen und Sein und somit einen Übergang oder Übersprung gibt, der dem Selben und seinem Er-eignis ebenso angehört wie er sich aus aller Zugehörigkeit löst. Deshalb kann jetzt *Mitte* nicht mehr besagen, was sie bei Parmenides besagt, und das *Er-eignen*, das in einer kontinuierlichen Zusammenführung in der Mitte als dem *Eigentlichen* beruht, hat sich als unfähig erwiesen, den Sprung in ein Er-andern aufzuhalten oder auch nur zu erklären. Deshalb können die ersten Verse der dritten Strophe von Celans Gedicht, die der Leerzeile in seiner arithmetischen Mitte folgen, sagen:

O diese wandernde leere
gastliche Mitte.

Diese, das ist die Mitte des Gedichts, in der die Mitte derart apostrophiert wird, und ist *diese wandernde*, von der sie aus der Entfernung zu derselben angerufen wird. Sie ist die *wandernde* als die sich und ihren Ort ändernde; sie kann diesen Ort nur zu einem anderen werden lassen, indem sie an ihm sich selbst als eine andere, von ihr nicht erfüllte findet; sie muss deshalb von sich selbst leer und kann, bei sich seiend, nicht zuhause, sondern nur bei sich als einer anderen zu Gast sein. Doch die drei Adjektive *wandernde leere / gastliche* kommen der Mitte eben deshalb von ihr selbst her zu. Sie bleibt die *wandernde*, sich er-andernde, bleibt die *leere* und darum die *gastliche*, die bei sich als anderer unterkommt und, was immer in sie eintreten mag, als Gast bei sich aufnimmt, weil sie *diese Mitte* auch dort bleibt, wo sie nie zuvor gewesen ist und niemals je sein wird. Sie bleibt, was nicht ist: ein bloßes Sich-Auftun, die pros-ontologische Scheidung, die Kluft, die sich mit den ersten Versen des Gedichtes geöffnet hat *mitten / durch uns* und durch die das *ich*, das sich aus der Selbigkeit von Sein und Sehen löst, *hinaus* findet. Daß diese Mitte *leer* ist, wird durch den Zeilenbruch nach *leer* erläutert: ihre Leere ist die des wort- und schriftlosen Zwischenraums, in den alles Gesagte eingeht und alles Gedachte Unterkunft findet und zu Gast ist. So kann auch das *ich*, das aus der Bewegung des Selben *hinaus* findet, Gast und Platzhalter dieser leeren Mitte sein, so auch jenes *du*, das ist, wo sein *Aug* ist, Besucher und Bewohner dessen sein, was sich ihm als sein *autós* auftut. Die Mitte ist überall, aber sie ist es als *krísis* und *chorísmos*, als Scheidung und Öffnung, der sich kein Sein zuschreiben lässt und die nicht als beständig Anwesendes ›ist‹. Wenn sie wandert, dann ohne Anfang und Ziel, ohne instantan zu sich als derselben zurückzukehren, ohne bei sich zuhause zu sein. Sie ist gastlich, aber als *Unzuhause* – so hat Heidegger in »Sein und Zeit« die *Unheimlichkeit des Seins* charakterisiert (SZ 251–52) –, doch die Gastlichkeit der *Mitte* ist nicht die des Seins, sondern genau dessen, was, ohne zu sein, das Anwesen dessen, was ist, allererst eröffnet und deshalb jeder ontologischen Prädikation entzogen bleibt. Die Sprache mag, wie Heidegger in seinem Rilke-Essay schreibt, das *Haus des Seins* genannt werden; aber sie kann so genannt werden nur, da sie selbst zunächst Gast ist in einer *wandernden leeren* Öffnung –: nicht *Haus des Seins*, sondern im *Aus des Seins*. Sie ist *diese Mitte*, doch Mitte allein als Bewegung der Er-Mittelung, ist Bewegung als Eröffnung und als Anderung, Anderung als Anderung des Selben zum Selben, Mitte somit aus dem, was sie selbst nicht ist, nie zuvor gewesen ist und nie sein wird. Die *Mitte* – das *Selbe, tò autó* – hat sich nicht nur geändert zu einer anderen Mitte; sie ist die Änderung zur Mitte und somit die vor- und un-mittige Bewegung, die jeder Mitte vor-aus-geht; die Wanderung als fortgesetzte Er- und Ent-selbigung.

Wenn die Mitte ihr selbst eine andere sein muss, dann kann sie, anders als bei Parmenides, nicht mehr voll von Seiendem – *émpleón estin eóntos* (Fr. 8, 24) –, dann kann sie nicht fest auf ihrer Stelle verharren und nicht von den Fesseln der Notwendigkeit gehalten sein (Fr. 8, 29-31), wie Parmenides postuliert, sondern nur ungebunden den Irrweg des Zufälligen gehen, ohne einen anderen Bestimmungsort zu haben als diesen Irrweg selbst. Wenn diese Mitte als wandernde Vakanz charakterisiert werden muss, dann kann sie aber auch nicht umstandslos *Er-eignis*, dann muss sie vielmehr *Ent-eignis* und ›Er-anderung‹ sein zu demjenigen, wovon nur offen bleiben kann, ob es noch das Eigene oder das Uneigene, das Selbe oder ein mit ihm inkommensurabel Anderes ist, und von dem überdies offen bleiben muss, ob und in welchem Sinn ihm überhaupt Sein zugesprochen werden kann. Heidegger, der in seinem Kunstwerk-Aufsatz von 1934 die *offene Mitte*, die *lichtende Mitte* und die *offene Stelle* als *Lichtung des Seins inmitten des Seienden im Ganzen* ins Zentrum seiner kunstphilosophischen Überlegungen gestellt hat (HW 41-43), ist im Vortrag »Der Satz der Identität« so konsequent, vom *Ereignis* als demjenigen zu sprechen, *das Mensch und Sein erst in ihr Eigentliches ent-eignet* (ID 29), doch diese Ent-eignung, mag sie auch die an jene *offene Mitte* sein, bleibt immer noch Zueignung an das, was er als *Eigentliches* sowohl des Menschen wie des Seins fasst, während es doch, aus dem Geschehen des *Ent-eignens* gedacht, von jedem Eigentumstitel abgelöst werden müsste. Von dieser Zweideutigkeit des Appropriationsdenkens rückt Celans Gedicht ab und setzt nach der Anrufung der Mitte den Weg der Veranderung des Selben fort:

> *Getrennt,*
> *fall ich dir zu, fällst*
> *du mir zu, einander*
> *entfallen, sehn wir*
> *hindurch:*

Getrennt meint getrennt durch die Mitte, die, wie es in der ersten Strophe heißt, *mitten / durch uns* und also auch *mitten / durch* jedes »ich« verläuft, und heißt hier, nachdem die Erfahrung des Hinausfindens aus ihrer Selbigkeit eingesetzt hat, getrennt nicht nur durch die Mitte, sondern auch von ihr, die als *wandernde* jeden, den sie durchquert, zu einem von ihr und ihm selbst abgetrennten werden lässt. Derart getrennt, ist das »ich« aus allen Bezügen entlassen, die seiner Bewegung eine onto-logisch gesicherte, Geschehen und Denken haltende Richtung erteilen könnten. Nicht vorbestimmt und geleitet, sondern kontingent ist die Begegnung des getrennten *ich* mit dem *du*, ob dieses *du* nun jene *wandernde leere / gastliche Mitte* ist, die zuvor angesprochen wurde, oder ein Geliebtes oder ein Leser, dem diese Zeilen unter die Augen kommen: *fall ich dir zu, fällst / du mir zu* –: Es ist jeweils ein bloßer Zufall, der zwei isolierte Elemente zusammentreffen lässt, wenn ihnen die Möglichkeit fehlt, ihre Bewegungen intentional miteinander zu koordinieren. Jede Koordination muss aber fehlen, wo das fundierende Ko- des Zusammen, das allein in einer gemeinsamen Mitte liegen könnte, unabsehbaren Wandlungen ausgesetzt, leer und nur gastlich, nicht aber die stetige Bleibe derer ist, die sich treffen. Wenn sie sich selbst begegnen, so begegnen sie ihrem Selbst als der Leere, die sie von sich scheidet. Wenn sie *einander* begegnen, dann in dem jeweils Anderen nicht einem Selbst, das sie als *alter ego* und darin als das Selbe zu einem bereits zuvor gekannten oder antizipierten Selben erkennen und anerkennen könnten, sondern begegnen in jenem Anderen jeweils dem, das ihnen als *anderes* Anderes im selben Zug, in dem es ihnen *zu*fällt, schon *ent*fällt.

Nicht nur ist alles anders als es ist, alles – jedes *ich*, jedes *du*, jedes *wir* – ist anders als es sein kann. Es ist anders als es in dem Sinne ist, in dem es zu sein überhaupt vermag. Alles ist anders als seiend, und alles anders als vermögend, zu sein.

Wenn es nämlich möglich und geboten ist zu sagen: *fall ich dir zu, / fällst du mir zu*; wenn jedes Zusammentreffen eine Koinzidenz, ein intentional nicht fundierter Vorfall, wenn es durch keinen vorgängigen Zusammenhalt von Erkenntnis- und Handlungsvermögen gesichert ist, dann fehlt der Grund, der es zu einem Zusammentreffen des Selben mit dem Selben machen könnte. Damit entfällt jede Möglichkeit der Kohärenz von Denken und Sein. Indem die ontologische Koordination zur bloßen Koinzidenz verfällt, verwandelt sich der Begriff der Möglichkeit. Die Möglichkeit der Koordination, die vom Selben geboten ist, geht erst aus derjenigen hervor, die sich selbst einem Zufall verdankt. Anders als die aristotelische *dynamis*, ist diese nicht auf ein vorbestimmtes *telos* gerichtet, anders als die für die Philosophie der Neuzeit maßgebliche *possibilitas* als *essen*-

Tò autó, das Selbe, – –

tia von Leibniz folgt die Möglichkeit des Zufalls keiner *exigentia existentiae*, und anders als Kants formale Möglichkeit, die sich in Widerspruchslosigkeit erschöpft, setzt die Möglichkeit der Kontingenz nicht deren Einsinnigkeit voraus. Der Zufall und das einander Zufallen, von dem Celans Gedicht spricht, verdanken sich einer Möglichkeit vor jeder kategorial determinierten Möglichkeit, vor jedem mit sich konsistenten Seienden und jedem Denken, das mit sich selbst einsinnig sein könnte. Da dieser Zufall und das von ihm herbeigeführte Zusammen vor allem Seienden und dessen ›logischem‹ Gegensatz zu Seiendem wirkt, kann er nicht anders, als alles, was ist und gedacht ist, unablässig zu begleiten, als *gastliche Mitte* jedes seiner disparaten Elemente aufzunehmen und als *wandernde leere* Mitte es auseinander zu treiben. Was einander nur zufallen kann, muß eben deshalb *einander / entfallen*. Die Kadenzen des Fallens und Trennens skandieren die Verse des Gedichts und öffnen in ihren Versbrüchen und Enjambements die Freiräume, durch die die einander Zu- und Entfallenden die Bewegung ihrer Veranderung sehen. Deshalb kann dem: *Getrennt, / fall ich dir zu, fällst / du mir zu,* asyndotisch folgen: *einander / entfallen, sehn wir / hindurch:*

Einander / entfallen, sind aber *wir* nur im denkbar prekärsten Sinn noch mit einem Kollektivpronomen benannt. Das kontingente *wir*, das vom Zufall zusammengeführt wird, erweist sich als ein *wir*, dessen Elemente einander und damit ihnen selbst entfallen sind. Sie sind damit wieder angelangt bei dem, wovon am Ende der ersten Strophe gesprochen wird, wo es heißt: *Wie / tut sich die Welt uns auf, mitten / durch uns!* Sie sind bei jener Mitte geblieben, die nicht die erfüllte des Seienden, sondern die *wandernde* und verandernde Leere ist, sie sind eingekehrt in den Unterschied von sich als den Unterschied vom Seienden und Denkenden und damit in einem Offenen, das sich in keiner onto-logischen Sprache fassen lässt. Sie sehen; doch anders als das *du*, das *ist, wo* sein *Aug ist,* sehen sie nicht Etwas, sondern sehen *hindurch*, und diese Durchsicht der *dia-noia* kommt nicht in der Beständigkeit eines Seienden und somit in keinem Wo zu einem Halt, sondern durchquert die leere Mitte zwischen dem disparaten Seienden und diesem selbst, durchquert, was nicht ist und nicht gesagt oder gedacht werden kann. Daß *wir* hindurch sehen, besagt, dass unser Blick und mit ihm *wir* durch den leeren Zwischenraum zwischen uns hindurch stürzen. Wir sind, und zwar von Anbeginn, auf dem Weg, uns – in jedem Sinn und aus jedem Sinn – zu entfallen. Wir, unser Nicht-Wir, sind – transitiv – unser Nicht-Sein.

Mit diesen Überlegungen verschärft sich im Gedicht eine Bewegung, die mit derjenigen der parmenideischen Mitte des Seienden sich als zusehends inkompatibel erweist. Sie zeigt in der Rede vom Einander-Zufallen und der Leere eine vage Nähe zur Atom-Theorie des Demokrit, deren Motive bereits in Celans »Engführung« mitsprechen und darin zu einer Antwort nicht nur auf die Shoa, sondern auch auf den Atombombenwurf auf Hiroshima und Nagasaki beitragen. In den von ihm benutzten Sammelwerken zu den Philosophien der Vorsokratiker hat er lesen können, dass der ›Wirbel‹ der uns bekannten Gestalten der Welt *von selbst und ganz zufällig – apò tautomátou kai tyches –* entstanden sei und die Ursache von Himmel und Welt *das »Von selber« – tò autómaton –* sei (Die Vorsokratiker, hrsg. von Wilhelm Capelle, Stuttgart: Kröner 1953, 412–13), gleichzeitig aber auch, dass nach der Annahme des Demokrit die unteilbaren stofflichen Elemente, die Atome, sich durch ihre Schwere im Leeren *nach der Mitte zu* bewegten (l.c., 407). Der Zufall – *tò autómaton* – ist also mit dem Selben – dem *tò autó* – nicht nur verträglich, er scheint für Demokrit nichts anderes als dieses Selbe zu sein und unterhält als solches, trotz aller Differenzen zu Parmenides, die engste Beziehung zur Mitte.

Aber wenn sich Celans Gedicht von der Mitte des Selben entfernt, dann nicht wegen der Attraktion einer anderen philosophischen Lehre, sondern aus der Bewegung, die vom Gedanken des Parmenides selbst durchlaufen wird. Sie ist auf ein Miteinander des Selben mit dem Selben angewiesen und kann nicht vermeiden, dieses Selbe auszusprechen in einem Satz, der das Zusammengehörige – das Sein und das Denken – eigens benennt: *tò gàr autò noein estín te kai eínai –* ›Das Selbe nämlich ist Vernehmen (Denken) sowohl als auch Sein‹. Denken und auch Sein gehören demnach in das Selbe, können aber nur zusammengehören, wenn jedes von ihnen als separat Genanntes und auch Gedachtes seinerseits im Verhältnis der Selbigkeit zu sich selbst steht. Diese Selbst-Selbigkeit wird in einem Satz aus dem »Sophistes« von Platon (254 d), den Heidegger in »Der Satz der Identität« zitiert, durch drei Varianten des selben entscheidenden Wortes *autós* artikuliert: *autò th'éauto tautón –* ›selber ihm selbst dasselbe‹. Da ein jedes, und auch das Sein und das Denken, zu ihm selbst nur als einem von ihm selbst Unterschiedenen gehört, gehört ein jedes zu sich als einem Anderen und bewegt sich dementsprechend in einem Zwischenraum und einer Zwischenzeit zu sich, die sowohl seine eigene wie auch eine ihm Fremde sein muss. Aus dieser Spannung ergibt sich für Celan der

Tò autó, das Selbe, – –

Gedanke einer Bewegung, die nicht nur Bewegung im Leeren, sondern Bewegung der Leere und Bewegung einer leeren Mitte ist, in der die voneinander getrennten Elemente einander zufallen und einander entfallen können. Mit diesem Gedanken hat Celan in der Mitte des Parmenides eine demokriteische Bewegung ausgelöst und diese zugleich durch den Zerfall von Elementen – durch eine Trennung des Untrennbaren, eine Atomspaltung – radikalisiert.

Damit ist zugleich eine weitere Abspaltung verbunden. In ihr trennt sich Celans Gedicht von Heideggers Versuch, das Selbe des Parmenides als eine in sich kohärente raum-zeitliche Bewegung der Herankunft des Selben ans Selbe in seinem Doppelcharakter als Geschehen und Geschehenes, Sein und Seiendes zu denken. Diese Doppelung im Selben wird von Heidegger als die *Zwiefalt von Anwesen und Anwesendem* charakterisiert (VA 237) und von Celan in der Bewegung des *einander* Zufallens und Entfallens zweier distinkter Instanzen, eines *ich* und eines *du*, weitergedacht. Doch wenn Heidegger in der *Zwiefalt* die parmenideische Koordination zwischen Geschehen und Geschehendem unter dem Titel Zusammen*gehörigkeit* beibehält, so wird diese Koordination von Celan einer Bewegung der Kontingenz überantwortet, in der das Zufallen bereits das Entfallen und Auseinanderfallen in unabsehbar Disparates impliziert. Von Gehörigkeit kann, kurzum, unter kontingenten Bedingungen so wenig die Rede sein wie von einer Richtung des An-wesens auf Anwesendes und von einer Herkunft dieses Anwesenden aus jenem.

Heideggers Charakterisierung und Celans Radikalisierung der Bewegung des *tò autó* gehen vor die Lehre des Parmenides – und damit zugleich vor das Identitätsdenken der ihr folgenden Philosophien der Neuzeit – zurück und, genauer, sie gehen in die Infra- und Distruktur des Selben hinein, um offenzulegen, was in ihr erfasst und was versäumt ist. Da es nun jenseits des Selben und seiner Zusammengehörigkeit mit sich als einem von ihm Unterschiedenen kein anderes Kriterium für seine Selbst-Zugehörigkeit gibt als eben diese selbst, versucht Heidegger deren Bewegung als Eignung, An-eignung und Er-eignis zu denken, lässt damit aber die andere Bewegung der Selbst-Zugehörigkeit unbeachtet, die auf eine Er-anderung und ein Er-andernis hinausführt. Dagegen läßt Celan die dritte Strophe seines Gedichts mit den Versen enden: *einander / entfallen, sehn wir / hindurch:* – hindurch nämlich durch das Selbe, sofern es sich selbst *entfallen* muss. Was sich dem Hindurch-Sehen – dem *mitten / durch uns* Hindurch-Sehen – eröffnet, kommt zur Sprache, aber kommt auch zum Verstummen nach dem diese Strophe beendenden Doppelpunkt:

> *Das*
> *Selbe*
> *hat uns*
> *verloren, das*
> *Selbe*
> *hat uns*
> *vergessen, das*
> *Selbe*
> *hat uns* – –

In diesem Dreisatz des Selben wird entfaltet, was zuvor als *einander / entfallen* die Bewegungsstruktur des Selben charakterisiert hat. *Entfallen* besagt nämlich sowohl *verloren* als auch *vergessen,* und besagt, wenn es als rückhaltloses Verlieren und Vergessen erfahren wird, ins Undenkbare und Unsagbare wegsinken lassen. Was zuvor vom *einander,* vom Zusammengehören und der Gemeinschaft im Zu- des Zufallens gesagt worden ist, wird noch einmal versammelt vom *Selben* gesagt. Obgleich es aber so gesagt wird, dass dieses Selbe zum grammatischen Subjekt des Entfallens und schließlich eines zweideutigen Habens wird, dessen akkusativisches Objekt das *uns* ist, bleibt die Bewegung zwischen dem *Selben* und *uns* dieselbe wie die des *einander.* Indem das Selbe *uns* verloren hat, vergessen hat und – – hat, hat es sich selber verloren und vergessen und hat, in der emphatischen Aposiopese ausgespart, ungesagt und ungedacht, (sich/nicht). Das Selbe ist ihm selbst entfallen, hat sich selbst verloren und vergessen, und hat allein in dieser Verlorenheit und Vergessenheit seiner selbst als des Selben das Selbe – zweifelhaft und widerruflich – bewahrt. Da nun aber das Gedicht, außer im Verb *wuchsen,* überall, auch in den Appositionen *getrennt* und *entfallen* der dritten Strophe, im Präsens spricht, ist das Perfektum der letzten Strophe nicht allein als resultatives, sondern als im strengen Sinn prä-präsentisches zu verstehen, das besagt: Das Selbe hat mit seinem Verlust begonnen, mit seiner Wanderung und unabsehbaren Änderung angefangen, sich bewahrt und erhalten, indem es sich von sich und allen Modifikationen seines Gesagtseins und Daseins abgelöst hat. Das Selbe: Es ist mit sich dasselbe allein, indem es als dieses Selbe verloren, als das Verlorene vergessen und als das Vergessene verstummt und ungesagt bleibt. Es bleibt mit sich, der Mitte, dasselbe, indem es, *ent*mittelt, mit seinem Ohne-Mit bleibt.

Tò autó, das Selbe, – –

Mit der dreifachen Kadenz der Schlussstrophe ist vom Selben jeweils dieses Selbe gesagt. dass es, von Anbeginn sich entfallen, immer schon verloren und vergessen, niemals das Selbe gewesen ist. *Tò autó*, das Selbe, ist das schlechthin Ungewesene. Doch just als dieses Ungewesene, und also immer anders als es selbst, ist es da. Wenn das *hat uns / verloren* und *hat uns / vergessen* mit dem *hat* als perfektischem Hilfsverb spricht, so spricht das *hat* in den Versen: *das / Selbe / hat uns –*, zweideutig sowohl als Hilfsverb wie als verbum finitum im Präsens; es spricht als das Ungewesene, das in seiner fortwährenden Ungewesenheit verbleibt, und sagt, dass das Selbe uns, gegenwärtig, *hat*, dass es uns innehat und, selber verloren und vergessen, in eben dieser Verlorenheit und Vergessenheit behält. Mit der Schluß-Ellipse von Celans Gedicht geht die Bewegung des Entfallens, Verlierens, Vergessens ins Unabsehbare und Unaussagbare fort, der doppelte Gedanken- und Auslassungsstrich markiert mit diesem Fortgang zugleich die Intensivierung des Entfallens des Selben und seinen Übergang ins Schweigen; aber damit zugleich arretiert dieser Doppelstrich die Bewegung der Entfaltung des Entfallens und läßt sie innehalten an genau derjenigen Stelle, an der das Tempus des *hat*, vom Perfektum des Niegewesenen in das Präsens des Anwesenden umschlägt: *das / Selbe / hat uns – –* Es *hat uns* und behält uns, doch nicht im Gedächtnis, sondern in unsrem und seinem Vergessen. Es *hat uns* in seiner und unsrer Unzugehörigkeit zu ihm. Der antinomische Doppelsinn und das doppelte Tempus des *hat uns – –*, das als Fermate über das äußerste Ende des Gedichtes hinausreicht, lässt die Sprache des Gesprochenen mit der des Geschwiegenen, und lässt die Zeit des Anwesenden mit der Vor-Zeit des Ungewesenen zusammenfallen. In ihrer Koinzidenz und ihrem Kollaps ergibt sich ein Selbes, das mit sich als dem schlechthin Unselben dasselbe ist – ohne es doch sein zu können.

In den durch Klammern isolierten und hervorgehobenen Mittelversen von *Windgerecht* aus »Sprachgitter« (I 169) von 1959 ist bündig formuliert, was als entscheidendes Denk- und Dichtungsmotiv die Texte von Celan seither, und was auch seinen Text zum Selben durchzieht:

> *(Ungewesen und Da,*
> *beides zumal,*
> *geht durch die Herzen.)*

Was hier *Ungewesen* heißt, ist das, was niemals und nirgends gewesen ist, keiner Zeit und keinem Raum angehört hat, mit nichts anderem zusammenbestanden hat und eben deshalb auch mit nichts anderem auf Dauer zusammengehören kann. *Ungewesen*, gehört es so wenig zur Ordnung des essenziellen wie zu der des verbal verstandenen *Wesens*, und da es keiner Richtung fähig ist, kann es nicht zur Bewegung des Heran- und An-wesens gehören, als das Heidegger das Geschehen des Seins charakterisiert. Weder west es oder west als Herankommendes an, noch ist es ein Anwesendes in der Modifikation der Gewesenheit. Außerhalb des Horizonts auch noch der als *essentia* verstandenen *possibilitas* oder *potentia*, kann dieses *Ungewesen* weder formal (logisch) möglich sein, noch gehört es zu den Möglichkeiten, die auf eine künftige Verwirklichung angelegt sind: das *Ungewesen* bleibt das Vor- und Un-mögliche. Da es sich aber als dieses erfahren lässt, ohne doch beständig zu sein oder als Gegenstand einer Vorstellung zu beharren, *geht* es im Sinn von ›hindurch und vorbei gehen‹ zusammen mit einem zeit-räumlichen *Da* und *geht* – jeweils ein einziges Mal und unwiederholbar – allein als dieses *Da* wie ein Pulsschlag *durch die Herzen*. Die Zeitlichkeit dieses *Ungewesen* in seinem *zumal* mit dem *Da* ist mit dem *eón* des *einai* bei Parmenides und also mit dessen *tò autó*, sie ist aber auch mit der von Heidegger gedachten Zeitlichkeit des An-wesens in seiner ontologischen Differenz zum Anwesenden inkommensurabel. Das *Ungewesen* ist das Unzusammen und somit das Unselbe schlechthin, das weder Seiende noch Wesende, das nicht Denkbare, dessen einzige Existenzweise das jeweilige *Da* seiner Un-möglichkeit ist. Das Selbe, das mit uns auch sich als das Selbe je schon verloren und vergessen und allein in seiner Verloren- und Vergessenheit uns *hat*, *hat* sich allein als das Unselbe in seinem Ungewesen und somit in dem, das jeder zeit- und modal-ontologischen Prädikation entzogen bleibt. Es *hat uns* im *Da* seines *Ungewesen*. Celans Dichtung des Selben ist, im Unterschied zu dessen pros-ontologischer Rekonstruktion durch Heidegger, ex-onto-logisch.

[Nun ließe sich einwenden, der Gedanke des *Ungewesen* sei unverträglich mit der kuranten Bedeutung der Verben, die in der letzten Gedichtstrophe das Verhältnis zwischen dem Selben und uns bestimmen, denn sowohl das *verloren* als auch das *vergessen* setzten nach ihrem normalen Verständnis voraus, dass das Verlorene zuvor innegehabt und gehalten und das Vergessene gegenwärtig gewesen sei. Und so auch das *entfallen*, dem ein Ansichhalten oder

Tò autó, das Selbe, – –

Gegenwärtighaben vorausgegangen sein müsse. Doch schon die Sequenz von Zufallen und Entfallen weicht von dieser Standardbedeutung ab, da sie weder beständige Gegenwart noch substanzielle Habe, sondern allein passagere Berührungen und kontingente Begegnungen kennt. Es muss deshalb auch angenommen werden, dass das Perfectum des *hat verloren* und *hat vergessen*, zu denen das *entfallen* auseinandergelegt wird, dem generellen Präsens des Gedichtes so vorausgeht, dass ihnen nicht ihrerseits ein Gegenwärtigsein oder Gegenwärtighaben vorausliegen kann. *Verloren* und *vergessen* zeigen vielmehr ein Verhältnis des Selben zu *uns* und ihm selbst an, durch das alles, was im Umkreis des Selben gedacht und gesagt werden kann, dem Verlust und Vergessen anheim fallen. Somit sind auch noch dieses *verloren* und *vergessen* selbst verloren und vergessen, fallen sich selbst zu und entfallen sich zugleich, indem sie sich mit der wandernden Mitte des Selben in ein Anderes verwandeln und noch dieses äußerste Andere besagt, dass ihr Sagen und Bedeuten aussetzt. Eben dies geschieht in der Ellipse des *hat uns – –*. Sie deutet an, dass in ihr nicht nur das Vergessen des Selben, sondern auch noch das Vergessen eben dieses Vergessens immer schon geschehen ist, besagt somit, dass das Selbe nie das Selbe gewesen ist, das Vergessen nie das Vergessen, und dass beider *Ungewesen* mit dem *Da* dieser Verse zusammenfällt und mit diesem *Da* auch entfällt. Das Selbe *hat uns – –* genau da, wo die Rede von ihm und darin es selbst ausbleibt.]

Damit scheint jede Charakterisierung des Verhältnisses zwischen dem Selben und uns, zwischen Sein und Denken und zwischen Sein und Mensch im Sinne ihrer Zusammen*gehörigkeit* erledigt. Nichts lässt sich mehr hören, wo die Rede vom Selben verstummt und das Denken des Selben in bloßen Gedankenstrichen aussetzt. Doch durch eben dieses Aussetzen und Verstummen, und allein dadurch, ist zugleich unsere Zugehörigkeit zum Selben angezeigt: *das / Selbe / hat uns – –* Diese letzten Verse sind demnach eine einzige Auto-Antiphrase. Zum einen sagen sie, das Selbe habe uns verloren und aus dem Sinn verloren, deuten darüber hinaus an, dass auch noch dieses Verlieren, das eine negative Eigentumsbeziehung anzeigt, zur gänzlichen Tilgung just dieser Beziehung intensiviert werden kann; zum anderen und zugleich sprechen sie vom Bezug zwischen dem Selben und uns als einem Verhältnis der Habe und des Halts, das gerade durch den Ausfall des erwartbaren Verbkomplements als unauflöslich erscheint: der Wegfall jeder Zusammengehörigkeit kann als ihre Bewährung und Bewahrheitung erfahren werden. Durch diesen Schlusssatz verläuft also ein Riss zwischen rückhaltloser Enteignung und unauflösbarer Aneignung, und durch diesen Riss, so kündigt der letzte Satz der vorletzten Strophe mit seinem Doppelpunkt an, *sehn wir / hindurch*. Dieses Hindurchsehen nimmt das letzte Kolon der zweiten Strophe: *ich / finde hinaus*, wieder auf, in dem seinerseits die Schlusswendung der ersten Strophe konzentriert ist: *Wie / tut sich die Welt uns auf, mitten / durch uns!* Vom anfänglichen Auftun zum Hinausfinden zum Hindurchsehen verläuft der Weg des Gedichtes demnach zur letzten Strophe, in der dies Hindurchsehen vollzogen wird bis hin zu den zwei Auslassungs- und Gedankenstrichen, in denen die durchgängige Bewegung der Spaltung, des *auf, hinaus* und *hindurch* kulminiert im Weg durch den Zwiespalt zwischen Enteignung und Aneignung. Das Hindurchsehen, dessen Weg in der Schlussstrophe durchlaufen wird, könnte als das gedeutet werden, was Heidegger das *Er-äugnis* und *Er-eignis* nennt, *das Mensch und Sein erst in ihr Eigentliches ent-eignet* (ID 29), wenn die von diesem ausgehende Enteignung nicht im Dienste der Aneignung an *ihr Eigentliches* stünde, und wenn jenes *er-äugen* nicht, wie Heidegger will, ein *zu sich rufen* (ID 25), sondern, wie bei Celan, ein Verstummen wäre. Zwischen beiden, dem Er-eignis und dem Ent-eignis, hindurch geht die Bahn des Hindurch-Sehens – der *día-noia* – und des denkenden Durch-Sprechens – des *dia-leg-ein* – in Celans Gedicht, führt durch die engste und einzige Enge zwischen beiden hindurch, und bleibt dieser Durchgang, ohne zugunsten einer der beiden Alternativen vom Weg der *leeren Mitte* abzuweichen. Neutral, keinem von beiden gehörig, obgleich durch es beide, das Selbe und ›wir‹, zur Sprache und zum Schweigen kommen, ist es weder dem Sein noch den Menschen zu eigen. Es ist die *wandernde [...] Mitte*, aber die offen bleibende; gastlich, aber kein ständiger Aufenthalt; kein Halt oder Zusammenhalt, ohne auch dessen Verlust zu sein; keine Bewegung der Trennung und Verteilung, ohne auch von dieser noch getrennt zu verlaufen und innezuhalten. Das Gedicht bewegt sich von Anfang bis Ende als Durchgang zwischen Zweien, der beide in sich hineinzieht und durch sie und somit durch sich selbst hindurch seinen Gang fortsetzt. Es ist die Sprache der Selbst-Fort-setzung der Sprache und so die Bewegung nicht nur des Selben zum Selben, sondern die des Hinweg und Hinaus in anderes als das Selbe und anderes als dasjenige Andere, das selbst noch ihm selbst das Selbe wäre. Es ist der Weg des Unterwegs auf einem Unweg, eine durchgängige *diaporie*.

Tò autó, das Selbe, – –

Es öffnet, in jeder seiner Bewegungen, was sich in jeder aufs Neue als verschlossen erweist.

Nun kann aber kaum ein Zweifel daran bestehen, dass auch die Rede von Entfallen und Vergessen im Kontext mit dem Selben, dem Sehen und dem Sein Motive aus den Schriften Heideggers, und insbesondere seinen Parmenides-Arbeiten aufnimmt. In dem von Celan nicht markierten – aber wohl doch gelesenen – Moira-Text aus Heideggers »Vorträge und Aufsätze« heißt es: *Im Beginn des abendländischen Denkens* [und somit im Denken des Parmenides] *geschieht der unbeachtete Wegfall der Zwiefalt* [von Sein und Seiendem]. *Allein er ist nicht nichts. Der Wegfall gewährt sogar dem griechischen Denken die Art des Beginns: daß sich die Lichtung des Seins des Seienden als Lichtung verbirgt. Die Verbergung des Wegfalls der Zwiefalt waltet so wesenhaft wie jenes, wohin die Zwiefalt entfällt. Wohin fällt sie? In die Vergessenheit. Deren währendes Walten verbirgt sich als* Léthe, *der die* Alétheia *so unmittelbar angehört, dass jene zugunsten dieser sich entziehen [...] kann und zwar so, als bräuchte es keiner Verbergung.* (VA 232–33) Da das Selbe in seiner Zwiefalt das Sein ist, verfällt nach Heideggers Überlegung mit jener Zwiefalt zusammen das Sein dem Vergessen. Unvergessen bleibt allein das Seiende in seiner beständigen Anwesenheit, während deren Geschehen, ihr *Anwesen*, sich verbirgt, entfällt und dem Denken unzugänglich bleibt. Sowohl das Sein wie dessen Entfallen und Vergessen entfallen und werden vergessen. In seinen Analysen kämpft Heidegger gegen das Vergessen des Vergessens an, verwahrt sich aber gegen die ontologische Suggestion, das Vergessen des Seins sei diesem selbst äußerlich, und betont, dass es als *Léthe* – also nicht allein als Vergessen, sondern als Tod, Nichtsein und unaufhebbare Endlichkeit – dem Geschehen des Seins *unmittelbar angehört*. Das formulaische Ritornell von Celans Schlussstrophe läßt sich dem entsprechend als Reprise von Heideggers seinsgeschichtlicher Diagnose lesen, dass das Sein, das ihm selbst das Selbe ist, uns verloren und uns vergessen habe, doch just in dieses Vergessen uns einbehalte und in ihm uns als endliche Denk- und Sprachwesen bewahre. Wir gehörten demnach zu jenem sich und uns verlierenden Selben und gehörten erst derart zum Sein in seiner Endlichkeit. So gelesen, wäre in Celans Strophe auf eingängige Weise die Erfahrung der Endlichkeit noch einmal gedichtet, die zuvor bereits von Heidegger gedacht worden ist.

Doch spricht Celans Gedicht, anders als Heidegger, nicht davon, dass die *Léthe* dem Sein und dem Selben *unmittelbar ange-*

hört, spricht nicht von der Zusammengehörigkeit des Entfallens mit dem Anwesenden, sondern von der episodischen Gastlichkeit einer *wandernden [...] Mitte*, die kein stetiges, noch weniger ein *unmittelbares* Angehören erlaubt, er spricht nicht von der Unmittelbarkeit zur Mitte, sondern von einem Unterschied zu dieser und in dieser selbst, der sie in Bewegung versetzt und in jeder ihrer Erfahrungen zu einer anderen macht, spricht also so wenig von Unmittelbarkeit wie von Vermittelung, sondern von ihrer beider *Ent*mittelung, spricht nicht vom selben Selben, sondern einem anderen und dessen unvordenklicher Änderung, von einer *leeren Mitte*, die keine Zugehörigkeit duldet, es wäre denn die zur Unzugehörigkeit. Während für Heidegger das Vergessen der äußerste Gegensatz zum Anwesen des Anwesenden – und eben deshalb ihm zugehörig – ist, ist es für Celan steigerungsfähig und kann, wie die Aposiopese in den wortlosen Markierungen zeigt, von einem Verstummen überboten werden, das ins gänzlich Beziehungslose übergeht und nicht mehr Verstummen von Anwesendem, nicht Vergessen von zuvor Gewesenem, nicht Entfallen von Anwesen, sondern das schlechthinnige *Ungewesen* eröffnet. In Celans Gedicht ist, kurzum, das Vergessen nicht das ›Eigentum des Er-eignens‹, sondern das Geschehen dessen, was, weder eigen noch uneigen oder ent-eignet, anders als anwesend ist und anders als ›ist‹.

Damit werden auch die Eröffnungsverse von Celans Gedicht deutlicher. In seinem Exemplar von Heideggers »Der Satz der Identität« hat Celan außer der Bemerkung zum etymologischen Zusammenhang zwischen *er-eignen und er-äugen* nur zwei aufeinander folgende Fragen unterstrichen. Sie lauten: *Wo sind wir? In welcher Konstellation von Sein und Mensch?* (ID 21; BPh 369) Worauf immer die ersten Verse des Gedichts sonst noch bezogen sein mögen, sie beziehen sich vermutlich auch auf diese Fragen von Heidegger und kündigen an, dass sie eine Antwort auf sie eröffnen. *Zu beiden Händen, da/wo die Sterne mir wuchsen –*: wenn das Gedicht eine Antwort nicht nur auf Parmenides, sondern auf Heideggers Analyse von dessen Lehrgedicht und die daran anknüpfenden Fragen sein sollte, dann sind diese Sterne – sie heißen, mit dem bestimmten Artikel, *die* Sterne, sind also die einzigen, die es für dieses Gedicht gibt – keine anderen als die von Heidegger genannten *Sein und Mensch*. Ihre Konstellation, ihre Zusammen-Stellung ist für Celan zwar durch die *beiden*, miteinander verbundenen Hände und das *mir* gegeben, dem sie *wuchsen*, aber das einzige, was von ihrem *da* gesagt wird, ist die emphatische An-

Tò autó, das Selbe, – –

rufung des Wachens und die Evokation des sich Auftuns der Welt *mitten / durch uns*. Die Konstellation wird somit als Konjunktion von Sein und Mensch und diese wird ihrerseits als Disjunktion kenntlich. In der *Konstellation zwischen Sein und Mensch* tut sich ein Sprung auf, der *mitten / durch* sie hindurchgeht und ihren Zerfall nicht weniger als ihre Zusammengehörigkeit erkennen lässt. Im prononcierten »ich« des *ich / finde hinaus* wie in der korrespondierenden *gastlichen Mitte* spricht keiner der stellaren Pole, weder Sein noch Mensch, sondern die interstellare Bewegung, die beide voneinander löst und ein verändertes, beide verandernendes Verhältnis zwischen ihnen herbeiführt. Nicht also ein stabiles, stetiges, in sich selbst fundiertes menschliches Ego und nicht das Sein im Modus seiner beständigen Anwesenheit spricht in Celans Gedicht; in ihm spricht auch nicht die feststehende Konstellation zwischen ihnen, in der das Sein den Menschen und dieser jenes im dialogischen Austausch in Anspruch nehmen würde. Was in ihm und *mitten / durch* es hindurch spricht, ist der Sprung, der beide voneinander trennt und auf anderes als sie selbst in ihrer Selbigkeit öffnet.

Der Sprung, so lautet Celans einzige handschriftliche Marginalie zu Heideggers Identitäts-Vortrag (BPh 369). Sie markiert die Passage, in der Heidegger von der Dringlichkeit spricht, sich vom *vorstellenden Denken* abzusetzen, um die Zusammengehörigkeit von Mensch und Sein anders als bisher zu denken. *Dieses Sichabsetzen*, so schreibt dort Heidegger, *ist ein Satz im Sinne eines Sprunges. Er springt ab, nämlich weg aus der geläufigen Vorstellung vom Menschen als dem animal rationale, das in der Neuzeit zum Subjekt für seine Objekte geworden ist. Der Absprung springt zugleich weg vom Sein. Dieses wird jedoch seit der Frühzeit des abendländischen Denkens als der Grund ausgelegt, worin jedes Seiende als Seiendes gründet.* (ID 20) Celans Gedicht entspricht dieser Forderung Heideggers nach einem Absprung von der Vorstellung vom Menschen wie vom Sein als den feststehenden Instanzen einer in sich selbst begründeten Anwesenheit. Es spricht weder die Sprache der neuzeitlichen Anthropologie, noch die der abendländischen Ontologie; es spricht den Sprung, der von beiden wegspringt und ihre Konstellation auf das öffnet, was sie nicht enthält und nicht determiniert. Heidegger deutet diese Konstellation als Zusammenstellung im vorstellenden Denken und charakterisiert sie deshalb als *Ge-Stell*, soll heißen als die Gesamtheit des durch seine technische Herstellbarkeit und kognitive Feststellbarkeit definierten ständig Anwesenden. Sie soll durch eine Besinnung auf die Zusammengehörigkeit, die im Präfix *Ge-* angezeigt ist, auf jenes *Er-eignis* geöffnet werden, in dem Sein und Mensch sich zu dem für beide *Eigentlichen* verhalten. *Was wir im Ge-Stell,* so schreibt er, *als der Konstellation von Sein und Mensch durch die moderne technische Welt erfahren, ist ein* Vorspiel *dessen, was Er-eignis heißt. [...] Denn im Er-eignis spricht die Möglichkeit an, daß es das bloße Walten des Ge-Stells in ein anfänglicheres Ereignen verwindet.* (ID 25) Anders als Heideggers Sprung führt der von Celans Gedicht nicht in ein *anfänglicheres Ereignen* zwischen Mensch und Sein und also nicht in eine gründlichere oder abgründliche Konstellation, sondern in die Entkoppelung jeder Kopula, die dieses Paar zusammenhalten könnte, in eine Entpaarung und Disjunktion, die auch noch das ursprüngliche Paar, das Heidegger zu denken empfiehlt, die *Zwiefalt von Anwesen und Anwesendem,* dem Zufall und mithin dem Auseinanderfall überlässt. Wenn die Bewegung des Gedichts durch sein *mitten / durch uns, hinaus* und *hindurch*, wenn sie durch die Erfahrung des Verlierens und Vergessens des Selben an ihrem äußersten Ende dennoch im mehr als zweideutigen *das / Selbe / hat uns – –* mündet, dann nur, indem sie ihr *hindurch* und *hinaus* noch über die Sprach- und Gedankengrenze hinaus fortsetzt und unser Gehabtsein vom Selben und die darin noch einmal berührte paarige *Konstellation von Sein und Mensch* überschreitet. Denn diese Ellipse: *das / Selbe / hat uns – –* kann nicht nur durch alle denkbaren verbalen Komplemente ergänzt werden, sie kann auch ergänzt werden durch das ebenso konsequente wie denkwidrige »hat uns niemals gehabt«. Mit dieser Hyperbel des Hindurch-Sehens wäre das *uns* nicht vor eine Welt geraten, sondern in den freien Fall in eine Welt, die – ob *kosmos* oder *chaos* – jedenfalls der *chorismos* ihres bloßen Sich-Auftuns wäre, und würde in diesem Fall ins Unabsehbare, Sicht-, Seins- und Selbstlose bleiben. Ohne dieses Komplement geschieht mit den beiden Stummzeichen, die Celans Gedicht offen halten, genau dasselbe.

Heideggers Sprung führt aus *Konstellation* und *Ge-stell* in die *Zwiefalt* von Seinsgeschehen und Seiendem zurück, führt somit vom Selben in die Bewegung des Selben hinein, die von Parmenides arretiert worden war. Der Weg von Celans Gedicht geht vom Sich-Auftun der Welt durch das Er-äugnis hindurch und geht durch den Verlust des Selben aus der Sprache des Selben und seines Vergessens hinaus zu dem, was ohne ein Wort bleibt, das mit ihm selbst dasselbe sein könnte. Heideggers Zwiefalt bleibt auf das homogene Kontinuum zwischen Anwesen und Anwesendem abgestimmt; Celans Weg geht durch den offenen Zwischenraum zwischen jenem einen Selben und jenem anderen *mitten / hindurch*, ohne indessen seine Mitte unverändert zu lassen.

Es ist der Weg des Stellenlosen, des *wandernden*, durch das Ge-Stell, des Sternfernen durch die Konstellation –: der Weg eines Transzendierens ohne Transzendenz und Transzendental, eines Exzendierens in das und durch das, was *Welt* heißt und nichts anderes darbietet als ihr Sich-Auftun. Diese *Welt* ist kein Telos des Gedichts, das außerhalb seiner Bewegung läge oder erst an seinem Ende erreicht würde; sie ist als deren Sich-Auftun im Hinaus-Finden und Hindurch-Sehen die Bewegung des Gedichts selbst. Das Gedicht ist, wie Celan in seinen poetologischen Notaten mehrfach betont, *porös*, es ist der *poros* selbst, der Engpass, die Pore, der Weg der Eröffnung und Selbst-Eröffnung der Welt. Deshalb nimmt es andere Sprachen anderer Welten – derjenigen von Parmenides, von Demokrit, von Rilke, von Heidegger – in sich auf, deswegen wird es selbst eine *wandernde leere / gastliche Mitte* und spricht so, dass von ihrem *dia-legein* und *dia-noein* da, wo es alle Worte und Gedanken hinter sich lässt, die einem gegenständlichen Seienden entsprechen könnten, doch ihr *dia-*, ihr *hindurch* und *hinaus* noch bleibt. Als der Weg zwischen den stabilen Positionen der von Parmenides und Heidegger bestimmten Konstellation *hindurch* und durch deren Ge-Stell *hinaus* gehört sein Gedicht nicht zur *poiesis*, nicht zur *téchne*, betreibt keine Herstellung oder Einstellung der Sprache ins Ge-Stell dessen, was *technische Welt* genannt wird, sondern deren fortwährende Ent-Stellung in eine Stellenferne, ohne die es weder eine Stelle noch ein Ge-Stell gäbe. Es mag eine Öffnung sein, wie sie von Heideggers Wort *Lichtung* gemeint ist, aber keine Lichtung des Seins, keine des Daseins, sondern, zwischen ihnen und *wandernd*, des immer wieder anderen Absprungs von beiden.

Celans Gedicht bleibt den Gedanken von Parmenides und von Heidegger so nah wie es ihnen fern bleibt; es verwendet sie, um das von ihnen gedachte Selbe – und damit das philosophische Denken zwischen seinem Anfang und seinem Ende – von diesem selbst zu entfernen. Auf die Frage *Wo?* antwortet in einem späteren Gedicht um Ort und Wort (II 123) die harte Abbreviatur: *entwo*. Auf Heideggers Frage: *Wo sind wir? In welcher Konstellation von Sein und Mensch?* antwortet Celans Gedicht: durch jede Konstellation hindurch dort, wo keine ist, kein *wir*, kein *sind*, kein *wo*. Es antwortet, mit anderen Worten und anderem als Worten: *entwo*. Mit den Ort-, Wort- und Schweigeresten: – –

Wenn diese zwei Gedanken- und Auslassungsstriche und die Lücke, die sie auseinanderhält, das ist, was vom Selben bleibt, dann sind sie eine Abbreviatur für die Bewegung des ganzen Gedichts. Da es von einem veränderten *tò autó* spricht und sowohl auf das *autómaton* im Fall der Atome – der Ungeteilten – des Demokrit wie auf ihre Teilung hindeutet, lässt sich diese Minimalformel für das, was vom Selben bleibt, übersetzen in ein Wort, das es noch nicht gibt. Es könnte, *Ungewesen und Da*, heißen: *tò autóm*.

Siglen

I   Paul Celan: Gesammelte Werke Bd. 1. Hrsg. von Beda Allemann; Frankfurt a. M.: Suhrkamp 1983
II   Paul Celan: Gesammelte Werke Bd. 2. Hrsg. von Beda Allemann; Frankfurt a. M.: Suhrkamp 1983
BPh Paul Celan: La Bibliothèque philosophique / Die Philosophische Bibliothek. Catalogue raisonné des annotations établi par Alexandra Richter, Patrik Alac, Bertrand Badiou. Préface de Jean-Pierre Lefebvre; Paris: Éditions rue d'Ulm 2004
Fr.   Die Ziffern beziehen sich auf die Fragmente des Lehrgedichtes des Parmenides in der Edition von Hermann Diels und Walther Kranz. Die erste Ziffer nennt das Fragment in der Zählung von Diels / Kranz, die zweite Ziffer gibt die Zeile innerhalb des Fragments an. Der Text liegt vor z.B. in: Parmenides. Übersetzung, Einführung und Interpretation von Kurt Riezler; Frankfurt a.M.: Klostermann 2017[4]
HW Martin Heidegger: Holzwege; Frankfurt a. M.: Klostermann 1950
ID   Martin Heidegger: Identität und Differenz; Pfullingen: Neske 1957
SZ   Martin Heidegger: Sein und Zeit (Martin Heidegger Gesamtausgabe Bd. 2). Hrsg. von Friedrich-Wilhelm v. Herrmann; Frankfurt a.M.: Klostermann 1977
VA   Martin Heidegger: Vorträge und Aufsätze; Pfullingen: Neske 1954

Suggestions
des mèrrances
(2014)

1

Eine Suggestion ist ein Zusatz. Die Bedeutung, die das Wort *suggerere* – ein Kompositum aus *sub* und *gerrere* – im klassischen Latein gehabt hat, lässt sich vielleicht am sichersten erschließen aus dem Gebrauch, den Cicero in seinem Traktat »de oratore« von ihm macht, wo es um die Frage geht, wie aus einem Gesetzes- oder Vertragstext ein Sinn erschlossen werden kann, der vom expliziten Wortlaut nicht zureichend bezeichnet wird. Die Ambiguität zwischen Niederschrift und Sinn kann dann, so legt Cicero nahe, geschlichtet werden, *cum ea verba quae desunt suggesta sunt* – ›wenn die Wörter, die fehlen, hinzugefügt werden‹. Suggestionen sind demnach Ergänzungen, Addenda, Zusätze, die einer gegebenen, aber unvollständigen Gruppe von Äußerungen beigegeben werden, um ihnen zur Verständlichkeit zu verhelfen und den Streit von Rechtsparteien oder die Unsicherheit von Gesprächspartnern zu beheben. Sie dienen der Sicherung des Gesagten, indem sie ihm eine allgemein zugängliche Grundlage verschaffen. Der *suggestus* bezeichnet in einem verwandten Sinn den Unterbau und die erhöhte Tribüne, von der ein Redner das Wort an eine Versammlung richten kann. Die Antwort, die jemand auf eine von ihm selbst gestellte Frage gibt, heißt nach Quintilian *per suggestionem*, weil sie die von der Frage eröffnete Lücke durch eine unverzügliche Beifügung schließt. Suggestionen sind demnach Sprachstabilisatoren, die dem jeweils Gesagten unterlegt werden, um seine interne Kohärenz, seine Verständlichkeit und Konsensfähigkeit zu sichern.

Obgleich die Hinzufügungen, die als *suggestiones* galten, eine fundierende Funktion für das Miteinanderreden hatten, war mit ihrer Benennung offenkundig das Bewusstsein verbunden, dass sie nachträgliche Zusätze zu bereits zuvor Gegebenem und insbesondere Zusätze zur unvollständigen Rede eines Anderen sind. In diesem Sinn konnte *suggerere* auch ›anraten‹ und ›einflüstern‹ bedeuten, ›unter der Hand‹ und also insgeheim etwas imputieren, unterschwellig und unbemerkt ›eingeben‹ und somit ›unterschieben‹. Was zur Sprache gebracht wurde, konnte immer auch insinuiert, souffliert oder inspiriert sein, ohne dass es dem Hörenden oder auch dem Redenden recht bewusst sein musste. Die Sprache der *suggestio* musste, kurzum, nicht die Sprache des Bewusstseins, sie konnte immer auch die halbbewusste Sprache der beiläufigen Andeutung, des indirekten Verweises, der als selbstverständlich empfundenen Implikation sein. Ebenso wie der offen erteilte Vorschlag oder Ratschlag konnte das dunkel bloß Angedeutete zum Inhalt einer ›Suggestion‹ in den neueren Sprachen werden, in denen mehr oder weniger suggestiv die alte Bedeutung des *suggerere* fortwirkte. Dabei scheint die Bedeutung des Mitgemeinten oder Mitgesagten, des Unthematischen und Inexpliziten nie ganz in den Hintergrund getreten zu sein. Als ein durch Reden Aufzwingen wird die ›Suggestion‹ sogar zu einer der psycho-rhetorischen Lenkungstechniken, die von der Psychiatrie zur Herstellung desambiguierender ›Rapports‹, von der Politik wie von der Werbeindustrie zur Erzeugung von Massengefolgschaften eingesetzt werden. Ausdrückliche Forderungen werden durch Weisungen ersetzt, die nicht thematisch explizit, sondern als Subtext ihre Adressaten erreichen. Auch in diesem Sinn erfüllen Suggestionen eine Stabilisierungsfunktion. Sie können zu besonders soliden Bindungen, Assoziationen und Pakten beitragen, weil sie die Differenzierungsinstanzen des Bewusstseins unterlaufen oder völlig außer Kraft setzen. Ganz im Sinne der Überlegung von Cicero dienen sie der Ausräumung von Ambiguitäten und der Sicherstellung von Gemeinsamkeiten des Verstehens und Verhaltens.

Daß die Reichweite der Suggestion weit über die der bewussten Mitteilung hinausgeht, befähigt sie zu Wirkungen, die der expliziten Sprache versagt sind, aber darum nicht weniger der Sprache angehören. Suggestionen, das können verkappte Unterstellungen, verdeckte und deshalb umso mächtigere Anweisungen, Insinuationen und Winke sein, Anspielungen, die trotz ihrer Indirektheit die Kraft von Direktiven, Verpflichtungen und Imperativen annehmen. Sie sind weder auf die gesprochene und geschriebene, noch auf eine kodifizierte Sprache eingeschränkt, sondern können ebenso den Weg über das Minenspiel, den Tonfall, den Rhythmus, die Atmung, Haltung, Allüre nehmen. Sie wirken fort in unbedachten Gewohnheiten, unverstandenen Überlieferungen, relativ starren Ordnungen wie denen der Architektur und der sozialen Organisation. Sie teilen durch Schweigen nicht weniger mit als durch Verlautung, durch Auslassungen nicht weniger als durch Ablenkungen. Wenn das gesamte Feld dessen, was Sprache heißt, mitsamt seinen Grenzen und Rändern von Suggestionen bestimmt, weiterbestimmt und umbestimmt wird, dann ist der Gestus der Sprache überhaupt die Suggestion.

Damit ist nicht gesagt, dass alles Sprache ist, und noch weniger, dass die Sprache ein Alles, ein Ganzes, eine Totalität ist. Wenn sie als Suggestion strukturiert ist, dann ist sie vielmehr auf Zusätze, Addenda und Erläuterungen angewiesen und behält in jeder ihrer Andeutungen wie in jeder ihrer Aussagen jene Ambiguität, die von der *suggestio* behoben werden sollte. Sie bleibt elliptisch. Der Mitteilungsdefekt, der durch Zusätze korrigiert werden soll, wird von eben diesen Zusätzen nur verschoben und fortgesetzt, wenn auch sie die geforderte Klarheit des Verständnisses nicht beibringen können. Da jede Hinzufügung ihrerseits inexplizit Mitgesagtes und also Dunkelheiten enthalten kann, muss jede *ad infinitum* weitere Ambiguitäten provozieren und deshalb *ad infinitum* auf weitere Zusätze angewiesen sein. Es muss demnach angenommen werden, dass es niemals nur *eine* und eine *einzige* Suggestion gibt. Es braucht ihrer jeweils mehrere, und nichts kann sicherstellen, dass diese in einer homogenen Reihe aneinander anschließen und sich zu einem selbstexplikativen Kreis runden. Suggestion ist ein *plurale tantum*. Aber sie stellt kein Kontinuum dar, sondern verläuft – und verläuft sich – in einer Multiplizität von Gabelungen und Verzweigungen, die jede organische Totalität übersteigt. Die Explikation des Inexpliziten lässt also jeweils einen unausgefalteten Rest, eine Falte, die nicht zu glätten ist, übrig. Da diese Falte nicht nur Rest, sondern Resultat der Explikation ist, die von der Sprache herbeigeführt werden soll, kann deren Bewegung in keiner selbstdurchsichtigen Allheit an ihr Ziel und auf ihren tragenden Grund kommen. Sprache, als *suggestio* verstanden, ist eine unendlichkeitsoffene Struktur. Sie ruiniert, was sie zu befestigen sucht, und lässt offen, ob sie in gegebenen Äußerungen – und darüber hinaus insgesamt – überhaupt Sprache ist oder nicht vielmehr ein bloßer Ansatz zu ihr.

Die Komplikationen der Suggestion – soll heißen der Sprache in ihrem weitesten Umfang – erreichen in der Dichtung nicht nur ihr Extrem, sie werden in ihr auch eigens als solche exponiert. Wenn Dichtung der Weg ist, auf dem Erfahrungen mit der Sprache in einer eminenten Weise gewonnen werden, dann stellt sich, sowohl in ihr selbst als auch aus der Distanz zu ihr, die Frage, wodurch diese extreme Erfahrung nahegelegt, wodurch sie angeregt [*incité?*] und also suggeriert wird, und die weitere Frage, was an solchen Suggestionen und Winken, Insinuationen und, wie es im Englischen heißt, *intimations* sie gefährdet, behindert oder zerstört. Die Antwort auf diese Fragen kann nicht im Vertrauen auf kausalmechanische Zusammenhänge zwischen ›Leben‹ und ›Werk‹ eines Autors gegeben werden, denn jenes Leben muss bereits als ein suggestionsfähiges und somit sprachliches gedacht werden, wenn es fähig sein soll, auf ein sprachliches Werk einzuwirken. Suggestionen aber – *a fortiori* solche, die weitere Suggestionen auslösen – sind immer nur solche, die die Gründe, die sie bieten, auch entziehen, die Ursachen, zu denen sie werden können, verstellen, und die Motive desaktivieren können, die in ihnen am Werk sind. Ihre Ambiguitäten können Widersprüche, ihre Widersprüche implizite Untersagungen, ihre Untersagungen Provokationen, ihre Provokationen Todesurteile sein. Da sie nicht nur das Gesagte und Mitgesagte umfassen, sondern auch das Mitgeschwiegene und das, was zum Schweigen und Verstummen anhält, befindet sich jeder, der das Geflecht zwischen Suggestionen und weiteren Suggestionen analysiert, in der Verlegenheit, seinerseits in dieses Geflecht verstrickt zu sein und seinen Indikationen wie seinen Interdiktionen zu unterliegen. Seine Verlegenheit ist die günstigste Chance zu ihrer Analyse.

2

Jean Daive schreibt als Zeuge von Suggestionen und als ihr Analytiker. Die Gespräche, die er mit Paul Celan im letzten Halbjahrzehnt von dessen Leben geführt hat, sind der Stoff der Erinnerungen, die er in seinem ersten Buch über Celan – »Sous la Coupole« – und, mit prononciert analytischem Akzent, im zweiten – »Paul Celan. Les jours et les nuits« – zusammengetragen hat. Aber nicht nur die Gespräche aus den Jahren 1965 bis 70 sind dieser Stoff, auch die Gestik von Celan, sein Blick, sein Schweigen und die Geometrie seiner Bewegungen zwischen Wohnung, Arbeitsplatz und der place de la Contrescarpe, in denen allen sich mehr andeutet als gesagt werden kann. Auch die Gespräche aus dieser Zeit von Celans tiefstem Unglück sind in der Mehrzahl elliptische Stenogramme, von langen oder kürzeren Schweigephasen unterbrochen und auf Deutungen angewiesen, die nur den Umfang, aber nicht die Motive der Sprachlosigkeit klar machen können. Daive ist in diesen Gesprächen und noch in den Erinnerungen an sie vornehmlich der Fragende, der sich bemüht, Dunkelheiten zu lichten und Andeutungen in Aussagen zu übersetzen. Er verhehlt nicht, dass seine Bemühungen immer wieder auf Grenzen stoßen, die ihn zu Konjekturen und Hypothesen zwingen, und bekennt, dass auch diese die offenen Fragen nicht zur Gänze beantworten. Er muss Hinweisen folgen, die auch ihn selbst betreffen können, ohne dass er sich dessen sicher sein könnte, und muss, wie jeder Gesprächspartner, tastend, tentativ, experimentierend die nur vage bestimmten Positionen einnehmen, an die das Gesagte adressiert sein kann. Die erinnerten Gespräche wie die Erinnerung an sie sind deshalb Orientierungsversuche im Ungefähren. Daive schreibt über das, was gesagt worden ist, und zugleich über das, was vom Gesagten konnotiert sein kann, ohne zu verleugnen, dass er diese Konnotationen nur deshalb unterstellen kann, weil er unter dem Eindruck von anderen, ihm selbst noch unzugänglichen steht. Er schreibt, kurzum, *über* Suggestionen, ohne ausschließen zu können, dass er *unter* ihnen schreibt.

So stellt Daive selbst sein Zeugnis und seine historisch-analytische Arbeit dar in einem Gedankengang, von dem offen bleibt, ob es der seine ist, oder ob er sich darin in einem *discours indirect libre* äußert, der unausgesprochene Überlegungen von Celan simuliert: *Je pense, j'écris, je parle, parce que je veux que les évènements totalement oubliés, cessent de rester inaccessibles au souvenir. [...] Et j'ai recours pour lutter contre l'oubli à un idéal de vérité objective et un idéal de vérité mythique. [...] Cependant, le traumatisme parlé ou écrit est exposé à l'usage de la déformation et de la falsification. Tout cela se poursuit très ordinairement et mon inconscient se prête à l'adoption du brouillage et sans doute à l'exercice de la dissimulation [...].* (JN 116) Der Wille zur Erinnerung, der sich an Idealen der Objektivität orientiert, bedient sich, so sagen diese Sätze, *très ordinairement* der Deformation und Verfälschung, der Vertauschung und Täuschung, weil er, dieser Wille zum Wissen, dem Unbewussten ausgesetzt ist, und weil dieses Unbewusste gemeinsame Sache mit dem Vergessen macht. Das aufgewiesene Trauma ist, einmal objektiviert, ein abgewiesenes Trauma. Jedes Trauma, so kann damit gesagt sein, verwahrt sich gegen seine bewusste Erkenntnis und Mitteilung, weil es kein Trauma wäre, wenn es nicht die Kohärenz der kognitiven und kommunikativen Funktionen zerstört hätte, die es als objektives Faktum erfassen sollen. Das Trauma bewahrt sich, indem es sich gegen seine Aufdeckung verwahrt. Seine apotropäische – autoapotropäische – Struktur bewirkt, dass sich das Trauma in genau denjenigen Wahrnehmungs-Störungen manifestiert, die seinem Schutz, seiner Verheimlichung und seinem Vergessen dienen. Dadurch wird aber nicht nur die ›objektive‹ Wahrnehmung der Verhältnisse gestört. Auch die logische Syntax der Sprache, der Erklärung und Begründung folgt dem Rückzug des Traumas und weicht der Sprache der Suggestion. Daives Bekenntnis, das Ideal objektiver Wahrheit werde von den traumatischen Objekten selber verwundet, bringt diese Verwundung zur Sprache, indem es seine Erklärung logisch inkonsistent werden und in bloßen Andeutungen sprechen läßt: [...] *et mon inconscient se prête à l'adoption du brouillage et sans doute à l'exercice de la dissimulation,* so schreibt er nämlich, und fährt mit einer Begründung, die kaum eine ist, fort: *parce que – toujours – au moment voulu, le sens de la contrefaçon n'échappe pas à une femme.* (JN 116)

Damit ist vieles, aber durchweg Widersprüchliches angedeutet. Die Störung (*brouillage*), Verwirrung und Täuschung, der das Unbewusste zuarbeitet, kann einer Frau nicht entgehen: diese Täuschung ist also, so wird damit konnotiert – oder suggeriert –, gar keine Täuschung für die einzige Instanz, die über den Wert des Zeugnisses entscheidet: *une femme*. In dieser einen, indefiniten, doch in ihrer Unbestimmtheit allgewaltigen und omnipräsenten Frau findet das Zeugnis demnach die höchste Instanz seiner Beglaubigung, seiner Bestätigung und Objektivierung. Sie ist das Objekt aller Objekte und das Objektive par excellence, sie der eigentliche Adressat aller Zeugenaussagen und sie das letzte Kriterium seiner ›objektiven‹ und zugleich ›mythischen Wahrheit‹. Aber diese *une femme* ist zugleich das am wenigsten Objektivierbare, sie ist selbst das Unbewusste, *mon inconscient*, das denkbar Subjektivste in jedem Subjekt, das spricht, und sie ist dieses Infra- und Sub-Subjekt als die *dissimulation* und die *brouillage*, die allein ihr nicht entgleitet. Sie, unbestimmt welche, ist die Wahrheit und die Gegen-Wahrheit, das Vergessene und Unvergessliche, das Trauma und die Abwehr seiner Heilung, sie das letzte Residuum des Zeugnisses und seine Verhinderung. Da *une femme* aber nicht nur das

Suggestions *des mèrrances*

›Objekt‹ und ›Subjekt‹ – *mon inconscient* – von Daives Zeugnis ist, sondern überdies noch die Adressatin dieses Zeugnisses, muss jeder, der seinen Text liest, die Position dieser Adressatin adoptieren und derart selbst zu *une femme*, unbestimmt welcher, werden. Damit ist aber gesagt – und, genauer, suggeriert –, dass das gesamte Feld der Sprache, ihre semantischen und referenziellen, ihre gestischen und kommunikativen Bestimmungen, so objektivierend, neutralisierend und nüchtern sie sein mögen, – *toujours* – von der Indetermination dieser einen beherrschenden Determinante *une femme* strukturiert ist. In allem, was gemeint und gesagt wird, ist sie mitgemeint und mitgesagt; in jedem, der spricht, spricht sie mit, in jedem, der liest, liest sie mit, an jeder Mitteilung nimmt sie teil – und nimmt ihr einen Teil, indem sie ihn und mit ihm sich selber entzieht. Sie ist die Mitte ohne Mit; die Verbindung, die trennt. Ohne selbst als distinkte Entität angesprochen werden zu können, ist das unbestimmte und nur provisorisch und prekär benannte *une femme* das, was unbewusst, pränominal, prä-prädikativ, noch vor jedem konstituierten Subjekt und infra-objektiv zu jeder sprachlichen Äußerung hinzukommt, ihre semantischen und pragmatischen Funktionen stützt und ein Minimum an Sicherheit bietet. Sie ist, ohne zum Korpus der objektivierenden Sprache zu gehören, deren unabweisbarer Zusatz – aber ist zugleich deren Abzug, der jede verbindliche Sprache zerreißt. *Une femme* ist das Trauma der Sprache, das Trauma ›Sprache‹, die Grundsprache, die fehlt. Sie, *une femme*, ist, kurzum, die Suggestion der Sprache, die sich selbst desavouiert. Sie ist eine Suggestion, die selbst keine distinkte Sprache hat und keine ist, aber ohne die es eine Sprache nicht gäbe.

Was Daive mit den Worten *une femme* skizziert, ist kein transzendentaler Signifikant, auf den die Reihe der empirischen Signifikanten seines Textes hinführen würde, sondern ein beweglicher Konnotationskomplex, der von keiner beharrlichen Form stabilisiert werden kann. Schon die vom Kontext der zitierten Passage nahegelegte Assonanz zwischen *une femme* und *infâme* macht es zweifelhaft, ob hier in nominalen Einheiten oder nicht vielmehr in Andeutungen und Innuendos gesprochen wird, die ihre jeweiligen Bedeutungen aus Meta- und Anamorphosen im weiteren Text und seinen Paratexten ebenso sehr gewinnen, wie sie diese Bedeutungen in ihnen verlieren. Da diese Suggestionen und Ko-Suggestionen an jeder Sprache, so klar und distinkt sie sich gibt, mitwirken, müssen sie alles, was sie zu verstehen geben, unter den Vorbehalt der Ungewissheit stellen. Was auch gesagt sein mag, mit ihm kann, inexplizit, etwas anderes gesagt sein; was auch gemeint sein mag, es kann, inexplizit, etwas anderes meinen.

Die Klausel der Kontingenz: dass etwas nur *ist*, sofern es auch *anders* oder *nicht* sein könnte, führt zu der Konsequenz, dass alles Gesagte, Gemeinte und Wahrgenommene von seinem Nicht oder Anders begleitet sein muss. Wenn Sprache strukturell aus Suggestionen gefügt ist, dann lässt sich über keine Äußerung – über kein Zeugnis, zum Beispiel – sagen, sie habe einen bestimmten Sinn oder eine bestimmte Funktion, sondern nur, sie erlaube, lasse zu und lege nahe, einen solchen Sinn oder eine solche Funktion mit ihr zu verbinden. Wenn Suggestionen die Grundstruktur der Sprache ausmachen, dann sind weder ›objektive‹ Auskünfte über sie noch ›subjektive‹ Einschätzungen möglich, denn beide können ihrerseits auf Suggestionen zurückführen, die einer anderen ›Logik‹ als derjenigen eines sui-konstitutiven Subjekts und seiner Objekte unterstehen. Das Subjekt ist wie die Substanz, als die es sich selbst begreift, zunächst *suggestio*: von Anderem, unbestimmt welchem, beigetragene Zufügung, deren Sinn indefinit bleibt. Denn mit jedem Anders und Nicht, auf das die Suggestion verweist, ist auf einen Mangel – an Sein, an Bedeutsamkeit, an Sinn, einen Mangel am Subjekt oder am Objekt – verwiesen, der nicht saturierbar, nicht begrenzbar, nicht endlich ist. Verwiesen wird jeweils *von* einer Suggestion *auf* eine Suggestion, und diese Verweisung wird, offen und indefinit, inexplizit und irreferenziell, als Verlangen spürbar. Die Suggestion – die Suggestion der Sprache und somit die Sprache ›selbst‹ – steht unter der Bedingung der Unendlichkeit dieses Verlangens: einer Unendlichkeit, die selbst Bedingung und Bedingtes, die also ihre unendliche Selbst-Bedingung und darin ein fortgesetzt Unbedingtes ist. Daive hat diese Bewegungsstruktur mit dem Titel eines seiner vielteiligen Werke als *la condition d'infini* charakterisiert.

Die unendliche Verweisung, die einem unendlichen Mangel, und allein diesem, dem Korrespondenzlosen, korrespondiert, ist die der Suggestion. Sie ist die unbedingte Bedingung einer Sprache, die nicht nach den Regeln der Logik eine objektive oder mythische Wahrheit von Sachverhalten oder die Wahrheit eines Subjekts aussagt, sondern eine Wahrheit jeweils nur *mit*sagt, nur *mit*meint, sie *ko*notiert, *an*deutet und auf sie *an*spielt, sie *an*kündigt und sie *an*geht als eine strukturell verwehrte, als laterale und latente, als nicht aletheische, sondern *par*aletheische.

Suggestions *des mèrrances* 217

Die Suggestion durchläuft die Bewegung einer Wahrheit im Irren und einer Wahrheit des Irrens: einer *vérrité*, einer *vérrance*. Sie trägt für Daive und für Celan, wie Daive ihn versteht, den Namen – den Irrnamen – *une femme*. Er ist nicht der einzige.

3

Daive schreibt die Geschichte eines Komplexes von Suggestionen, die parallel zueinander verlaufen, einander überlagern, kreuzen und sich verknoten. Er schreibt sie, genauer, als eine *aus* Suggestionen gewirkte Geschichte, als eine solche, die sich aus Suggestions-Komplexen und somit aus Sprachen und ihren Überlagerungen und Verschiebungen, Übertragungen und Übersetzungen ergibt. Da diese Geschichte zunächst die der Begegnungen zwischen Daive und Celan, da sie eine Doppel-Geschichte ist und, ohne das Modell des Plutarch, nur die Form der *vitae parallelae* annehmen kann, muss sie die beiden Protagonisten aus einem Verhältnis definieren, das allen anderen Verhältnissen – und auch dem Verhältnis zwischen ihnen beiden – vorausgeht und diese Verhältnisse eröffnet. Dieses allgemeinste und über-allgemeine Verhältnis, das unbestimmteste und zugleich gewisseste, das schlechthin unbestreitbare und unüberholbare Verhältnis, in dem jeder, der spricht, sich aufhält, ist aber ein doppeltes: es ist das zu dem, was *Mutter*, und dem, was *Tod* heißt.

Mutter und *Tod* sind Namen, die keinen im strengen Sinn ›objektiven‹ Referenten haben, beide sind vor-subjektiv, beide ohne präzisen prädikativen Gehalt, und in jedem dieser Namen spricht der andere mit. Jede Mutter ist eine sogenannte Mutter, Tod ein sogenannter Tod. Mit dem Wort *Mutter* beginnt der *Tod* der ›Mutter‹; im Wort *Tod* lebt die ›Mutter‹ fort. Keines von beiden sagt ein ›Etwas‹ aus, das sich unabhängig vom Sagen darbieten könnte. Jedes von beiden ist in seiner Verbindung zum anderen eine irreduzible Suggestion, die Suggestion aller Suggestionen, bloßer sprachlicher Ansatz zur Eröffnung einer Welt, die ohne ihn nicht bestünde, die Sprache in ihrer dichtesten und prekärsten, ihrer unauflöslichsten und labilsten Struktur.

Mit ihr, dieser doppelten Archi-Suggestion, lässt Daive seine Vita beginnen, er lässt sie beginnen mit dem Zitat eines markanten Eröffnungssatzes der neueren Romanliteratur. Er schreibt – und es ist wiederum zunächst ein Wille, den er bekundet –: *Je veux parler. Je veux témoigner. Je veux me souvenir. Je me souviens de ma chambre d'enfant, [...] je lis la première phrase d'un livre: »Aujourd'hui, maman est morte.« Ainsi l'Homme devient l'Etranger à la mort de la mère. Etranger à lui même et au monde, [...].* (JN 58) Sein *souvenir* führt zu einer literarischen Suggestion; sein Zeugnis trennt ihn von dem, was darin bezeugt wird –: er wird zum *Etranger à lui même*; sein Sprechen ist der Abschied von allem, das darin angesprochen werden könnte –: es macht ihn zum *Etranger au monde*. Sprechen, Bezeugen und Gedenken führen eine Welt- und Selbstferne herauf, die keiner Minderung fähig ist, weil mit ihnen ein Verhältnis zur Welt und zum Selbst allererst einsetzt. Wer spricht und wer zu sprechen auch nur beginnt, so ist damit gesagt, spricht vom Tod der Mutter, aber vom Tod einer Mutter, die nicht die *seine* ist, und er spricht davon als ein Fremder, der nicht seine eigene, sondern die Sprache eines anderen Fremden – des *Etranger* – spricht, der sie seinerseits nicht spricht, sondern unter dem Namen eines Dritten oder Vierten mitspricht. Wer spricht, so kann damit gesagt – aber auf das entfremdendste gesagt – sein, macht die Erfahrung nicht des Todes, sondern der Fremdheit des Todes, nicht die Erfahrung des Todes seiner Mutter, sondern der Fremdheit des Todes einer fremden Mutter; und er macht die Erfahrung einer Sprache, die ihm die Welt nicht erschließt, sondern ihn von der Welt entfernt, da sie nur eine solche Sprache ist, die sich von sich selber entfernt. Die Bahn dieser Erfahrung führt nicht von einer verlorenen Welt in eine andere, nicht von der zerstörten Intimität des Selbstgefühls zu seiner ernüchterten Festigung, wie der Entwicklungsroman es vorsieht, und sie führt nicht vom Verlust einer Sprache zum Gewinn einer neuen. Diese Bahn geht von der Erfahrung der Fremdheit – der Sprache, des Todes, der Mutter, des Selbst und der Welt – aus und führt immer wieder aufs neue in diese Erfahrung hinein. Sie ist die Bahn der Selbst-Entfernung, und alles, was von ihr durchkreuzt wird, trägt ihre Züge: Da Tod Entfernung vom Tod heißt, ist er immer mehr und weniger als er selbst: der abgewehrte und der in seiner Entfernung intensivierte; da Mutter heißt: Entfremdung von der Mutter, ist sie immer zu wenig – die entfremdete – und immer zuviel Mutter – die Entfremdung selbst –, jeweils das, was sie nicht ist, und allein darin sie ›selbst‹.

Wenn im Sprechen vom Sprechen – *Je veux parler* – schon von der Mutter gesprochen wird, und im Sprechen von der Mutter schon von ihrem Tod und der Fremdheit dieses Todes, dann ist der

Suggestions *des mèrrances*

gemeinsame Zug aller Erfahrungen, die mit der Sprache und durch sie gemacht werden, dieser, dass sie herbeiführt, was sie entzieht. Sie bietet die Suggestion einer Mutter, und diese Suggestion ist immediat ihre Subtraktion durch den Tod. *Parler déporte*, schreibt Daive in diesem Sinn. *Ecrire déporte. Traduire toutes les langues déporte [...]* (JN 61) Allein diese Deportation – deren mörderische Konnotationen durch Wiederholung betont werden – ist die Bewegung der Sprache und der Erfahrung, die auf ihrem Weg gemacht wird. Es ist – *Traduire toutes les langues déporte* – eine Deportation noch der Sprache aus der Sprache, eine Übertragung, die eine Abtragung der Sprache und der Sprachen ist, ihre Verbindung durch ihre Entfernung von einander und von sich selbst.

Wenn diese Deportation – Suggestion und Subtraktion – die Struktur jeder Erfahrung ist, dann ist sie auch die der Erfahrung, die mit jedem Anderen gemacht wird. In Daives *vitae parallelae* eröffnet und strukturiert sie dessen Verhältnis zu Celan; Celans Verhältnis zu ihm wird von Daive im Licht dieser Deportation dargestellt. Beide haben – wie mehr oder weniger deutlich jeder andere – auf verschiedene Weise die extreme Erfahrung der Sprache und somit des Todes, der Mutter, der Welt und ihrer selbst als eine Erfahrung der Entfernung von ihnen gemacht.

Daive datiert die Erfahrung Celans, die, wenn auch von Ferne, der seinen korrespondiert, auf das Jahr 1943, als Celan im Zwangsarbeitslager, in das er zu Grabearbeiten deportiert worden war, die Nachricht von der Ermordung seiner Mutter erhielt: *C'est au cours de l'hiver 1943 qu'il apprend dans le camp de travaille de la bouche d'un parent que sa mère a été tuée d'un coup de pistolet dans la nuque.* (JN 65) Damit, so Daive, *le destin est jeté, la trajectoire du destin suivra, sera le poème, c'est-à-dire le Méridien.* Dieses *destin* nimmt, nachdem die vertraute – oder vermutlich vertraute – Welt der Familie und des relativ gesicherten Lebens zerstört worden war, die Form einer *errance dirigée* und im weiteren Verlauf die einer *errance* mit einer *direction dirigée* an, die von Czernowitz zunächst nach Bukarest, sodann nach Wien und endlich nach Paris und zum Place de la Contrescarpe und seinen Paulownien führt – sie führt aus einer deutschsprachigen Enklave in Rumänien in eine dörfliche Enklave inmitten von Paris und zu den Bäumen, die nicht nur an seinen Herkunftsort, sondern auch an seinen Vornamen erinnern. Die *errance* seines *destin* durchlief, so schließt Daive, die Bewegung dessen, was Celan in seiner Rede beim Empfang des Büchner-Preises 1960 einen *Meri-*

dian genannt hat. Von ihm schreibt Daive: *Le Méridien est congénital, biologique et fluvial. Cordon noué autour de son être et du monde. Cordon et ombilic.* (JN 65) Doch die Verbindung zwischen *Méridien* und *mère* ist, anders als das Wort *biologique* nahe legt, keine Verbindung zur lebendigen Mutter, sie ist eine zur toten; sie ist keine logische, sondern eine aus der Sprache, sie ist sogar die Sprache des Gedichts selbst – *le poème, c'est-à-dire le Méridien* –, und so sehr der Begriff *Méridien* eine geometrische Kreislinie bezeichnet, die zu ihrem Ausgangspunkt zurückführt und eine Welt umschließt, Celans *Méridien* schließt zwar ein und fesselt, aber die Rückkehrbewegung, die er durchläuft, ist zugleich eine Bewegung des Ausweichens, der Vermeidung und Verirrung. Von Pol zu Pol verlaufend, *faisant sur soi détour et retour*, weicht seine Bewegung von sich selbst ab und kehrt zu sich nur als zur abgewichenen, an jedem Punkt von sich abweichenden, zurück. Sie ist Rückweg zum Um- und zum Abweg und also Abweg von jedem Weg, der zurückführen könnte. Die Wiederkehr ist die des Unwiederholbaren; was wiederholt wird, ist das Unwiederbringliche.

Wenn Daive schreibt, das Sprechen – und *a fortiori* das Sprechen des Gedichts – deportiere und die Richtung dieser Deportation – *l'unique direction de toutes les directions possibles* – sei eine *direction délibérée [...] d'un retour, d'un détour, d'une rencontre: la poésie. Le poème est une direction* (JN 61) – dann ist diese Richtung aller möglichen Richtungen, die das Gedicht ist, eine Richtung ohne Richtung, eine Richtung, die keine Richtung haben kann und keiner bedarf, ein Sinn und eine Bestimmung, die von keiner weiteren, höheren oder fundamentaleren diktiert werden kann, weil sie die Sprache par excellence ist: nur in der Ferne von sich bei sich selbst. Sprache ist Ent-fernung. Das Gedicht ist der Sinn – auch der Richtungssinn –, frei von sich selbst. Die Begegnung, zu der es der Weg ist, ist ihre Begegnung mit dem, was kein Gegenstand und vielleicht auch kein Gegenüber sein kann, denn worauf sie an jedem Punkt ihres Weges trifft, ist eine Absenz, ein Ausbleiben, eine Vakanz. Das Gedicht wäre kein Weg und wäre nicht der einzige Weg und Weg aller Wege, wenn es nicht die Bahnung eines Wegs wäre, der niemals vor ihm bestand, wenn also nicht jede seiner Bewegungen ins Weglose führte und, im emphatischsten Sinn, a-poretisch wäre: ein Weg ohne Weg, dessen einzige *destination* keine ist. Sein Ort, das macht Celan in seiner Meridian-Rede deutlich, kann deshalb allein der Un-Ort der *U-topie* sein; ein *nulle part*, wie Daive in seinem »Méridien de Czernowitz« kommentiert,

Suggestions *des mèrrances*

un lieu qui n'existe dans aucun lieu. Une présence et une absence. (JN 66) Anwesenheit und Abwesenheit stehen in ihm aber nicht bloß, gewissermaßen parataktisch, neben einander, vielmehr wird die eine wie die andere durch die Bewegung des Gedichts – und somit der Sprache – allererst eröffnet. Deren ontologischer, proto-ontologischer Status kann also als ›présence d'une absence‹ oder, kaum weniger misslich, als ›subsence‹ charakterisiert werden: denn ›subesse‹ besagt ›davor sein‹, ›in der Nähe‹, ›darunter sein‹, ›zugrunde liegen‹, ›bevorstehen‹, und demnach könnte das Un-Wort ›subsence‹ und das präzisere ›subsance‹ diejenige Bewegung umschreiben, die vor und unter jeder Anwesenheit und Abwesenheit einer Substanz, vor und unter der Gegebenheit einer Substanz und dem *sans*, das ihr Fehlen markiert, beide anbahnt und beide zurückhält.

Das Gedicht – die *subsance* – ›ist‹, mit einem vertrauteren Wort, Suggestion –: Hintragung zu einer Präsenz, die als solche nie gegenwärtig sein kann. Es räumt frei und eröffnet einen Ort *qui n'existe dans aucun lieu,* einen Un-Ort der Sprache und mithin eine Un-Sprache, die zu jedem Sprechen hinzukommen und jedes begleiten muss, wenn es denn Sprechen und nicht nur Reproduktion von Gesprochenem soll sein können. Die Suggestion, die das Gedicht – und somit die Sprache *in extremis* – beiträgt, ist diese Un-Sprache. Was sie hinzufügt, ist ein Abzug. Sie gibt, was es nicht gibt, und gibt, ohne selbst Geben oder Gegebenes zu sein. Sie evakuiert. Die Suggestion, die des Gedichtes zumal, ist Subreption, verstohlene, kaum merkliche Erschleichung dessen, was nicht ist. Das Verhältnis zur Sprache, das Celan unter den Bedingungen ihres unbedingten Anfangens unterhält, wird von Daive deshalb und unter Anspielung auf Celans Grabarbeiten im Lager triftig als *sappieren* charakterisiert: *La langue allemande n'est pas vécue comme un châtiment, mais comme un ordre qui se livre à un travaille de sape* […]. (68) Eine Ordnung und Anordnung, die sich einer Arbeit des Untergrabens, der Unterminierung oder Unterhöhlung – und zwar dieser Anordnung und Ordnung selbst – überlässt: das ist die paradoxe und hypo-paradoxe, die aporetische und *a*portative Struktur einer Sprache, deren jede Funktion, die phatische wie die semantische und zunächst die apostrophische, ihrer Dysfunktionalität Raum gibt. Der Ordnung der Sprache durch deren Untergrabung zu folgen, das ist die Bewegung des Gedichts, die aus der Sprache insgesamt ein Graben macht. Celan hat ihr in *Es war Erde in ihnen,* dem Eröffnungsgedicht der »Niemandsrose«, ein Denkmal gesetzt: *Ich grabe, du gräbst, und es gräbt auch der Wurm, / und das Singende dort sagt: Sie graben*. Dichtung bewegt sich – sie steht nicht, ist kein Bestand und sichert keinen –, sie bewegt sich als fortgesetzte Untergrabung der Sprache, als Zufügung dessen, was es nicht gibt, als *suggestio* einer Gegen- und einer Un-Sprache, ohne die es eine Sprache nicht gäbe.

Das ist die Bewegung des Meridian. Sie ist nicht der mechanische Prozess von einem Vorgegebenen zu einem zweiten und dritten, der die stumpfe Exekution eines providentiellen Programms mit dem Titel *destin* wäre; sie folgt keiner Ordnung, sondern findet erst eine, wo sie mit dieser zusammen auf ihre Gegen-Ordnung stößt; sie ist nicht *destin*, sie ist, wie Daive mit der Wendung *le destin est jeté* andeutet (JN 65), *dé-destin*, zufällige Fügung eines *coup de dé*, aleatorisch, erratisch, *errance*. Wenn sie *errance dirigée* (JN 65) ist, dann ist sie ein Irrgang, der auf die weitere Fortsetzung dieses Irrganges gerichtet ist. Er führt zu keiner Mutter, er führt zum Fehlen der Mutter zurück und, meridian wie diese Bewegung ist, kann sie keine andere als eine Bewegung der Irre der Mutter, keine andere als eine *mère-errance* und, bitter genug, *mèrrance* sein. Sie muß sich in jeder ihrer Gesten und jedem ihrer Momente zu einer *altérité sans l'Autre* wenden (JN 66) und ist deshalb schiere Alteration und, sit venia verbo, *alterration*.

4

Damit sind die Bedingungen, die immer unzureichenden, der Begegnung zwischen Celan und Daive skizziert. Diese Begegnung konnte nur im Spielraum ihrer Verfehlung stattfinden; dieser Spielraum musste durch einen Wunsch freigegeben sein; dieser Wunsch musste der Wunsch einer Frau und der Wunsch nach einer Frau – und er musste unerfüllbar sein.

Daives erste Begegnung mit Celan ist die mit seinem Namen. Er hört ihn von einer Frau, die zu diesem Namen keine Entsprechung findet. *L'écoute commence là, dans l'errance*, schreibt Daive in anderem Zusammenhang (JN 67), und dieses Hören hört anzufangen nicht auf. Daive trifft nach seinem Bericht 1958, er ist 18 Jahre alt, in Paris Greta, *douloureusement belle*, von einer *étrange étrangeté*, eine Literaturstudentin aus Wien, die über Elio Vittorini schreibt und in der er *le génie de l'Empire austro-hongrois* bewundert. Diese Geliebte ist es, die ihn mit der folgenden geo-poetischen Parallel-

Suggestions *des mèrrances*

Konstruktion zwischen den Großen der französischen und der österreichischen Geschichte provoziert: »*Vous avez Proust, nous avons Musil. Vous avez Rimbaud, nous avons Trakl. Vous avez Bataille, nous avons Wittgenstein. Qui avez-vous pour Paul Celan?*« (JN 70). In »Sous la Coupole«, wo Daive von der gleichen Konstruktion berichtet, war Celans Pendant in der französischen Literaturgeschichte noch Francis Ponge (SC 30–32). In ›Les Vitrines de Martin Flinker‹ ist sechs Jahre später die Stelle, die der von Celan korrespondieren könnte, unbesetzt. Die ironisch-provokante Frage: »*Qui avez-vous pour Paul Celan?*« enthält eine Suggestion, und diese Suggestion kann, aber muss nicht von Daive ausgehen, der die Frage notiert und ihre Antwort offen lässt. Wäre es eine rhetorische Frage, so würde sie die Antwort implizieren, dass Celan in der französischen Literatur nicht seinesgleichen findet. Wäre es eine ernsthafte Frage, so könnte die Antwort, wie in »Sous la Coupole«, Ponge lauten. In beiden Fällen wäre der Fragesatz nicht von der Art, die Daive als *non dépourvue d'une insubordination ironique et dérisoire* beschreibt. Als aufmüpfig-ironische und zugleich lächerliche suggeriert sie aber zum einen, dass Celan kein Pendant im französischen Sprachbereich hat, und zum andern, dass diese freie Stelle auch von Daive nicht eingenommen wird, aber sie suggeriert zum dritten, dass diese Stelle von Daive doch eingenommen werden müsste. »*Qui avez-vous pour Paul Celan?*«, diese Frage, die eine Stichelei und ein Stich ist, öffnet also – und deshalb ist sie nicht nur eine zweideutige Suggestivfrage, sondern eine Suggestion –, sie öffnet eine leere Stelle, wo vorher keine war, sie induziert bei ihrem Adressaten das Gefühl, schuldig zu sein an einem Mangel, und sie fordert vom Adressaten die Komplettierung dieser Vakanz.

Was immer es heißen mag, Musil, Trakl, Wittgenstein, Celan zu ›haben‹, Greta ›hat‹ mehr, weil sie Celan ›hat‹. Daive, der ihn nicht ›hat‹, müsste ihn erträumen, erfinden oder erdichten, um in der Rivalität mit Greta, die zugleich eine literarhistorische Rivalität zwischen Frankreich und dem *Empire austro-hongrois* ist, nicht zu unterliegen. Die Frage nach einem ›französischen Celan‹ suggeriert also zunächst ein Mehr und Zuviel auf Seiten der Frau, sie suggeriert einen Mangel auf Seiten des Mannes und suggeriert überdies, dass die Frau diesen Mangel vom Mann behoben wünscht. Sie, die schon mehr ›hat‹, wünscht mehr als dies Mehr und indiziert damit einen Mangel auch auf ihrer Seite, den sie ihren Adressaten im selben Zug zu erfüllen auffordert, in dem sie seine Unerfüllbarkeit insinuiert.

Gretas Suggestion ist die Suggestion einer Asymmetrie. Sie führt in das Gespräch eine Rivalität von literarhistorischen und sogar welthistorischen Dimensionen ein, sie verlockt zur Eifersucht, indem sie ihrem Adressaten den Besitz von etwas bestreitet, das auch er haben und das er also wünschen sollte, sie führt mit der Vakanz auf dessen Seite zugleich ein Surplus auf der eigenen ein, führt mit diesem Surplus eine zweite Rivalität ein: die des Adressaten um eine freie Stelle, und führt mit dieser zweiten Rivalität zugleich das Modell eines Dritten ein, der den Adressaten vor die unmögliche Aufgabe stellt, seine leere Stelle zu füllen und sie als leere zugleich offen zu halten. Das besagt aber: Daive muss zum einen Gretas beherrschenden Wunsch zu seinem eigenen machen und wünschen, dass es keinen ›französischen Celan‹ gibt; er muss aber zum anderen wünschen, selber das Wunschobjekt Gretas und somit genau derjenige ›französische Celan‹ zu werden, der er nur werden kann, wenn er es nicht werden kann. Daive muss sich, kurzum, zu ihrem und seinem Objekt als zu dem verhalten, das es noch nicht oder nicht wirklich gibt; und muss sich zum Wunsch danach als zu einem solchen verhalten, der vielleicht ein Wunsch und vielleicht nur ein Köder ist. Objekt und keines, mit einem Wunsch und ohne ihn, muss er sich zu sich, dem möglichen und zugleich verhinderten Dritten, dem geforderten und zugleich unmöglichen ›französischen Celan‹, als ein Vierter verhalten.

Das geschieht, indem er darüber schreibt. Es geschieht, indem er die Geschichte der Herkunft dieses Wunsches und seines Objekts aus einer Suggestion schreibt, und indem er zwar *unter* dieser Suggestion, aber doch *über* sie schreibt. Diese Geschichte ist demnach nicht bloß eine *historia rerum gestarum*, die als nachträglicher, mehr oder minder zuverlässiger Bericht einem ›wirklichen‹ Geschehnis bloß folgt und es halb mimetisch, halb diegetisch reproduziert, sondern sie ist die *res gesta*, die *res suggesta* selbst. Wie sollte derjenige, der von sich sagt oder auch nur andeutend sagt, ihm sei etwas suggeriert worden und er sei dieser Suggestion gefolgt, eben dieser Suggestion nicht auch darin noch folgen, *dass* er es sagt? Die Geschichte, die er *von* der Suggestion erzählt, wird von dieser Suggestion *mit*erzählt, sie ist eine Partial-Suggestion. Aber wie sollte er, von dieser Suggestion erzählend, nicht zugleich von ihr abweichen, sich ihr entziehen oder ihr einen Widerstand, eine Gegen-Suggestion entgegensetzen? Wenn aber erst der Abstand zur Ausgangssuggestion, und sei er auch minimal, die Erzählung von dieser erlaubt, dann muss auch dieser Abstand in der Struktur jener primären Suggestion vorgezeichnet sein und die Freiheit lassen, *von* ihr her *über* sie zu sprechen, sprechend sie zu modifizieren, zu analysieren und sie weiteren Analysen und Modifikationen zu exponieren.

Suggestionen, so ist damit gesagt, folgen nicht der Logik eines kausal-mechanischen Determinismus. So insistent und imponierend sie sein mögen, sie sind Über- und zugleich Unterbestimmungen und als solche weiterer Determinationen durch ihre Adressaten nicht nur fähig, sondern bedürftig. Da sich ihre Wirkung sowohl aus Bestimmungszuweisungen wie aus Bestimmungsentzügen ergibt, kann keine Geschichte von ihnen bloß deren Marionette oder lallendes ›Medium‹ sein. Sie folgt keinen Anweisungen, ohne auf Anweisungsparadoxien, Ellipsen und Widerstände zu antworten, und bewegt sich, ob als Erzählung, Bericht oder Rekonstruktion, zwar in oder an den Grenzen, die von ihnen gesetzt sind, aber immer auch in den Spielräumen, die sie offen lässt. Ihre Geschichte ist eine *res suggesta* nur als *res retracta* – eine aufs Neue nachgezeichnete und aufs Neue entzogene Geschichte. Deshalb ist sie aber auch niemals das, was ›Fiktion‹ genannt wird, kein willkürlich Gemachtes und in Autonomie Hergestelltes, auch nichts, das bloß ›imaginär‹ und als solches an die Form der Vorstellungen gebunden wäre, sondern das, was mit jeder Vorstellung und Herstellung zugleich die Entlassung aus deren Form bezeugt. Und wie jede Narration, so jede ›Theorie‹ der Suggestion: es kann keine geben, die nicht selbst unter einer Suggestion stünde und von deren Inexplizitheit und also strukturellen Unvollständigkeit nur nach unvollständigen und selbst inexpliziten Prinzipien Rechenschaft – also eine nie hinreichende – geben könnte. Wie jede Geschichte, so bietet sich jede ›Theorie‹ der Suggestion – der Sprache – als *res retractanda* dar, als eine Rede, die von Anderen und wieder Anderen erneut zu verhandeln ist.

5

Für Daive ist Celan, sein Name und sein Renommee, zunächst die liebevoll-rivalisierende Suggestion einer Frau, die auf einen Dritten verweist, der zugleich Gegenstand und Verbot der Identifikation ist. *J'entends ainsi le nom pour la première fois. De la bouche que j'embrasse,* schreibt er in »Sous la Coupole« (SC 32). Wenige Jahre später macht Daive die persönliche Bekanntschaft von

Celan, legt ihm 1965 sein erstes großes Gedicht – »Décimale blanche« – vor, übersetzt unter seiner Anleitung Gedichte von Celan und Celans Freunden, trifft sich mit ihm zu langen Spaziergängen und Gesprächen und hört, während Celan unter einer von Claire Goll initiierten Verleumdungskampagne immer verzweifelter leidet, aus seinem Mund Bruchstücke aus deren Vorgeschichte. Sie ist in entscheidenden Teilen zunächst eine Geschichte von wohlmeinenden, aber heiklen Suggestionen, sodann von hasserfüllten und tödlichen Infamien.

Celan, der 1948 von Wien nach Paris gezogen war, hatte dort den an Leukämie erkrankten Yvan Goll im November 1949 aufgesucht, sich mit ihm und seiner Frau Claire angefreundet und war als Autor des im Vorjahr erschienenen, aber aufgrund zahlreicher Druckfehler aus dem Handel gezogenen Gedichtbandes »Der Sand aus den Urnen« für beide das Objekt höchster Bewunderung geworden. Yvan Goll setzte ihn kurz vor seinem Tod Anfang 1950 testamentarisch als Mitglied des vierköpfigen ›Fonds Claire und Yvan Goll‹ ein, der mit der Herausgabe der Schriften des Paares betraut war. Bereits zuvor hatte das Ehepaar geplant, Celan mit den dazu nötigen juristischen Mitteln als Sohn zu adoptieren (JN 25–26; 108). Dazu passt der von Daive überlieferte und von ihm als *invraisemblable* eingeschätzte Auftrag, den Yvan Goll unmittelbar vor seinem Tod Celan gegeben haben soll: »*Prends ma place auprès de Claire en mon absence.*« (JN 109; 117)

Die Suggestion, die mit diesem Auftrag verbunden ist, wird von Daive gedeutet als die einer *triangulation infernale*, in der drei Personen – Yvan, Paul und Claire – auf der Suche nach einem Platz sind, der *forcément interchangeable ou fusionelle* ist und *toutes les attitudes de négation du monde* erlaubt. Das emotionale und juristische Arrangement, in das Celan im Verlauf von knapp drei Monaten hineingezogen wird, ist nach einem von Daive immer wieder gebrauchten Begriff inzestuös. Das besagt, dass Celan, wie ihm der Auftrag von Yvan nahelegt, zum einen als Sohn die Stelle des Vaters, somit zugleich die Stelle des Gatten von Claire, seiner prospektiven Adoptivmutter, zum dritten aber die Stelle dieser Adoptivmutter selbst einzunehmen bestimmt ist, da diese ihrerseits in einem identifikatorischen Verhältnis zu ihrem Mann steht. Der »*Clairivan-Pakt*« (JN 113) soll also in der Abwesenheit Yvans als Clairecelan-Pakt fortgesetzt werden: um den Preis von Celans persönlicher wie dichterischer Existenz und um den Preis einer Deutung von Yvans Tod, die ihn als Vatermord im Dienst der Fortsetzung von Claires fusionellem Verhältnis zu Yvan erscheinen lässt. Celan wird dadurch insgeheim zum Mörder und Usurpator von Yvan Goll, und nicht nur zum Rivalen, sondern als Mörder von deren Ich-Idol auch zum Usurpator und Mörder seiner Witwe erklärt.

Die Suggestion einer Triangulation, wie sie von Yvan ausgesprochen, von Claire hingenommen und von Celan geduldet wird, ist also wahrlich, so *invraisemblable* sie sein mag, die einer *triangulation infernale*. Sie – und erst sie – erlaubt es, das Verhältnis des Goll-Paares zu einem eifersüchtig bewunderten Dritten so zu redefinieren, dass dieser Dritte, Celan, mit allen Mitteln der Denuntiation aus diesem Verhältnis getilgt und seiner unabhängigen Existenz beraubt werden kann, und erst sie erlaubt es, dass jenes Paar noch nach dem Tod von Yvan fortexistiert. Der Tod Yvans ist damit verleugnet; und diese Todesverleugnung ist das Todesurteil über Celan. Die Suggestion ist infernal, weil sie die Triangulation zu einer monströsen ›Biangulation‹ verkürzt und überdies darauf hinwirkt, dass auch diese noch weiter reduziert wird auf eine Relation nur eines ihrer Relate – nämlich Claires – zu seinem drohenden Nichtsein. Die Suggestion der inzestuösen Triangulation ist suizidär, monströs und infernal – sie ist, mit einem klinischen Begriff benannt, psychotisch –, weil sie die der Desangulation und damit die Suggestion integraler Suggestionslosigkeit ist.

Damit ist eine äußerste Grenze jeder Logik der Suggestion erreicht. So, wie sie von Greta ins Spiel gebracht wurde, war die Suggestion, es müsse einen ›französischen Celan‹ geben, die Eröffnung einer dritten und vierten Position, die ein ebenso forderndes wie unerfüllbares Verlangen artikulierte und ihrem Adressaten inokulierte. Es war eine Suggestion, durch die Rivalität, Eifersucht und ein Verlangen eingeflößt wurden, die gewiß nicht ohne aggressive Tendenzen waren, die aber auf eine Unendlichkeit von weiteren Bestimmungen angelegt waren und mit der Affirmation dieser Unendlichkeit die Unbesetzbarkeit jener freien Stelle und damit die Unerfüllbarkeit des Verlangens affirmierten. Gretas Suggestion besagte: Sprich, und vergiss nicht, dass du noch nicht und vielleicht niemals eine einzige und ganze, eine integrale Sprache sprechen kannst. Erst derjenige, der zu seinem Nicht-Sprechen und Nicht-Sprechen-Können steht, kann zu sprechen anfangen. Greta machte deutlich, dass die mit der Suggestion mitsprechende Sprachlosigkeit der mit ihr mitsprechende Tod sowohl der Sprache wie dessen ist, der sie spricht. Erst wer mit dem Tod spricht, spricht. Erst wer einräumt, dass er mit sterblichen Anderen spricht, kann mit ihnen als solchen sprechen, die nicht auf Vorstellungen oder Aussagen über sie reduzibel sind. Was Gretas provokante Frage: »*Qui avez-vous pour Paul Celan?*« ihrem Adressaten eingibt, was sie provoziert, ist nicht weniger als seine Sprache: seine Sprache *von* der fehlenden Sprache und sein Sprechen *mit* ihrem Nichtsein und dem Nichtsein aller Sprachideale, die ihr Fehlen verleugnen. Gretas Suggestion, kurzum, bringt zum Sprechen und lässt sprechen, weil sie Andere und Anderes mitsprechen lässt und derart deutlich macht, dass allein ein unerfüllbares Verlangen – nach Sprache, nach Anderen – seine Erfüllung verlangt.

Die Suggestion dagegen, die von Yvan Golls »*Prends ma place auprès de Claire en mon absence*« ausgeht, sieht einen Pakt vor, das Adoptionsprojekt sogar einen juristisch fixierten Vertrag zur Besiegelung der Sprachlosigkeit und zur Verleugnung des Todes. Die Trias aus Celan und Goll-Paar war so disponiert, dass Celan zum Substitut Yvans werden musste, über dessen Nachleben wiederum Claire das Regime führte. Yvan würde nicht sterben – der Tod hatte keinen Platz in diesem Dreieck, das zu seinem Ausschluß konstruiert war –, denn *en son absence* würde Yvan in Celan gegenwärtig bleiben. An Sohnes Statt angenommen und der Ersatz für den Adoptivvater, war Celan somit strukturell entmündigt. Gemäß der Trio-Logik des Stellentausches wirkte Claire binnen kürzester Zeit darauf hin, dass Celans Name aus einer deutschen Übersetzung, die er von Golls französischen Gedichten vorgelegt hatte, entfernt wurde und dass diese Übersetzung, nachdem Celan gegen seine Anonymisierung protestiert hatte, durch eine Übersetzung aus Claires Feder ersetzt wurde. Celan war nicht nur entmündigt, er war mundtot gemacht worden, seines Namens und seiner Sprache beraubt, damit aber nicht nur in seiner dichterischen, sondern in seiner sprachlichen und seiner menschlichen Existenz tödlich bedroht. Das Schema des Rufmords an ihm, das von Yvan Golls Aufforderung und ihrem Subtext vorgezeichnet und bereits Ende 1951 voll ausgeprägt war, wurde von der Goll-Witwe im folgenden Jahrzehnt mit allen Mitteln der Heimtücke, der üblen Nachrede, der Desinformation und Verfälschung über private und semi-private Kanäle fortgesetzt und kulminierte Anfang 1960 in der öffentlichen Anschuldigung, Celan habe Teile von Golls Werk plagiiert. Tatsache war, dass Claire Goll Teile aus Celans Gedichten in die von ihr neu edierten Texte von Yvan eingesetzt hatte. Sie hatte Celan plagiiert, um Celan des Plagiats bezichtigen zu können. Es war diese Verdrehung von offenkundigen Sachverhalten in Gegen-Wahrheiten, die, über ein weiteres Jahrzehnt mit der Unterstützung zwielichtigster Kolporteure fortgesetzt, zu anhaltenden Depressionen, massiven psychischen Krisen und schließlich zum Selbstmord Celans entscheidend beigetragen hat.

Was Yvans Aufforderung und seinem Adoptionsplan als halbbewusste Suggestion zugrundelag, wurde in Claire Golls Diffamierungskampagne bewusst zu einem öffentlichen Todesurteil über Celan ausgesponnen: Nachdem Celan zum Yvan-Substitut degradiert war, wurde er zum Usurpator der einzigen Verkörperung des »Clairivan-Paktes« erklärt, der imaginäre Spachräuber real seiner Sprache beraubt, der phantasierte Mörder mit den Mitteln brutaler Manipulation in den Selbstmord getrieben. Sechs Jahre nach Celans Tod prahlt die Goll, über achtzigjährig, in einem Interview mit Jürgen Serke: »*Ich habe drei Menschen getötet: meine Mutter, Kurt Wolff und Paul Celan.*« (JN 116) Dieser Satz, von Daive eingehend kommentiert, besagt vor allem eines: Sie wusste, was sie wollte, und ihr war bewusst, was sie tat. Er besagt genauer: Sie wusste nichts anderes als ihr Unbewusstes und dieses Unbewusste war vor allem vom Todhass gegen ihre Mutter und gegen jeden besetzt, den sie an deren Stelle phantasieren konnte. Zu einer Unterscheidung zwischen unbewusster Phantasie und Realität war sie außerstande, und da sie den realen Tod – ihrer Mutter in einem KZ, Kurt Wolffs in einem Autounfall – nur verleugnen konnte, musste das, was Tod heißt, ihr als von ihr gewünschte, von ihr gewollte und von ihr herbeigeführte Tat erscheinen. Ob als Frau, Geliebte oder ›Adoptivmutter‹, sie selbst, in mehreren Selbstmordversuchen geübt, war die allgewaltige Mutter, die in jedem bedrohlichen Objekt sich selbst als eben diese Mutter umzubringen versuchte. Wie sie sich phantasmatisch des Todes bemächtigt hatte, theatralisch und ohne Trauer, so hatte sie sich auch der Sprache bemächtigt und sie zu einem Instrument und Objekt des Willens zur Macht, zu Manipulationen und Machenschaften umgebildet. Was Suggestion, Andeutung und inexplizit gewesen war, da es noch andere als die ausgesprochenen Bedeutungen und vor allen anderen auch keine Bedeutung haben konnte, wurde von ihr, entsprechend den sie beherrschenden Obsessionen, zu einem von ihr erzeugten ›Faktum‹ verfälscht. Die Suggestion wurde mit Hilfe mächtiger Suggestionsapparate – der Presse, der ›Wissenschaft‹, der kollektiven Ressentiments – zur Suggestion der Suggestionslosigkeit, diese zum Terrorismus der kontrafaktischen Behauptung, zur blanken Infamie und damit zum Todesurteil über die sprachliche, die psychische und menschliche Existenz von Paul Celan.

Dass Celan, der sich zwanzig Jahre lang hellsichtig, aber allzu nobel gegen die Gollschen Lügen zur Wehr gesetzt hat, ihren Wirkungen am Ende nicht widerstehen konnte, ist das große Rätsel, zu dessen Lösung Daives Studien beizutragen versuchen. Seine Deutung lautet knapp und plausibel: *Il y a là aussi identification: inexplicable et réelle.* (JN 111) Identifikation muß hier aber heißen: Identifikation mit der Mutter, und zwar mit einer solchen Mutter, die nicht nur ein Opfer tödlicher Gewalt war, wie die von Paul Celan es war, sondern sich auch zur Agentin der Gewalt über andere und sich selbst gemacht hatte wie nur seine ›Adoptivmutter‹ Claire Goll. Diese wiederum war während ihrer Kindheit und Jugend von ihrer Mutter mit sadistischer Grausamkeit behandelt worden. In keiner Selbstdarstellung der Goll fehlen die Todeswünsche gegen diese Mutter; in jeder deutet sich die Verbindung zwischen diesen und ihren Selbstmordversuchen an. Dass Claires Mutter dem Massenmord des Nazi-Staates an den Juden zum Opfer gefallen war, mag dazu beigetragen haben, dass sie selbst sich nicht gescheut hat, für ihre Verleumdungsaktion gegen Celan die während der fünfziger und sechziger Jahre wiedererstarkenden anti-jüdischen Tendenzen in Deutschland sich zunutze zu machen.

Nach der Logik der Identifikationsreihen ergibt sich aus diesem Amalgam von Mutterhass und Mutteridentifikation die Konsequenz: Wenn Golls Kampagne gegen Celan ein Ersatz für den phantasierten Mord an ihrer Mutter war, dann war Celans Selbstmord die Exekution jenes Muttermordes an seiner eigenen Person. In seinem Suizid identifizierte er sich mit einer Verfolgerin, die sich ihrerseits mit ihrer Verfolgerin identifiziert hatte. Und nichts an dieser Sequenz von *persecutions,* die über die Schranken von Kulturen, Generationen und Geschlechtern hinweg *mèresecutions* waren, scheint darauf hinzudeuten, dass ihr Verlauf an einer bestimmten Stelle einsetzte und an irgendeiner noch zu bestimmenden enden könnte. Mit variierenden zusätzlichen Motiven könnte diese Sequenz ihre Fortsetzung unter denen gefunden haben, die mit Paul Celan eng vertraut oder befreundet waren: in Peter Szondis Selbstmord im Berliner Halensee, in Ghérasim Lucas Selbstmord in der Seine, vielleicht, wie Jean Daive vermutet, in Ingeborg Bachmanns Verbrennung und in ungezählten weiteren selbstzerstörerischen Akten Anderer.

Eine der Implikationen dieser Mutter- und Selbstmord-Serie liegt darin, dass sie nur einen Anderen kennt: die Mutter, nur ein Verhältnis zu Anderen: die Identifikation, nur ein Verhältnis zum Leben: seine Zerstörung, nur eines zum Tod: seine Objektivierung, nur eines zur Zeit: die Wiederholung des Gleichen. Daive spricht deshalb vom Todestrieb, vom Wiederholungszwang, von der Ewigen Wiederkehr, von unendlichen zyklischen Läufen als einer Pathologie der Lebensbewegung und eines *rétrécissement suicidaire de la vie* (JN 115). Sie alle, ob ›Trieb‹, ›Zwang‹ oder ›Wiederholung‹, folgen der Rückkehrtendenz zu einer Einheit und versuchen zugleich, dieser Einheit sich zu bemächtigen, sie zu kontrollieren und zu determinieren. Sie sind aktivistische Passionen, Passionsakte, die die Einheit, die sie erstreben, durch den Tod und im Tod gewaltsam herbeizuführen versuchen. Das besagt aber, dass sie zu definieren versuchen, was der Tod *ist*.

Der Suizid ist eine Identifizierungsoperation. Sie richtet sich auf das, wovon eine äußerste Gefährdung ausgeht: auf den Tod und seine Sachwalter, auf den Tod und die Mutter – oder ihre Nachfolgeinstanzen –, und kann sich darauf rückhaltlos nur richten, indem diese beiden *als* solche identifiziert werden durch die Identifikation *mit* ihnen. Diese äußerste Gefahr – der ›Tod‹ und die ›Mutter‹, der ›Tod der Mutter‹ oder der ›Tod durch die Mutter‹ –, bis dahin unbestimmbare Größen, sollen durch diese Operation zu bestimmten Größen, zu beherrschbaren Entitäten und manipulierbaren Gebilden, sie sollen zu Objekten und Instrumenten werden. Um sie aber dazu machen zu können – und dieses Machen definiert die Operation –, identifiziert sich der ›Täter‹ *mit* dem, was ihn bedroht, identifiziert dadurch ›sich‹ *als* Subjekt eines Objekts, identifiziert sich zugleich *als* Objekt dieses Subjekts und vollzieht in dieser doppelten Identifizierung die Einheit von Subjekt und Objekt, in der jede Gefahr gebannt sein soll. Im Vollzug dieses Machens der Einheit werden also allererst die Identität des Subjekts und diejenige des Objekts zusammen mit der Identität des Subjekts *mit* dem Objekt hervorgebracht.

Diese Identität der Identitäten, das mystische Ziel des Suizids, wird aber allein in ihrer instantanen Zerstörung erreicht. Subjekt und Objekt und ihre Einheit erweisen sich im Suizid als nicht-identifizierbar; und jede Identifizierung erweist sich in diesem Extrem ihres epistemischen und praktischen Vollzugs als suizidär. Die durch Objektivierung oder Subjektivierung identifizierte Gefahr – der ›Tod‹, die ›Mutter‹ – ist nur die verleugnete, durch Surrogate verstellte, aber ungebannte Gefahr. Statt abgewehrt, und derart bewahrt, soll der Tod getötet werden; aber getötet wird das untergeschobene, das suggerierte Objekt: das Subjekt. Der Selbstmord ist Mord an einer Suggestion, an der Suggestion eines Selbst, das sich der Identifizierung als Subjekt oder Objekt ebenso entzieht wie der Tod und die Mutter. Alle Destruktionsakte, die sich gegen das ›eigene Selbst‹ richten – und es gibt ihrer unzählige, die ihre Richtung besser kaschieren als ein Suizid –, sind kognitive und praktische Fehlschlüsse, weil sie Zusammenschlüsse mit Unvereinbarem sind. Sie zerstören, was durch diese Zerstörung erreicht werden sollte. Sie sind Selbst-Verfehlungen durch Selbst-Definition.

Daive stellt die triftige Frage: *Pour Paul Celan, y a-t-il une différence entre être tué et se tuer? Ne réalise-t-il pas les rapports de subordination où être tué ne discernait plus se tuer, où la corruption de l'un décrète la mort de l'autre.* (JN 118) Verhalten, aber deutlich genug wird damit angedeutet, dass es ein bewusstes *se tuer* im strengen Sinn gar nicht geben kann, wenn das Vermögen zur Differenzierung zwischen *se tuer* und *être tué* unter dem Dekret eines Anderen erlischt. Wenn es aber für den, der ›sich selbst‹ tötet, eine stabile Differenzierung zwischen *se tuer* und *être tué*, zwischen Aktiv und Passiv, Selbst und Anderem nicht gibt, dann nicht nur wegen der *subordination* unter einen Anderen, sondern zugleich wegen der *subordination* unter ›sich selbst‹ als diesen Anderen. Denn in der Beziehung auf ›sich selbst‹ ist sich jeder selbst sein Anderer, Subjekt und Objekt in eins. Diese Sui-Subordination ist die Subjektion, sie ist die Subjektivierung, in der das Selbst als Objekt ergriffen, *als* dieses und *mit* diesem identifiziert wird.

Die Minimalstruktur dieser Selbstbeziehung findet sich angedeutet bereits im *hypokeimenon*, dem Zugrundeliegenden, in dem Aristoteles die irreduzible Grundlage für jede Ontologie sah; sie findet sich, kaum weniger rudimentär, in dem, was in der Scholastik als *subjectum* angesprochen wurde, weil es als fester Boden aller Erkenntnisakte galt; sie bietet sich zu Beginn der Neuzeit als das *fundamentum inconcussum* dar, in dem sich für Descartes das *cogito* als sein eigenes *cogitatum* die Gewißheit seines Seins sicherte. Wenn Hegel in einem Zusatz zu den »Grundlinien der Philosophie des Rechts« (§ 6) vermerkt, der Mensch allein könne Selbstmord begehen und dadurch von seiner Besonderheit zugunsten der Allgemeinheit seines Begriffs abstrahieren, dann ist die Selbstbeziehung damit als Beziehung des Subjekts zu sich nicht mehr bloß als Objekt, sondern als Substanz bestimmt; und sie ist als wesentlich negativ, als ein Abstrahieren und Fallenlassen des besonderen Lebens zugunsten eines anderen, eines universellen bestimmt. Damit ist aber die Struktur – und wohlgemerkt nicht der seinerseits besondere und isolierende Akt – des Selbstmordes zur Grundstruktur jeder Selbstbeziehung erklärt. Das Subjekt ist sein eigenes Anderes und somit seine Substanz allein in der Weise, dass es sich selbst auf sich als jene Substanz und jenes Andere reduziert. Die Bewegung seiner Subjektivierung und Substanziierung ist die Bewegung ihrer wechselseitigen Identifikation in dem, was bei Kant Selbstaffektion heißt. Sie lässt sich deshalb als die Bewegung einer restringierten Suggestion charakterisieren – der Auto-Suggestion.

Die ontologischen Theoreme der Selbstbeziehung operieren, latent oder offen, mit einem Begriff von einem sich selbst setzenden und voraussetzenden Selbst, das sich als *sein* Anderes erfährt, und sie operieren darum zugleich mit einer korrespondierenden Vorstellung vom Anderen, das als das jeweils *eigene* Andere des Selbst erfahren wird. Damit ist der Grund für die allgemeine Verständigungsfähigkeit zwischen Selbst und Anderem in deren unausbleibliche Relation gelegt. Nichts fehlt, weil noch jedes Nichts das jeweils *eigene* Nichts eines Subjekts sein muss. Jedes *alter* definiert sich als *alter ego*, weil es nur vermöge der Relation eines *ego* zu ihm überhaupt als ein *alter* erfahrbar ist, diese Relation aber diktiert, ihre Relate als spekular aufeinander bezogene Korrelate zu denken. Das Theorem der Selbstbeziehung im Anderen folgt der Geste der *suggestio*, sofern auch sie die Beziehung zwischen Vertrags- oder Gesprächspartnern durch die Legung eines gemeinsamen Grundes sicherzustellen versucht. Jenes Theorem folgt dieser Geste aber nicht, sofern die nicht-restringierte – nicht auf eine Auto-Suggestion verkürzte – *suggestio* die Mangelhaftigkeit jener Beziehung einräumt und überdies einräumt, dass ihre Mangelhaftigkeit nur artifiziell, nur nachträglich und nicht endgültig behebbar ist. Von ihr wird eingeräumt, dass der Andere nicht durch eine spekulare oder identifikatorische Korrelation mit dem Selbst verbunden ist, dass er also auch nicht der *eigene* Andere des Selbst, sondern ein identifikationsunfähiger anderer Anderer, nicht ein *alter ego*, sondern ein *alter alter* und die Relation zu ihm eine Irrelation – und also Irr-Relation – sein kann. Mit der Restriktion der infiniten Alterationsbewegung der *suggestio* auf ein Verhältnis der symmetrischen, homogenen und reziproken Korrelation wird der Andere strukturell zu einem Introjekt des Selbst, das Selbst zum

Mandatar und Exekutor seines Anderen, der Selbstmord nicht nur zur Struktur jeder Selbstbeziehung, sondern überdies zu deren unvermeidlichem, wenngleich oft genug verdecktem realen Effekt.

Erst wo der Andere als der *durch* das Selbst und *mit* diesem nicht identifizierbare Andere erfahren und gedacht wird, kann es ein freies Verhältnis zu ihm geben. Das unfreie ist, wie die Ontologien der Selbstbeziehung bezeugen, das normale, normalisierende, normierende. Es ist, ob bemerkt oder unbemerkt, dasjenige Verhältnis, das keine Verantwortung für die irre Andersheit des Anderen – der Mutter, des Todes – auch noch im Selbst kennt. Es ist die Regel. Vielleicht schreibt Jean Daive deshalb: *Se tuer régularise toutes les situations n'ayant plus les apparences de la vraie vie.* (JN 118) Diese Regulierung ist das, was an jeder Gewalttat, auch der von Celan, am tiefsten erschreckt.

6

Im Gespräch mit Celan macht Daive die Erfahrung einer vehementen erratischen Übertragung, gegen die er wehrlos ist, weil er nicht bestimmen kann, welcher Bestimmung sie folgt und welche Bestimmung er selbst ihr geben soll: *De quelle nature est-ce parler? Et comment ne pas être dans l'embarras pour déterminer si tout dire peut être déterminé ou non et comment? Comment évaluer si tout dire est à dire ou à fragmenter ou à taire et comment?* (JN 104) Die Indetermination macht das Sprechen zur Bahn der Übertragung, weil diese Indetermination es ist, die es dem Sprechenden und Hörenden erlaubt, einander auf einem *terrain vague* zu treffen und die Ungewissheitszone zwischen ihnen durch Übertragung und Gegenübertragung zu verringern. Die annähernde Symmetrie in der Beziehung zwischen Celan und ihm wird in den Sätzen von Daive am spekularen Verhältnis seiner Verben deutlich: *déterminer si tout dire peut être déterminé*, und: *évaluer si tout dire est à dire*; die Distanz zwischen ihnen an der Frageform seiner Sätze: *comment ne pas, comment évaluer.* Daive ist in Verlegenheit (*embarras*), aber in seiner Verlegenheit zeigt sich diejenige von Celan, der im Unbestimmten lässt – und deshalb bloß andeutet, suggeriert, intimiert –, was er sagt, aber nicht meint, sagt, aber zu sagen nicht beabsichtigt, sagt, ohne das Mitgesagte vom Gesagten scheiden zu können, oder es so sagt, dass es einer ergänzenden Bestimmung, einer *suggestio*, von seiten seines Adressaten bedarf. Die Suggestion des einen lässt sich von der des Anderen nicht streng unterscheiden, ohne in blankes Unverständnis zu führen. Was bleibt, ist *une clarté toujours indécidable* (JN 105). Es ist diese Unbestimmtheit, so legt Daive nahe, die *endoctrine le désir dans l'infini* (JN 104), das Verlangen nämlich, so lässt sich hinzufügen, im Unendlichen diejenige Bestimmtheit zu finden, die von der Sprache gefordert und zugleich verwehrt wird. Da das Unendliche zur Ordnung dessen gehört, was von der Sprache angedeutet, aber von ihr nicht erfasst werden kann, drängt sich mit jedem Versuch, seiner habhaft zu werden, als Substitut ein absolut endliches Objekt auf, das jenem Unendlichen darin gleicht, dass es ebenso abstößt wie anzieht.

Die Indetermination des Sprechens, die es zu einer bloßen Suggestion macht, gabelt sich und lässt die Suggestion des Unendlichen einhergehen mit der Suggestion des Schändlichen, Schmählichen und Verworfenen. Das Verlangen, das im Unendlichen kein Objekt findet, wendet sich einem Objekt zu, das ihm unendlich widersteht. Diese Wendung markiert im Gespräch den Moment der Interpretation, den gefährlichen Augenblick, in dem das Nicht-Objekt des unbestimmten Verlangens durch eine kontingente Assoziation oder eine obsessive Projektion ersetzt wird. Es ist dieser Moment, den Daive charakterisiert, wenn er schreibt: *J'apprends à rendre conciliable la pensée, les cervelles de boue et le désir dans l'infini.* (JN 104) Die Gegenübertragung setzt der Unendlichkeit der Übertragung ein Ende, indem sie ein Objekt einsetzt, das jene Unendlichkeit zugleich begrenzt und bezeugt, das Verlangen erhält und seine Bewegung arretiert, die Indetermination durch Fragmentierung determiniert und das Sagen erschweigt. Dieses Objekt, in dem sich die Redenden treffen – in dem sie einander und ›sich selbst‹ treffen –, sind die *cervelles de boue*, die Embleme des Irrsinns, des korrumpierten Denkens, der Verrottung des Fleisches. Eine *conciliation* in ihnen und mit ihnen kann nur die Un-Form einer Verbindung des Unverbindbaren annehmen.

Entsprechend paradox verhält sich das Denken zu ihnen: es ist, *au-dessus des passions malades, [...] capable de saisir dans son accueil ce qui manque, l'omission, l'évitement, le silence, la question immesurable, le questionnement le plus inconsidéré, le balbutiement.* Aber: *Ici, l'expression de toute pensée est prisonnière de sa cage* (JN 104). Das Denken, das noch das Fehlende einschließt, ist seinerseits eingeschlossen in das, was für es unfassbar ist. Es verfehlt sich selbst, indem es sich denkt, und wird als Denken des Stammelns zu einem stammelnden Denken, als praktischer Vollzug dieses Denkens ein stammelndes Leben. Der Augenblick der Interpretation, dieser gefährliche Moment des ›Verstehens‹, besteht in nichts anderem als der Fixierung einer bloßen Suggestion, die an die Stelle dessen, was in Gedanke und Rede fehlt – *ce qui manque, le silence* – ein Wort setzt, einen Namen, der dem Anschein nach eine stabile Referenz hat und die unendliche Indetermination des Verlangens nach Verständigung durch ein bestimmtes ›Objekt‹ zu begrenzen verspricht. *Ea verba quae desunt suggesta sunt.* Die Suggestion des Unendlichen zieht sich zusammen zur Suggestion einer endlichen Instanz. Diese Instanz ist mit der Vermittlung zwischen den beiden Gesprächspartnern betraut, aber kann sie als begehrtes und zugleich untersagtes ›Objekt‹ nur miteinander verbinden, indem sie beide voneinander und von dieser dritten Instanz entfremdet. Die Mitte der Vermittlung muß zerreißen. *Chacune de nos rencontres s'engage tôt ou tard dans le triangle que Paul Celan éveille ou suscite:* »*Vous avez vu Gisèle?*« (JN 104)

Diese erneute Triangulation gewinnt ihr besonderes Gewicht in Daives analytischer Erzählung aus dem Umstand, dass sie als Reprise der tödlichen Triangulation zwischen Yvan Goll, Paul Celan und Claire Goll erscheint. Wie Celan von Yvan an Claire Goll verwiesen wurde, so verweist nun Celan Jean Daive an Gisèle Celan – mit der beunruhigenden Konsequenz, dass Daive sich dadurch an der Strukturstelle von Celan wiederfindet, dessen psychischem Verfall er beiwohnt, einem Verfall, von dem er ahnen kann, dass er von jener Trias ausgelöst wurde und den Anstoß zur Bildung einer weiteren Trias gibt. Überdies kann sich aber Daive kaum verhehlen, dass die beherrschende Macht in der ersten Trias Claire Goll war und dass deren Infamien es waren, die zu Celans Zerrüttung und somit, vielleicht, auch zur *suscitation* dieser zweiten Trias geführt haben. So wie Daive vermuten kann, dass Claire Goll *doit être une vraie mesure fantôme* für Celan (JN 106), so kann er Celan selbst, der von dieser Frau besessen – *possédé* – ist, für ein Phantom von Claire halten – und kann also kaum umhin, sich durch die Identifikation mit Celan zugleich mit dem Phantom einer ›Adoptivmutter‹ identifiziert zu finden, die tödlicher schwerlich gedacht werden kann. Zudem legt Celan ihm Texte von Johannes Poethen zur Übersetzung vor, in denen die Rede ist von einer *mère/qui donne la mort* und von einer *femme-bourreau* (JN 43), die zur näheren Assoziation zwischen Celan–›Mutter‹–Daive beigetragen haben können. Nicht nur war also auch die neue Triangel so disponiert, dass aus der Perspektive von Daive jeder Winkel darin gegen jeden anderen ausgetauscht werden konnte, sie selbst war schon das Resultat eines Austausches, eine Phantom-Triangulation, die jedes Wort, das darin gewechselt wurde, zu einem Phantom-Wort und jeden Wunsch, der darin geweckt wurde, zu einem Phantom-Wunsch machte. Es gab – oder so scheint es, weil Daive es nahelegt – in dieser gespenstischen Zirkulation der Positionen innerhalb der Triangel niemanden, der nicht der Überlebende eines Anderen, und niemanden, der nicht der Überlebende von dessen Tod hätte sein müssen, und also keinen, der nicht durch ein Phantom-Leben geführt wurde, in dem er einen Phantom-Tod starb – geführt von einer Drahtzieherin, einer mörderischen und zu Lebzeiten toten ›Mutter‹, einer *fantômère*, die der *fantômort* in Person war.

Als diese Unterwelt, erbaut um den leeren Raum von Schuldgefühlen, mit dem Tod von Paul Celan zusammenbricht, verliert Jean Daive den Boden unter seinen Füßen: *Un mois de vide, de déchirement. D'absence de sol. Des jours de vide absolu. Sa mort venue en moi comme une rupture avec le monde humain. Avec la langue.* (SC 25)

7

Die ›Kommunikation der Unbewussten‹ – denn um sie geht es hier – scheint nach einem strikten Schema zu verlaufen und in ihrem schematischen Verlauf sich zu entleeren. Daive notiert: *Paul Celan pense que chacun est unique et ne revient jamais. Et j'observe que personne n'est unique et chacun revient jusqu'à épuisement.* (JN 106) Diese Wiederkehr bis zur Erschöpfung noch der Wiederkehr-Mechanik selbst, sie zeigt sich *en obscures allusions et parfois exagérations insupportables* (JN 106), zeigt sich also unterhalb oder jenseits der Schwelle dessen, was klar ersichtlich und erträglich ist, auf dem Weg der *suggestio*, der *Unter*stellung und *Unter*schiebung oder der Hyperbel, des durch keine Geste, kein *gerere* mehr Tragbaren, durch kein *agere* mehr Begrenzten. *L'épuisement procède avec des nécessités comme représentations négatives ou surimpressions fantômes.* (JN 95) Ob sie zu viel oder zu wenig sind für Sprache und Verhalten, ob sie über die Grenzen der *représentation* hinausgehen oder in ihrem Vorhof bleiben, diese ›negativen‹ oder fantomalen Irrepräsentationen folgen einer Notwendigkeit, die nichts von dem, was ist oder sein kann, verschont. Sie bewegen sich zwischen dem Fehlenden und der davon ausgelösten *culpabili-*

té auf der einen Seite und dem, was das Fehlen kompensieren soll, der *vengeance,* auf der anderen. Beide, der Mangel und das Surplus, Ellipse und Hyperbel, Schuld und Rache wirken, wie Daive insistiert, in der Dreier-Konfiguration des Inzest zusammen. Sie kehren wieder bis zur Erschöpfung, und: *L'épuisement dégage l'inceste et le réalise encore en flux des positions, d'images furtives en sachant qu'il reste indécomposable.* (JN 95) Die Erschöpfung löst den Inzest aus und realisiert ihn als den unauflöslichen Rest – das heißt aber: als die determinierende Struktur – alles sprachlich strukturierten Verhaltens. Unerschöpflich ist also allein die Erschöpfung; *indécomposable* allein die *décomposition.* Was bleibt, *le reste indécomposable,* ist keine Substanz, kein Subjekt, kein Substrat. Was bleibt, ist die *suggestio* als *obscure allusion* oder *surimpréssion fantômale,* eine Extrem- und Un-Form der Dekomposition.

Der Rest ist Inzest. Doch eben deshalb ›ist‹ er nicht. Wie er sich dunkel nur andeutet, in Übertreibungen unerträglich, in Überlagerungen zum Phantom wird und keiner *représentation* fähig ist, sie sei denn ›negativ‹, so gehört er nicht zur Ordnung des Präsenten und Prädikablen, sondern allein zum Chaos dessen, wovon weder ausgesagt werden kann, dass es ist, noch, dass es nicht ist. Der Inzest ist das Zuviel und das Zuwenig, ungegenwärtig und übergegenwärtig, immer tabuiert, untersagt und unausgesprochen, das Tabu, das selbst noch dem Tabu verfallen und zur bloßen Suggestion werden muß. – Er ist es auch für Celan, wie man im Eingangsvers zu einem Gedicht aus »Fadensonnen« von 1967 lesen kann. *Fortgewälzter Inzest-Stein* – so lautet dieser Vers, der sich vermutlich sowohl auf den Stein des Sisyphus als auch auf den Stein vor der leeren Gruft des auferstandenen Jesus bezieht. Er muß immer wieder aufs neue gewälzt werden, und immer wieder aufs neue zeigt sich, dass das dahinter liegende Grab leer ist, dass er nichts verdeckt und nichts Substanzielles enthält, ob dieser *Inzest-Stein* nun selbst der Inzest ist oder als Grabstein den Inzest verborgen, unzugänglich und tabuiert halten soll. Wenn er von und in sich selbst fort- und fortgewälzt wird, dann hat dieser Stein ›Inzest‹ nur ein vakantes Zentrum, und so unbestreitbar seine Fortbewegung ist, in ihr bewegt sich nichts, das Bestand hat oder als Beständiges, Fundierendes ausgesagt werden könnte. – Der Rest, der Inzest, ob verschwiegen oder ausgesprochen, ist Suggestion.

Er ›ist‹ mithin, dieser Rest, der Inzest, die affundamentale Struktur nicht allein eines beliebigen, kontingenten und variablen Untersagten unter anderen, sondern der Untersagung selbst und somit der Sprache und des Verhaltens sprachlicher Wesen insgesamt. So beständig seine Unbeständigkeit sein mag, er erhält sich einzig, indem er sich selber versagt. So zumindest lässt sich die Annahme von Daive deuten, die er in die Sätze fasst: *Se connecter à l'insondable, c'est faire disparaître le Troisième Homme, c'est-à-dire le père ou le bourreau. C'est lancer le sanctuaire contre lui-même.* (JN 96) Dieser Deutungs- und Andeutungs-, dieser Suggestionssequenz – *c'est, c'est-à-dire, c'est* – lässt sich als weitere Deutung hinzufügen, dass das Verschwinden des Dritten, des Henkers, der diesmal der Vater und nicht die Mutter ist, das Verschwinden beider Funktionen der Triangulation bewirkt: der zum Inzest verlockenden und der den Inzest verbietenden. Der Dritte, nach der klassischen psychoanalytischen Lehre der Vater, hat die Aufgabe, als Relaisstation zwischen Mutter und Kind zu fungieren und die sexuellen Regungen zwischen beiden sowohl zu eröffnen als auch zu unterbinden. Dritter ist demnach jeweils derjenige, der gegen sich selbst steht. Ob er sich zurückhält oder sich zum Verschwinden bringen lässt, ob er als Zerstörer oder als Selbstzerstörer agiert, er ist in jedem Fall derjenige, der in einem unauflöslichen Widerspruch sowohl das Prinzip des Inzestneigung wie deren Tabuierung zur Geltung bringt. Er spricht für etwas nur, indem er zugleich für das Gegenteil spricht, und spricht für das Sprechen, indem er es untersagt oder übertreibt. In *obscures allusions* oder in *surimpréssions fantômales* redend, ist er der Platzhalter der *suggestio*: der Rest-Sprache. Da er kein Tabu über den Inzest verhängen kann, ohne zu ihm einzuladen, ergibt sich als paradoxe Konsequenz aus seiner paradoxen Funktion, dass die Ausschließung des Inzest den Inzest vollzieht, dass ein Tabu die Form seiner Desaktivierung, und dass die Sexualität sprechender Wesen ein zerfahrener Inzest ist. *C'est lancer le sanctuaire contre lui-même.* Das *sanctuaire* ist *contre-sanctuaire*, der Gegen-Inzest Inzest.

Wenn aber Sexualität durchgängig als Verbindung des Unverbindbaren strukturiert ist, dann ist alles sprachliche Verhalten ein Kompromiss vom Schlag eines *double bind* zwischen Inzest und Inzest-Vermeidung. Der Dritte definiert sich als der, der jeweils auf sein Verschwinden hinwirkt und als verschwundener phantomal überlebt. Die prekäre Verbindung zwischen Synthesis und Disjunktion, die er herbeiführt, wird von Daives Frage bekräftigt: *comment ne pas être dans l'embarras pour déterminer si tout dire peut être déterminé ou non et comment?* Sprache bezieht sich auf

Etwas, kann sich aber nur unter der Bedingung von dessen Abwesenheit und also der Unversicherbarkeit ihrer Beziehung darauf beziehen; die Anerkennung jener Abwesenheit wird in der sprachlichen Suggestion seiner Anwesenheit verleugnet, kaum anders als jede Prothese es tut, kaum anders als der Fetisch, von dem Freud in einer bekannten Formulierung vermerkt, er sei *aus Gegensätzen doppelt geknüpft* und halte deshalb natürlich besonders gut. (GW XIV, 316) Diese Struktur des Fetischs, der Prothese und des Phantoms ist die des Vaters und des von ihm errichteten Inzest-Tabus, weil sie die Struktur der Sprache ist. Sie ist sui-suspensiv, Setzung und zugleich ihre Außer-Kraft-Setzung, doch in der Differenz zwischen beiden unterliegt sie nicht der Logik des Widerspruchs und des Sprechens, öffnet sich vielmehr dem, was dieser vorausgeht, wie das Paradox sich auf das Hypo-paradox des Nicht-Sprechens öffnet.

Die Struktur des Dritten, wie Daive sie skizziert, bewirkt nicht nur die Unterbrechung der Symbiose zwischen Zweien, sondern auch deren Perpetuierung, Expansion und Kollaps. Die formelle Charakterisierung, die er von der Triangulation gibt, lautet: *Il y a donc trois semblances humaines – Moi, Toi, Soi – et elles se découpent de la manière suivante: l'expérience du Moi qui ne méconnait pas l'hypothèse de la projection (Toi et Soi).* (JN 100) Damit ist das Schema der Triangulation charakterisiert als eine Figur, deren Eckpunkte durch Projektionen und folglich als *semblances* erzeugt werden, weil jeder der genannten Positionen der für ihre interne Konstitution entscheidende Grund in sich selbst fehlt. Keine der genannten Instanzen, ob *Moi*, *Toi* oder *Soi*, verfügt aus Eigenem über einen Halt, der von den anderen unabhängig wäre und ihm die Möglichkeit geben könnte, den anderen beiden Halt zu bieten; jeder dieser Instanzen fehlt das Sein, um der *semblance* den Charakter einer Erscheinung oder eines Scheinens von Etwas zu verleihen. Da sie funktional zwar differenzierte, aber zugleich durch ihre Projiziertheit homogene Instanzen sind, verfügen sie nicht unter allen – und tatsächlich nur unter sogenannten idealen – Umständen über die Kraft, ihre Differenzen und damit ihre Funktion aufrechtzuerhalten. Das gilt auch für das *Soi*, das die widersprüchliche Aufgabe der Vermittlung und Scheidung zwischen *Moi* und *Toi* zu erfüllen hat. Da es sich durch seinen Widerspruch selbst suspendiert und da es strukturell auf dem gleichen Funktionsniveau wie die anderen Instanzen operiert, kann es gerade dasjenige nicht prinzipiell verhindern, was zu verhindern es eingesetzt ist:

Suggestions *des mèrrances*

die Identifikation, die Fusion und damit den Kollaps der Triangulation insgesamt. Wenn »ce qui manque«, wie Daive schreibt, *est l'impératif de la triangulation*, dann kann dieses Fehlende weder in der dritten Instanz, dem *Soi*, noch kann es im Wechselspiel der Instanzen seinen Ort haben. Hätte jener Imperativ einen Repräsentanten in der Triangel, wie Daive andeutet, dann wäre seine Wirkung deren Zerfall und der Imperativ würde seine eigene Tilgung und den Tod gebieten. Daive beschreibt diese Konsequenz als *la fusion, suivie d'un dysfonctionnement vital*. (JN 100)

Die gesamte Konstruktion der psychischen Relationen, die Daive skizziert, beruht auf der von ihm konstatierten Notwendigkeit, einen – und mehr als einen – Anderen zu erfahren; auf der Notwendigkeit, die Andersheit des Anderen nicht zu verleugnen; und auf der Notwendigkeit, diese Andersheit als eine nicht-objektivierbare, grundlose, bloß suggerierte zu erfahren. Sie beruht auf der Notwendigkeit, in jeder substanziellen Notwendigkeit eine kontingente, und in jeder kontingenten noch anderes als eine Notwendigkeit zu erfahren. Sie beruht mithin auf der Entlassenheit – der Freiheit – von einem Grund jener Gründe, die sich in *semblances* darbieten und in Identifikationen und Fusionen zerfallen. Was sich unter jenen supponierten Gründen auftut, ist kein tieferer Grund, keine Substanz eines Subjekts, kein transzendentales Ego und kein Imperativ, und sei er kategorisch, sondern ein Abgrund. Es ist jenes Vierte, das in der Figur der Triangel nicht erscheint, weil es nicht zur Ordnung des Erscheinens und nicht zu der des Figurierbaren gehört, sondern ›fehlt‹.

Das Vierte, das zu den drei Instanzen der Triangulation hinzukommt – auch es ist insofern eine *suggestio* –, gewährt keinen Halt. Es gibt aber auch nicht vor, ihn zu gewähren. Anders als jedes identifizierbare Andere gibt es nichts vor. – Es gibt nichts, und es selbst gibt es nicht. – Und just dies ist seine Gabe: keine Gabe, kein Datum zu sein, sich in keinem dativischen Verhältnis darzubieten, in keine Figur einzugehen, keine Projektion, keine Identifikation, keine Fusion mit ihm zu erlauben. Was mit dem Vierten zu den drei Instanzen der Suggestion hinzukommt, ›ist‹: Kein Hinzukommendes: Keine Instanz: Keine Suggestion. Allein als ein *gerere*, *ferre* und *fari*, das nichts trägt und von nichts getragen wird, kann es gedacht – und eben deshalb kaum gedacht – werden; als ein *alter alter*, das noch jedem *alter ego* und jedem *ego* entgeht, als schiere Bewegung der Alteration, der Alter-Alt*err*ation, eröffnet es den Raum für sprachliche und psychische Instanzen, und allein als Ungegebenes, Niemals und Nirgends gewährt es die Freiheit zu dem, was nicht ist.

Um deren Rettung muss es zu tun sein, nicht nur und nicht zunächst um die Rettung der Phänomene und Phantome, sondern um die Rettung des A-Phänomenalen, des Noch-nicht- und Nie-Gewesenen, das jedes Hervorkommende begleitet und durchkreuzt, indem es sich vor ihm zurückhält. Um dessen Rettung geht es Celan in seiner Meridian-Rede, wenn er *zweierlei Fremde – dicht beieinander –*, wenn er *zwischen Fremd und Fremd zu unterscheiden* sucht, wenn er diese Unterscheidung zu der zwischen einem *Anderen* und einem *ganz Anderen* präzisiert und unter den Vorbehalt eines »*wer weiß*« stellt. Dieses zweite, andere Andere, das sich jeder Gewissheit entzieht, steht demnach in einer nicht bloß ungewissen, sondern unwissbaren Relation zum ersten Anderen. Als *vakant vielleicht* ist es auf kein phänomenales, identifizierbares Andere reduzibel, läßt indessen, *vielleicht,* seine Andersheit auch in der Begegnung mit diesem *mitsprechen* und verändert, verandert dessen Erscheinung. Celan hat dem Gedanken dieser ungewissen Distinktion zwischen einem Anderen und einem anderen Anderen ein so großes Gewicht beigelegt, dass er sie als *das einzige* charakterisiert, was er *den alten Hoffnungen [...] heute und hier hinzuzufügen vermag*. Seine Hinzufügung ist die Hinzufügung dessen, was sich in kein Schema der Identifikationen fügt, ohne dessen einzelne Instanzen und das Schema insgesamt einer Veranderung auszusetzen, die nichts bei dem lässt, was es ist. Diese Entdeckung Celans war seine Rettung des radikal Bestimmungsfreien. Dass er sie nicht durchweg hat festhalten können, hat ihn das Leben gekostet.

Unter dem Regime einer fusionellen ödipalen Struktur ist eine Alteration unabhängig von einem identifizierbaren Anderen ausgeschlossen. Die un-endliche Alterität – die *altérité sans Autre* – ist in ihr verstellt von einem Autismus und Automatismus ohne *ganz Anderen*.

8

So komplex die Beziehungen und die Beziehungsstörungen bis hin zu den *passions malades* sein mögen, in die die von Daive untersuchten Dreier-Konfigurationen führen, sie werden regiert von einem Faden, an dem nur Marionetten tanzen. Noch die Bewegungen der Sprache sind im triangulären Reich, wie Daive bemerkt,

Marionettentänze: *la parole atteste le triomphe de la marionette et de ses »fils«. Ce qui de la vie est à jamais désaccordé s'accorde encore à la scène de la mort.* (JN 78) Das besagt oder kann doch besagen: Die Sprache ist ein ›Tribunal‹ – ein Derivat von *tribuere*, ›nach Dritteln austeilen‹ –, sie ist ein Blutgerüst, eine Hinrichtungsstätte. Wer sie spricht, hängt schon am Tod oder einem seiner Drähte, dem Schmerz, dem Leiden, der Leidenschaft, und folgt seinem Zug. Und er folgt ihm, weil er einer Macht und einem Vermögen zur Bemächtigung und zum Machen folgt, er folgt ihr im Namen, so schreibt Daive, der Kunst – und zwar der Kunst, so lässt sich verstehen, im Sinn der *téchne*, des *savoir faire*, der wissenden Kontrolle über die Verfertigung einer Sache, *la fabrique de l'artifice*. *[...] C'est un fil qui n'en finit pas de courir à la mort, au nom de l'art, il vient de l'abîme, il va à l'abîme, il va dans une seule direction, au nom de l'amour, [...]. Un fil qui laisse aller la vie entre deux infinis.* (JN 79) Freud hat den Todestrieb als Bemächtigungstrieb charakterisiert, als anhaltenden Versuch, die Unruhe des Lebendigen zu bannen und zur Ruhe des Toten zurückzuführen. Diese Führung und Rückführung ist, wie Daive hier in Anlehnung an Überlegungen aus Celans Meridian-Rede nahelegt, das Werk der Kunst. In ihrem Namen und also in dem der Macht über das Lebendige wird das Leben zum Tod geführt. *Au nom de l'art* und *au nom de l'amour*, denn auch die Liebe führt zur Ruhe, zur Stille und Befriedigung, auch sie gehört zum Komplex des Willens zur Macht des Todes, auch sie zum Bemächtigungstrieb.

Wenn Sprache, Kunst und Liebe der Richtung zum Tod folgen, dann folgen sie ihm wie Marionetten dem Diktat eines Spielers, der ihnen keine freie Geste gewährt, oder wie Automaten einem Programm, das keine Abweichung duldet. *Direction et destin* sind deshalb die beiden Begriffe, unter denen Daive die Bewegungen nicht nur im Bereich der Kunst, sondern ebenso der Geschichte zusammenfasst. Er spricht von einem *mécanisme de l'Histoire*, *mécanisme de l'amour* und charakterisiert ihn durch die *obligation* – diejenige nämlich des *ligare*, der Ligatur, des *fil* –, zu reproduzieren, zu substituieren und die *reconquête d'un abîme* ins Werk zu setzen (JN 78). Das Programm der Sprach-, Kunst-, Liebes- und Geschichts-Automaten schreibt ihnen, seiner wesentlich symbiotischen – soll heißen synthanatalen – Tendenz entsprechend, den Doppel-Selbstmord vor, das *se tuer à deux*. Damit geht die Schrumpfung und mit dieser das Scheitern der Triangulation einher. Sie stellt sich in den Dienst der Reproduktion identifikatorischer Verhältnisse und diese in den Dienst der Auflösung aller Verhältnisse überhaupt. Leben, so ist damit nahegelegt, ist strukturell suizidär.

Das Paradigma zu dieser Hypothese findet Daive, einen Hinweis von Celans Meridian-Rede aufnehmend, in einem Wort der Lucile Desmoulins aus Büchners »Dantons Tod«. Da sie mit ihrem Mann Camille zusammen sterben will, der zur Guillotine geführt wird, schreit sie, die anti-monarchistische Revolutionärin: *Es lebe der König!* Daive kommentiert: *L'automate a parlé.* (JN 79) Seine Deutung ist verständlich, denn Luciles Ruf führt zu ihrer Festnahme und Hinrichtung, er wirkt als Parole des *se tuer à deux* und folgt insofern dem Programm, das den Automaten ihre Selbstzerstörung diktiert. Lucile bemächtigt sich durch ihren Schrei des Todes, macht ihn zu ihrem Werk und vollzieht einen Akt der Kunst, der *téchne*, des *savoir faire*. Doch im Unterschied zu allem, was auf dem Schafott bis dahin von Danton, Camille und Herrault gesagt worden ist, ist Luciles Wort untheatralisch, nicht triumphalistisch, kein Ausdruck der Selbstbeherrschung, sondern der Verzweiflung, und spricht nicht über den Tod, sondern spricht, wenngleich im Hinblick auf ihn, vom Leben. *Es lebe der König!* – damit kann gesagt sein: Es lebe der Tod, er lebe fort, er möge sich selbst kein Ende setzen, sondern derjenige bleiben, der ein Leben mit ihm fortwähren lässt. So verstanden, wäre Luciles Ruf sein eigener Widerruf, er wäre der Ruf nach einem Tod, der nicht auch der Tod des Todes, der vielmehr das Leben und Überleben des Todes und, unter seinem Namen, auch noch das Fortleben eines Toten, des guillotinierten Königs, wäre. Kein Automat hätte gesprochen, sondern ein Wort gegen alle Automatenworte, kein Kunstwort wäre das *Es lebe der König!*, sondern, mit den Mitteln der Kunst und der durch sie erreichten Ichferne, die Trennung von jeder Bemächtigungs- und Todeskunst, vom *savoir faire*, das regelmäßig ein *savoir donner la mort* ist.

So deutet Paul Celan Luciles Wort in seiner Meridian-Rede: *Es ist das Gegenwort, es ist das Wort, das den »Draht« zerreißt, [...] es ist ein Akt der Freiheit. Es ist ein Schritt.* (M 3) Nicht nur also ist es *ein* Gegenwort, es ist *das* Gegenwort schlechthin, somit dasjenige, das den Draht aller Marionetten zerreißt und den Automatismus der Kunst insgesamt außer Kraft setzt. Kunst, so insistiert Celan und zitiert Büchner, das ist *nichts als Kunst und Mechanismus, nichts als Pappendeckel und Uhrfedern!* (M 2) Das Gegenwort ist kein Wort der Kunst, es ist eines gegen sie und

Suggestions *des mèrrances* 245

ihr Können, gegen ihre Bemächtigungs- und Mortifikationskraft und somit das Wort gegen jedes Wort, das einer einsinnigen Bedeutung und mithin der Richtung auf die eine Todesruhe dient. Das Gegenwort – für Celan ist es der Abschied von der Kunst – ist die Dichtung. Als Wort-gegen-das-Wort ist sie notwendig der Widerruf ihrer selbst, ein Paradox und ein Absurdum. Celan schreibt deshalb emphatisch: *Gehuldigt wird hier der für die Gegenwart des Menschlichen zeugenden Majestät des Absurden.* (M 3) Da sie gegen sich selbst spricht und sich weder beherrscht noch von einer anderen Instanz beherrschen lässt, die ihre einsinnige Bewegung erzwingen könnte, kann sie kein Automat sein und keinen bedienen. Automaten sind absurditätsunfähig. Absurd ist allein das Menschliche. Es ist dessen Gegenwart, die vom Gegenwort bezeugt wird. Es ist das Gegenwort gegen den Selbstmord, gegen jedes *se tuer*, jedes *savoir faire*. *Ein Akt der Freiheit* und noch der Freiheit zur Selbst-Bestimmung ist dieses *Es lebe der König!*, weil es sich eine widersprüchliche Bestimmung erteilt und derart, wiederum absurd, nicht im Namen der Sprechenden – aber erst recht nicht im Namen der Kunst oder der Liebe –, sondern, so schreibt Celan, *auf diese kunst-lose, kunst-freie Weise* in niemandes Namen, doch *in eines Anderen Sache [...], wer weiß, vielleicht in eines ganz Anderen Sache* spricht. (M 8)

Der kunst- und ich-fernen Geste Luciles kommt keine der Gestalten aus Celans und Daives Geschichte so nahe wie Gisèle Celan. Nach ihren von Daive überlieferten Worten hat Paul Celan seine Frau *souvent demandé de mourir avec lui. Je restais toujours sans voix ou évasive.* (JN 80) Gisèle wendet sich von dem Leiden, das sich in Celans Wunsch bekundet, nicht ab, aber ihr versagt die Stimme für eine Antwort oder sie weicht einer Antwort aus. Auch diese versagende Antwort ist eine Antwort, aber sie entspricht dem Wunsch nicht, sie hält ihm seinen Gegen-Wunsch, das Anti-Wort entgegen. Auch sie ist, wie Luciles Wort, untheatralisch, fern von jedem Willen zur Macht und ohne den mindesten Zug zum Konformismus, selbst nicht zu dem, der sich im Namen der Liebe aufdrängen könnte. Ihre versagende Antwort ist die, die den Draht der Marionette zerreißt. Sie ist ein Akt der Freiheit vom Automatismus des Willens zur Macht des Todes.

Eben so charakterisiert Daive sie, und gebraucht dazu wohl bewusst eine Wendung aus Celans Meridian-Rede, die auf Lucile bezogen ist: *L'acte de liberté,* so schreibt er, *plus que la non-parole, permet à Gisèle Celan de ne pas casser le fil* [nämlich den Faden des Gesprächs und der Beziehung mit Celan] *et de filer et même d'ouvrir un passage*. (JN 80) Doch jenes *ne pas casser le fil*, das Gisèles Verstummen und Ausweichen zu einer Antwort macht, ist zugleich auch ein *casser le fil* – nämlich den Faden, den Draht der Marionette –, das dieses Verstummen zum Anti-Wort macht. Daive trägt dieser zweiten Implikation der versagenden Antwort Rechnung, indem er in ihr ein *ouvrir un passage* erkennt und damit das, was Celan im Hinblick auf Lucile einen *Schritt* nennt. Doch er hält an der Metapher eines Fadens oder Drahts fest, der unzerrissen bleibt, und kann deshalb Gisèles Antwort in die Serie all der Reaktionen einordnen, die dem Zug zum *se tuer* und *se tuer à deux* nachgeben. Sie gehört jedoch nicht in die Reihe von Henriette Vogel, die mit Kleist starb, und Ingeborg Bachmann, die ihre Beziehung zu Celan, wie Daive plausibel macht, nach dem Schema des Doppel-Selbstmords sah. Gisèle ist die einzige Gestalt in Daives Doppelgeschichte, die noch im Verstummen und im Reden von diesem Verstummen für das Leben spricht. Sie steht, zwischen Lucile und Lenz mit seinem Bedauern, nicht auf dem Kopf gehen zu können, allein. Auch sie kann nicht anders – *je restais sans voix* –, nicht weil sie nicht will, sondern weil sich ihr etwas versagt, und dieses Unvermögen, dies Nicht-Können, diese Kunst-Ferne in der intimsten Nähe zu ihrem Mann und seinem Todeswunsch ist ihr *Es lebe der König!* Ungesagt, ist es ihr Gegenwort, ihr Wort *für* das Leben auch noch dessen, der nach dem Tod verlangt. Sie ist, mit einem Wort, die Königin.

9

Vom Büchnerschen Lenz und seinem Bedauern, dass er nicht auf dem Kopf gehen konnte, heißt es in der Meridian-Rede Celans: *Sein »Es lebe der König« ist kein Wort mehr, es ist ein furchtbares Verstummen, es verschlägt ihm – und auch uns – den Atem und das Wort. Dichtung,* so heißt es weiter: *das kann eine Atemwende bedeuten.* (M 7) Da *Atem* zuvor als *Richtung und Schicksal* charakterisiert wurde, besagt jene *Atemwende*, die sich im *Gegenwort* von Lucile und von Lenz – und auch demjenigen von Gisèle – vollzieht, nicht mehr einfach *Richtung,* sondern Richtungswende, und nicht mehr einfach *Schicksal,* sondern Gegen-Schicksal. Das Wort, das sich gegen das Wort wendet, indem es noch den Tod gegen den Tod und die Stummheit gegen diese selbst aufruft, kehrt sich gegen seine Bestimmung durch sich und gegen jede Bestimmung durch Anderes, unabhängig davon, ob dieses Andere eine Naturmacht, der Zufall oder eine kulturelle Struktur ist. Es kehrt sich wie das *furchtbare Verstummen*, das mehr sagt als jede Aussage es könnte, und wie das »Es lebe der König«, das für das Fortleben des Toten und des Todes spricht, gegen das Gesagte, es kehrt sich gegen das *fatum*. Das Perfekt von *fari*, ›sagen‹, ist das *fatum*, die Macht des immer schon zuende Gesagten, des Zubestimmten, des Schicksals und der Bestimmung, der jeder Sprechende unterworfen sein soll. Das Gegenwort mit seiner Atemwende ist nicht weniger als das Anti-Fatum, und es trifft jede Bestimmung, ob sie nun die Gestalt des Schicksals oder der universell verbindlichen Struktur oder bloß der semantischen Einheit hat, deshalb in seiner Substanz, weil es sich nicht nur gegen das Vor-Gesagte, sondern noch gegen sein eigenes aktuelles Sagen richtet. Es ist, ein *anti-fari*, kein Wort, sondern das Sagen des Verstummens: seine Mutation; eine Kom-mutation, die jede Kommunikation auf unbestimmt andere öffnet und auf weitere offen hält.

Die Implikationen dieser Gegen-Bewegung des Gegenwortes, der Zerreißung des Drahtes, des *Aktes der Freiheit*, den die Dichtung – und zwar gegen die in ihr mitsprechende Kunst – ausführt, sind offenkundig. Als Bestimmung-gegen-jede-Bestimmung, als durch und durch aporetisches und absurdes Wort kann es allein eine In-Determination sein, die nicht Unentschiedenheit, sondern Öffnung auf inkommensurabel Anderes ist.

Seine anti- und hetero-logische Bewegung realisiert somit zum einen eine immer wieder aufs Neue einsetzende, eine jeweils neue Gegenwart erzeugende und sie zu Anderem – einer anderen Gegenwart und anderem als einer Gegenwart – wendende Des-Identifikation. Das Gegenwort widersteht und widerstreitet zunächst und vor allem der Identifizierung durch einen Anderen und mit einem Anderen, einer Identifikation, die von der Triangulation gefördert wird, im Phantasma des Inzest zu mörderischen Fixierungen und im Selbstmord zum Kollaps führt. Daive, der den triadischen Konfigurationen in der Geschichte und im Werk von Celan mit besonderer Aufmerksamkeit nachgeht, betont, dass die Hypothese der Triangulation einem Determinismus das Wort reden kann, der ebenso viel erklärt wie er unerklärt läßt: *que parfois la triangulation explique ou perd en lacunes.* (JN 115) Diese Lücken werden im System des Determinismus vom Gegenwort geöffnet und von ihm offen gehalten. Was den Draht, an dem die Marionetten tanzen, zerreißt, unterbricht den Wiederholungszwang, löst die Analogieobsession auf und lässt jeden Komplex, den des Ödipus nicht ausgenommen, zerschellen. Das Gegenwort ist die Öffnung der Trias auf ein Viertes. Ein *alter ad infinitum*, das anders ist als jedes spekulare Andere. Es ist der Gegen-Suizid.

Zum zweiten impliziert die Des-Identifikation als Bewegung, die sich gegen sich selbst kehrt, das Fehlen eines Telos, eines Bestimmungsortes und einer Grenze, an der sich jemand oder etwas definieren könnte. Sie ist, was Daive beharrlich als *errance* charakterisiert – als *errance dirigée* (JN 65), als ungelenkte *errance* der Erfahrung einer *altérité sans l'Autre*, in der *l'errant vit une fuite* (JN 67) und in der auch eine *étoile errante* nicht fehlt (JN 82), oder als *état d'errance* wie der es ist, in dem die Clochards, die ›Patriarchen‹ der Place de la Contrescarpe, ihr Leben verbringen (JN 93). Diese Irre setzt, wie Daive deutlich macht, mit der Trennung von der Mutter – dem ersten, wie man sagt, ›Objekt‹ und der Matrix jeder Identifikation – ein, mit der Trennung von der *métropole* (JN 63), der Mutterstadt, mit dem Zuviel und dem Zuwenig dessen, was Mutter heißt. Daive ist dem labyrinthischen Weg dieser *errance* in den Studien zu Celan nicht zum erstenmal nachgegangen. Sein erstes großes Gedicht »Décimal blanche« lässt ihn schon nach den Anfangsversen sagen: *j'ai erré / entre refus et insistance / regardant par la terre* – und nimmt dieses doppelte *erre* von *erré* und *terre* wieder auf in seinen vielleicht abgründigsten Zeilen: *mère // mère mère et moi*. Mit großem Scharfblick hat Jacques Roubaud in seinem analytischen Extrakt »36 vues de *Décimale blanche*« im *mère mère et moi* ein *erre, erre et soi* entziffert und damit aus Daives Wort dessen Gegenwort hervorgehoben (in: *Cahier Critique de Poésie*, 14, 2006/2 (Jean Daive), 16). Die Mutter, ihre Verdopplung und Zertrennung ist schon das Irren zwischen Weigerung und Beharren, das den Sohn umtreibt. Sie ist nicht die Folie der Identifikation, sondern die Des-Identifikation, die jeder Identität vorausgeht und jede aufreibt. Wenn aber schon die Mutter *mèrrance* ist, dann muss jede Bestimmung, jedes *destin* und jede *direction* in die Irre leiten und kann zur Mutter nur als zu ihrer Verfehlung führen. Daß diese *mèrrance* die Bewegung war, in der Daive und Celan einander begegneten, mag mitgesagt sein in den Worten, die Daive in das Widmungsexemplar der »Décimale Blanche« für Celan eingetragen hat und die, anknüpfend an den Text seines Gedichts, von jenem Irrgang als einer *hantise* sprechen: *à Paul Celan – au cœur des présences – ce poème qu'il hante [...]*. – Das Gegenwort geht nicht auf die Mutter, es geht auf die Gegen-Mutter und somit auf die Unmöglichkeit jedes Rückgangs zurück. Es ist das Gegen-Schicksal: das Schicksal, zuviel und zuwenig Schicksal und also keines zu haben.

Zum dritten: Anders als die Kunst, die auf der Höhe der idealistischen Ästhetik als das sinnliche Scheinen der Idee definiert wurde, ist die Dichtung, das Gegenwort, keine Offenbarung eines *eidos*, keine einer totalitätsverbürgenden Idee oder eines Prinzips ihrer Bewegung. Wenn einer der Grundsätze schon der scholastischen Philosophie definiert: *quodlibet ens est unum, verum, bonum*, so enthüllt das Gedicht nichts von einem Seienden, das dieser dreifachen Bestimmung genügen könnte. Wie, so fragt Daive im Hinblick auf die Möglichkeit des Gedichts, müsse noch gehört werden *non plus le ton fondamental, mais une urgence qui tonalise notre désintégration*. (JN 66) Im Gedicht geht es um ein Drängen, das die Zerklüftung eines Grundtons lautbar macht; nicht um einen Ton, sondern um das Zersplittern eines Tons, der ein stimmhaftes Ganzes tragen könnte; es geht um das Stammeln zwischen Verstummen und Sprechen und um das, was in seinen aphasischen Lücken offenbar wird. Daive entdeckt es wie bei Celan so auch bei dessen Freund Ghérasim Luca als Apokalypse – also als Offenbarung – der Sprache in der Epoche nach Nagasaki, als Sprach-Atomspaltung. *C'est vrai*, so schreibt er, *que le balbutiement est indice ou symptôme de l'Apocalypse. La langue éclate, la langue brûle, la langue est verrouillée. La langue est carbonisée.* (JN 121) Und weiter: *L'Apocalypse est ce qui rapproche Ghérasim Luca et Paul Celan: une langue se dématérialise, se décompose et la poésie se réalise comme au travers d'un fantôme syllabique qui en serait le filtre.* (JN 124) Die Materie des Gedichts, die Sprache, entmaterialisiert sich, sie entsprachlicht sich, aber das Gedicht bietet nicht die zersprungene Restmaterie der Silben, Phoneme und Grapheme, sondern nur deren nachscheinende Phantome, gespaltene Atom-Phantome, Tom-Phantome. Was hörbar wird und sich zeigt, offenbar und offenbart wird in dieser Apokalypse der Dichtung, ist kein *ens*, ob Materie, Geist oder Gespenst, kein *unum*, kein *bonum* und kein *verum*, das sich der Vorstellung oder auch nur dem Denken darbieten könnte. Was erscheint, ist, anders als in Hegels Bestimmung des Schönen als des sinnlichen Scheinens der Idee, nicht das Erscheinen selbst, es ist die Kluft zwischen dessen dekomponierten Resten, kein Seiendes, auch kein geringstes. Was offenbar wird, ist, anders als in jeder theo-poetologischen Tradition, das Unoffenbarbare. Zu ihm, dem Wahrheitsunfähigen, wendet sich, seiner Wahrheit gemäß, das Gedicht zurück und lässt, was *nicht* erscheint, durch die Phantome und ihre vakanten Zwischenräume hindurch *dennoch* erscheinen. Denn der Dichter, so Daive, *retourne la détresse. Retourne le chaos. Jusqu'à la fin.* (JN 117) Das Gegenwort – Daives *retourner* ist dessen Reprise – offenbart, dass es nichts zu offenbaren gibt.

Das Gegenwort entzieht sich, zum vierten, selber den Grund. Es geht gegen sich und seine Richtung –: seine Richtung ist die Richtungslosigkeit, sein Sinn die Lösung von ihm. Wer aber im Gegensinn, wer *auf dem Kopf* geht, so schreibt Celan, *der hat den Himmel als Abgrund unter sich.* (M 7) Die *suggestio* ist eine Äußerung, die anderen Äußerungen hinzugefügt wird, um ihnen einen gemeinsamen Grund zu geben. Da auch sie noch zusatzbedürftig sein kann, wird sie selten explizit gemacht, darf aber nicht verfehlen, als sichernde Unterstellung ihre Wirkung zu tun. Sie bietet der Rede in besonderen Situationen und der Sprache insgesamt einen prekären Grund, kein *fundamentum inconcussum*, aber Grund genug, um der *suggestio* sowohl die Bedeutung einer Rednertribüne für öffentliche Auftritte, wie die Bedeutung der Einflüsterung und der Inspiration zuzusprechen. Das *suggerere* ist ein Unterlegen, Unterbringen, ein Angeben und Eingeben, Anraten und zur Sprache Bringen, also jeweils der Transport, ob offen oder geheim, einer Rede, einer Person oder einer Sache aus einem Zusammenhang in einen anderen, und zwar derart, dass dadurch ein Kontext von Kontexten herbeigeführt wird. Ob verhohlen oder ostentativ, die *suggestio* stellt einen gemeinsamen Grund bereit und ist, als *gerrere, ferre, pherein*, selber der tragende Grund dessen, was ohne sie sinken und stürzen müsste. Wenn Sprache überhaupt, wie zu vermuten ist, die Struktur der *suggestio* mitsamt allen ihren mehr oder weniger latenten Implikationen hat, dann ist auch zu vermuten, dass die, die sie sprechen, unter der Suggestion der *suggestio* sich als Protagonisten dieses Grundes, als seine Gründer und als Agenten seiner Sicherung vorstellen.

Mit einer solchen Gründungs- und Sicherungsfunktion ist im Unterschied zur Kunst die Dichtung, wie Celan sie als Gegenwort denkt, unvereinbar. Dichtung kann, so sagt Celan in der Meridian-Rede, nicht *von der Kunst als einem Vorgegebenen und unbedingt Vorauszusetzenden ausgehen*. Vielmehr ist Dichtung eine – *vielleicht nur halblaute, vielleicht nur halbbewußte*, doch eben deshalb *radikale – In-Frage-Stellung der Kunst.* (M 5) Mit diesem Gedanken scheidet Celan zwei Sprachen voneinander: diejenige, die

Suggestions *des mèrrances*

sich als vorgegeben und vorauszusetzen geriert, von einer anderen, die jene Vorgegebenheit und Unbedingtheit der Voraussetzung in Frage stellt und, derart fragend, jene und sich selbst auf ihre Ungegründetheit verweist. Er scheidet somit eine Sprache, die der Suggestion des Grundes und der Gründung aufsitzt, von einer anderen Sprache, die, *radikal*, sich dem Grundlosen aussetzt; scheidet eine Sprache des sui-konstitutiven Bewusstseins von der *halbbewussten* Sprache der lateralen und latenten Wahrnehmungen, des Mitgemeinten und Kaum-Gedachten, das keinen sicheren Anhalt an Vorstellungen und Gegenständen findet. Damit scheidet er jene zwei Bedeutungen der *suggestio* voneinander, die im klassischen Latein noch in einem homogenen Komplex verbunden waren: die ostentative Untermauerung von der geheimen Einflüsterung, die grundsichernde Voraussetzung von der unsicheren Andeutung. Und nicht nur unterscheidet er sie, er führt die eine, *vielleicht nur halblaute, vielleicht nur halbbewußte* ›Suggestion‹ als Subversion jener anderen, der Sprache der *téchne,* ins Feld, die selbstbewusst und laut sich als Fundierungsmacht behauptet: das Halbe gegen das Ganze, den Ungrund gegen den Grund.

Doch die Halbheit des Gegenwortes ist nicht von der Art, dass sie zu einer Ganzheit komplettiert werden könnte. Es ist ein Wort nicht nur des episodischen Stockens und der behebbaren Undeutlichkeit, sondern des Unvermögens zum Wort. Es ist, so insistiert Celan, im Falle von Lenz und seinem Bedauern, nicht auf dem Kopf gehen zu können, *kein Wort mehr*. Der Abgrund, der sich unter ihm auftut, ist der Abgrund eines Nicht-Könnens, einer Sprach- und Bewusstseinsunfähigkeit, der sich keine sprachliche Struktur supponieren lässt, die als Subtext oder Palimpsest mit schon verfügbaren oder noch aufzufindenden analytischen Mitteln dekryptiert oder auch nur konjiziert werden könnte. Das Gegenwort ist ohne Grund und bietet selber keinen. Ohne *causa*, ist es keine *chose*, die sei's als Gegenstand, sei's als Sachverhalt zu einem Thema der Motivationsforschung werden könnte. Da es als Bestimmung-gegen-jede-Bestimmung die Indetermination schlechthin ist, muss jede psycho-historische Untersuchung vor ihm ihr Versagen eingestehen oder mit Hilfe von artifiziellen Determinismen ihr Versagen kaschieren. Dichtung steht zu ihrem Versagen; sie kaschiert ihr Unvermögen, ein Werk der Kunst, der Mechanik und der Automatik der Sprache zu bleiben, nicht; sie macht aus ihrem Mangel an Sprache, Bewusstsein und technischer Fertigkeit ihre eigentliche *profession*.

Wenn Celan, einen Satz Pascals zitierend, bittet: *Ne nous reprochez pas le manque de clarté puisque nous en faisons profession!*, dann besagt dieses *profession* nicht zunächst ›Gewerbe‹ oder ›Handwerk‹, sondern, vom *proferre* her verstanden, ein Vortragen, Heraus- und Weitertragen, offenes Bekunden und Erklären dessen, was schlechterdings unzeigbar und indemonstrabel, untragbar und impräsentabel, nämlich jener Abgrund – und, genauer, das Unvermögen vor ihm – ist, den Lenz unter sich wünscht. Dichtung, so ist mit Celans Pascal-Zitat gesagt, ist das Herausbringen – das *proferre* – ihres Unvermögens, den Abgrund, über dem sie sich findet, herauszubringen –: die *profession* der Unmöglichkeit dieser *profession*; das Hervortragen eines Nicht-Hervortragens. Dass das Wort in der Dichtung sich gegen sich wendet und darum eine *Atemwende* ist, heißt demnach, dass es sich dem zuwendet, was es nicht ist und zu sein nicht vermag; dass es sich seinem Nichtsein zuwendet und darin selber nicht ›ist‹; dass es sich einem Anderen, von ihm Angesprochenen zuwendet und in dieser Zuwendung selber anders als ›ist‹ und anders als ›spricht‹. Indem Dichtung Gegenwort und darin *kein Wort mehr*, indem sie Wort keines Wortes ist, zeugt sie für die *Majestät des Absurden*, des Widersinnigen, Aporetischen, des Ungangbaren, und zeugt damit zugleich für ihre Ver*a*nderung, ihre Wendung zu Anderem als zu dem, was sie selbst nicht ist und zu sein nicht vermag. Ihre Bewegung – Daive nennt sie deshalb ein *balbutiment* und ein *begaiment* – verläuft durch Des-Identifikationen, die sie nicht weniger von sich als von identifizierbaren Anderen scheiden; sie hält aber nicht auf ein vermittelndes Drittes, diese Instanz des Kompromisses und der Kompromittierung, sondern auf ein anderes Anderes, einen Freiraum, eine Vakanz zu. Sie hält sich frei.

Dichtung hält sich frei, indem sie zu ihrer Grundlosigkeit steht. Wenngleich sie auch in den Grenzen einer bestimmten Sprache und, wie Celan einräumt, unter dem *Neigungswinkel* (M 9) eines bestimmten historischen Daseins spricht, so spricht sie doch als Gegenwort, als *Atemwende* so, dass alle ihre Voraussetzungen und Grenzen einschließlich der Tropen, Analogien und Identifikations-Figuren *ad absurdum* geführt werden. Als *profession* des Unvermögens zur *profession* wendet sie sich noch gegen Zusammenhänge, die es selbst zu suggerieren nicht vermeiden kann, und betätigt sich als fortgesetzte Gegen-Suggestion zu allen Suggestionen, ob Einflüsterungen oder Grundsetzungen, die sich ihr aufgedrängt oder ›zum besseren Verständnis‹ ihr untergeschoben haben.

Sie suggeriert nicht die Abwesenheit von Suggestionen, sie exponiert sie vielmehr und entzieht ihnen den Boden. Dichtung ist die Sprache – die Gegensprache –, die eine Suggestionspause eröffnet.

10

Das Leben der Dichter, wenn es ein solches ›Leben‹ *sans phrase* denn gibt, ist kein Gedicht; kein von ihnen und kein von irgendeinem Anderen verfasstes. Noch die luzidesten, und vielleicht gerade sie, sind anfällig für das, was ihnen aufgedrängt und untergeschoben, zugeschrieben und zugefügt wird. Sie sind offen für Suggestionen, und setzen alles daran, mit diesem Bodensatz aus Dreck und Sinn aufzuräumen. Aber ihre Räumungsarbeit hat Grenzen. Sie liegen gewiß nicht in jeder Art von *fatalité*, ob *chance* oder *malchance*, der sie ausgesetzt sind. Aber sie liegen offenkundig in einem terroristischen Dikat, das kaum noch zur Sprache gehört und dennoch nicht ohne Beziehung zu ihr ist. Celan ist auf diese Grenzen in den Anwürfen der Claire Goll gestoßen, die er mit einem Wort, das das Gegenteil einer für die Sprache zuträglichen Äußerung meint, immer wieder als *Infamie* bezeichnet hat. Die Verleumdung, der Rufmord an seinen Gedichten und seiner Person, die zwei Jahrzehnte lange Verfolgung durch eine Frau, die sich nicht scheute, noch die Ermordung seiner Eltern als Legende zu verhöhnen und mehr oder weniger offen mit dem Antisemitismus gemeinsame Sache zu machen; diese kalte Diffamierung, die mit moralischen Kategorien nicht mehr fassbar war, sie war die Infamie, die er durch kein Gegenwort mehr außer Kraft setzen konnte, wie er es zur Zeit der Meridian-Rede hoffte. Damals konnte er noch notieren: *Es* [das Gedicht] *steht mit dir gegen die Infamie. Es steht gegen Goebbels und Goll.* (M 139). Der Wahnsinn, dem Celan in der Infamie einer ehemaligen ›Adoptivmutter‹ begegnete, mag ihm suggeriert haben, er selbst sei, als Dichter und als Mensch, der Infamie schuldig. Unfassbar, wie diese Verdrehung für ihn war, ließ sie sich durch analytische Erklärungen nicht erschöpfend beantworten. Claire Goll, so legt Daives Hypothese nahe, *inocule à Paul Celan le spectre de la culpabilité* (JN 115). Da dieses Gespenst, mehr als andere, ungreifbar war, konnte noch die wachsame Rede vom Unvermögen der Sprache und von ihrem *furchtbaren Verstummen* vor ihm versagen –: *un homme si brillament au-dessus des passions maladives et qui doit pourtant y céder plusieurs fois et finalement une nuit.* (JN 104)

Was sich nicht sagen ließ, und nicht den richtigen Adressaten finden konnte, richtete sich in einem verzweifelten *acting out* gegen den unrichtigsten, ihn selbst.

Auch noch Celans letzte Handlung kann ein Versuch gewesen sein, zu sprechen und gegen das anzusprechen, was zu ihm und über ihn gesagt worden ist. Daß dieser Versuch ihm nicht mehr die Möglichkeit ließ weiterzusprechen, also auch nicht die Möglichkeit, über das Unvermögen zum Weitersprechen zu sprechen, bezeugt die harte Existenz von Suggestionen, deren Infamie nicht zu beantworten, nicht zu entkräften und nicht auszuräumen war, und es vielleicht nie sein wird. Die Abgründigkeit solcher Infamien setzt offenkundig nicht nur der Kunst – und damit dem Wissen und der objektivierenden, psycho-historischen Erkenntnis –, sondern auch der Dichtung und ihrem Gegenwort Grenzen. Sie verlangt noch nach anderen Antworten als denen, die Kunst und Dichtung bisher zu geben vermochten. Sie verlangt, mit der Kunst und der Dichtung über Kunst und Dichtung hinauszugehen, verlangt nach einer weiteren Zukunft für beide und nach Zukünften dieser Zukunft.

Die Analysen, Hypothesen und Fragen von Jean Daive, seine Wiederbegegnungen mit Paul Celan, lassen sich als Versuche lesen, eine solche Zukunft offenzuhalten.

Siglen

JN   Jean Daive: Paul Celan. Les jours et les nuits. Suivi de SUGGESTIONS par Werner Hamacher; Caen: Éditions NOUS 2016
SC   Jean Daive: La Condition d'infini 5: Sous la coupole; Paris: P.O.L. 1996
M   Paul Celan: Der Meridian. Endfassung – Vorstufen – Materialien. Hrsg. von Bernhard Böschenstein und Heino Schmull. Tübinger Ausgabe; Frankfurt a.M.: Suhrkamp 1999
GW   Sigmund Freud: Gesammelte Werke Bd. 14 (Werke aus den Jahren 1925–1931); Frankfurt a.M.: S. Fischer 1991

Quellennachweis

HÄM – Ein Gedicht Celans mit Motiven Benjamins (1999)

Vorträge:
2000 (– *anderer Titel* –) Benjamins Geschichtstheorie in einem Gedicht von Celan (Universität Aarhus, Dänemark)
2000 »Häm« – Ein Gedicht Paul Celans mit Motiven von Walter Benjamin (Symposium »Paul Celan et la question de la métaphore«, Centre Culturel Français Luxembourg)
Publikation:
2000 »HÄM. Ein Gedicht Celans mit Motiven Benjamins«, in: Jüdisches Denken in einer Welt ohne Gott – Festschrift für Stéphane Mosès. Herausgegeben von Jens Mattern, Gabriel Motzkin und Shimon Sandbank. Berlin: Verlag Vorwerk 8 2000, S. 173–197.

Versäumnisse. Zwischen Theodor W. Adorno und Paul Celan
(2008)   unveröffentlicht

WASEN. Um Celans Todtnauberg (2012)

Vortrag:
2012 Wasen. Um Celans Todtnauberg. Vortrag Literaturhaus Vaduz, Liechtenstein
Publikation:
2012 »WASEN. Um Celans Todtnauberg«, in: »Das Robert Altmann Projekt. Quaderno III: Paul Celan in Vaduz«. Herausgegeben von Norbert Haas, Vreni Haas, Hansjörg Quaderer. Vaduz: edition eupalinos 2012; S. 35–84.

Epoché Gedicht – Celans *Reimklammer* um Husserls Klammern (2012)

Publikation:
2013   »Époché poème – La *parenthèse-rime* de Celan autour des parenthèses de Husserl« (Französische Übersetzung von Michèle Cohen-Halimi), in: *Revue de Métaphysique et de Morale*, Juillet-Septembre 2013, Nr. 3. Paris: PUF 2013, S. 297–329.

Tò autó, das Selbe, – – (2014)

Vortrag:
2014   Tò autó, DisSameInation: Parmenides – Heidegger – Celan (Kingston University London)

Suggestions *des mèrrance* (2014)

Publikation:
2016   »Suggestions« (Französische Übersetzung von Michèle Cohen-Halimi), in: Jean Daive: »Paul Celan, les jours et les nuits«. Caen: Éditions NOUS 2016, S. 151–212.